제2판

인간관계론

김혜숙 박선환 박숙희
이주희 정미경 공저

YANGSEOWON
양서원

머리말

인간관계는 우리 삶의 의미와 행복의 원천이 될 수 있는 중요한 요소이다. 우리는 다양한 형태의 관계 속에서 기쁨과 행복감을 느끼기도 하고 슬픔과 분노, 우울감을 느끼기도 한다. 많은 이들이 좋은 마음으로 다른 사람들과 원만한 인간관계를 가지려고 노력하지만 의도와는 달리 그렇지 못한 경우에 처하거나 어려움을 겪게 되곤 한다. 좋은 인간관계를 유지하기 위해서는 자신과 타인에 대한 긍정적인 마음가짐이 중요하지만 서로가 보여주는 행동이나 표현방법도 매우 중요하다. 따라서 우리는 인간관계능력을 높이기 위하여 그에 필요한 여러 가지 방법과 기술들을 알고, 그것을 실제의 대인관계 상황에 활용할 수 있도록 연습하여야 한다. 이러한 노력을 통하여 우리의 인간관계능력은 변화할 수 있으며, 바람직한 인간관계를 수립하고 그것을 잘 유지할 수 있게 될 것이다.

현장에서 교양과목으로 개설된 '인간관계론' 강의를 좀 더 알차게 꾸려가기 위하여 저자들이 공동 작업을 한 이후 많은 시간이 흘렀다. 처음의 집필 취지는 학생들이 인간관계론을 보다 쉽게 대할 수 있도록 접근하자는 것이었다. 인간관계에 대한 핵심적인 내용을 추려서 비교적 쉽고 재미있게 만들고자 했으나 시간의 경과로 수정과 보완작업이 필요하다는 판단 하에 이번 2판에서는 애초의 집필 취지는 유지하되, 변화된 사회 환경 속에서 인간관계의 가치와 주요 현상들이 갖는 문제들을 제대로 반영할 수 있도록 노력하였다. 특히 최근 인간관계가 갖는 의미와 중요성이 더욱 커진 만큼 바람직한 인간관계를 위한 적극적 노력을 강구하는 실제적인 지침서가 되도록 하였다.

저자들의 화두는 '바람직한 인간관계를 형성하고 유지하기 위하여 우리는 구체적으로 무엇을 어떻게 실천할 것인가'이었다. 바로 이 문제에 초점을 맞추고 집필하고자 하였으며, 각 장별 주요 내용을 정리하면 다음과 같다.

1장, 「인간관계의 본질」에서는 인간관계란 무엇이며, 인간관계 연구의 발전 과정과 특성을 다루고 있다.

2장, 「자기 찾기」에서는 인간관계의 출발점이라 할 수 있는 자기 자신과 타인에 대한 이해 과정으로서 자아개념에 대하여 살펴보았다.

3장, 「성격과 인간관계」에서는 인간관계에서 중요한 요소 중의 하나인 개인의 성격에 대한 특성을 이해하기 위하여 성격의 이론과 관련 검사를 제시하였다.

4장, 「정서와 인간관계」에서는 자신과 타인의 감정을 이해하고 그것을 잘 활용하는 정서지능에 대한 이해를 통하여 대인관계기술의 기초를 다지도록 하였다.

5장, 「의사소통과 인간관계」에서는 의사소통을 효과적으로 할 수 있게 하는 능력을 향상시키기 위한 실제적인 대인관계 기술과 방법에 대하여 논의하였다.

6장, 「우정과 사랑」에서는 다양한 유형의 인간관계 중 친구 간의 우정과 사랑, SNS상의 친구문제 등 최근 사회의 변화상황을 반영한 친밀한 관계의 형성에 대해 살펴보았다.

7장, 「결혼과 인간관계」에서는 배우자 선택과 부부의 적응, 성공적 결혼에 대해 살펴보았다.

8장, 「가족 내에서의 인간관계」에서는 가정의 중요성과 부부 간, 부모-자녀 간, 형제-자매 간의 바람직한 관계를 형성하기 위하여 어떻게 노력을 할 것인지를 모색하고자 하였다.

9장, 「직장에서의 인간관계」에서는 직장에서의 성공적 적응을 위한 인간관계의 기술과 개선방안을 제시하였다.

10장, 「인간관계 문제 진단과 행동의 변화」에서는 인간관계에서 발생하는 문제점을 진단, 분석하고 이를 극복할 수 있는 적절한 개선 방법을 도모하고자 하였다.

11장, 「스트레스와 적응」에서는 스트레스의 원인과 그에 대한 적절한 대처 방법을 통하여 적응력을 키울 수 있도록 하였다.

12장, 「죽음의 인식과 대처」에서는 죽음의 의미와 죽음에 대처하는 죽음 대비 교육을 통해 우리의 삶을 보다 의미 있는 것으로 만들기 위해 노력할 수 있도록 하였다.

각 장의 집필은 김혜숙(5장, 8장), 박선환(9장, 10장), 박숙희(4장, 12장), 이주희(6장, 7장), 정미경(2장, 11장) 교수가 담당하였고, 1장과 3장 부분은 신은영 교수의 원고를 기초로 집필진이 공동으로 수정하고 보완하는 작업을 하였다.

본 서가 인간관계의 중요성을 이해하고 바람직한 인간관계를 맺으려고 노력하는 이들에게 실제적인 도움이 될 수 있기를 기대한다. 항상 친절하게 배려해 주신 양서원출판사 박철용 회장님과 임직원 분들께 감사드린다.

2016년 2월

저자 일동

차례

제 7 장 결혼과 인간관계 189

제 12 장 죽음의 인식과 대처 381

CHPATER 01

인간관계의 본질

인간은 혼자서 살아갈 수 없는 사회적 동물이며 환경과의 상호작용은 인간의 삶에서 중요한 요인이다. 복잡한 현대 사회에서 인간관계는 일률적인 하나의 공식으로는 설명될 수 없는 특징을 갖는다. 인간관계가 너무나 다양하기 때문에 언제, 어떻게 적절한 인간관계를 맺는가에 대한 지식이 필요하다. 그러나 인간관계는 주변에서 흔히 나타나는 현상이기 때문에 그것을 그냥 지나쳐 버리는 수가 많다.

인간관계는 기술이며, 능력이다. 국어시험에서 높은 점수를 받는 것이 인간이 갖는 능력의 한 측면이라면 타인과 원만한 상호작용을 하는 것 역시 중요한 능력이다. 능력과 기술은 타고나는 측면도 있지만 학습도 가능하다. 일상생활에서의 인간관계를 학습하기 위하여 본 장에서는 인간관계의 중요성과 인간관계론 연구의 발전 과정과 특성에 대해 살펴보고자 한다.

학습목표

1. 인간관계의 중요성을 이해한다.
2. 인간관계론이 전개된 시대적 배경과 변화의 과정을 이해한다.
3. 인간관계론의 학문적 특성을 이해한다.

1. 인간관계의 의미

인간은 출생과 더불어 죽을 때까지 타인과의 관계 속에서 생활한다. 인간관계란 타인과의 상호작용을 통해서 이루어지는 사회화 과정으로서, 효과적인 인간관계는 그 관계에 참여하는 개인들에게 매우 중요한 역할을 한다. 한 인간으로 생존하기 위하여, 정체감을 확립하기 위하여, 그리고 건강한 성격 발달을 위하여 우리는 타인들과 상호작용하는 관계가 필요하다(Swensen, 1973). 인간과 인간 사이의 원만한 화합을 통해 상호 간에 더욱 좋은 상태를 유지하기 위한 모든 내용을 인간관계라고 할 수 있다.

다원화된 사회에서 현대인들은 바쁘게 살아간다. 이러한 현대인이 공통적으로 겪는 마음의 병으로 '고독'이라는 것이 있다. 각자의 마음속에 가지고 있는 '외롭다', '혼자이다', '의지할 곳이 없다', '믿을 사람이 없다', '나를 알아주는 사람이 없다', '쓸쓸하다' 등의 감정은 고독을 불러일으키고 일부에서는 우울증과 자살로까지 이어지는 병리적인 현상을 보이고 있다. 경제적으로 여유가 있으며, 전자통신기술의 발달로 사람들 간의 접촉량이 증가하고 짧은 시간에 많은 사람들을 만날 수 있게 되었다. 그러나 이러한 만남의 질은 피상적인 수준에 머무는 것이어서 인간관계에서의 고립을 초래하게 된다.

근대화 이후 우리나라는 많은 역사적·경제적 변화를 겪어오면서 삶의 가치를 성공에 두며, 성공을 위한 중요한 요인으로 능력을 꼽는 경향이 있다. 능력의 핵심적 요소 중 하나는 지능이다. 높은 지능은 높은 학력과 관련되고, 학력이 사회에서의 성공을 보장받을 수 있다는 인식이 성공을 위해 모든 것을 감수하게 만들었다. 이러한 관점의 성공 지향적인 사회 문화는 인간관계의 단절을 가져오는 하나의 원인으로 작용한다.

성공을 위한 능력은 무엇일까? 능력을 대표할 수 있는 지능은 무엇인가? 사람들은 어려운 수학문제를 풀거나 유창한 영어실력을 지니고 있을 때 우월감을 느낀다. 그에 비하여 타인을 배려하고 이해하고 자신의 감정을 알고 통제하는 능력에 대해 우월감을 느끼는 사람이 거의 없다. 부모들 역시 남의 아이가 유창하게 영어로 말하는 것을 보고 부러워하지만 어른들에게 인사를 잘하는 아이를 보고는 별 감정을 느끼지 못한다. 영어를 잘하는 아이나 인사를 잘하는 아이 모두 나름대로 어떤 능력을 갖고 있음에도 불구하고 이러한 능력에 대한 가중치를 다르게 둔다는 데 문제가 있다.

그러나 최근에는 인간이 갖고 있는 능력을 대표할 수 있는 요인으로서의 지능이 기존의 학업지능(우리가 IQ라고 부르는 것) 외에 대인관계지능(interpersonal intelligence), 실제적 지능(practical intelligence), 정서지능(emotional intelligence) 등 현대적 의미에서 지능에 대한 개념이 새롭게 정립되고 있다.

인간관계능력은 학문적 성취와 대등한 관계에서 우리의 건강한 삶을 위해 반드시 획득되어야 할 하나의 능력요인이다. 인간이 아무리 사회적 존재라 하더라도 인간관계는 사회조직 속에서 자연히 이루어지는 것은 아니다. 이 능력은 타고날 수도 있지만 키워질 수 있는 변화 가능한 능력이다. 우리가 수학문제의 유형을 많이 알고 연습하면 잘할 수 있듯이 인간관계의 원리와 기술을 배우고 익히는 것이 중요하다.

인간관계는 삶의 중요한 영역이다. 더구나 요즘처럼 핵가족 내에서 생활하며 일찍 사회화 과정을 거치는 현대인에게는 실생활에서 부딪히게 되는 여러 문제들에 대처하는 경험과 학습이 필요하다. 그러나 인간관계에 대해 구체적으로 가르쳐주는 곳은 많지 않다. 각자 일상생활 속에서 체험을 통하여 터득해야 하는 것이 우리의 현실이다. 결혼이나 직장생활에서 겪게 되는 인간관계 문제들에 대해서 미리 배우고 준비하는 각별한 노력을 기울이지도 않는다. 설사 적절한 기술을 배웠더라도 현실생활에서의 인간관계는 너무나 복잡하고 미묘하여 체계적으로 이해하고 그것을 효율적으로 실행하기가 어려운 것도 사실이다.

최근 심리학 분야에서는 인간과 인간관계를 이해하기 위한 많은 지식과 인간관계를 향상시키기 위한 많은 경험이 축적되어 있다. 학교나 훈련 집단, 기업체, 행정조직 등에 있어서의 인사관리, 노무관리, 집단 심리치료 등에서 주로 인간관계의 문제를 다루고 있다. 또한 인간관계에 대한 연구는 정신의학, 사회학, 심리학, 문화인류학, 경영학, 경제학 등 다양한 학문 간의 협력에 의해 보다 더 발전되어 나갈 수 있을 것이다(권연옥, 1997).

2. 인간관계론의 형성과정

"어떻게 타인과의 상호작용을 잘할 수 있는가?" 나도 좋고 너도 좋은 상태를 유지하기 위한 기법을 중심에 두고 실생활에서의 문제들을 다루는 것이 바로 인간관계이며, 이러한 사실이나 현상을 분석, 해석하여 바람직한 인간관계를 연구하려는 학문적 영역이 인간관계론이다. 결국 인간관계론은 인간행동에 관한 학문으로서 인간을 주체로 한 인간의 상호작용을 연구하는 실천적 학문이라고 할 수 있다(이홍기 외, 1998).

인간관계에 대한 연구의 필요성은 경영적 측면에서 먼저 요구되었다. 산업혁명 이후 종업원의 생산성이나 능률 향상의 극대화를 위하여 인력관리를 어떻게 해야 하는가에 대한 관심에서부터 인간관계론이 태동하게 된 것이다. 이론적인 측면에서의 인간관계론은 호손실험을 통해서 전개되었지만, 산업혁명 이래 진행되어온 일련의 능률 향상이란 역사적 조류를 통해서 설명될 필요가 있다. 산업혁명 이후에 능률 향상을 위하여 기업에서 행해진 여러 제도들은 종업원을 조직이라는 커다란 기계 속의 작은 조립품으로 여기는 태도를 바꿀 것을 요구하였다. 또한 종업원에 대한 인격적 대우와 심리적 안정이 임금 인상이나 다른 물리적 조건의 변화보다 더욱 효율적이라는 사실을 알게 됨으로써 기업과 노동자가 인간 대 인간으로 대면할 것을 제시하는 계기가 되었다.

심리학에서의 인간관계론과 경영학에서의 인간관계론은 그 학문적 목적에서 차이가 있다. 경영학에서는 기업의 생산력을 증진시키기 위한 효율적 방법으로서의 인간관계론에 목적을 둔 반면, 심리학에서는 바람직한 인간관계의 형성 그 자체가 목적이라고 할 수 있다. 인간관계론의 이해를 위해서는 인간관계 연구의 발전 과정에 대한 기본 지식을 갖는 것이 중요하다.

인간관계론의 발전 과정은 전통적 인간관계론, 1920~1930년대에 걸쳐 진행된 호손실험을 근거로 성립된 초기의 인간관계론, 1950년대 이후 인간행동을 강조한 현대적 인간관계론으로 구성할 수 있다.

1) 전통적 인간관계론-과학적 관리론

산업혁명 이래 기계화의 가속화와 촉진 현상은 노동집약적인 수공업 형태의 노동으로부터 자본집약적인 생산력의 증가를 가능하게 하였다. 기계화된 공장조직은 생산력의 증진을 촉진시켰고 이를 중심으로 한 생산조직체의 출현은 숙련·복잡 노동을 단순화시켰다. 즉, 기계를 통한 대량생산 이전에는 기술자의 숙련도가 제품생산의 중요한 요인이었으나 기계화로 인해 노동자의 숙련도보다는 자동, 반복적인 작업을 빨리 할 수 있는 능력이 필요하게 되었다. 따라서 기계 중심의 생산조직 체계는 모든 노동을 균등화·평균화시켰다.

공장제조업의 초기에는 생산의 근본적인 변화를 받아들이고 적응하는 시기였으므로 인간 요소의 관리에 관심을 두지 않았다. 기계를 중심으로 하는 생산조직에서 노동자들은 마치 기계의 부속품과 같은 지위로 전락하였으며, 저임금과 장시간 노동에 의한 노동력의 혹사가 이루어졌다. 그리하여 노동자의 조직적 항쟁이 전개되었고 다른 한편으로는 경영의 기술적 기초가 상대적으로 안정되어 규칙적·지속적으로 작업이 이루어지지만 가혹한 노동력의 강화는 오히려 비능률적임을 깨닫게 되었다.

(1) Taylor의 과학적 관리론 – 경제인

과학적 관리론은 19세기 말 이후 주로 미국에서 발전된 산업경영 및 관리의 합리화와 능률화를 위한 지식과 기술적인 방법을 활용한 관리를 의미한다. 생산성 증가에 관심이 있는 경영자들은 산업환경의 변화를 고려하지 않고 단지 능률을 향상시켜서 기업의 이익을 최대화하는 것이 목적이었다.

이에 따라 노동자들의 '조직적인 태업'이 발생하게 되었고 Taylor는 조직적 태업이 '주먹구구식 관리'에 의한 노동의 비합리적 운용에 기인한다고 보고 여러 측면에서 과학적이고 합리적인 방법이 도입되어야 한다고 주장하였다. 즉 작업자를 과학적인 방법으로 선발·훈련하여 개인의 능력을 발전시켜 주어야 한다는 것이다. 또한 과학적 방법을 통하여 작업의 기본 요소 발견과 수행방법에 대한 '시간연구'와 '동작연구'를 실시하였다. 그 결과 작업방식의 과학화, 임금 형태의 합리화 그리고 작업환경의 개선 및 정비, 작업자의 신체적 조건에 대한 철저한 분석 등이 적용되어야 한다고 주장하는 등 과학적 관리론의 기초를 확립하는 데 크게 기여하였다. 이에 Taylor를 '과학적 관리론의 아버지'라고 부르거나 과학적 관리론을 '테일러시스템'이라고 칭하기도 한다.

그는 과학적 관리의 핵심은 관리에 대한 새로운 태도를 갖는 것이 중요하다는 점을 강조하였는데, 과학적 관리를 위한 기본 원리는 다음과 같다.

- 모든 작업자에게 명확하게 설정된 충분한 과업을 주어야 한다.
- 작업자가 과업을 확실히 수행할 수 있도록 표준화된 조건을 부여하여야 한다.
- 작업자가 과업을 완수한 경우, 성공에 대한 높은 임금을 지불하여야 한다.
- 작업자가 과업을 완수하지 못하고 실패한 경우, 손실을 부담시켜야 한다.
- 과업은 초일류의 노동자만이 달성할 수 있게 충분한 것이어야 한다.

과학적 관리론은 노동자를 최선의 방법으로 생산과정에 활용하기 위한 기술과 지식을 체계화하는 기초를 확립하였다는 데에 그 의의가 있다. 인간의 생산활동을 시간연구와 동작연구를 통해서 정확하게 분석, 측정할 수 있으며, 이를 통하여 과학적 관리가 가능하다는 것이다. 실제로 과학적 관리법은 미국의 산업경영에 널리 보급되어 생산 능률을 향상시켰다.

Taylor의 이론은 인간관계의 측면에서는 많은 비판을 받고 있으나 지나친 능률 위주의 관리방법은 역설적으로 새로운 방향의 인간관계 연구를 위한 계기를 마련해 주었다고 할 수 있다. 즉 Taylor의 이론은 인간 기계론적이라는 비판을 받는데, 조직에 있어서 인간적인 요인을 과소평가하여 인간을 마치 기계처럼 인식하고 있고, 인간의 개성이나 잠재력은 거의 고려하지 않고 단지 인간의 적응 능력을 합리적인 경제인관에 입각하여 생산적 · 합리적인 측면에서 평가하고 있기 때문이다. 이것은 노동자의 개성이나 사회관계가 생산과정에서 중요한 영향을 미친다는 것을 무시한 결과이다. 이에 따라 인간의 심리적 측면을 무시한 과학적 관리 방법은 비판받기 시작했으며 인간의 기능적 측면보다는 심리적이고 사회적인 측면을 강조하는 이론이 대두하기 시작하였다.

2) 초기의 인간관계론-호손실험

1930년대에서 1960년대 사이에 출연한 초기 인간관계론의 형성에 중요한 역할을 담당한 사람은 영국의 사회이론가이며 산업개혁가인 Owen이다. 인간적 경영가인 그는 공장노동자의 자녀들을 위한 교육과 모든 공장노동자에게 주택, 음식, 의복 등을 제공함으로써 공장노동자들의 직무 상황과 작업환경을 향상시키는 데 관심을 가졌다. 작업환경의 개선, 최소작업연령의 제한, 종업원 복리후생 등의 개선은 노동자가 기업의 부품이 아니라 하나의 인격체임을 인식하게 하였다. 노동자를 생산의 주체로 인정하는 Owen의 경영론은 Mayo를 중심으로 한 호손실험을 통해 인간관계론의 이론을 정립할 수 있게 하였다.

(1) Mayo 경영의 인간화-사회인

오늘날 인간관계론의 선조로 불리는 Mayo는 경영의 인간화로서 생산성을 향상시키고자 하였다. 인간관계 이론은 1924년과 1931년 사이에 미국 전신전화회사의 하나인 서부전기회사의 호손공장을 중심으로 Mayo에 의해 수행된 작업의 능률성과 인간관계를 연구한 호손실험의 결과를 바탕으로 형성되었다.

Mayo는 인간을 '사회인'으로 보고 인간에 대한 적절한 사회심리적 동기부여에 대한 연구를 시도했다. 그는 '노동관계'의 문제를 해결하는 데 있어서 노동관계를 직접 다루지 않고 '인간행위와 인간관계에 관한 조사 연구'라는 근본적인 문제로부터 출발했다. Mayo는 인간사회는 흩어져 있는 개인의 군집이 아니라 스스로 성립된 조직이 존재하며, 현실의 인간은 경제적 논리로만 행동하는 것이 아니라 감정의 논리에 의해서도 행동한다는 인간관을 지니고 있었다. 그는 사회를 흩어져 있는 개인 집합체가 아니고 협력적 체제라고 보았으며, 인간의 자발적 협력을 확보하는 것을 산업조직이 당면한 과제라고 보았다. 산업조직을 기술적 조직과 인간조직으로 구분하여 특히 후자에 주목함으로써 산업조직의 합리적 관리를 도모하려 한 것이다.

(2) Mayo의 호손실험

Mayo의 호손실험은 미국의 벨(Bell)식 전화기 제조회사인 서부전기회사의 호손공장에서 호손공장의 종업원을 대상으로 수행된 일련의 인간관계에 관한 조사연구이다.

① 조명실험

조명실험은 서부전기회사와 국립학술조사의회의 공동연구로 공장 내의 조명도와 종업원의 생산능률 간의 상관관계를 연구하고자 한 것이었다. 작업 여건이 인간의 생산성에 미치는 영향을 연구하기 위해 다른 작업조건은 일정하게 해놓고 조명도에만 변화를 가하는 경우 생산고가 어떻게 변화하는지를 알아보았다. 실험의 내용은 같은 수준의 생산능률을 올리고 있는 종업원들을 실험집단과 통제집단으로 구분하여 비교하는 것이었다. 실험집단에는 조명도를 자주 변화시켰고, 통제집단은 조명도를 일정한 표준 상태로 통제, 유지시킴으로써 조명도가 작업능률에 어떤 영향을 미치는지 관찰하였다. 이 실험은 조명도가 밝아지면 밝아질수록 생산능률이 증가할 것이라는 가설을 확인하려는 것이 목적이었다. 호손실험의 결과들은 종래의 전통적인 산업심리학이 신봉하여 오던 물리적 작업환경 조건과 종업원의 생산능력 사이에 직접적 함수관계가 있다는 노동의 기계적 견해를 완전히 뒤집어 놓았다. 조명도, 작업장의 온도, 작업시간 등은 생산성에 영향을 미치는 절대적인 요건이 아니었다. 이런 사실을 경험적으로 확인한 연구자들은 Mayo의 지도하에 본격적인 호손실험에 착수하였다.

② 계선기 작업 실험

호손공장에서 전화기 부품 계전기 작업에 종사하는 6명의 여공을 하나의 소집단으로 구성하고, 이를 대상으로 하여 일련의 실험을 실시하였다. 실험대상의 선정은 2명의 여공을 먼저 뽑고, 그 2명의 여공에게 같이 일하고 싶은 4명의 여공들을 뽑아오게 해서 모두 6명이 실험에 참가하였다. 이 실험은 조건 변경과 능률의 관계를 규명하기 위하여 작업조건을 여러 가지로 변화시키고, 이에 따르는 생산성의 차이를 측정할 수 있도록 하였다. 작업기간(실험기간) 중 휴식시간의 제공과 간식 공급, 작업시간과 일수의 단축 등 여러 가지 작업조건의 변화 요인을 도입하여 어떤 시간이 노동자의 피로, 권태감을 가장 적게 하고, 생산능률을 최대로 올릴 수 있는가를 발견하기 위하여 2년에 걸쳐 실험이 진행되었다. 실험내용 및 결과에 대한 기록을 놓고 볼 때, 실험 전 과정을 통하여 어떠한 실험적 변화를 막론하고 생산고가 상승하는 경향이 있었다. 즉, 실험기간 중의 생산고는 처치변인의 내용과 관계없이 계속적으로 생산량의 증가 추세를 나타낸 것이다. 이러한 실험결과는 생산성이 급여 방식, 휴식시간, 작업 일수, 간식 공급 등의 조건에 영향을 받지 않음을 나타내었다. 이들 요인 중 어느 것도 생산고의 계속적인 상승 현상을 충분히 설명하지 못한다는 것을 발견한 것이다.

Mayo는 이러한 실험결과에 대한 평가에서 여공 집단의 심리적 태도의 변화를 지적하였다. 자신들이 실험대상이 되었다는 사실에 자부심을 갖고 열심히 일해야겠다는 각오를 가졌으며, 실험상의 조건이 변화되기 전에 회사측이 여공들과 미리 상의하고 그들의 의견을 청취하고 존중하였다. 그러므로 실험에 참가한 여공들은 작업조건의 결정에 있어서 참여의식을 갖게 됨과 동시에 자기네끼리 하나의 사회단위를 이루고 있다는 정서적으로 결속된 사회적 의식을 갖게 되었다. 이런 심리적 만족감이 직장에서 작업 성적을 비약적으로 향상시켰다는 결론을 내리고 휴식시간의 채택, 간식의 제공 등에 대해서도 그 직접적인 효과보다는 심리적인 만족과 같은 부수적인 효과를 중시하였다.

이와 같은 계전기 조립실에서 이루어진 일련의 실험결과를 통해서 연구자들은 조직 또는 집단 내에서 물리적 작업조건보다도 안정감, 책임감, 만족감 등의 감정적·심리적 요인이 더욱 중요하다는 사실을 깨닫게 되었다.

③ 면접 프로그램

실험과정에서 인간의 감정적·심리적인 요인이 중요하다는 것을 알게 됨에 따라 종업원의 인간적인 측면을 임상적으로 파악하는 구체적인 방법으로서 면접 프로그램을 병행하게 되었다. 면접의 내용과 목적은 공장 내에서의 지도·감독 및 관리방식을 개선하기 위하여 종업원들의 불만을 조사하고, 공장의 물리적 환경과 안전위생, 종업원 관계의 개선을 도모하기 위한 것이었다. 아울러 소작업 집단을 대상으로 한 실험에서 나타난 결론들을 보완·검증하고자 하였다. 따라서 화제는 주로 종업원 각자의 직무, 작업환경 또는 분위기와 감독자들에 대한 좋은 점과 나쁜 점 등이었다. 면접을 통해서 얻어진 방대한 조사자료의 결과에 의하면, 생산능률의 저하는 물리적 작업조건이나 피로에만 기인하는 것이 아니라 주위의 인간적 · 사회적 환경에 대한 개인의 균형이 잘 유지되지 못할 경우에도 발생할 수 있다는 것이다. 이와 같은 면접 과정은 면접 그 자체가 종업원들의 의견이나 감정을 털어놓을 수 있는 기회를 마련해 주게 되므로 이를 통하여 그들의 태도나 기분을 전환시키는 효과를 나타냈다.

이 면접 프로그램을 통해 발견된 또 하나의 사실은 종업원들의 감정에 대한 이해였다. 즉, 종업원에게는 두 종류의 감정이 혼합되어 형성되어 있었는데, 하나는 개인적 경력으로부터 유래되는 개인적 · 심리적인 것이며, 다른 하나는 그들의 일상적 상호관계로부터 맺어진 특정한 사회집단의 한 성원으로서 가지고 있는 공통적인 집단의 감정이다. 따라서 종업원의 태도나 감정은 그의 개인적 경력과 직장의 정황에 비추어 볼 때 비로소 이해될 수 있는 것이다. 그러므로 인간 행동은 환경의 변화에 대한 반응으로서 직선적으로 행해지는 것이 아니라 감정과 태도가 개입하게 된다. 면접 프로그램 결과, 태도나 감정은 종업원 개인의 과거의 사회적 학습이나 개인적 경력에 의하여 형성된 가치관, 원망, 기대와 직장에서의 동료나 상사와의 사회적 접촉을 통하여 얻게 되는 만족감에 의하여 형성된다는 것이 밝혀졌다.

④ 호손실험의 결론

호손실험을 통하여 밝혀진 사실은 인간의 생산성이 작업시간, 작업방법, 임금, 작업장의 환경 등 작업의 물리적 환경들에 의해 영향을 받기보다는 인간의 내적 · 심리적 요인에 의해 결정된다는 것이다.

첫째, 생산능률은 종업원의 태도 또는 감정에 크게 의존한다. 작업 성적은 작업의 물리적 환경조건, 작업시간, 임금 등과 같은 경제적 · 생리적 · 물리적 작업조건보다도 종업원이 자기의 직무, 동료, 상사 또는 사회 전체 등에 대하여 갖는 태도나 감정에 의해서 크게 좌우된다. 다시 말해서 작업에 영향을 끼치는 종업원들의 근무의욕은 종업원들의 참여의식과 각자가 하나의 작은 사회단위의 구성원이며, 그 안에서 가치있는 업무를 수행하고 있다는 자신들의 존재 가치와 사회적 의식 등의 사회심리적 태도와 같은 감정의 논리에 크게 의존하고 있다는 것이다. 이는 경영자가 최상의 작업조건을 마련해 주고 최선의 작업방법을 가르쳐 준다고 해도 일을 어느 정도로 열심히 할 것인가 하는 것은 종업원의 마음에 의해 결정됨을 알 수 있다. 결국 생산에 있어서 인적 요인의 중요성을 인식하게 되었다.

둘째, 종업원의 태도나 감정은 그가 속한 집단 내의 인간관계와 밀접한 관계가 있다. '어느 정도 열심히 일을 할 것인가'하는 마음의 결정은 주위 사람들과의 관계에서 영향을 받으며 종업원은 경제 논리로만 행동하는 이성적 동물이 아니고 감정적 동물이기도 하며, 이러한 감정은 근로 의욕에 중요한 역할을 한다. 이것을 계기로 종업원의 태도, 감정에 관한 탐구의 방향은 개인적 감정의 상황으로부터 사회적 상황에 대한 분석으로 향하게 된다. 개인적인 감정은 그의 성장이나 사회 경험을 통해 형성된 것이고, 사회적인 감정은 개인이 속한 집단의 공통적인 감정을 의미한다.

셋째, 공식적 조직 내에는 자생적 조직(비공식적 조직)이 있고 그것을 만들어낸 규범에 의해 인간의 행동이 통제된다. 종업원은 조직에서 기술적 과정에 의해 상호관계를 맺고 있는 것뿐만 아니라 이와 동시에 집단구성원 간의 상호작용에 의한 인간적 결합이 있다는 것을 발견하였다. 이러한 자생조직은 그들 특유의 집단 감정을 가지고 있으므로 경영자나 능률 전문가들이 비용의 논리나 능률의 논리만을 생각하여 합리화 방안을 일방적으로 추진한다면 반발을 유발한다는 것이다.

호손실험은 인간관계 연구에서 사회심리적 요인의 중요성을 촉진시켰으며, 리더십이나 소집단 행동에 관한 문제들에 대한 연구가 계속되어 1950년대에 본격적으로 발달한 현대적 인간관계론의 기초 역할을 하였다.

(3) 초기 인간관계론에 대한 비판

호손실험의 연구결과가 발표되면서 미국의 산업계 및 학계에서 인간을 심리적·사회적인 욕구를 가진 전인격적인 존재로서 파악할 필요가 있다는 의식이 확산되었다. 호손실험은 조직 내부의 의사소통이나 균형유지 문제를 중시하는 새로운 인사 기능의 필요성을 시사하였으나 초기의 고전적 인간관계론은 다음과 같은 비판을 받는다.

첫째, 경영자는 항상 논리적으로 행동한다는 전제하에 연구를 실시하였기 때문에 친경영자적인 편견을 가지고 있다.

둘째, 조직 내의 사회집단에 한정되어 사회 전체와의 관련성을 경시하고 있다. 산업사회의 존립은 지역사회 및 사회 변동과 관련있는 것임에도 불구하고 Mayo 등의 실험은 산업사회의 중대한 변화를 간과하고 있다.

또한 공장 내 비공식 집단의 자발적인 협력 태도를 전통적 기준에 의해 지배되는 원시사회의 조화와 동일시하고 있는데, 이는 질적으로 달라진 근대 산업사회의 특성을 제대로 반영하지 못하는 회고주의적 성격을 가지고 있다.

셋째, 노사의 측면에서 보는 인간관계를 대면적 관계의 입장에서만 취급하여 전체 사회적 수준에서의 제도적인 노사관계, 즉 노동조합의 관계를 경시하고 있다.

넷째, 조직의 공식적 측면을 경시하였다. 비공식 집단에 지나치게 역점을 두어 연구하였기 때문에 조직의 공식적인 측면을 경시하고 있다.

다섯째, 인간의 일에 대한 동기와 관련하여 직무를 중심으로 한 인간행동의 동기가 아닌 전적으로 '인간과 인간과의 관계' 및 '비공식 집단'을 중심으로 하고 있다.

이와 같은 호손실험의 결론에 대한 여러 가지 비판에도 불구하고 호손실험을 계기로 집단의 사회 이론을 구명하려는 연구가 활발해졌다. 즉, 사회적 집단의 연구에 초섬을 두고 사람 대 사람이라고 할 수 있는 인간관계에 임상적 방법과 계량적 측정기법을 적용한 Moreno의 사회성 측정(sociometry), 인간의 내적 과정 제반 요인에 대한 전체적인 역동체제를 분석한 Levin의 집단 역학(group dynamics), 조직 내 강력한 자생적 집단이나 소집단이 집단 구성원의 행동을 규제한다는 Homans의 소집단에 대한 연구 등이다. 결국 호손실험을 계기로 그 이후 집단에 대한 연구는 생산성 향상을 중심으로 하는 기술적인 조직의 목표와 함께 인간성의 회복, 경영에 대한 주체적 참가, 일을 통한 개성 발휘의 기회 증대 등 종업원의 욕구도 동시에 충족시키는 양자 간의 조화를 강조하게 되었다.

3) 현대적 인간관계론-인간자원관리

(1) 행동과학과 인간관계

행동과학의 목적은 인간행동에 관하여 객관적인 방법으로 자료를 수집하고 경험적 증거에 따라 일반적 법칙을 확립하며 그 법칙을 통해서 인간행동을 과학적으로 설명하고 예측하는 것이다. 따라서 행동과학은 조직의 공식적 측면과 비공식적 측면을 다 같이 포함하여 조직 전체를 인간의 조직활동이나 집단과정으로 보고 그것을 객관적으로 측정하고 연구한다. 여기에서 인간은 사회의 일원으로 수용되고, 그 속에서 지위를 확보하고 능력이 인정되기를 바라는 욕구를 가지고 있으며, 동시에 각자가 지닌 능력을 현실에서 활용하고 개발할 수 있는 기회를 원하고, 가치있는 목표를 달성함으로써 느낄 수 있는 만족감을 요구하고 있다.

행동과학에 대한 연구는 인간관계 중심의 행동과학과 의사결정 중심의 행동과학의 두 방향에서 발전되고 있다. 전자는 주로 동기의 문제를 다루며, 후자에서는 조직의 의사결정과정을 해석하고 설명한다. 즉 조직 내 인간행동에서 중요한 것은 비공식적인 인간관계가 아니고, 공식적인 목표 달성을 위한 의사결정이라는 것이다. 인간관계 중심의 행동과학에서는 경제적 인간관을 중시했던 과학적 관리론이나 사회적 인간관을 강조했던 초기의 인간관계론과는 달리 자립적 인간관을 중시한다.

심리학에서는 개인행동에 초점을 맞추어 순수한 인간의 심리과정을 이해하려고 노력하며, 조직행태론에서는 사회 환경이 복잡해지고 조직화되면서 인간행동이 조직체와 연결되어 어떤 현상이 일어나며 개별적인 행동보다는 조직 안에서 또는 조직 전체로서 어떤 행동양식을 보이는가에 관심을 갖고 연구한다. 사실 인간관계를 정립하기 위한 노력에 있어서 자기통제나 자아실현의 욕구를 충족시켜 줄 수 있는 보다 합목적적이고 역동적인 접근이 필요하며, 행동과학은 이러한 요청에 부응한 동기 이론을 제시하였다고 볼 수 있다. 행동과학은 인간관계에서 일어나는 현상을 분석하고 이해하며 궁극적으로 어떻게 해야 가장 바람직할 것인가에 대한 처방에 이르기까지 다방면에서 인간관계 이론을 발전시킬 수 있는 기틀을 마련해 주었다고 할 수 있다.

(2) 인간자원관리론 – 자아실현인

행동과학적 접근을 대표하는 것은 인간자원관리론이다. 모든 인간은 귀속과 존경에 대한 공통 욕구를 갖고 있으며, 대다수의 사람들은 가치있는 목적을 수행하는 일에 효율적으로 그리고 창의적으로 공헌하기를 바란다고 본다. 대다수의 노동자들은 현재 그들의 작업이 요구하는 정도 이상의 능동성, 책임성, 창의성을 발휘할 수 있는 능력이 있는데, 이러한 능력이 미개발의 자원으로 남아 낭비되고 있다는 것이다. 따라서 관리자는 자신의 부하들이 조직의 목적을 달성하는 데 모든 재능을 바칠 수 있는 환경을 조성하여 이들의 창조적 자원을 개발하도록 해야 한다는 것이다. 또한 부하들이 일상적인 의사결정뿐만 아니라 중요한 사항에도 참여할 수 있도록 허용하고 장려해야 한다고 보았다.

인간자원관리론에 공통적으로 적용되는 일련의 가정들은 다음과 같다.

첫째, 조직 효과를 최대화하기 위하여 인간의 성장과 동기를 높이는 풍토를 지지하는 내부 구조를 참조할 필요가 있다. 조직내 인간자원의 잠재적 능력과 창의성을 인식하는 관리자는 조직의 모든 수준에서 참여를 증가시킬 것이다. 또한 조직 내의 인간의 지식, 경험, 창의성을 가능한 한 충분히 활용하여 더 나은 의사결정을 얻으려는 목표를 강조하고 있다. 이러한 전폭적이고 건설적인 참여는 높은 수준의 신뢰와 충분한 커뮤니케이션과 갈등의 생산적 관리를 촉진하는 개방적 조직풍토에서 정착될 수 있다.

둘째, 불확실하고 급변하는 상황에서 적응적인 문제 해결적 조직은 권한과 위계와 관료적 구조를 강조하지 않는다. 건강한 조직은 위계적 지위보다 전문성에 더 많은 비중을 두는 유연한 조직을 강조한다.

셋째, 고립, 냉담, 빈약한 작업성과는 직무 자체에서 얻는 만족, 예컨대 성취감, 작업의 본질적 가치 등과 더욱 밀접히 관련되어 있다.

3. 인간관계의 특징

이상에서 살펴본 바와 같이 인간관계론의 전개 과정에는 각 시대별로 인간을 바라보는 시각, 특정한 인간관이 반영되어 있다. 과학적 관리론에서 인간자원 관리론에 이르기까지 현대적 인간관계론은 인간을 '경제인'(economic man), '사회인'(social man), '자아실현인'(self actualizing man) 등의 관점에서 보았다. 이러한 인간관에 대한 시각 차이는 특정 시대의 정신을 반영하며 그 사회, 그 시대 사람들이 지향하는 것이었다고 할 수 있다.

인간관계는 생산적이고 만족감을 느끼는 집단 노력에 의하여 이루어지기 때문에 사람들이 경제적·심리적·사회적 만족을 가지고 함께 생산적으로 일할 수 있도록 동기를 부여하는 것이 중요하다. 따라서 인간관계의 목표는 사람들을 생산적이 되도록 하고, 서로의 관심을 통해 협력하며, 그들의 관계를 통해 만족감을 얻게 하는 것이다. 따라서 인간관계론은 사람과 사람 간의 복잡한 관계 속에서 일어나는 문제에 대한 해결책을 찾을 수 있는 방법을 모색하는 실천학문이라 할 수 있다.

인간관계론의 특징은 다음과 같다.

첫째, 사람에 대한 관심을 다룬다. 인간관계는 인간의 사회성에 바탕을 두고 있다. 인간이 자기만을 생각하는 이기적인 삶을 산다면 우리의 삶은 동물의 본능적 삶과 차이가 없을 것이다. 이는 한 개인이 살아 있다는 것을 느끼는 데 타인과의 관계를 무시할 수 없다는 의미이다. 더불어 사는 존재로서의 인간은 일방적으로 보살핌을 받거나 주기만 하지는 않는다. 인간관계의 문제는 상호관계를 통하여 더불어 살아가는 과정에서 발생하고 해결되는 것이지 분리나 차별의 관계가 아니다. 그러므로 인간관계는 다른 사람에 대해 관심을 두는 것으로부터 시작된다. 인간이 상대방에 대해 어떤 관심을 보이느냐에 따라 그것이 사랑으로, 우정으로, 신뢰에 바탕을 둔 사업관계로, 건전한 사회로 발전될 수 있다.

둘째, 인격과 인격의 관계는 형식적 관계를 배제한다. 한 개인이 다른 개인과 관계를 맺는 것은 그 자체가 목적이 되어야 하며, 다른 목적을 위한 과정으로서의 수단이나 형식적인 관계가 되어서는 안 된다. 사람에 대한 관심을 가지고 서로 간에 수평적인 관계를 유지하고 상호 존중하여야 한다.

셋째, 조직의 생산적 관계를 지향한다. 인간관계가 좋은 조직이 그렇지 못한 조직보다 더 효율적이며 생산성이 높다. 따라서 경영자는 조직 내 구성원들의 작업환경, 특히 조직 내 긍정적인 인간관계의 형성에 민감하게 반응할 필요가 있다.

조직 내 인간관계의 일차적인 목적은 인간관계를 통하여 조직의 목표와 개인의 목표를 조화롭게 통합하려는 데 있다. 과거에는 생산성 증가라는 조직의 목적 달성이 우선이고 종업원의 생각, 느낌, 만족, 사기, 복지는 차선의 문제로 인식되었다. 산업사회 초기에는 조직의 목표에서 개인이 고려의 대상이 되지 않아도 기업 운영이나 생산에 별 문제를 일으키지 않았지만 현대는 조직의 균형적인 발전을 위해서 조직원들이 기여하는 노력과 기업이 제공하는 여러 가지 유인책들－임금, 각종 복지 혜택, 종업원에 대한 능력의 인정, 자기개발의 기회 등－이 서로 균형을 이루어야 한다.

이상에서 인간과 인간 사이의 원만한 화합을 통하여 서로 좋은 상태를 유지하게 하는 것과 관련된 제반 문제를 연구하는 인간관계론의 발전 과정에 대해 살펴보았다. 주요 발전단계별 개략적인 특성과 한계점에 대한 비판내용도 검토하였다. 각 시대별 시대상을 반영하는 인간에 대한 관점은 경제인, 사회인, 자아실현인의 관점에서 논의되었음을 알 수 있다.

최근 현대사회에서 인간관계의 중요성은 그 어느 때보다 강조되고 있다. 인간관계에 대한 이해가 깊어지고 인간관계의 개선을 위한 실천적 노력이 이루어질 때 우리의 인간관계는 바람직한 방향으로 변화할 것이다. '나'와 '너' 그리고 '우리' 사이의 관계에 대한 친밀하고 깊이 있는 인간관계는 저절로 이루어지는 것이 아니다. 긍정적인 인간관계는 인간관계에 대한 깊은 관심과 더불어 실제적인 노력, 그리고 훈련을 통해서 이루어지는 소중한 열매라고 할 수 있다. 좋은 인간관계를 맺을 수 있도록 노력하고 그로써 좋은 결과를 가져올 수 있도록 해야 할 것이다.

토론주제

1. 인간에 대한 관점의 차이가 인간관계에 미치는 영향에 대하여 토의해 보자.

2. 내가 조직의 경영자라면 구성원들의 욕구를 어떻게 조절할 것인지 토의해 보자.

CHPATER 02

자기 찾기

자아개념이란 자기 자신에 대한 신념체계로서 개인의 행동을 이해하는 데 중요한 구인의 하나라고 할 수 있다. 이에 대한 관심은 인간의 본질을 규명하고자 하는 탐구와 더불어 시작되었다. 이와 같은 자아개념은 계속적으로 변화하고, 자신의 생활에서 중요 타인의 영향을 받으며, 계속 강화되는 경향이 있으며, 종종 자신의 외적인 측면으로까지 확대되는 특성을 지니고 있다.

또한 인간관계의 본질이라고 할 수 있는 자아개념은 경험을 여과하고, 자기충족적 예언을 하며, 주변의 정보를 해석하는 기능을 담당한다. 특히 자신과 타인에 대한 상호 간의 수용은 건전한 인간관계를 형성하는 토대를 마련한다. 주변의 의미 있는 타인과의 관계 속에서 개인의 자아개념은 자기부정-타인긍정, 자기부정-타인부정, 자기긍정-타인부정, 그리고 자기긍정-타인긍정과 같이 네 가지의 생활자세로 분류되어진다.

우리가 마음속으로 생각하거나 느끼는 것을 있는 그대로 다른 사람들이 볼 수 있게 행동으로 내보일 수 있게 된다면, 상대방은 나에 대해서 좀 더 잘 이해하게 되고 신뢰하게 되며, 이로써 원만한 인간관계를 형성시켜 나갈 수 있게 된다.

학습 목표

1. 자아개념의 의미와 형성과정을 명확히 알고 설명한다.
2. 자아개념의 구성요인과 기능을 이해한다.
3. 자신을 어떤 관점에서 보며, 어떻게 인간관계를 맺고 있는지 인식한다.
4. 자신과 타인을 보다 잘 이해하기 위해 어떻게 자아개방을 해야 하는지 자신에게 적용한다.
5. 자아개념 증진 방법을 설명한다.

1. 자아개념의 의미

자기 자신에 대한 신념체계로서 개인의 행동을 이해하는 데 중요한 구인의 하나인 자아개념(self-concept)에 대한 관심은 인간의 본질을 규명하고자 하는 탐구가 시작되면서 함께 발전되어 왔다. 즉, 자기 자신에 대해 지니고 있는 생각과 신념에 따라 다른 사람을 대하는 태도가 달라지기 때문에 자아개념이 인간관계에 미치는 영향은 매우 크다고 볼 수 있다.

자아개념과 동의어로 볼 수 있는 것은 자아(self), 자신(ego), 자아지식(self-knowledge), 자아정체감(self-identity), 자기이해(self-understanding), 자아상(self-image), 자아존중감(self-esteem), 현상적 자아 등이 있고, 현재 사용되고 있는 자아개념이란 용어는 불분명하게 개념화되어 왔다(Burns, 1979). 그러나 일반적으로 자아개념은 사람들이 자신에 대해 갖고 있는 생각, 감정, 그리고 태도의 복합물을 의미하는 가설적 구인이다.

심리학자인 William James(1890)는 자아개념을 "한 개인이 자기 것이라고 말할 수 있는 모든 것"이라고 정의하고, 크게 3가지 구성요소로 나누어 설명하고 있다.

첫째, 물질적 자아(material self)는 나를 이루고 있으며, 나와 관계된 가시적인 물질적 측면을 말한다. 즉, 외모 및 신체적 특성, 물질적 소유물 등을 포함한다. 현대적인 서구 미인의 기준이 문화와 신체조건이 다른 우리 사회에 그대로 통용되면서 다이어트 열풍이나 성형수술의 붐을 일으키고 있는 것은 물질적 자아를 중시하는 현대인의 성향을 잘 나타내는 단적인 예에 해당한다고 볼 수 있다. 이는 그 사람이 속해 있는 문화가 규정한 물질적 자아상이 자아개념과 행동에 커다란 영향을 미치고 있음을 의미한다.

둘째, 사회적 자아(social self)는 타인과의 관계 속에서 나타나는 나의 신분과 위치를 말한다. 그래서 개인에게는 그를 알아보고 또 그를 기억하는 사람들의 수만큼의 사회적 자아가 있다고 할 수 있다. 즉, 사회적 관계나 역할을 통해 드러나는 그 사람의 사회적 면

모이자 기능적 측면의 자아라고 할 수 있는데 교우관계, 이성관계, 가족관계, 사회적 지위 및 신분 등을 포함한다. 사람이 자기가 소속된 집단에서 부여하는 여러 가지 역할에 충실히 따른다는 것은 사회 적응을 위해 필요한 일이지만, 그것은 곧 자기 삶의 전부는 아니며 일부분일 뿐이다.

셋째, 심리적·영적 자아(psychic or spiritual self)는 가치관이나 도덕기준 등과 관련된 나의 내면적 특성과 자기 반성적인 사고들을 말하는 것으로 성격, 능력, 적성 등을 포함한다. 이는 그 사람의 외적 평가와 무관한 자신에 대한 생각과 감정들이라고 볼 수 있다.

행동주의 관점에서 자아개념은 영혼(soul)의 개념과 그리 다르지 않은 신비주의적 측면을 지니고 있다. 자아개념은 볼 수도 만질 수도 없는 가설적 구인으로서 자아개념을 타당하게 정의할 수 없다는 입장이다. 이에 반하여 제안된 정의들은 자아는 나(주체아), 혹은 나를(객체아), 혹은 그 자신을(객체)에 대한 개인의 반응으로 정의되어진다(교육학 대백과사전, 1999 : 2212).

이러한 의미를 지닌 자아개념은 다음과 같은 특성을 지니고 있다.

첫째, 자아개념은 발달함에 따라 분화되어 간다.

유아기에는 자신과 환경을 분화하지 못한다. 그런데 성장함에 따라 경험이 누적되고 그 결과, 자아를 환경에서 분리시키기 시작한다. 아동은 점차 성숙하여 많은 것을 학습함으로써 환경으로부터 자기를 구별하려 한다. 따라서 어린 아동의 자아개념은 총체적이고 미분화적이나 점차 그가 성장함에 따라 그의 자아개념은 분화되어 간다. 특히 자신의 신체적인 구조가 변화하는 사춘기에 이르러서 자아개념에 많은 변화가 일어나게 된다. 즉, 내가 바라는 '이상적인 나'와 '현실적인 나' 사이에는 많은 차이가 있음을 인식하게 되고, '진정한 나는 누구인가?'라는 정체성 확립을 위해 갈등과 방황이 일어나는 시기이다. 그러면서 점차 자신에 대한 평가를 통해 자신은 어떤 사람이라는 고착적인 개념을 갖게 되고, 이것은 지속화되어 간다. 그러나 이러한 자아개념은 상황의 변화와 새로운 자신의 발견과 더불어 지속적으로 변화해 나간다.

둘째, 자아개념은 중요 타인의 영향에 의해 형성된다.

인간은 어떤 주어진 상황에서 어떠한 기대나 중요 타인의 기대에 따라 자신의 행동과 신체적 특성을 평가하게 된다. 만약 주위 사람들이 자신을 소중히 여기고 있다고 느끼면 스스로는 자신을 중요한 사람이라고 평가할 것이고, 그렇지 않다고 생각되면 스스로는 열등감에 빠지게 된다. 따라서 나를 둘러싼 모든 사람들을 의미하는 중요 타인은 내가 나에 대한 이미지를 형성해 나가는 데 매우 의미 있는 작용을 한다. 그만큼 중요 타인과의 관계 속에서 있었던 경험에 대한 해석은 자신의 자아개념 발달을 결정하는 데 중요한 영향을 미친다.

셋째, 자아개념은 자체가 강화되는 경향이 있다.

개인은 자기가 행한 특정 행동의 결과로써 그가 원하는 어떤 것을 얻게 되면 그 행동의 결과가 그 행동을 강화(reinforcement)하여 그 행동을 다시 행할 확률을 증가시킨다. 원하는 반응을 지속화, 습관화시킬 가능성이 높은 강화는 부모, 교사, 친구 등과 같은 중요 타인에 의해 이루어진다. 강화물은 물질적이거나 칭찬, 미소, 인정 등과 같은 긍정적인 사회적 반응들이다. 사회적으로 기대되는 방식으로 행동해서 긍정적 강화를 받으면 자아개념은 긍정적으로 강화되지만, 그렇지 않다면 부정적으로 강화된다. 즉, 긍정적인 자아개념을 가진 사람은 긍정적인 자기 언어로 자신을 강화하지만, 부정적인 자아개념을 가진 사람은 부정적인 자기 언어로 자신에게 피드백을 주게 된다.

넷째, 자아개념은 종종 자신의 외부로까지 확대된다.

사람들은 자기가 소중히 여기는 소유물이나 자기가 소속되어 있는 집단 또는 자기 가족을 자기 자신이라고 생각함으로써 자아확대(extension of self)를 한다. 예를 들면, 자기가 소중히 여기고 있는 오디오나 자동차 등에 대한 소유의식은 그 소유물 자체를 자기 자신의 한 부분으로 생각해서 누가 그것을 만졌다고 화를 내기도 한다. 또한 가족이나 자기가 소속된 집단을 자기와 동일시(identification)함으로써 만약 구성원 중 한 사람이 억울한 일을 당하거나 다쳤을 때 마치 자기가 당하거나 다친 것처럼 분해하거나 같이 아파한다.

이렇게 자아개념의 확대는 소유물에 집착하거나 사람을 너무 강력하게 묶어 놓음으로써 의존성이 길러질 가능성도 있다. 집단 내에 자기를 소속시키는 소속감이 인간관계의 상호작용에 필수적이겠지만, 주체적 자아개념을 확고히 함으로써 동일시에 초연해지고 덜 의존적이 될 수 있다(이재창 · 임용자, 1998).

2. 자아개념의 구성요인

자아개념이 어떻게 구성되어 있는가? 하는 문제에 대해 학자에 따라 견해를 달리하고 있다. Rogers(1951)는 자아개념의 구성요인으로서 자신의 성격이나 능력에 대한 지각, 다른 사람이나 환경과 관련을 맺고 있는 자신에 대한 지각, 경험이나 어떤 대상물과 관련지어 생각한 가치의 유형, 그리고 긍정적 또는 부정적 성격을 띠고 있는 것으로 지각된 목표나 이상 등을 지적하고 있다.

일반적으로 자아개념의 구성요인은 지각 내용에 따라 분류하기도 하고, 그 하위 차원에 따라 일반성을 띠는 자아개념과 구체성을 띠는 특정한 자아개념으로도 나타낸다.

자아개념의 내적 구조의 견해 중 첫째는 일반 자아개념에 이론적 근거를 두고 있다. 이는 자아개념에서의 개인차는 일반 자아개념의 차이에 있다고 보고, 자아개념의 구조는 일반 자아개념이라는 주장이다.

Shavelson Hubner & Stanton(1976)이 대표적 학자인데, 그들에 의하면 자아개념은 조직적 · 다면적 · 위계적 특성을 지니고 있다고 한다. 제 1 차원이 일반적 자아개념이고, 제 2 차원에는 학문적 자아개념과 비학문적 자아개념이 있으며, 이에 관련된 하위 차원에는 학문적 자아개념에 교과에 관련된 자아개념이, 비학문적 자아개념의 하위 차원에 사회적 자아개념, 정의적 자아개념, 신체적 자아개념이 있다. 이러한 하위 영역들은 특정한 상황에서의 행동 평가에 의해 형성된다고 한다. 그리고 위계 서열상 위로 올라갈수록 자아개념은 안정적인 반면에 밑으로 내려갈수록 불안정하고 쉽게 변한다고 했다.

이와 같은 자아개념의 조직성 및 역동성을 Shavelson 등은 [그림 2-1]과 같은 가설적 모형으로 제시하였다.

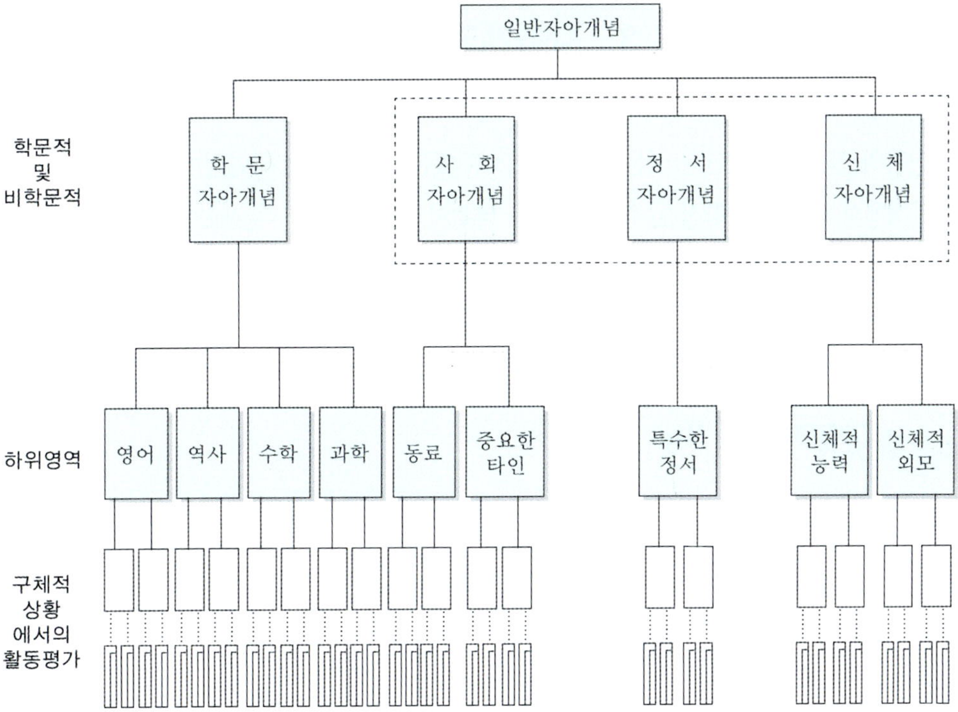

[그림 2-1] 자아개념의 위계적 구조 모형

출처 : Shavelson, Hubner, & Stanton, 1976

둘째는 자아개념을 일련의 세분화되어진 특수 구인들의 총합으로 보는 입장으로, 이는 Spearman이 인간의 정신기능을 독립적인 기능을 갖는 구인들의 집합으로 보는 것과 그 모형 구조에서 비슷하다.

셋째는 다원특성·다원방법의 분석 연구들에서 볼 수 있는 접근으로, 여러 개의 성질을 달리하는 도구를 사용하며, 자아개념의 하위 요인들 사이의 관계를 통하여 자아개념의 고차원적인 일반 요인과 저차원적인 다면성을 갖는 위계적인 모형으로 그 구인의 타당성을 제의하려는 시도를 했다(송인섭, 1998).

3. 자아개념의 기능

인간의 실존과 대인관계의 본질이라고 할 수 있는 자아개념은 타인의 영향을 받지만, 인간관계에서 우리가 변화시킬 수 있는 것은 타인이 아니라 바로 나 자신이다. 따라서 자아개념이 인간관계에서 어떤 영향을 미치는지 구체적으로 알아보면 다음과 같다(원호택 · 박현순, 1999).

1) 경험의 여과 기능

자아개념은 세상과 자기 자신을 바라보는 색안경이라고 할 수 있다. 우리가 세상을 정확히 보려면 자신의 안경 색깔을 염두에 두어야 하는 것과 마찬가지로 인간관계의 질을 높이기 위해서는 우선 자기를 파악하는 것이 필요하다. 자아개념은 지각적 여과장치로써 그 사람의 모든 경험과 타인과의 상호작용 내용을 1차적으로 걸러내는 기능을 한다.

2) 자성예언 기능

사람들이 어떤 행위를 해석할 때는 자신이 예견했던 것처럼 자기 생각을 입증하는 방향으로 해석하는 경향이 있다. '말이 씨가 된다'는 속담이 있듯이 세상일이 우리가 믿고 예견한 대로 되어 가는 것처럼 느끼게 되는 현상이다. 심리학에서는 이를 가리켜 자성적 예언, 자기 충족적 예언(self-fulfilling prophecy) 또는 피그말리언 효과(pygmalion effect)라고 한다. 이는 그리스 신화에 나오는 조각가 피그말리온의 이름에서 유래한 심리학 용어이다. 조각가였던 피그말리온은 아름다운 여인상을 조각하고, 그 여인상을 진심으로 사랑하게 된다. 여신(女神) 아프로디테(로마 신화의 비너스)는 그의 사랑에 감동하여 여인상에게 생명을 주었다. 이처럼 타인의 기대나 관심으로 인해 능률이 오르거나 결과가 좋아지는 현상을 말한다.

Rosenthal과 Jacobson(1968)이 실시한 학습에서의 피그말리언 효과(pygmalion in classroom)에 의하면, 미국 샌프란시스코의 한 초등학교에서 전교생을 대상으로 지능 검사를 한 후 검사 결과와 상관없이 무작위로 한 반에서 20% 정도의 학생을 뽑았다. 그 학생들의 명단을 교사에게 주면서 '지적 능력이나 학업 성취의 향상 가능성이 높은 학생들'이라고 믿게 했다. 8개월 후 이전과 같은 지능 검사를 다시 실시했는데, 그 결과 명단에 속한 학생들은 다른 학생들보다 평균 점수가 높게 나왔다. 뿐만 아니라 학교 성적도 크게 향상되었다. 명단에 오른 학생들에 대한 교사의 기대와 격려가 중요한 요인이었다. 이 연구 결과는 교사가 학생에게 거는 기대가 실제로 학생의 성적 향상에 효과를 미친다는 것을 입증했다. 즉, 학습에서 기대효과가 나타난 것으로 스스로 잘할 수 있다고 믿고, 잘할 것이라고 기대했던 학급의 학생들은 정말 교사가 생각한 대로의 결과를 보여준 것이다. 이것은 자신에 대해 스스로 만들어낸 개념 또는 이미지가 곧 행동화되어 나타날 수 있다는 증거이다.

여기서 우리가 알 수 있는 것은 인간관계에서 자아개념은 기대효과를 발휘하기 때문에 긍정적인 자아개념을 가진 사람이 원만한 대인관계를 맺을 수 있고 바람직한 인간관계를 형성하기 위해서는 바로 자신에 대한 긍정적인 평가를 하는 것이 중요하다는 사실이다.

3) 주변 정보의 해석 기능

자아개념은 주변 정보를 해석하는 데에도 영향을 준다. 부정적인 자아개념을 가진 사람은 인간관계나 주변 정보를 받아들이는 데 있어서 몇 가지의 특징이 있다. 이들은 우선 비난이나 부정적인 피드백에 보다 민감하고 다른 사람에 대해 비판적이며, 보편적으로 자기 행동이 타인에 비해 열등하다고 평가하기 때문에 전반적인 대인관계에 두려움이 많으며, 다른 사람의 작은 칭찬이나 비판에 지나치게 우쭐해 하거나 당황하는 경향이 있다. 반면에 긍정적인 자아개념을 가진 사람은 다른 사람에 대해 호의적이고 타인의 칭찬에 지나치게 우쭐해 하거나 당황하지 않는다. 이들은 자신의 장점과 단점을 모두 인정하며 상대방이나 주변에서 벌어지는 사건을 있는 그대로 받아들일 수 있기 때문에 긴장하지 않고 다른 사람과 관계를 맺을 수 있다.

4. 자신을 보는 관점

자신을 어떤 관점에서 보며, 어떻게 대인관계를 맺고 있는가? 인간은 자기의 생각에 대해 사고할 수 있을 뿐만 아니라 동일한 환경이라 할지라도 각기 다른 적응방식을 취할 수 있는 능력을 가진 매우 독특한 존재이다.

자신에 대해서 말해야 할 때 장점보다는 단점이 더 많이 떠올라 당혹스러움을 느꼈던 적은 없었는가? 자신을 어떻게 보느냐는 타인을 어떻게 보고 있느냐 못지 않게 중요한데, 자신을 보는 관점에 따라 그 사람의 행동이나 태도가 선택되기 때문이다.

Harris(1969)는 개인이 타인과의 관계 속에서 자아개념을 형성해 가는 단계를 자기부정－타인긍정, 자기부정－타인부정, 자기긍정－타인부정 그리고 자기긍정－타인긍정과 같이 네 가지의 생활자세로 분류하고 있다.

그는 여기서 제시한 네 가지 관점 중 우리가 어떠한 관점을 갖게 되는가 하는 것은 그동안 살아오면서 받아왔던 타인으로부터의 신뢰와 인정에 의해 결정된다고 하였다. 즉, 우리가 살아오는 동안 많은 사랑과 인정을 받았다면 자기긍정이 강하지만, 주변 사람들로부터 소외되고 무시되었다면 자기부정이 강할 것이다.

첫째, 자기부정－타인긍정(I'm not OK－You're OK)의 단계는 5세가 될 때까지 타인의 보살핌을 받아야 생존할 수 있는 영・유아기에 해당된다. 자기부정－타인긍정의 사람들은 타인의 인정과 승인을 필요로 하는 의존적인 사람이다. 이들은 타인들이 자기보다 항상 훌륭하다고 생각하는 태도, 즉 타인을 긍정하지만 자신을 부정하는 태도가 지속되기 때문에 우울하고, 소외되며, 무능력하다고 느끼는 자기비하로 이어지게 된다. 따라서 타인과의 관계 형성을 위해 시간을 보내려고 하지 않는다.

둘째, 자기부정-타인부정(I'm not OK-You're not OK)의 단계는 부모의 일방적인 보살핌과 긍정적인 인정 자극이 끝나게 되는 시기로서 어린 아기의 시절이 끝나는 때이다. 이 때 부모가 냉정하고 쌀쌀맞게 대하면, 어린아이는 굉장한 충격을 경험하게 되고 생활에 대한 희망을 잃게 된다. 자기부정-타인부정의 사람들은 자포자기하거나 무의미한 생활과 시간을 보낸다.

셋째, 자기긍정-타인부정(I'm OK-You're not OK)의 단계는 어린이가 부모의 차가운 태도로 인해 호전적인 태도로 바뀌는 시기로서, Harris는 이 단계를 '범죄적 단계'라고 규정하였다. 이렇게 타인에 대한 부정과 자기긍정의 관점을 가지게 되면, 주위에서 일어나는 모든 문제를 타인의 잘못으로 인한 것이라고 생각하게 된다. 자신의 변화를 통해서 해결해야 하는 문제들도 다 남의 탓으로만 돌릴 뿐 아니라, 남들은 늘 자신을 속이려고 한다고 보고 의심하며 믿지 않으려고 한다. 따라서 이러한 사람들은 타인을 불신하고 비난하며 관계를 끊으려고 하는 방향으로 나아간다.

넷째, 자기긍정-타인긍정(I'm OK-You're OK)의 단계는 올바른 인간관계를 형성하기 위한 가장 바람직한 관점이다. 위에서 설명한 세 가지 관점과 자기긍정-타인긍정의 관점은 질적인 차이가 있다. 즉, 이전의 세 가지 관점은 무의식적으로 우리가 성장하는 과정에 자리잡게 되는 것으로 무의식적이고 무비판적인 감정이나 인상에 기초하였다면, 자기긍정-타인긍정의 관점은 우리 스스로 노력하여 자신에 대한 강한 신뢰, 장점, 그리고 타인을 굳게 믿으려는 신의와 일종의 모험이 그 기반이 된다. 이 단계는 자기의 가치와 타인의 가치를 수용하는 의식적이고 언어적으로 내리는 결단이지 어떤 단순한 감정에 의지하는 느낌의 표현이 아니다. 이 이론의 목적은 앞의 세 가지 자세를 네 번째 자세인 자기긍정-타인긍정의 자세로 변화시키는 것이라고 할 수 있다.

이처럼 사람들이 자기 자신을 어떤 관점에서 보느냐 하는 것은 주로 인간이 자신의 현재 모습을 어떻게 보느냐, 타인이 자신을 어떻게 보고 있다고 생각하느냐 그리고 이상적인 나는 어떠해야 한다고 보느냐 하는 세 가지 측면에서도 분석될 수 있다.

첫째, 나의 횡단적 측면으로써 '현재의 나'를 어떤 측면에서 살펴보고 평가하느냐 하는 것이다. '나'는 육체를 중심으로 다양한 심리적 속성을 지니며 사회적 관계 속에 얽혀 있는 생물적 · 심리적 · 사회적 존재이다. 인간은 이러한 자신의 여러 가지 측면에 관한 기술적 또는 평가적 정보를 '나'라는 자아개념에 저장하고 있다. 나의 자아개념은 어떠한가? 과연 나는 나에 대해서 어떤 평가를 하고 있는가? 하는 문제이다. 여기서는 현재 나의 성격, 특성, 장 · 단점 등을 잘 파악하는 것이 중요하다.

둘째, 나의 종단적 측면이다. 종단적 자아분석은 '현재의 나'가 형성되기까지의 과정을 추적하는 작업이다. 나의 역사, 즉 성장사에 대해 자서전적 분석을 하는 것이다. 여기서는 나와 나의 가족에 대한 과거사를 이해하고 현재의 나에 대한 영향을 살펴보는 일이 중요하다. 인간은 누구나 뿌리를 가지고 있다. 나의 뿌리에 대한 이해는 자아개념의 이해에 기본적인 것이다. 이는 출생 후 현재까지 어떤 경험을 하며 현재의 나에 이르렀는지를 살펴보는 것으로써, 나의 과거 역사가 현재의 나에 강력한 영향을 미치고 있기 때문이다.

셋째, 나의 무의식적 측면이다. 내가 의식하지 못하지만 나의 행동에 강력한 영향을 미치는 무의식적인 갈등이나 심리적 역동과정을 의미한다(권석만, 1997).

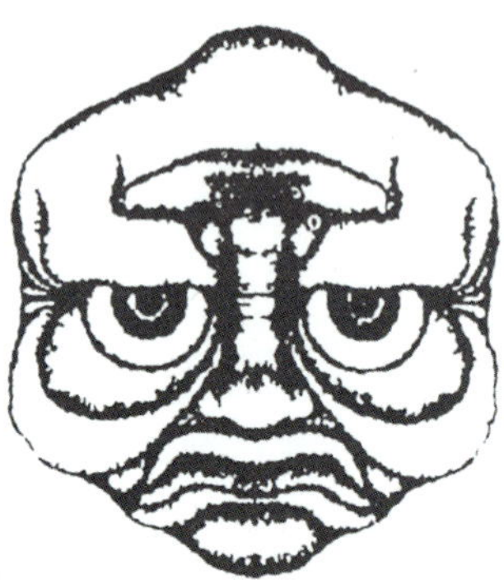

[그림 2-2] 뒤집어 보면 달리 보인다

출처 : 이민규, 1999

나의 횡단적 측면, 종단적 측면, 그리고 무의식적 측면의 통합에 의해 형성되는 자기 자신을 어떻게 보느냐 하는 문제는 여러분이 인간관계 기술을 긍정적으로 정립하느냐, 혹은 부정적으로 정립하느냐? 하는 문제의 기초가 된다.

[그림 2-2]는 자기 자신의 생각과 기대에 의해 세상이 다르게 보이며 인생이 달라질 수도 있다는 것을 나타내 주는 하나의 예이다. 이 그림을 뒤집어 보면 어떤 표정이 나타날까? 찡그린 표정에서 웃는 표정으로 바뀔 것이다. 생각하기에 따라 세상이 달라 보이고, 자신을 보는 관점도 얼마든지 바뀔 수 있다는 사실을 기억하자.

5. 자아개방

자아개방(self-disclosure)은 자기개방, 자기노출이라는 용어로 사용되기도 하는데, 있는 그대로의 자기 자신을 다른 사람에게 보이는 것을 말한다. 즉, 자신의 생각, 느낌, 선호, 취미, 사상 등 사적인 생활에 대해서 있는 그대로 솔직하게 상대방에게 나타내 보이는 것이다.

Jourard(1971)는 『투명한 자아(*The Transparent Self : self-disclosured and wellbeing*)』에서 자아개방이란 자신의 정체와 입장을 분명히 밝히고, 자기 자신을 남에게 보여줌으로써 타인이 자신을 알 수 있도록 하는 행위라고 정의하고 있다.

이렇게 우리가 마음속으로 생각하거나 느끼는 것을 있는 그대로 다른 사람들이 볼 수 있게 행동으로 내보일 수 있게 된다면, 상대방은 나에 대해서 좀 더 잘 이해하게 되고 신뢰하게 되며 이로써 원만한 인간관계를 형성시킬 수 있게 된다. 즉, 인간관계란 서로를 아는 데서 시작된다고 할 수 있다.

우리가 나 자신을 자신 있게 상대방에게 개방하기 위해서는 적어도 두 가지 조건이 선행되어야 한다. 먼저, 나 자신에 대한 정확한 이해(self-understanding)가 필요하다. 나는 인간관계의 주체이며, 나를 정확하게 이해하게 되면 상대방에 대한 이해는 저절로 이루어진다.

자기를 정확하게 이해하기 위해서는 우선 자기의 경험에 대해서 개방적이고 수용적이어야 한다. 즉, 어떠한 가식이나 허식을 가지고 현실을 왜곡해서 받아들여서는 안 된다. 현실을 있는 그대로 받아들이고 경험할 수 있어야 한다. 이렇게 거짓과 왜곡됨 없이 자기 경험을 그대로 탐색하는 과정을 통해 자신의 정확한 모습을 보게 되는 것이다.

나를 정확하게 이해하게 되면 상대방도 아울러 이해하게 된다. 나 자신이나 상대방도 다 같은 인간이기 때문에 나를 이해한다는 것은 결국 인간을 이해하는 것이므로 아직 깨닫거나 발견하지 못했던 인간의 새로운 측면을 인식하는 계기가 된다. 이렇게 되면 아직 이해하지 못했던 다른 사람의 행동까지도 이해하게 되는 결과를 가져온다. 따라서 자신을 이해하는 것은 인간관계 형성의 기본 요건이라고 할 수 있다.

다음으로는 새롭게 발견한 자신을 있는 그대로 받아들이고 인정하는 자아수용(self-acceptance)이 이루어져야 한다. 자아수용은 자기 자신의 신체적 조건이나 생리적 현상 또는 자신의 느낌, 생각, 행동, 가치관, 성격 및 자신이 처한 상황 등을 그대로 받아들이는 태도이다. 즉, 아무 조건 없이 있는 그대로의 나의 모습을 인정하는 것이다. 이렇게 자기를 수용하는 것은 나를 하나의 독립된 개체로 인정하는 것이며, 나의 인간으로서의 존재 가치를 인정하는 것이다.

이와 같은 자아이해와 자아수용은 인간관계에서 뿐만 아니라 건전한 성장・발달을 위해서도 필수적인 요건이 된다.

그러나 사람들은 아직 상대방을 알기 전에는 자기 자신을 보호하기 위해 상대방에 대해서 매우 방어적이다. 이는 현대사회의 특성상 서로 자주 접촉할 기회가 없고, 또한 나 자신을 상대방에게 공개하면 상대방이 나의 부정적인 측면을 알고 나를 싫어하거나 나를 불리하게 만들 것이라는 우려 때문인 것으로 생각된다. 이처럼 피상적이고 방어기제를 통해 상호작용을 하고 있는 동안은 바람직한 인간관계를 발달시키기가 힘들다. 즉, 의례적인 인사말이나 일상적인 대화만을 주고받기 때문에 피상적인 인간관계에 머물게 된다. 이럴 때 어느 한쪽이 과감하게 자기를 개방하게 되면 상대방도 개방하게 되고, 따라서 서로를 이해하는 폭이 넓어지고 신뢰하게 되며 깊은 인간관계를 발전시켜 나갈 수 있게 된다.

미국 심리학자인 Joseph Luft와 Harry Ingham은 자신들의 이름을 따서 [그림 2-3]과 같은 'Johari의 창(Johari Window)'이라는 자아개방 모형을 개발하였다(Luft, 1969). 이 모형을 통하여 인간관계에서의 자아개방의 중요성과 의의를 보다 잘 이해할 수 있기 때문에 여러 분야에서 많이 인용되고 있다.

Johari의 창은 원래 자아개방과 피드백이란 두 가지 개념을 명료화하기 위해 만들어진 것으로써 건강한 자아개념이 대인관계에 영향을 줄 수 있을 뿐만 아니라, 친밀한 대인관계를 통해 자기 자신을 아는 데 얼마나 큰 도움을 받을 수 있는지를 안내하고 있다. 신뢰수준이 더 높아지고, 어떤 사람이 기꺼이 모험을 감행하려고 하면 할수록 사람은 더욱더 자아를 공개할 것이다. 또한 내가 보는 상대방에 대한 나의 생각을 전해 주는 피드백의 과정을 통해 서로 간의 상대방에 관한 느낌과 생각을 전함으로써 스스로가 어떻게 개방되는지 설명해 주고 있다.

[그림 2-3]에서 보는 바와 같이 Johari의 창은 자신과 타인에게 알려진 부분과 알려지지 않은 부분의 조합에 의해 개방된 영역(open), 지각하지 못하는 영역(blind), 숨겨진 영역(hidden), 알려지지 않은 영역(unknown)으로 이루어져 있다.

	자신에게 알려짐 (known to self)	자신에게 알려지지 않음 (unknown to self)
타인에게 알려짐 (known to others)	개방된 영역 (open)	알려지지 않은 영역 (unknown)
타인에게 알려지지 않음 (unknown to others)	숨겨진 영역 (hidden)	지각하지 못하는 영역 (blind)

[그림 2-3] Johari의 창

출처 : Luft, 1969

첫째, 개방된 영역은 나 자신에 대해서 내가 알고 동시에 타인이 알고 있는 부분을 말한다. 이 영역에서는 자신에 대한 정보가 공개되어 있어 서로가 서로에 대해서 알고 있는 부분이다. 예를 들면, 이름, 성별, 직업 등 남들이 잘 아는 부분이 있을 때를 지칭하는 영역이다.

둘째, 지각하지 못하는 영역은 남들은 잘 알지만 자기 자신은 모르고 있는 자기의 모습이다. 예를 들면, 내가 가지고 있는 이상한 버릇이나 비언어적인 상투적 행동 특성 등은 나보다 다른 사람들이 더 잘 알고 있는 경우가 많다.

셋째, 숨겨진 영역은 자기만 알고 남들은 잘 모르는 나의 모습이다. 겉으로 표현하지 않은 생각, 느낌, 나만이 지니고 있는 나 자신에 대한 약점, 비밀, 콤플렉스 등이다. 사람들은 자신이 신뢰하지 않는 사람들에게는 나에 대한 이러한 정보를 절대 알려 주지 않을 것이다. 왜냐하면 타인에게 숨겨진 영역이 드러날 경우 약점 잡히고, 상처받으며, 공격받기 쉽다고 생각하기 때문이다. 그러나 타인이 나에게 얼마나 의미 있고 신뢰할 만한 사람인가에 따라 이 숨겨진 영역의 범위는 점차 축소된다.

넷째, 알려지지 않은 영역은 자기 자신에 대하여 나도, 타인도 모두 모르는 미지의 부분이다. 그러나 어떤 사람들은 심리치료, 충격적인 경험, 어떤 우발적인 사건 등에 의해 전혀 알지 못했던 정보가 표면화되기도 한다. 예를 들어, Freud는 인간을 움직이는 힘은 무의식의 세계라고 하였다. 이 무의식의 세계, 즉 우리가 가지고 있으면서도 알 수 없는 세계가 바로 알려지지 않은 영역이다.

인간관계 발달을 위해서는 자아개방과 함께 피드백(feedback)도 중요하다. 피드백이란 상대방에게 그의 의사소통에 대한 반응을 보여주는 것이다. 즉, 우리는 자기 자신에 대해서 잘 모르고 있는 부분이나 모습들을 타인의 피드백을 통해 알게 되는 것이다. 이처럼 피드백은 타인들이 우리를 개방적이고 수용적이라고 지각하고 이해할 때 일어난다.

자아개방과 피드백 과정이 알려지지 않은 영역에서 개방된 영역으로 새로운 정보의 이동을 촉진시키기도 한다.

[그림 2-4]의 인간관계의 발전 정도에 따른 Johari의 창에 의하면, 인간관계의 초기에는 개방된 영역이 매우 작지만 관계가 점차 발달하고 신뢰 수준이 증가하면 이 영역이 점차 커지게 된다. 마치 미팅에서 처음 만난 두 남녀가 일상적이고 상투적인 대화만을 나누다가 서로 간에 신뢰와 애정이 깊어가면서 대화의 폭을 점차 넓혀 가는 것과 같다. 두 사람 사이에 있는 신뢰성, 개방성 그리고 수용성 수준은 앞으로 있을 수 있는 자아개방과 피드백의 정도를 결정하는 데 있어 매우 중요한 요인이다.

이 모형에 의하면, 바람직한 인간관계의 발달이란 지각하지 못하는 영역, 숨겨진 영역, 알려지지 않은 영역을 줄이고 개방된 영역을 확장하는 것을 의미한다. 결국 우리는 특별히 자아개방의 용기와 훈련이 필요한데, 이러한 자아개방을 통해 자기성장은 물론이고 타인과의 효과적인 관계를 형성하고 발전시켜 나갈 수 있을 것이다.

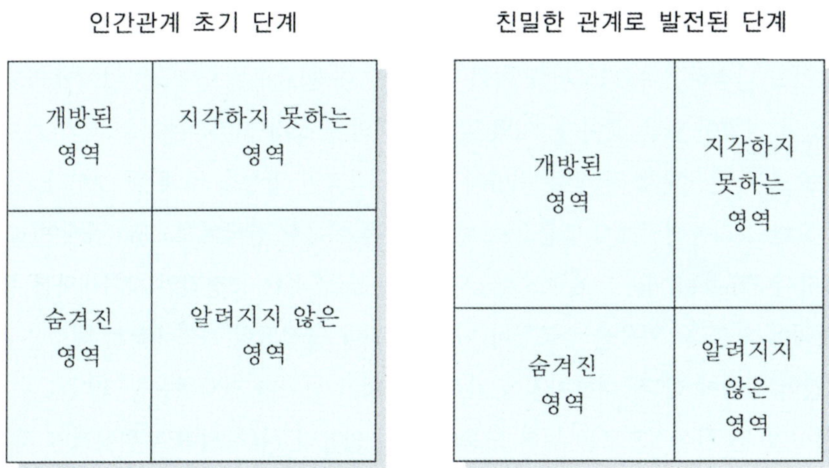

[그림 2-4] 인간관계의 발전 정도에 따른 Johari의 창

출처 : Luft, 1969

6. 자아개념 증진

바람직한 인간관계 형성을 위해 긍정적인 자아개념을 형성하는 것이 중요하다는 것을 알 수 있다. 할 수 있다는 신념과 함께 계속되는 사람들과의 관계 속에서 긍정적인 자기 모습을 발견하고 그것을 가꾸어 가는 일은 건전한 사회의 초석이 될 것이다.

긍정적인 자아개념을 갖기 위해서 우리가 할 수 있는 방법에는 어떤 것들이 있는지 알아보면 다음과 같다(원호택 · 박현순, 1999).

1) 긍정적인 자기대화하기

자기대화(self-talk)란 자기 자신과 이루어지는 내면적 의사소통이다. 자기대화의 내용은 자아존중감에 따라 다르다. 대부분의 사람들은 어려운 일을 앞두고 '난 해낼 수 있어'라고 거듭 다짐하거나 '나로서도 어쩔 수 없어. 내 힘으로는 안 되는 일이야'라고 스스로 되뇌었던 경험이 있을 것이다. 이와 같은 형태의 긍정적인 자기대화는 자기 가치감을 높여 줌으로써 인간관계 및 행동 전반에 걸쳐 긍정적인 영향을 주게 될 것이다. 글로벌 벤처의 요람 실리콘밸리에서 맨몸으로 성공신화를 이룩한 한국여성 CEO 김태연(라이트하우스 회장)은 "He can do, She can do, Why not me?"라는 긍정적인 자기대화를 통해 오늘의 자리에 오를 수 있음을 강조한바 있다. 그러나 긍정적인 자기대화의 내용은 무엇보다 현실감이 있어야 한다. 하루아침에 기적적인 일이 일어나 만사형통할 것이라는 자기대화는 환상일 뿐 현실적으로는 전혀 도움이 되지 않는다. 긍정적이고 현실적인 자기대화를 위해서는 반드시 노력이 뒷받침되어야 한다.

2) 시각화하기

시각화(visualization)란 원하는 것을 이룬 순간이나 바람직한 행동을 했을 때 어떠할 것인지 그 상황을 영상으로 그려 보는 방법을 말한다. 예를 들어, 2018년 평창동계올림픽에 선발된 올림픽 대표 선수들이 힘든 훈련 과정 중 자신이 금메달을 목에 걸고 시상대에 올라 애국가가 울려 퍼지는 감동적인 장면을 시각화해 본다. 또한 많은 사람 앞에서 연설하거나 발표할 때 자신감이 없고, 두려움을 느끼는 사람에게 연설과 발표를 잘 마무리한 장면과 같은 긍정적인 결과를 상상으로 그려 보는 훈련은 자아존중감 향상에 도움이 된다. 물론 이와 같은 시각적 장면도 현실성이 있어야 하고, 구체적인 노력이 뒷받침되어야 한다.

[그림 2-5] 2008 소치 동계올림픽 메달

3) 비교하지 않기

우리는 태어나기 전부터 수많은 비교의 대상이 되었을 뿐만 아니라 살아가면서 스스로도 타인과 많은 비교를 하곤 한다. 이 때 다른 사람이 나보다 나은 것이 무엇인가 찾아보는 비교보다는 다른 사람과 다른 나만의 독특한 점을 찾기 위한 비교가 바람직하다. 건강하고 긍정적인 자아개념이란, 타인의 평가나 판단에 달려 있는 것이 아니라 스스로를 인정하는 데서 출발한다. 그러므로 다른 사람과 자기를 비교하기보다 자신의 어제와 오늘 그리고 오늘과 내일을 비교하도록 하자.

4) 새로운 시각 갖기

세상사는 마음먹기에 달려 있다. 누구나 때때로 하는 일들에 실패하곤 한다. 그러나 유별나게 자기는 운이 없으며 일이 풀리지 않고 갈수록 꼬여 되는 일이 하나도 없다(Murphy's law : 머피의 법칙)고 불평하는 사람들이 있다. 예를 들면, 마트 등에서 계산하기 위해 제일 짧다고 생각한 계산대를 선택해서 줄을 서도 항상 계산속도가 늦다고 느끼게 되는 경우 등이 있다. 반면에, 하는 일들이 잘 풀리고 계속해서 자신에게 유리한 일만 일어난다(Sally's law : 샐리의 법칙)고 생각하는 사람도 있다. 이처럼 문제 상황을 또 다른 관점에서 보는 새로운 조망은 새로운 행동을 이끌어 낼 수 있으며 긍정적인 자아개념을 형성할 수 있도록 도울 것이다.

실패했다고 거기에 파묻혀 절망하거나 집착하기보다 새로운 안목으로 그 상황을 다시 볼 때 해결의 실마리를 찾을 수 있는 가능성이 생긴다. 그렇다고 해서 모든 실패나 부정적인 경험을 가볍게 떨쳐버리라는 것은 아니다. 왜냐하면 인간은 실패를 통해 배우고 성장하기 때문이다. [함께 읽기 2-1] 중 닉 부이치치의 강연 내용은 새로운 시각 갖기를 통해 자신의 삶이 어떻게 달라질 수 있는지를 보여주고 있다.

5) 솔직하고 친밀한 인간관계 갖기

옳고 그른 가치판단이나 비판적인 평가 없이 이야기를 들어 주고 자신의 말에 대해 자기의 솔직한 생각이나 감정을 말해 주는 신뢰할 수 있는 친구나 동료가 있다면 그 사람은 외롭지 않을 것이다. 믿을 만한 사람의 말일수록 우리는 그 사람의 말에서 힘을 얻는다. 신뢰하는 상대의 솔직한 말 한마디, 긍정적인 지지는 우리 인생에 용기를 북돋워 준다. 그러나 이와 같은 피드백은 그들이 여러분을 개방적이고 수용적이라고 지각하고 이해할 때만이 일어날 수 있다는 것을 명심해야 할 것이다. 솔직한 피드백을 줄 수 있는 믿을 만한 친구와의 만남은 당신의 긍정적인 자아개념 형성에 영향을 줄 수 있을 것이다.

【 함께 읽기 2-1 】 자신의 신체적인 장애를 성공적으로 극복한 닉부이치치

'사지 없는 삶(Life without Limbs)'이라는 장애인 비영리단체 대표이자 희망전도사인 닉 부이치치(Nick Vujicic)는 1982년 호주태생으로 의학적으로는 아무 이상이 없었지만 태어날 당시 머리와 몸통 그리고 작은 왼쪽발만을 가지고 태어났다. 초등학교에 입학하고 나서 친구들이 놀려대기 시작했고 자신의 모습이 흉측해보여 절망에 빠져 어린나이에 삶을 포기하고 싶어졌고 희망이 보이지 않다고 하던 닉 부이치치. 그런 그가 지금은 행복을 전하는 전문강사로 활동 중이다.

닉 부이치치의 강연 내용 중 일부는 다음과 같다.

"길을 가다보면 넘어질 수도 있어요. 이렇게 넘어지면 어떻게 하죠?
여러분이 알다시피 다시 일어나야죠.
왜냐하면 이렇게 넘어진 상태로는 아무 곳에도 갈 수 없으니까요.
하지만 가끔 살다보면 당신이 넘어졌을 때
다시 일어날 수 있는 힘이 없다고 느껴질 때도 있어요.
여러분, 저에게 희망이 있다고 생각하시나요?
왜냐하면 저는 이렇게 넘어져 있고 제게는 팔도 다리도 없거든요.
제가 다시 일어서는 것은 불가능하겠죠? 그러나 그렇지 않아요. 저는 백 번이라도 다시 일어나려고 시도할 거예요. 만약에 백 번 모두 실패하고 제가 일어나려는 것을 포기하게 된다면 저는 다시는 일어서지 못할 거예요. 하지만 실패해도 다시 시도한다면 그리고 또 다시 시도한디면 그것은 끝이 아니에요. 어떻게 끝내는 것인가가 중요한 거죠. 강인하게 이겨낼 건가요?
그러면 다시 일어날 수 있는 용기를 얻을 수 있을 거예요."

그리고 지금도 닉은 팔과 다리를 원한다고 기도한다고 한다.
하지만 그렇지 않다고 해서 실망하지 않는다고 했다.
자신은 아직도 기적을 믿고 신은 자신에게 위대한 사명을 주셨다고 한다.
자신을 통해 사람들이 변화하는 모습을 보는 것은 정말 아름다운 일이라고 하면서…

인간관계 프로그램 2-1

나는 누구인가?

▌활동목표▐

자기가 자신을 안다는 것은 아마도 끝없이 계속되어야 하는 자기 탐색의 여행이 될 것이다. 또한 자아실현이 이루어진다는 것은 한 개인이 그가 가진 내적인 본성을 충실히 안다는 것이라고 할 수 있다. 그렇기에 자신의 느낌, 생각, 성격 그리고 자신만이 지니고 있는 독특한 취미와 가치를 안다는 것은 매우 중요하다. 이처럼 자기 자신과 자신의 본질에 대한 자각은 곧 자기성장과 자아실현에 있어 본질적인 요소라고 할 수 있다.

"나는 누구인가?"라는 〈인간관계 프로그램 2-1〉은 자신이 생각하고 느끼는 내적인 면과 외적인 자기의 행동을 일체화시켜 가는 학습으로서 오늘날 주변의 변화에 급급하여 물리적이고 기계적으로만 살아가는 우리에게 매우 의미 있는 학습이 될 수 있을 것이다. 본 프로그램을 통해 자아개방을 하게 되고, 겸허한 태도 변화와 타인과 진실한 관계를 맺게 되며, 구체적이고 객관적인 자아를 재발견하게 된다.

▌활동내용▐

조용하고 격리된 곳에서 차분하게 몰입할 수 있는 분위기를 마련한다. 다음으로 별지에 제시된 "나는 누구인가" 성인용 명상문을 읽어주고 잠시 자신을 생각해 볼 수 있는 시간을 갖는다. 이 때 명상 음악을 준비할 수 있으면 함께 들려준다.

소집단을 구성해서 본 프로그램을 진행하도록 한다. 본 프로그램은 각각의 구성원들이 A4용지에 자신이 아는 자기에 대하여 서술하도록 하는데, 적는 방법은 "나는"이라는 주어를 써서 시작하고 "~이다", "~하다", "~한다", "~있다"로 끝나는 미완성 문장 10개를 기술한다. 작성이 끝난 후에 한 사람씩 돌아가면서 발표한다.

이 때 한 사람이 발표하고 난 후에 다른 사람을 추천하는 형식으로 전원이 발표하도록 해도 좋다. 발표하면서 자신을 향한 느낌, 기분은 어떤지, 다른 사람의 발표를 들으면서 느낌은 어떠했는지 서로 이야기를 나눈다.

다음 조용히 자신이 적은 미완성 문장을 감상하면서 자기 속의 자신과 대화한다. 하나하나의 항목을 놓고 진정으로 이 점은 그대로 키워 나갈 것인지, 아니면 좀 바꾸어 보고 싶은지, 혹은 버리고 싶은 항목은 어떤 것인지, 왜 그렇게 하고 싶은지를 생각할 시간을 준 다음 서로 발표한다. 마지막으로 바꾸고 싶은 것이나 버리고 싶은 항목을 아주 없애버리도록 하는 작업을 한다.

미완성 문장

나는 ______________________ 이다.
나는 ______________________ 이다.
나는 ______________________ 이다.
나는 ______________________ 하다.
나는 ______________________ 하다.
나는 ______________________ 하다.
나는 ______________________ 한다.
나는 ______________________ 한다.
나는 ______________________ 있다.
나는 ______________________ 있다.

| 응 용 |

지난 일에서 겪은 긍정적인 것과 부정적인 것을 그때 상황과 기분을 중심으로 실감나게 발표함으로써 자기를 이해할 뿐만 아니라, 자신을 있는 그대로 수용할 수 있는 분위기를 형성한다. 또한 다른 사람의 발표를 들으면서 그에 대해서 보다 잘 이해할 수 있도록 한다.

나를 기쁘게 하는 것은 ______________________
나를 즐겁게 하는 것은 ______________________
나를 신나게 하는 것은 ______________________
나를 보람있게 하는 것은 ______________________
나를 슬프게 하는 것은 ______________________
나를 화나게 하는 것은 ______________________
나를 괴롭게 하는 것은 ______________________
나를 두렵게 하는 것은 ______________________

• 나는 누구인가? (성인용 명상문)

나 지금 여기 있습니다.
모든 일을 접어두고 여기에 있습니다. (침묵 유지)
여기에 있는 나는 과연 어디서 왔으며 어디로 가는 걸까?
여기 있는 나는 어떤 '나'일까?
즐거웠던 일, 슬펐던 일, 고통스러웠던 일, 속상했던 일 속에서 얼마나 나를 지키기 위해 힘들게 힘들게 살아온 '나'였던가?
그 순간순간, 울고 웃으며 지나온 일들이 나만을 위한 것이었던가?
충실하게 주어진 역할에만 몰두해서 살아온 '나', 나는 누구인가? (침묵 유지)
나의 마음속에는 이러한 나를 잘 알아주고 따뜻하게 감싸주던 이가 누구인가? 하고 문득문득 생각하게 됩니다.
또 나를 중심으로 한 모든 이들은 나의 이런 모습을 어떻게 느낄까 생각해 봅니다.
분명히 나는 기억합니다.
내가 힘들어 할 때, 쓸쓸하고 허전할 때, 그 누군가의 알아주는 말 한마디에 벅차하고 흐느꼈던 때를 간직하고 있습니다.
여기 있는 '나', 내가 남에게 주어온 관심과 사랑은 어떠했는가? (침묵 유지)
바위처럼 짐스러운 말로 부담주지는 않았는지?
너무 믿는 사이라고 무심하고 소홀하게 대하지는 않았는지?
나의 마음은 분명 사랑이 있는데 하면서 보내어진 표현은 어떠했는가? 생각해 봅시다.
나는 나 자신에 대한 '나'의 대접을 어떻게 했는가?
해야 되는 일들에만 파묻혀서 '나' 자신을 잊어온 나는 아닌가?
자신에 대한 대접을 포기하거나 체념한 나는 아닌가?
자신을 학대하지는 않았는지? 불신하지는 않았는지?
사랑스러운 '나', 소중한 '나', 기특한 '나', 어여쁜 '나'는 아닙니까?
생각해 봅시다.

출처 : 이재창, 1992

인간관계 프로그램 2-2

나는 나 자신을 어떻게 평가하는가?

▌활동목표▐

개인이 자기 자신에게 하는 평가를 자아존중감이라고 한다. 즉 자아존중감이란 자기 자신을 수용하거나 거부하는 것을 나타내며, 개인이 자기 자신을 능력 있고, 의의 있고, 성공적이라고 믿는 정도를 말한다. 자아존중감은 개인이 자신에 대해 갖는 태도 속에 나타나는 자신에 대한 가치의 판단이다(송인섭, 1998). 다음의 자아존중감 검사를 통해 자기 자신을 어떻게 평가하고 있는지 분석하고, 자신의 자아존중감이 높거나 낮은 이유에 대해 토의한다.

▌활동내용 ▐

개별 학생들에게 자아존중감 검사 1(양현정, 2002, 신뢰도 계수 = .86)과 자아존중감 검사 2(유윤자, 2000, 신뢰도 계수 = .80)를 나누어 주고 솔직히 검사에 임하도록 한다. 검사 후 안내된 채점 방법으로 채점한 후 결과를 기초로 하여 토의에 임한다.

■ 자아존중감 검사 1

번호	내 용	전혀 그렇지 않다	약간 그렇지 않다	약간 그렇다	매우 그렇다
1	나는 내가 적어도 다른 사람만큼 가치 있는 사람이라고 느낀다.	1	2	3	4
2	나는 내가 좋은 장점(자질)을 많이 갖고 있다고 느낀다.	1	2	3	4
3	대체로 나는 내가 실패자라고 느끼는 경향이 있다.	1	2	3	4
4	나는 남들이 하는 만큼은 일을 할 수 있다.	1	2	3	4
5	나는 남들에게 자랑스러워 할만한 것들이 별로 없다.	1	2	3	4
6	나는 나 자신에 대해 긍정적인 태도를 가지고 있다.	1	2	3	4
7	대체로 나는 나 자신에 만족한다.	1	2	3	4
8	나는 나 자신을 좀 더 존중할 수 있기를 바란다.	1	2	3	4
9	대체로 나 자신이 쓸모없는 존재로 느껴진다.	1	2	3	4
10	때때로 나는 내가 전혀 유능하지 못하다고 생각한다.	1	2	3	4

■ 자아존중감 검사 2

번호	내　용	전혀 그렇지 않다	약간 그렇지 않다	약간 그렇다	매우 그렇다
1	나는 가끔 내가 다른 사람이었으면 하고 바란다.	1	2	3	4
2	나는 여러 사람 앞에서 이야기하기가 어렵다.	1	2	3	4
3	나에게는 고쳐야 할 점이 많다.	1	2	3	4
4	나는 어렵지 않게 마음을 결정할 수 있다.	1	2	3	4
5	나는 다른 사람들과 재미있게 지낸다.	1	2	3	4
6	가족 중엔 나에게 관심을 보여주는 사람이 없다.	1	2	3	4
7	나는 새로운 것에 익숙해지기까지 많은 시간이 걸린다.	1	2	3	4
8	나는 친구들에게 인기가 있다.	1	2	3	4
9	우리 가족은 나에게 너무 많은 기대를 한다.	1	2	3	4
10	우리 가족은 대체로 내 기분을 이해해 주는 편이다.	1	2	3	4
11	나는 매사를 쉽게 포기하는 편이다.	1	2	3	4
12	나는 비교적 남보다 행복한 편이다.	1	2	3	4
13	나의 생활은 뒤죽박죽이다.	1	2	3	4
14	대체로 다른 사람들이 내 생각을 따라주는 편이다.	1	2	3	4
15	나는 나 자신에 대해 별로 내세울 것이 없다.	1	2	3	4
16	나는 집을 나가버리고 싶은 생각이 자주 든다.	1	2	3	4
17	종종 내가 하는 일이 뜻대로 되지 않는다.	1	2	3	4
18	나는 외모가 그리 멋진 편이 못 된다.	1	2	3	4
19	나는 할 말이 있을 때 대체로 그 말을 하는 편이다.	1	2	3	4
20	우리 가족들이 나를 잘 이해하고 있다.	1	2	3	4
21	다른 사람들에 비해서 나는 별로 사랑을 받지 못한다.	1	2	3	4
22	어떤 때는 가족들이 나를 미워하는 것 같다.	1	2	3	4
23	내가 하고 있는 일에 대해 실망을 느낄 때가 많다.	1	2	3	4
24	나는 모든 것이 그다지 어렵게 생각되지 않는다.	1	2	3	4
25	나는 다른 사람이 나에게 의지해도 될 만큼 강하지 못하다.	1	2	3	4

| 결과 해석 방법 |

<table>
<tr><th>구 분</th><th>영 역</th><th>문항 번호</th><th>점수/최대점수
(문항수)</th><th>총점/최대점수
(문항수)</th></tr>
<tr><td rowspan="2">검사 1</td><td>부정적인 자아존중감</td><td>3, 5, 8, 9, 10</td><td>/ 20(5)</td><td rowspan="2">/ 40(10)</td></tr>
<tr><td>긍정적인 자아존중감</td><td>1, 2, 4, 6, 7</td><td>/ 20(5)</td></tr>
<tr><td rowspan="4">검사 2</td><td>자기비하</td><td>1, 3, 11, 15, 16</td><td>/ 20(5)</td><td rowspan="4">/ 100(25)</td></tr>
<tr><td>타인과의 관계</td><td>6, 7, 9, 10*, 20*, 21, 22</td><td>/ 28(7)</td></tr>
<tr><td>지도력과 인기</td><td>2, 5*, 8*, 14*, 18, 25</td><td>/ 24(6)</td></tr>
<tr><td>자기주장과 불안</td><td>4*, 12*, 17, 13, 19*, 23, 24*</td><td>/ 28(7)</td></tr>
</table>

*표시 문항은 역채점 문항임

인간관계 프로그램 2-3

자 성 예 언

▍활동목표▍

자기 자신에 대해 스스로 만들어낸 이미지가 행동화되어 나타난다고 믿는 자기충족적 예언, 즉 자성예언을 통해 긍정적인 자아개념을 형성할 수 있도록 하는 것이 본 프로그램의 목표이다.

▍활동내용 ▍

① 인간관계 프로그램 리더가 자성예언 목록의 1번부터 큰소리로 번호만 불러주면 전체 구성원이 내용을 합창 낭독하게 한다. 이를 2~3번 반복해 본다.
② 다음 자기가 되고자 하는 항목을 3~5가지만 선택하게 한다.
③ 돌아가면서 자유롭고 편안하게 이유를 발표한다.

▍자성예언 목록 ▍

1. 나는 멋있고 좋은 사람이다.
2. 나는 어디서나 필요한 사람이다.
3. 나는 말보다 행동하는 사람이다.
4. 나는 내 인생의 주인공이다.
5. 나는 할 수 있다.
6. 나는 목표가 있다.
7. 나는 참을 수 있다.
8. 나는 나 자신을 다스릴 수 있다.
9. 나는 정직하다.
10. 나는 건강하다.
11. 나는 부지런하다.
12. 나는 겸손하다.
13. 나는 예의바르고 단정하다.
14. 나는 무엇이든 끝까지 열심히 한다.
15. 나는 말씀을 잘 듣는다.

16. 나는 받기보다 주기를 좋아한다.
17. 나는 약속을 잘 지킨다.
18. 나는 솔직하게 먼저 이야기한다.
19. 나는 언제나 밝게 웃는다.
20. 나는 절약한다.
21. 나는 할 일을 찾아서 한다.
22. 나는 스스로를 큰 사람이라고 생각한다.
23. 나는 무슨 일이나 뜻이 있다고 생각한다.
24. 나는 결과에 집착하지 않고 과정에 최선을 다한다.
25. 나는 항상 앞서 준비한다.

Ⅰ응 용Ⅰ

본 프로그램에 참여한 이후 학기말까지 자기가 되고자 하는 항목 3~5가지를 책상 앞에다 붙이고 아침, 저녁 큰 소리로 5번씩 외쳐 본다. 이를 통해 건전한 자아개념을 형성하게 되고, 이는 자신의 인간관계 형성의 기초가 될 수 있을 것이다.

출처 : 이재창, 1992

토론주제

1. 자성예언의 긍정적 측면과 부정적 측면에 대해 토의해 보자.

2. 자기긍정-타인긍정의 관점은 나머지 세 가지 관점과 어떤 차이가 있는지 설명해 보자.

3. 내가 나를 보는 바, 타인이 나를 보는 바 그리고 앞으로 내가 되고 싶어 하는 바에는 어떤 차이가 있는지 이야기해 보자.

4. 최근 자신의 주위에서 일어나는 일들이 우연히도 자신에게 유리하게 풀리고 있는지 혹은 꼬이기만 하는지 이야기해 보자.

5. 자신의 성격이나 행동 특성 중 생산적인 인간관계를 저해하는 요인을 규명한 다음, 대처전략을 이용하여 바람직한 방향으로의 변화를 모색해 보자.

CHPATER 03

성격과 인간관계

성격은 한 개인이 갖는 고유의 독특한 성질로 비교적 안정적이며 일관성이 있다. 성격 연구에 대한 많은 입장들이 심리학자들 간에 교류되고 있지만 그 범주는 크게 두 가지로 분류해 볼 수 있다. 인간의 성격을 단면적으로 보는 특성 이론과 다양한 정신역동, 환경과의 상호작용 체계로 보는 과정 이론이다.

본 장에서는 성격의 결정에 있어서 유전과 환경의 영향력에 대한 입장들을 살펴볼 것이다. 또한 건강한 성격에 대한 이해와 실제 프로그램을 통해 자신의 성격이 갖는 특성을 이해함으로써, '나는 누구인가?'에 대한 이해의 틀을 형성하고 내가 속한 성격의 범주에서 맺어질 수 있는 인간관계의 장·단점들에 대해 검토해 보기로 한다.

학습목표

1. 원만한 대인관계 형성에 필요한 성격의 특성을 이해하고 활용할 수 있다.
2. 건강한 성격을 형성하기 위한 방법을 이해하고, 이를 위해 노력할 수 있다.
3. 자신의 성격 특성과 대인관계 유형을 이해하고, 변화를 시도할 수 있다.

1. 성격의 의미

성격은 심리학 용어일 뿐 아니라 일상적으로 사용되는 생활용어이기도 하다. 따라서 모든 사람들은 성격이 무엇인가에 관해 나름대로의 생각을 갖고 있다. 그래서 성격을 특별히 정의하지 않은 채로 성격의 특성에 대해 언급한다. 또한 심리학 내에서도 성격의 정의는 학자들의 개인적 선호나 이론의 강조점 차이에 따라 다양하다. 그러나 Child의 성격에 대한 정의는 심리학자들이 보편적으로 받아들이고 있는 성격 개념들을 종합한 것이어서 성격의 정의로서 무난하다고 볼 수 있다. 그에 따르면, "성격이란 개인의 행동을 한 시점으로부터 다른 시점에까지 일관성 있게 하고 다른 사람들이 상응하는 상황에서 보일 행동과 다르도록 만드는 상당히 안정적이고 내적인 요인들"이다. 즉, 성격이란 일관성과 개인차를 보이는 행동을 가져오는 안정적인 내적 요인인 것이다. 예를 들어, 한 개인이 자신에 대해 표현하거나 다른 사람의 행동에 대해 말할 때 "저 사람은 항상 그래" 또는 "오늘은 재가 왜 저러지?"라고 표현한다. 이 말 속에 담긴 의미는 어떤 사람이 특정한 행동을 일관성 있게 나타낸다는 의미가 포함되어 있다. 또 어떤 행동은 그 사람이 항상 보여주던 행동과 다른 행동임을 의미한다.

성격이란 용어의 의미는 매우 다양하지만, 이 용어 속에 공통적으로 포함되어 있는 내용은 세 가지로 요약할 수 있다.

첫째, 성격의 정의에 개인이 가지고 있는 고유하고 독특한 성질이 포함되어 있다. 어느 이론가든지 성격을 정의할 때 개인의 사고과정이나 감정이 매우 독특하고 개인차가 있음을 강조하고 있다.

둘째, 개인의 독특성이 매우 안정적이고 시간이 지나더라도 그 특성이 변하지 않고 나타나는 안정성(stability)을 포함하고 있다는 점이다. 이 때 상황이 바뀌었음에도 불구하고 그 사람이 자신의 개성을 그대로 유지하는 경향성을 일관성(consistency)이라고 한다.

셋째, 개인이 독특한 성질을 안정적이고 일관성 있게 나타내는데, 무엇을 그렇게 나타내는가에 대한 것으로 성격의 요소나 내용이 정의에 포함되고 있다는 것이다. 그러나 어떤 성격요소가 개인에게 나타나는지에 대해서는 의견이 일치하지 않고 있다. 그 요소가 개인의 특질이라는 정의도 있고, 역동적 조직이나 습관 또는 개인의 공통점과 차이점을 결정하는 경향성이라는 주장이 있다.

이처럼 성격의 정의는 성격의 구성요소를 개인 내에 두느냐, 개인 외의 사회에 두느냐, 시간과 장소를 초월한 안정성에 초점을 두느냐, 타인과 구분되는 독특성과 개인차에 초점을 두느냐에 따라 달라진다.

그러나 성격(personality)이란 용어의 어원은 그리스어의 '페르조나(persona ; per : …를 통하여, sonare : 말하다)'로 이는 원래 고대 그리스 연극에서 배우들이 쓰던 가면을 일컫는 말이다. 요즘도 이 말은 연극에서 배우의 역할을 나타내는 용어로 사용된다.

페르조나는 어떤 사람의 참모습이라기보다는 배우가 가면을 쓰고 무대에서 연극하듯이 사람들이 사회장면 속에서 피상적으로 나타내는 사회적 이미지를 뜻한다. 즉, 성격이란 사회라는 커다란 무대에서 사람들이 나타내는 외현적 행동양상으로 개인의 독특하고, 안정적이며, 일관성 있는 성격요소들로 형성되어 있다. 성격은 개인이 갖고 있는 선천적인 요인과 타인이나 환경과의 상호작용을 통해 한 개인이 형성하는 독특하고 일관성 있는 안정적인 행동양식이라고 할 수 있다.

여기서 성격(personality), 기질(temperament), 인격(character)이라는 용어를 구분해 볼 수 있다. 성격은 생물학적-환경적 맥락 속에서 나타난 인지적·정동적·외현적 행동특질의 일부 특성으로 선천적으로 타고난 것을 말한다. 기질이란 성격 중에서 개인이 타고난 생물학적 구조를 더 강조한 용어이다. 인격이란 그가 속해 있는 사회의 가치나 관습과 관련있는 특성으로 개인 행동의 도덕적인 측면을 반영하는 것이다(Millon & Everly, 1985).

2. 성격의 결정요인

성격의 정의에서 살펴보았듯이 성격을 결정하는 요인은 개인과 환경으로 나누어 볼 수 있다. 개인의 측면에서는 타고난 체형이나 유전적인 소인 등 생물학적 요인이 중요하게 고려된다. 환경적 측면에서는 개인이 속해 있는 가정과 사회, 개인의 성별 등에 따라 경험하게 되는 타인들과의 관계를 중시한다. 성격이 어느 요인에 의해 더 많은 영향을 받는지에 대한 논쟁은 선천-후천(nature-nurture)에 대한 것으로 Galton(1865) 이래 행동과학과 사회과학에서 끝없는 논쟁거리가 되고 있다.

1) 유전적 요인

성격 발달에 영향을 미치는 요인으로는 유전과 부모 체형, 어머니의 상태 등을 고려할 수 있다. 유전적 영향에 대한 증거는 쌍생아 연구에 근거하고 있다. 다양한 성격 차원에 대해 평균을 낸 연구결과를 보면, 일란성 쌍생아의 경우 상관이 .5 정도를 보이나 이란성 쌍생아의 성격 상관 정도는 성격에 미치는 유전의 영향이 중요할 뿐만 아니라 본질적일 수도 있음을 시사한다. 외향성과 신경증적 경향성에 대한 쌍생아 연구에서도 일란성 쌍생아의 상관이 이란성 쌍생아의 상관보다 각각 두 배가 넘는 것으로 나타났다(Henderson, 1982).

그러나 이러한 유전적 영향이 양육하는 부모나 가족에 의해 영향을 받을 수 있는 가능성도 많으며, 이란성보다는 일란성이 더 동일한 관심과 영향을 받을 수도 있다. 유전적 소인보다 양육하는 부모가 얼마나 영향을 미치는지 알아본 연구에서는 양자로 입양되어 다른 가정에서 성장한 아동과 친부모와의 성격 상관계수가 .0으로 나타난 반면, 입양된 아동과 양부모와 성격 상관계수는 .5로 나타났다(Plomin, Coon, Carey, DeFries, & Fulker, 1989). 이러한 결과는 성격이 유전에 의해 영향을 받기보다는 양육해 주는 부모의 성격이나 그

가정의 영향을 더 많이 받음을 시사해 준다.

성격이 사회적으로 결정되는지 유전의 영향인지에 대한 질문은 심리학에서 매우 중요한 관심사이다. 성격이 환경이냐 유전이냐의 문제가 왜 중요한가에 대한 답은 성격연구의 두 입장을 살펴보면 알 수 있을 것이다.

첫 번째 입장은 사회심리학과 사회학에 근거한 이론들은 환경이 개인의 행동방식을 결정하는 데 매우 큰 영향을 갖는다고 주장한다. 극단적으로는 성격을 개인 내부에 있는 그 '무엇'이 아니라 타인에 의해 추론되는 것이라고 강조한다. 이들에게 있어 성격연구의 문제는 성격 특성이 타인에게서 기인되는 사회적 과정을 밝히는 것이다.

두 번째 입장은 그것이 신경체계의 생물학적 현상과 연결고리를 갖는다고 주장한다. 그들은 성격을 개인의 '내부'에 있는 실존의 생물학적 구조들이 행동으로 나타난 결과로 해석한다.

〈표 3-1〉 일란성 쌍생아와 이란성 쌍생아 간의 성격 특성 상관

연 구 논 문	연령	쌍생아 표본수		성 격 특 성					
				외향성		신경증		정신증/충동성	
		일란성	이란성	일란성	이란성	일란성	이란성	일란성	이란성
Loehlin & Nichols(1976)	18	490	317	0.31	0.25	0.54	0.22	0.54	0.32
Tellegen et al.(1988)	21	217	114	0.54	0.06	0.54	0.41	0.58	0.25
Rose(1988)	14-34	228	182	0.60	0.42	0.41	0.22	0.70	0.41
Floderus-Myrhed et al.(1980)	17-49	2279	3670	0.47	0.20	0.46	0.21	—	—
	17-49	2720	4143	0.54	0.21	0.54	0.25	—	—
Rose et al.(1988)	24-49	1027	2304	0.46	0.15	0.33	0.12	—	—
Rose et al.(1988)	24-49	1293	2520	0.49	0.14	0.43	0.18	—	—
Eaves & Young(1981)	31	303	172	0.55	0.19	0.47	0.07	0.47	0.28
Pedersen, et al.(1988)	59	151	204	0.54	0.06	0.41	0.24	—	—

출처 : Zuckerman, 1991

성격의 특성이 유전적 요인에 의해 결정되는 정도를 검증하기 위한 연구들이 실시되었다. Zuckerman(1991)은 성격을 평가하는 검사를 통해 일란성 쌍생아와 이란성 쌍생아 간의 검사점수 상관을 구하였다. 〈표 3-1〉에서 서로 다른 연구를 통해 나타난 결과들이 상당한 정도의 일치성을 나타낸다는 사실을 알 수 있을 것이다. 만약에 유전인자가 성격에 영향을 주지 않는다면 일란성 쌍생아와 이란성 쌍생아에게서 나타나는 성격 특성이 비슷해야 할 것이다. 그러나 일란성 쌍생아들의 외향성 수준에서 상관의 크기는 .31~.60인 반면, 이란성 쌍생아의 경우에는 외향성의 정도에서 상관의 크기가 .06~.42로 일란성 쌍생아보다 낮게 나타나고 있다. 이러한 경향은 다른 성격 특성에서도 같게 나타나고 있다. 이와 같은 사실은 〈표 3-1〉에 나타난 세 가지의 성격 특성이 실제로 유전적 요소를 갖는다는 사실을 제시한다.

성격의 유전론자들은 환경의 형태를 두 가지로 구분하고 있다. 하나는 공유환경(shared environment, common environment : C)으로 모든 가족 구성원이 경험하는 생활환경을 나타낸다. 부모의 수입, 부모의 교육태도, 가정의 경제적인 수준, 가풍, 영양 상태, 그리고 가족 구성원이 비슷한 방향으로 발달할 수 있도록 영향을 줄 것으로 기대되는 환경적인 사건들이 포함된다.

그러나 한 가정 내에서도 한 아동에게 영향을 미치는 모든 환경이 가정 내의 다른 아동들에게도 똑같이 공유될 수는 없다. 학급 친구와의 우정, 교사와의 우호직 괸계 유지, 질병, 무능함 등의 다른 가족 구성원과는 공유할 수 없는 개인의 고유환경이 있다(unique envionment : E). 공유환경은 가족 구성원을 서로 유사하게 만드는 영향력으로 구성되어 있는 반면, 고유환경은 가족 구성원을 서로 다르게 만드는 환경적 영향력을 의미한다. 이러한 환경적 영향에 덧붙여 가족 구성원 간의 유전적 유사성이 성격 특성의 수준 형성에 영향을 주는 것으로 고려된다. 이 유전적 요인은 'A'로 표시한다.

그러므로 성격검사에서 개인이 얻는 점수는 공유환경, 고유환경, 유전적 유사성에 의해 설명될 수 있다. 양육된 아동이 있는 가정에서 가족 구성원 간에 유사한 성격 특성을 나타내는 것은 바로 공유환경이 있기 때문임을 알 수 있다. 또한, 한 가족 내에서 양육된 일란성 쌍생아가 성격 특성이 다르게 나타나는 이유는 고유환경의 영향 때문으로 해석할 수 있다. 출생 후 서로 다른 환경에서 양육된 일란성 쌍생아의 경우 비슷한 성격 특성 수준을 나타내는데 이는 바로 그들의 유전적 유사성(A) 때문이라고 할 수 있다.

【 함께 읽기 3-1 】

서울대 연구팀, 쌍둥이 대상 '성격과 유전' 연구해 보니…

초보 엄마 김우리(가명) 씨는 딸이 다니는 유치원에서 상담을 한 뒤 걱정이 많다. 딸이 유달리 조용하고 혼자 놀기 좋아한다는 것. 지나치게 내성적인 성격만큼은 딸이 닮지 않았으면 했는데….

김 씨의 바람과 달리 내성적이거나 외향적인 성격은 유전의 영향을 특히 많이 받는다는 연구 결과가 최근 나왔다.

• 내·외향성 검사, 일란성 쌍둥이가 이란성보다 2배 더 닮아

서울대 의학연구센터 허윤미 박사팀은 한국인 쌍둥이 청소년 765쌍을 대상으로 성격검사를 실시했다. 검사 결과 일란성 쌍둥이가 이란성보다 성격이 비슷한 경우가 훨씬 많았다. 일란성 쌍둥이는 유전적으로 완전히, 이란성은 절반이 동일하다. 성격 형성에 유전적인 요인이 강하게 작용한다는 얘기다.

연구팀은 쌍둥이가 서로 성격이 얼마나 일치하는지를 0~1의 수치로 나타냈다. 1에 가까울수록 일치한다. 일란성 쌍둥이의 내·외향성 수치가 0.51로 가장 높았다. 이란성 쌍둥이는 0.25다. 유전자가 같은 일란성 쌍둥이가 이란성 쌍둥이에 비해 내·외향성이 2배나 더 닮았다는 뜻이다. 부모가 사교적이고 활발하면 아이도 그럴 가능성이 크다고 추측할 수 있다.

내·외향성 다음으로 유전의 영향을 많이 받는 성격은 모험심(0.49)과 신경질적 경향(0.38). 유별나게 호기심이 많고 도전적인 아이나 툭 하면 짜증을 내는 아이는 부모를 닮았을 가능성이 높다. 이 연구결과는 국제저널 '트윈리서치 앤드 휴먼지네틱스' 4월호에 실린다.

• 한두 가지 유전자로 성격을 규정하는 것은 무리

이나라(가명) 씨는 딸이 활발하다 못해 너무 나서기 좋아해 걱정이다. 자신은 소심하고 내성적인데 말이다. 어떻게 이처럼 부모와 자식의 성격이 판이할 수 있을까. 성격 형성에 관여하는 여러 유전자 간의 상호작용 때문이다.

지금까지 알려진 여러 성격 유전자가 실제로 성격 형성에 미치는 영향은 1.5~5%로 매우 작다. 예를 들어 호기심 유전자(DRD4) 하나가 호기심 형성에 미치는 영향은 3% 밖에 안 된다.

DRD4 유전자를 가졌다고 모두 호기심이 많지는 않다는 얘기다.

한두 가지 유전자로 성격을 규정하는 단순한 검사가 정확하지 않은 것도 바로 이 때문이다. 인내심 유전자(HTR2A)와 협동심 유전자(CNRA4)는 각각 성격에 5% 정도가 영향을 미친다.

허 박사는 "협동심을 형성하는 나머지 95%는 수많은 성격 유전자의 상호작용이 뒤섞여 나타나는 것"이라고 설명했다. 특정 유전자는 다른 유전자를 만나 큰 힘을 발휘하기도 하고 맥을 못 추기도 한다. 부모와 같은 성격 유전자를 물려받아도 아이의 몸에서 상호작용이 다르게 일어나면 성격 차이가 얼마든지 나타날 수 있다는 것.

형제나 자매 간에 성격이 다른 까닭도 마찬가지다. 실제로 이번 연구에 참여한 남자 이란성 쌍둥이 중 한 쌍은 형의 내·외향성 점수가 9점, 동생은 0점이다. 형은 매우 활발한데 동생은 정 반대다.

• 극단적 반사회 성격 등 타고난 성격은 잘 안 변해

환경도 성격 형성에 중요하다. 가정형편이 어렵거나 부모가 이혼하는 불우한 환경을 겪으면 누구든지 비행청소년이 될 수 있다. 이런 경우는 환경만 바꿔주면 대부분 마음을 바로잡는다. 그러나 극단적인 반사회 성격 유전자를 타고난 사람은 환경이 변해도 크게 달라지지 않는다.

보통 가정에서 부모가 교육을 통해 자녀의 성격을 확 바꾸기는 어렵다는 게 연구팀의 설명. 허 박사는 "소극적인 아이가 웅변학원이나 놀이치료에 다녀 성격이 완전히 달라졌다는 것은 대부분 일시적인 현상일 것"이라며 "타고난 성격을 무리하게 바꾸려 들기보다 좋은 방향으로 살려주는 게 바람직하다"고 말했다.

출처 : 동아사이언스, 2007. 2. 9.

2) 환경적 요인

사람의 성격이 유전적 요인에 의해 기초가 형성되지만, 그러한 유전적 소인이 환경적 경험이나 자극의 양에 의해 수정될 가능성도 많다. 왜냐하면 갓 태어난 유아는 유전적 소인이 완전히 나타나거나 성숙되기 이전의 상태에 있으면서 그때부터 부모나 가족 등 타인과의 상호작용을 시작하기 때문에 환경의 영향을 받지 않을 수 없다. 따라서 동일한 유전적 소인을 가지고 태어났더라도 주어지는 환경조건이나 심리적 자극에 따라 소인의 표현양상이 달라질 수 있다.

환경적 요인이 성격에 영향을 주는 방식은 학습 이론의 맥락에서 이해할 수 있다. 학습이란 유기체가 선천적으로 가지고 있지 않은 인지적, 정동적 및 행동적 반응을 획득하는 것으로 생각할 수 있다. 인지적, 정동적 및 행동적 반응이 바로 성격의 표현이기 때문에 그러한 반응이 어떻게 획득되는지를 아는 것이 성격의 이해에 도움이 된다.

【 함께 읽기 3-2 】

성격은 바뀔 수 있나. 홍숙기 강원대 교수는 "구체적인 행동을 바꾸는 게 우선"이라고 말한다. 자신이 불만을 느끼는 습관과 태도를 하나씩 짚고 극복해나가다 보면 변화 가능한 것은 바뀐다는 얘기이다. 홍 교수는 "내면의 변화를 체험해본 것만큼 자신감을 주는 건 없다"면서 "통째로 바꿀 수는 없지만 변화의 영역은 분명히 확장된다"고 덧붙였다. 노주선 박사는 "사회적 자아인 껍데기를 확 바꾸느냐, 아니면 자기 마음을 달래느냐의 합리적 선택이 필요하다"면서 "자신에게 맞고 자신이 행복한 선택을 하는 게 좋다"라고 말한다. 필요할 경우 가까운 친구들이나 전문가의 도움을 받는 것도 적극 활용할 만하다. 때론 한두 번의 성격 검사와 해석, 상담으로도 '눈에 비늘이 떼어지는' 경험을 한 사람들이 적지 않다.

한국방송 〈개그콘서트〉 '깜빡 홈쇼핑'에서 쇼호스트 '안어벙'으로 출연하는 안상태(27) 씨는 "자~ 이제 빠져듭니다"라는 멘트로 뭇 여성들을 자지러지게 할 정도로 인기몰이 중이다. 이런 안씨이지만 원래 성격은 남 앞에 나서길 극도로 싫어하는 편이었다고 한다. 안씨의 변신 계기는 대학신입생 시절(단국대 전자공학과)에 우연히 찾아왔다. 여자 대학생들과 조인트 MT를 가게 됐는데, 어떤 이유에서인지 그가 덜컥 사회를 맡게 됐다. 누군가 그를 놀리려고 했는지 선정 이유는 여전히 미스터리다. '미션'이 떨어진 상황에서 전전긍긍하던 안씨는 늦은 밤 거울 앞에 섰다. 작정하고 밤새워 사회보는 것을 연습했다. 그의 표현에 따르면 밤새워 개발한 '혼자 업돼 까무라치는' 진행 방식으로 다음날 사람들을 까무러뜨렸다고 한다. 안씨는 "내게 그런 잠재력이 있는지 정말 몰랐다"면서 "그 뒤로도 사람들을 만나기 전에 내가 보여주고 싶은 모습을 거울보고 자꾸 연습했다"고 한다. 그는 "그러다 개그맨이 됐으니, 내 기본 성격은 바뀌지 않았지만 그런 작은 변화의 시도들이 삶에 큰 변화를 일으킨 셈"이라고 덧붙였다.

안씨는 지금도 무대를 벗어나면 혼자 지내는 시간이 많다고 한다. 자신의 동기 없이 강제적으로 성격을 바꾸려는 것은 실패할 확률도 높고 위험 부담도 크다. 앞서 아버지의 손에 이끌려 상담실을 찾았던 초등학생 딸은 어느 틈엔가 아버지의 요구에 맞춰주는 '기술'을 익혔다고 한다. 아버지는 퇴근만 하면 집에 와서 딸에게 "밖에 나가 놀아라, 친구들 많이 사귀어라"고 요구한다.

딸은 그러겠다고 나가서는 혼자 도서관을 찾거나 아파트 놀이터 등에서 책을 보다가 돌아온다. 대신 딸은 시간이 돼 집에 돌아올 때는 현관문을 호기롭게 열고 "야, 재미있다. 아빠, 저 놀다 왔어요"라고 활짝 웃으며 깜찍한 멘트를 날려준다. 아버지를 위해 '선의의 거짓말'을 하는 셈이다. 따뜻하고 안정적인 가정인데다 아이가 사고가 깊고 유연한 편이라 긍정적인 적응을 했지만, 자칫 이와 다른 환경이나 그렇지 않은 아이에게는 이런 외부의 강압은 치명적인 독이 될 수도 있다.

이렇듯 인간의 성격은 무한한 적응력을 갖고 있다. 어떤 환경에서 누구와 어떻게 관계를 맺느냐에 따라 큰 영향을 받는다. 자유로운 동시에 아슬아슬하다. 나를 바꾸는 것은 위험과 쾌감을 동반하는 역동적인 드라마이다. 2%의 변화가 삶을 바꾼다.

출처 : 한겨레21, 2004. 12. 31.

3. 성격 이론

성격 이론은 성격 형성의 심리적인 전제 조건들이 어떻게 결합하여 한 개인의 독자적인 성격을 구성하느냐에 관한 이론이다. 이는 성격연구에서 알려진 여러 사실들에 관한 체계적인 설명들로서 심리학의 다른 연구 분야보다도 다채롭고 다양하다. 또한 각 심리학파들의 인간에 대한 설명을 기초로 하고 있으므로 성격 이론의 발전은 그 배후에 있는 심리학 이론의 발전이기도 하다.

성격 연구는 크게 두 종류로 이루어지고 있다. 그 중 하나는 성격을 단면적인 상태로 이해하려는 연구들이다. 이러한 연구들은 성격이 어떻게 형성되고 발달하는가보다는 현재 어떤 종류의 성격 유형이 있는지에 관심이 더 많다. 대표적인 연구는 특성 이론(character theory)이다. 특성 이론에는 어떤 유형의 사람은 어떤 성격이고, 어떤 특질의 사람은 어떤 성격인가를 다루는 유형론과 특질론이 있다.

다른 하나의 연구는 성격이 어떻게 형성되고 어떻게 발달하며, 그러한 성격이 생활하는데 어떤 기능을 하는지를 알고 이해하고자 하는 과정 이론(processing theory)이다. 과정

이론에는 무의식과 어린시절의 경험을 강조하는 정신분석, 개인과 환경의 상호작용을 강조하는 행동주의적 관점의 사회학습 이론, 개인의 주관적 경험과 자기실현을 강조하는 인본주의 이론 등이 있다.

1) 특성 이론

사람들은 평소에도 체형이 뚱뚱하면 성격에 여유가 있고, 마르면 지적이며, 옹니에 곱슬머리이면 고집이 세다는 등 나름대로 상식을 동원하여 성격을 분류하고 있다. 이처럼 일반인들이 누구나 나름대로 독특하게 가지고 있는 성격판단의 기준을 암묵적 성격 이론(implicit personality theory)이라고 한다. 성격의 특징은 사람마다 다르다는 독특성에 있지만 좀 더 생각해 보면 사람들의 성격들 간에는 공통점이 존재하고 있음을 알 수 있다. 특성 이론은 이러한 특성을 찾아내어 성격을 분류하는 이론이다.

(1) 유형론

유형론(typology)은 성격 이론 중에서 가장 오랜 역사를 가진 이론이라고 할 수 있다. 고대 그리스의 의사인 Hippocrates는 사람의 체액을 혈액, 점액, 흑담즙, 담즙으로 구분하고 그 중 어느 체액이 신체 내에서 우세한가에 따라 성격이 결정된다고 주장했다. 그의 성격 이론을 4체액설이라고 하며, 이러한 생각은 Galenus에 의해 계승되었다.

Hippocrates-Galenus의 유형론은 기질 특성을 〈표 3-2〉와 같이 분류하고 있다.

〈표 3-2〉 Hippocrates-Galenus의 유형론

성 격 유 형	성 격 특 징	체 액
다혈질(sanguine)	유쾌, 사교적, 다정함	혈 액
점액질(phlegmatic)	침착, 조용, 인내심 강함, 동작이 느림, 느긋함	점 액
담즙질(choleric)	쉽게 분노, 성격이 급함, 화를 잘냄, 민첩함	황담즙
흑담즙질(melancholia)	쉽게 우울, 슬픔, 조용함	흑담즙

가령 혈액이 우세하면 다혈질 성격 유형으로 다정하고 유쾌하며 사교적인 성격 특성을 갖는다. 이렇듯 체액을 중심으로 하는 성격 이론을 특히 체액론이라고 한다.

한편, Kretschmer(1925)는 체형을 쇠약형, 비만형, 투사형 및 이상발육형으로 나누었다. 그는 쇠약형은 체격이 마르고 키가 큰 사람이 대부분이며 이들은 정신분열증에 걸릴 성향이 많고, 뚱뚱한 비만형은 조울증에 걸릴 성향이 많으며, 사교적이고 변덕이 심하며 활발한 성격 특성을 갖는다. 투사형은 활동적이고 모험적인 사람들로 조울증보다는 정신분열증의 경향이 다소 많고, 이상발육형은 신체 발달이 균형 잡히지 않은 사람들로서 투사형과 유사한 성향을 보인다고 믿었다. 이 외에도 Sheldon(1940, 1942)은 Kretschmer의 연구를 더 발전시켜 체격을 내배엽형, 중배엽형, 외배엽형의 세 가지 유형으로 나누었다.

성격 연구를 위한 체형론은 통계적 근거에 의한 것이 아니라 경험과 관찰을 기반으로 한 견해이기 때문에 연구방법의 과학성에 대한 비판을 받고 있으며, 사회적 행동과의 상관이 별로 연구된 바가 없어서 타당도가 낮다. 그러나 체형에 따라 타인에게 받는 인상과 피드백에 영향을 주어 각자가 다른 자기상(self-image)을 갖게 할 가능성도 생각해 볼 수 있다.

(2) 특성론

특성(trait)이란 한 사람을 다른 사람과 비교적 영속적으로 구분해 주는 심리적 경향성을 말한다. 즉 특성이란 다양한 상황에서 항구적 혹은 일관성 있게 나타나는 행동 경향으로서 성격을 구성하는 기본 단위이다. 특성론은 이러한 행동 경향의 집합이 한 개인의 성격을 형성한다고 보는 견해이다.

특성론의 대표적인 학자는 Allport이다. 그는 인간을 설명하는 약 18,000개 정도의 형용사를 분석하여 성격의 특성을 구분하였다. 무의식적인 힘의 영향보다는 현재와 미래를 추구하는 것을 건강한 성격으로 본 Allport는 개인이 갖고 있는 특성을 기본 특성, 중심 특성, 이차적 특성으로 분류하였다. 기본 특성은 개인이 갖고 있는 지배적인 동기이며, 정열이다. 재산을 모으려는 것이나, 권력을 잡으려는 것, 매력적이 되려는 것 등이 여기에 속한다. 또한, 한 개인의 행동에 가장 큰 영향력을 행사하며 중심 특성, 이차적 특성의 순서로 영향력을 미친다. 중심 특성은 개인의 대부분을 지배하는 것으로 우리가 어떤 개인에 대해 '능력 있고 정직하고 부지런하며 최선을 다하는 사람'이라는 평가를 할 때는 주로 그 사람의 중심 특성에 대해 얘기하고 있는 것이다. 이차적 특성은 한 개인이 좋아하는 옷 스타일, 어떤 종류의 영화를 좋아하는 것, 현상에 대한 관점 등이다. 이러한 이차적 특성을 알기 위해서는 그 사람에 대해 상당히 많이 알고 있어야 한다. 예를 들어, 어떤 여성 운동가가 밖에서는 여성의 평등과 권리를 주장하면서 실제로 집에서는 누구보다도 가부장적 제도에 철저하게 복종하고 있는 경우 후자의 경우가 이차적 특성에 해당된다.

Allport의 성격 이론을 이해하기 위한 중요한 개념으로 '기능적 자율성'이 있다. 기능적 자율성이란 한 개인이 특정 목표를 위해 처음에는 어떤 행동이나 활동을 시작했을지라도 그 행동들 중 일부는 개인이 좋아한다는 이유만으로 계속 지속될 수 있다는 것이다. 예를 들어, 상을 타기 위해 공부를 열심히 하던 아이가 점점 공부 자체에 흥미를 느낌으로써 공부하고자 하는 동기가 유발되는 경우가 이에 해당된다.

〈표 3-3〉 Cattell의 16개 성격요인

요인 명칭	높은 점수	낮은 점수
A	내성적	외향적
B	낮은 지능	높은 지능
C	정서 불안	정서 안정적
E	겸손함	독단적
F	심각함	낙천적
G	수단적	양심적
H	수줍음	대담함
I	강인함	예민함
L	신뢰함	의심이 많음
M	실제적	상상력이 풍부함
N	솔직함	교활함
O	평온함(자신감)	걱정이 많음(죄책감)
Q_1	보수적(보수주의)	실험적(급진주의)
Q_2	집단의존적	자립적
Q_3	변덕스러움	자제함
Q_4	긴장이완됨	긴장함

출처 : Cattell, 1965

이어 Cattell은 이들 형용사를 비슷한 의미를 갖는 단어들로 묶어 200개의 성격 특성을 찾아내었고, 최종적으로 요인분석을 통해 인간의 성격을 가장 잘 나타낼 수 있는 16개의 성격요인(16PF)을 선정했다. 16개의 주요 성격요인들은 〈표 3-3〉과 같다.

Cattell은 이러한 방법을 통해 특성의 기저에서 외현적 행동을 결정하며 비교적 안정적인 원천 특성(source trait)과 안정적이지 않고 사람마다 독특한 표면 특성(surface trait)으로 구분하였다. 그는 이론적 기반 없이 가능한 한 많은 검사들을 실시한 뒤 요인분석 방법을 사용하여 특성들을 추출하는 방법을 선호하는데 그가 추출해낸 요인들은 성격의 진단과 같은 실제 장면에서 유용하다는 평가를 받는다.

이런 특성 분류와는 달리, Eysenck는 이론적 근거가 있는 가설로부터 출발하여 요인들을 추정하고 요인분석 방법을 통하여 가설을 확인하며 이렇게 추출된 요인들의 생리적 기반을 탐색하는 접근법을 택하고 있다. 그는 내향성－외향성, 안정성－불안정성(신경증적 경향, neuroticism), 정신병적 경향성(psychoticism)으로 분류하였다.

2) 과정 이론

특성론은 사람의 성격을 묘사하고 분류하는 데는 유용하지만, 성격이 어떻게 형성되고 형성된 성격이 어떤 의미를 갖는지는 제내로 설명히지 못한다. 이러한 측면에 초점을 맞춰 이루어지는 연구들이 성격의 과정 이론이다. 과정 이론에는 크게 정신분석 이론, 행동주의 이론, 인본주의 이론이 있다.

(1) 정신분석 이론

정신분석(psychoanalysis)은 Freud에 의해 창시된 이론으로 무의식과 성욕을 강조하는 Freud 중심의 정신분석과 이에 반발하여 사회문화적 속성과 집단무의식을 강조하는 Jung, Adler 중심의 신정신분석으로 구분된다. 정신분석 이론은 인간의 무의식적 동기와 내면적인 힘, 그리고 그 힘들의 갈등을 중시하기 때문에 정신역동(psychodynamic) 이론이라고도 한다.

① Freud의 정신분석

프로이드

Freud(1856~1939)의 정신분석은 특히 인간의 무의식적 동기나 소망, 갈등을 다루기 때문에 심층심리학이라고도 하며, 인간의 심리적인 과정과 움직임을 다루기 때문에 역동심리학이라고도 한다.

비엔나의 신경과 의사였던 Freud는 그의 병원에 오는 환자들 중 많은 수가 심리적 원인 때문에 고통 받고 있다는 사실을 발견하고 신경증의 원인을 규명하고 치료하는 방법을 개발하는 데 일생을 바쳤다.

Freud의 이론은 정신결정론(psychic determinism)과 무의식적 동기(unconscious motivation)를 강조함으로써 성격연구의 새로운 측면을 제시하였다. 그는 인간의 무의식적 동기 중에서 특히 성적 욕구, 5세까지의 초기경험, 부모의 양육태도가 성격의 기초를 형성하는 데 매우 중요하다고 보았다.

정신결정론이란 사람들이 생각하거나 느끼는 모든 것에는 반드시 의미와 목적이 있으며, 개인의 경험에 의해 이미 결정되어 있다는 가정이다. 또한 무의식적 동기란 Freud가 마음의 구조를 빙산으로 비유하면서 지형학적으로 분석한 데에서 나온 개념으로 사람들이 갖고 있는 의식의 수준은 무의식, 전의식, 의식으로 구성된다. 인간의 행동에는 반드시 원인이 있는데 그 원인을 이루는 것이 바로 무의식적 동기이다. Freud는 리비도(libido)의 만족과 관련시켜 건전한 성격의 발달을 연구하였다. 건강한 성격의 소유자는 사랑할 수 있고 일할 수 있는 능력을 가지며 자아가 강해서 현실을 수용하고 자신을 있는 그대로 표현할 줄 안다. 또한 성격구조 간의 통합에 의해 욕구 간의 갈등을 해결한다. 자아가 내적 충동·욕구를 만족시킬 힘이 없으므로 병적인 방법으로 도피하게 될 때는 신경증적인 성격이 형성된다.

가. 의식 수준과 성격구조

Freud는 인간의 정신세계를 무의식(unconsciousness), 전의식(preconsciousness), 의식(consciousness)이라는 가설적인 삼층구조로 분석하고, 그 중에서 인간을 지배하는 주된 의식 수준은 무의식이라고 보았다. 무의식은 빙산의 수면 밑에 잠겨 있는 부분과 같으며,

욕구나 충동들이 들어 있는 깊고 접근할 수 없는 곳으로 생각하였다. 사람들이 이러한 욕구나 충동을 의식하지는 못하지만 이들을 끊임없이 밖으로 표출하고 충족시키고자 하는 힘이 있기 때문에 인간의 행동과 생각, 정서를 지배하고 결정하는 힘을 발휘하는 것으로 가정된다. Freud는 무의식 이외에도 조금만 노력하면 각성 수준으로 끌어올릴 수 있는 전의식, 항상 각성 수준에 있는 지각, 감각, 언어, 감정 표현 등과 같은 의식을 구분하고 [그림 3-1]과 같이 빙산에 비유하였다. 그러면서 의식은 빙산의 일각이며, 무의식은 수면 아래 잠겨 있는 빙산의 대부분이라고 보았다.

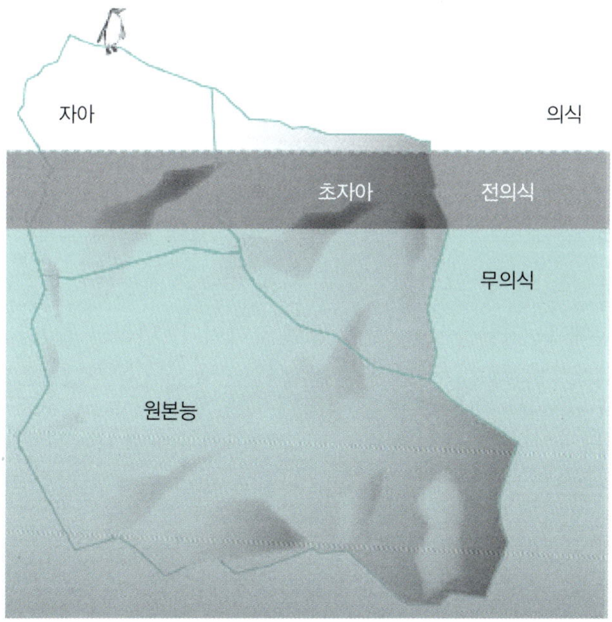

[그림 3-1] 성격의 구조

출처 : 문은식 외, 2015.

Freud는 인간의 행동에는 반드시 원인이 있으며, 그 원인을 이루는 것이 바로 무의식적 동기라고 주장했다. 무의식적 동기는 주로 성욕과 공격성으로 이루어져 있으며, 그러한 무의식적 동기와 의식 간에는 끊임없는 갈등이 빚어지는 데 이 갈등이 인간의 정신세계를 지배하는 힘이 되는 것이다.

Freud는 말년에 무의식적 동기 중에서 선천적인 것 이외에 후천적으로 형성되는 것도 있음을 인정했는데 그것이 바로 성격 구조이다. 성격은 출생과 더불어 타고난 기본적인 능력으로서의 원본능(id), 현실과 유기체 간의 욕구관계에서 인격을 통제하고 지각, 학습을 가능하게 하는 자아(ego), 양심의 원리에 따라 완전한 것을 지향하는 초자아(super-ego)로 구성된다.

원본능은 본능적 욕구로서 선과 악의 가치판단을 내포하지 않은 중립적인 특징을 갖는다. 예를 들어, 어린아이가 길에서 사탕을 사달라고 떼쓰는 행동은 그 목적이 아동에게 즐거움을 주는 사탕이라는 대상을 먹고 싶어서이지 다른 목적을 갖지 않는다. 이 때 아이의 행동을 선하거나 악하다고 판단할 수 없다. 단지 본능적 욕구에 충실할 뿐이라고 해석할 수 있는 것이다.

이러한 원본능의 특성은 1차 과정(primary process) 또는 쾌락의 원리(pleasure principle)에 지배된다고 할 수 있다. 원본능은 무한한 원시적 에너지 저장체계로 한 개인의 가능성이 저장되어 있는 보고이다. 그러나 원본능 자체로는 그 가능성을 발휘하기 힘들다. 약간의 수정이 필요한데 그 역할을 맡는 것이 바로 자아이다. 현실의 원리(reality principle)에 지배를 받는 자아는 원본능이 가진 원시적 충동을 통제하며, “하고 싶다”와 “해서는 안된다” 사이의 평화 유지를 위해 공헌한다. 즉, 사회적으로 용납될 수 있는 방법으로 본능을 만족시켜서 조화와 적응을 이루게 한다. 사탕을 먹고 싶은 아이는 자아(ego)의 발달과 더불어 무조건 떼를 쓰기보다는 부모와의 적절한 협상을 통해서 원하는 욕구(예 : 사탕을 먹음)를 충족시킨다. 또한 자아는 현실적 상황에서 받아들일 수 없는 충동을 의식으로부터 퇴각시키는 기술을 사용하는 능력을 갖는다. 이를 ‘방어기제(defence mechanism)’라고 한다. 사회적 원리에 따라 이상적이고 완전한 가치를 지향하는 초자아는 원본능에서 분화되어 나와서 원본능을 사회화시킨 것으로 우리가 가끔 양심의 가책을 느끼는 것은 원본능의 충동이 표현될 때마다 이상적 가치를 추구하는 초자아가 죄의식을 느끼게 하기 때문이다.

② Freud 이후의 정신분석

Freud의 이론에서 획기적인 두 요소는 무의식의 강조와 성충동의 보편성이었다. 물론 Freud 이전에도 무의식의 존재는 일부 학자들에 의해 언급되었지만(예 : Schopenhauer), 마음의 영역에서 무의식이 차지하는 관대함과 중요성은 Freud에 의해 처음 인식되었다. 성충동도 빅토리아 사회에서는 성인 남자들에게만 인정되던 것을 Freud가 여성과 유아에게까지 확장시킴으로써 사람들에게 충격을 주었다. 그러나 그의 제자들이나 후계자들이 모두 이 두 요소들에 대한 생각에서 그와 의견을 같이 한 것은 아니었다. 대표적인 사람들로는 Jung, Adler, Sullivan 등을 들 수 있다.

가. Jung의 분석심리

Jung은 무의식에 바탕을 둔 목적성과 창조성을 강조하였다. 따라서 건전한 성격은 무의식의 세력에 대한 의식의 감독과 지시를 통해 이루어진다고 보았다. 이는 의식의 세계와 무의식의 세계가 통합되고 양쪽이 모두 자유롭게 발달되도록 허용되어야만 함을 의미한다.

인간의 인격체를 정신(pshyche)으로 본 Jung은 Freud의 개인무의식에 집단무의식의 개념을 첨가한다. 정신은 개인을 규정하고 그가 속한 사회적 · 물리적 환경에 적응하게 하는 지침 역할을 한다. 이러한 정신은 의식과 개인무의식, 집단무의식으로 구성된다. Jung의 분석심리는 집단무의식과 집단무의식의 내용인 원형(archetypes)을 성격 이해의 중요 요소로 본다.

집단무의식은 개인의 삶 속에서 한 번도 의식적이었던 일이 없었던 것으로, 인류 이전의 선행인류, 동물의 조상도 포함해서 조상대대의 과거에서 물려받고 있는 '원시적 이미지'이다. 직접 경험하지는 않았지만 이전 세대에서와 마찬가지로 세상을 경험하고 반응하는 잠재적 가능성이다. 어둠, 뱀, 불에 대한 공포 등도 집단무의식의 한 예이다. 그러나 같은 집단무의식을 가졌더라도 현재 개인이 접할 수 있는 교육 또는 학습경험의 기회 정도에 따라 의식화의 정도에는 차이가 있다.

또한, 집단무의식의 내용은 페르조나(persona), 아니마-아니무스(anima-animus), 그림자(shadow), 자기(self)로 구성된다.

페르조나는 개인이 공적으로 보여주는 가면이나 외관으로 개인이 사회생활을 하면서 2차적으로 맺게 되는 인간관계 속에서 나타나는 얼굴들이다. 이는 개인이 갖는 '적응 태고 유형'으로 사회생활, 공동생활의 기반이 된다. 한 개인은 여러 개의 가면을 갖고 있다. 예컨대, 직장생활을 하는 기혼 여성은 여성, 부인, 어머니, 직장인, 며느리, 딸 등 여러 개의 가면을 갖고 생활한다. 이러한 가면들의 합으로 나타나는 것이 바로 페르조나이다. 그러므로 보석이 각도에 따라 다양한 빛이 나타나는 것처럼 한 개인을 어떤 장소, 어떤 시간, 무엇을 하고 있을 때 만났느냐에 따라 다르게 보이는 것이 페르조나의 특징이다. 페르조나는 진정한 자아가 아니다. 만약에 개인이 하나의 가면에만 동일시하게 되면 페르조나에 압도되어 자기의 본성에서 소외되고 다른 가면들과 갈등을 일으켜 건강하지 못한 성격이 나타난다.

아니마는 남성 정신의 여성적 측면으로 남성이 여러 세대에 걸쳐 여성과 접촉을 통해 아니마의 원형을 발달시키게 된다. 아니무스는 여성 정신의 남성적 측면으로 여성이 여러 세대에 걸쳐 남성과 접촉함으로써 발달시키는 원형이다. 우리가 일상생활에서 이성에게 매력을 느끼는 일차적 이유는 무의식 속의 아니마와 아니무스가 서로 일치하기 때문이다. 가끔은 자신이 갖고 있는 아니마-아니무스와 모순되는 이성과 유대관계를 맺으려고 하지만 불만과 적대감정이 남게 되는 경우가 많다. 또한, 사회적 기대나 교육이 여성과 남성에게 요구하는 페르조나로 인해 이런 원형이 위축될 수 있다. 동성 연애자나 여장을 하고 싶어하는 남자들 중에는 이런 무의식적 원형이 폭발된 결과로 발생하는 경우가 많다.

그림자는 동물적 본성을 대표하며 개인 자신의 성을 대표하고 동성과의 관계에 영향을 미치는 원형이다. 그림자는 적절한 돌파구를 찾게 되면 무한한 자발성과 창의성, 통찰력을 발휘할 수 있는 가능성을 갖는다. 예를 들어, 사회적으로 성공한 유능한 바이올린 연주자가 억누를 수 없는 끼로 인해 몇 년 후 의상 코디네이터로 변신한 후 행복감을 느끼는 것은 그가 갖고 있는 그림자의 적절한 돌파구를 찾은 경우이다. 물론 그림자의 원형에만 충실해서는 사회생활을 영위하기 어렵기 때문에 그림자에 대항하는 페르조나를 발달시킴으로써 공동사회의 일원으로 적응하는 것이 필요하다. 그러나 그림자가 지나치게 억압을 당해서 그 탈출구를 찾지 못할 경우 엽기적인 살인이나 상상을 초월하는 사회적인 사건들이 발생하는 결과를 초래하기도 한다.

마지막으로 자기는 집단무의식 속의 중심적인 원형으로 집단무의식의 내용을 통합하고 질서를 부여하고 조직하는 역할을 한다. 그러므로 한 개인이 자기를 인식한다면 그 사람은 자아실현이 가능한 사람이다. Jung도 '자기' 원형을 중요시하고 있다. "자기는 인생의 목표다. 자기는 우리가 개성이라고 부르고 있는 숙명적 통일체의 가장 완벽한 표현이기 때문이다."

나. Adler의 개인심리

Adler(1870~1937)는 인간이 주로 사회적 자극에 의해서 동기가 유발된다고 가정하였으며, 1911년 Freud의 곁을 떠나 개인심리학을 창시하였다. 인간과 사회의 특정관계 유형은 단순히 사회적 과정을 통해서 발전될 수는 있지만, 기본적으로 인간은 이미 사회적 관심을 가지고 태어나는 것으로 본다. 생득적 성질로 Freud는 성(性)을, Jung은 사고양식을, 그리고 Adler는 사회적 관심을 강조했다. 초기에는 기관 열등(organ inferiority)과 사람들이 그것을 어떻게 보상하는지에 대해 관심을 가졌다. 약한 기관을 가진 사람은 그 기관을 강화시키기 위해 특별한 노력을 하거나 다른 기관을 발달시킨다고 생각하였다(김정희 외, 1996). 예를 들면, 공격성, 힘에 대한 의지, 우월에 대한 추구를 통해 인간의 성격에 일관성과 통일이 부여된다고 본다. Adler의 초기 이론에서는 개인이 초기 경험에서 발생한 열등감을 극복하기 위해 권력에 의지(will to power)하는 것으로 강조하였으나, 후기에는 열등감에 대한 보상적 노력으로 우월에 대한 추구(striving for superiority)를 강조하였다. 각 개인은 일정한 형태로 우월을 추구하는 방법을 갖고 있다. 예를 들어, 건강한 사람은 우월에 대한 추구가 긍정적이며 건설적이므로 타인들의 행복에 공헌하기 위해 자신의 우월 목표보다는 사회적 목적에 관심을 갖고 투쟁한다. 그러나 신경증적인 사람은 자기중심적인 목적을 위해 싸우며 이기적이고 자존심, 권력을 위해 투쟁한다. 이들은 파괴적이고 타인에 대해 통제적이다.

또한 Adler는 성격 발달이 부모와 아동 간에 주고받는 사랑과 가족관계, 출생순위에 의해서도 영향받을 수 있음을 강조한다. 예를 들면, 맏이의 경우 둘째가 태어날 때까지 많은 관심을 받아오다가 갑자기 동생(경쟁자)이 출현함으로써 자신이 받아오던 애정, 관심, 총애 등을 동생과 나눠야 한다. 이 때 부모가 맏이를 위해 현명하게 준비하고 대처한다면 맏이는 보다 책임감 있고 보호적인 사람이 되는 반면, 그렇지 못한 경우에는 신경증환자, 범죄자, 술꾼 및 타락자로 될 가능성이 높다고 보았다.

다. Sullivan의 대인 이론

Sullivan은 정신의학의 대인 이론(interpersonal theory of psychiatry)으로 알려진 새로운 이론의 창시자이다. 그는 성격이란 "인간생활을 특징짓는 인간관계 상황의 비교적 지속적인 유형"이라고 정의내리고 있다(Sullivan, 1953 : 111). 사람은 태어나는 날부터 인간관계 상황의 일부가 되며, 일생을 사회적 장의 구성원으로 살아간다. 사회를 떠난 은둔자라도 과거의 인간관계에 대한 끝없는 추억 속에서 살며 그것들은 계속해서 그의 사고와 행동에 영향을 준다. Sullivan은 한 개인을 인간답게 하는 것은 사회적 상호작용의 산물이라고 생각한다. 더구나 개인의 대인 경험은 순수한 생리적 기능마저도 변화 가능하기 때문에 유기체는 사회화된 방법으로 호흡하고, 소화하고, 배설하고, 순환함으로써 사회적 유기체가 된다.

성격은 대인관계의 장에서 연속적으로 발생하는 다양한 과정의 역동적 중심으로 이러한 과정에서 중요한 개념은 역동성(dynamics), 인격화(personification), 그리고 인지과정(cognitive process)이다.

역동성은 "유기체가 살아가는 동안 그 유기체를 특징짓는 비교적 지속적인 에너지 전환의 형태"로 지속되고 반복되는 하나의 행동 형태로서 학습과 거의 같다고 볼 수 있다. 한 개인이 갖는 역동은 그의 인간관계를 특징짓게 되는데, 예를 들어 특정 개인에게 습관적으로 적대적 행동을 하는 경우 이것을 악의라는 역동의 표현으로 볼 수 있다. 골목길에서 뒤따라오는 남자에게서 두려움을 느끼는 것은 공포라는 역동을 갖고 있기 때문이다. 이렇게 타인에 대한 모든 습관적 반응은 일련의 역동으로 구성되어 있다. 모든 사람들은 기본적으로 똑같은 역동을 갖고 있지만, 역동의 표현양식은 상황과 개인의 인생 경험에 따라 달라진다.

인격화란 개인이 자신이나 타인에 대해서 가지는 영상이다. 우리 머리 속에 간직하고 있는 다양한 영상들은 그 영상의 주인공을 정확하게 설명하지 못하는 경우가 많다. 처음에는 격리된 인간관계 상황에서 사람들과 대처하기 위해 형성된 영상들이 일단 형성되면 오래도록 존속하여 타인에 대한 태도에 영향을 준다. 예를 들면, 어떤 사람이 자기 아버지가 야비하고 독재적이라고 단정한다면 교사나 경찰 같은 어른들도 같은 것으로 본다. 결국 어릴 때의 대인관계를 통해 형성된 타인에 대한 영상은 긍정적이든 부정정적이든 계속적으로 누적됨으로써 성인이 된 후에도 그 개인의 인간관계에 영향을 끼칠 수 있다. 타인에 대한 인격화와 마찬가지로 자기 인격화는 객관적인 자기평가의 경향을 나타낸다. 타인과의 인간관계를 통해 보상받은 경험의 결과로 '좋은 나'에 대한 영상이 형성되고, 이러한 경험의 축적은 긍정적인 성격 형성에 도움을 준다.

Sullivan은 세 가지 형태－원형(prototaxic), 부형(parataxic), 전형(syntaxic)－의 경험과정으로 나타난다고 분류하였다. 원형경험은 "유기체의 순간적인 상태에서 불연속적으로 느끼는 경험"으로 감각을 가진 사람의 마음속을 흐르는 생생한 감각, 영상, 느낌과 같은 것이다. 원형경험의 순수한 형태는 생후 수개월 동안에만 찾아볼 수 있으며, 나머지 두 가지 형태의 경험 출현을 위한 전제조건이다. 부형사고는 동시에 일어나는 사건 간의 인과관계를 파악하고자 하는 사고양식이다. 이 때 동시에 일어난 사건들은 서로 상관이 없다. 단지 우연히 그 사건이 동시에 발생했을 뿐이다. 그는 우리들 대부분의 사고가 부형 수준을 넘지 못하기 때문에 서로 관련이 없는 경험 속에서 인과관계를 찾고자 한다고 생각했다(이상노 외, 1988). 예를 들면, 모든 미신이 부형사고의 한 예이다. 전형사고는 가장 고차원적인 사고 형태로 사람들끼리 합의되고 근거 있는 상징활동으로 구성된다. 단어와 숫자가 가장 대표적인 상징의 예이다.

이상에서의 역동성, 인격화, 인지과정이 성격 구성요소의 전부라고는 할 수 없지만 Sullivan의 성격체제에서 현저하게 나타나는 주요 개념들이다.

(2) 행동주의 이론

특성 이론이나 정신분석 이론은 인간의 성격 형성과정에서 개인적 경험에 의해서든지,

대인관계를 통해서든지 모두 성격의 중요 요인이 개인의 내부에서 나오는 것으로 본다. 그러나 행동주의는 인간이 내적인 자율적 존재로서 자신의 행동을 결정한다는 것을 인정하지 않는다. 주어진 상황자극에 의해 나타나는 반응으로 인간행동을 연구 대상으로 한다.

학습에 많은 관심을 가졌던 행동주의자들은 공식적인 성격 이론을 갖고 있지 않다. 그러므로 행동주의가 생각하는 성격에 대한 관점도 학습 이론을 통해서 가장 잘 설명될 수 있다. Dollard, Miller, Bandura 등은 행동주의의 학습원리를 체계적인 성격 이론으로 변환시키는 데 공헌하였다.

행동주의 이론의 접근방법으로는 Pavlov(1927)와 Hull(1943)의 연구가 바탕이 되는 고전적 조건형성 이론, Skinner(1953)의 조작적 조건형성 이론, 그리고 Bandura(1986)의 사회학습 이론이 대표적이다.

Pavlov의 고전적 조건형성 이론에 따르면, 어린시절의 경험이 무엇이냐에 따라 한 개인의 성격이 결정된다. Watson과 Rayner(1920)는 털 있는 쥐에 대한 민감화와 둔감화 연구에서 Pavlov의 원리를 인간에게 적용시켰다. 예를 들어, 쥐를 무서워하지 않던 아이도 무서운 소리나 혐오스러운 소리를 쥐와 연합해서 경험하게 되면 쥐를 무서워하게 되고 나중에는 흰쥐의 털과 비슷한 촉감을 가진 것만 보아도 놀라는 신경증을 보였다. 마찬가지로 인간의 성격도 이와 같은 원리에 의해 결정된다는 입장이다.

조작적 조건형성 이론에서는 행동에 대한 보상을 성격 형성의 중요 요인으로 본다. 한 개인이 살아오면서 겪은 강화의 역사는 바로 그 개인의 성격이다. 비슷한 상황에서도 개인이 경험한 강화의 종류는 다양하기 때문에 한 개인의 성격을 이해하기 위해서는 자극상황과 강화에 대한 체계적 분석이 필요하다고 본다(최승희 외, 1995). 예를 들어, 노약자에게 자리를 양보한 아동이 그 행동에 대해 칭찬(보상)을 받았다면 그 이후의 행동에서도 자리를 양보하거나 타인을 배려하는 성격을 형성할 가능성이 높다. 그러나 자리를 양보받은 노약자가 아동의 행동에 대해 당연하다는 듯이 여기고 좀 더 빨리 양보하지 않은 것에 대해 화를 낸다면, 아동의 타인에 대한 배려 행동은 감소할 것이다. 이처럼 어떤 행동을 한 다음의 결과가 긍정적인가 부정적인가에 따라 성격과 행동이 결정된다고 본다.

사회학습 이론은 특성 이론과 행동주의 이론에 반기를 든다. 특히 성격 형성에 있어서

인지적 요인들의 역할을 무시한 점, 또한 동물실험에 의존한 학습 이론들이 인간 환경 속에서 복잡한 경험적 연구를 등한시한 사실을 비판하며 사회학습을 강조하는 성격 이론을 제시한다.

Bandura는 관찰을 통해 어떤 상황을 간접 경험함으로써 성격 형성이 가능하다고 본다. 사람들은 타인의 행동을 관찰하고 모방하고, 인지과정을 통해 그 결과를 결정함으로써 성격이 형성된다는 입장이다(오세진 외, 1997). 그러므로 사회학습 이론에서는 관찰과 모방학습, 대리강화, 자기조정들을 성격 형성에 있어 중요 요인으로 본다.

보보 인형을 공격하는 아이가 칭찬받는 비디오와 아이의 공격행동에 무반응한 비디오, 그리고 아이의 행동을 꾸중하는 비디오를 관람한 아동들 중에는 칭찬받는 비디오를 본 아동들이 가장 공격적이었다. 설사 즉각적인 공격을 하지 않았지만 추후 실험에서는 공격적인 장면을 보기만 한 아동들에게서도(공격행동을 하는 아이를 체벌하는 비디오) 공격성이 내재된다. 이처럼 공격적인 내용을 보았다는 사실만으로도 공격모방을 많이 한다는 실험 결과는 현재 영화, 텔레비전 프로그램, 컴퓨터게임 등에 나타나는 공격적인 행동을 보는 것이 공격성을 초래할 수 있음을 시사한다.

(3) 인본주의 이론

1960년대 성격심리학자들 중 일부는 Freud의 성격연구방법, 행동주의자들의 동물실험 결과를 인간에게 적용하는 태도에 반기를 들었다. Freud가 임상경험을 토대로 비정상인의 신경증에 관심을 갖고 그들의 성격구조와 의식의 세계를 정상인에게 적용하고, 행동주의가 동물을 연구하고 인간을 규칙적인 방식에 따라 행동하는 복합적 조직으로 보는 것과는 대조적으로 Rogers를 중심으로 한 인본주의는 건강한 인간 정신에 대한 전체적인 접근을 사용한다. 기본적으로 선하며 성장잠재력을 갖고 있는 인간은 자신과 세계를 지각하고 해석하는 과정에서 자신만의 독특한 성격을 형성한다는 것이다.

자아실현을 위한 핵심은 바로 자기 자신으로 자신을 계발할 수 있는 기회나 여건 등이 억압되거나 자아개념이 현실과 부조화를 이루면 갈등을 경험하고, 이는 성격 형성에 영향을 미친다. 예를 들어, 나는 나 자신을 독립적이라고 생각하는데 사람들은 나를 인간미가 없다고 평가하거나 나는 그 일을 잘할 수 있는데 남들은 결혼하면 일하기 힘들다고 판단할 수도 있다. 일상생활에서 자신과 현실 간의 불일치를 발견할 수 있는데, 이런 불일치가 클 때 개인의 성격 발달이 왜곡될 수 있다.

건강한 사람은 자아실현할 수 있는 사람이고, 자아실현된 사람은 완전히 기능하는 인간이다. 자아실현은 개인의 내면적 본성을 인정하고 개발하며 표현하는 것이며, 정지된 상태가 아닌 계속적인 진행 과정(process)이다. 자아실현의 과정은 어렵고 고통스럽기는 하지만 기대나 억압에 구속되지 않고 자신에 의하여 삶의 방향을 결정하고 행동을 표출하게 된다.

Maslow는 건강한 사람들의 성격을 연구하기 위해 자아실현을 이룬 사람들, 예를 들면 Lincon, Jefferson, Beethoven과 같은 역사적 인물과 현존하는 인물들을 대상으로 연구하였다. 그 결과 자아실현을 이룬 사람들의 특징은 현실을 있는 그대로 보고, 받아들이며, 문제 중심적으로 관심의 초점을 대부분 일에 둔다. 또한 타인과의 관계에서 자발성을 가지며, 자율성과 독립성을 추구하고 절정 경험(peak experience) 등을 갖는다고 한다.

인간관계 프로그램 3-1

나의 성격 유형은?

▎활동목표▎

MBTI 간이식별법을 이용, 자신의 성격 유형을 테스트해 본다.

▎활동내용▎

■ MBTI 간이식별법

• 우선 다음의 항목들 중에서 자기에게 해당되는 것을 모두 고른다. 1~4의 각 차원별로 박스 A와 박스 B에 체크된 개수를 각각 비교하여 A와 B 중 보다 더 많은 개수를 체크한 박스에 표시되어 있는 이니셜 4개를 조합한 것이 자신의 성격유형이다(*각 유형의 해석은 MBTI의 일반적 지침을 적용해 볼 수 있으나 간이형이므로 한계가 있다).

1	A	• 외향성 (E)	( ) 자기 외부에 주의집중 ( ) 말로 표현하기 선호	( ) 정열적 · 활동적 ( ) 쉽게 알려짐
	B	• 내향성 (I)	( ) 자기 내부에 주의집중 ( ) 글로 표현하기 선호	( ) 조용하고 신중 ( ) 서서히 알려짐
2	A	• 감각형 (S)	( ) 지금, 현재에 초점 ( ) 정확, 철저한 일처리	( ) 실제의 경험 ( ) 사실적 사건 묘사
	B	• 직관형 (N)	( ) 미래 가능성에 초점 ( ) 신속, 비약적인 일처리	( ) 아이디어 ( ) 비유적 · 암시적 묘사
3	A	• 사고형 (T)	( ) 진실, 사실에 주관심 ( ) 논리적 · 분석적	( ) 지적 논평 ( ) 규범, 기준 중시
	B	• 감정형 (F)	( ) 사람, 관계에 주관심 ( ) 상황적 · 포괄적	( ) 우호적 협조 ( ) 나에게 주는 의미 중시
4	A	• 판단형 (J)	( ) 정리 · 정돈과 계획 ( ) 신속한 결론	( ) 의지적 추진 ( ) 통제와 조정
	B	• 인식형 (P)	( ) 상황에 맞춤, 개방성 ( ) 유유자적한 과정	( ) 이해로 수용 ( ) 융통과 적응

출처 : 한양대학교 학생생활상담연구소, 1997

인간관계 프로그램 3-2

대인관계 성향검사

| 활동목표 |

① 내가 갖고 있는 성격 특성은 무엇일까? 대인관계의 출발은 바로 자기이해에서 시작한다. 나를 바로 알아야 타인을 볼 수 있는 눈이 생기는 것이다. 그러므로 본 검사를 통한 일차적 목표는 8가지 성격 차원에서 나타나는 자신의 성격 특성을 찾아보는 것이다.

② 자신의 성격 특성을 중심으로 대인관계 성향을 알아본다. 8가지 성격 특성은 역할 성향과 표현 성향으로 구분되어 있다.

| 활동내용 |

본 검사는 대학생들의 개인적인 대인관계 문제를 파악하기 위한 비진단적 검사이다. 각 문항들은 대인관계의 상황 속에서 누구나 느낄 수 있는 문제들로 구성되었다. 가능한 한 피검사자들이 실생활에서 자신들이 경험했던 내용들을 중심으로 자신의 문제로서 지각할 수 있도록 전문가들에 의해 구성되었다. 제시된 검사문항을 너무 깊게 생각하지 말고 자신에게 해당된다고 생각하면 ○로 아니면 X로 체크해 내려간다.

1. 주도성(10문항)	○, X
1. 남보다 앞서서 일하길 좋아한다.	
2. 남에게 충고를 잘한다.	
3. 나의 주장을 관철시키려 한다.	
4. 다른 사람들이 나의 의견을 잘 따른다.	
5. 사람들을 지휘하려고 한다.	
6. 사람들과 함께 있을 때는 지도자(leader)의 역할을 한다.	
7. 여러 사람 앞에서 의견 말하기를 좋아한다.	
8. 친구들과 어울리는 경우 내가 얘기를 많이 한다.	
9. 내가 계획하는 일에 여러 사람을 참여시킨다.	
10. 사람들이 내 주위에 모이도록 노력한다.	

2. 공격성(12문항)	○, X
11. 남들로부터 잘난 척한다는 말을 듣는다.	
12. 친한 친구라도 견해가 틀리면 다툰다.	
13. 대화 중에 극단적인 표현을 많이 쓴다.	
14. 화를 잘 낸다.	
15. 화가 나는 일이 생기면 분풀이를 해야 한다.	
16. 토론을 할 때마다 언쟁을 한다.	
17. 남으로부터 화를 잘 낸다는 말을 듣는다.	
18. 상대방의 잘못을 짚고 넘어간다.	
19. 나에게 고통을 준 사람에게는 그만큼의 고통을 준다.	
20. 자존심이 상하면 참지 못한다.	
21. 작은 일에도 흥분한다.	
22. 마음에 안 드는 사람의 말은 반대한다.	

3. 사려성(12문항)	○, X
23. 남의 입장을 잘 이해한다.	
24. 남의 잘못을 너그럽게 이해한다.	
25. 대화를 나눌 때 상대방의 느낌에 유의한다.	
26. 타인의 칭찬을 받아들인다.	
27. 타인의 충고를 받아들인다.	
28. 상대방의 입장에 서서 이해한다.	
29. 실수로 당황하는 친구를 안심시켜 준다.	
30. 사람들과 함께 있고 싶다.	
31. 사람들과 친밀한 관계를 갖는다.	
32. 새로 알게 된 사람에게 호의를 베푼다.	
33. 여러 명이 함께 하는 일에 협조적이다.	
34. 사람들을 친절하게 대하려고 한다.	

4. 불신감(12문항)	○, X
35. 부모님은 사사건건 간섭하신다.	
36. 부모님은 내가 하는 일을 못마땅하게 여기신다.	
37. 부모님은 나보다 나은 점이 없다.	
38. 다른 사람이 하는 일을 믿지 못한다.	
39. 나에게 호의적으로 대하는 사람들도 믿지 못한다.	

40. 친구가 하는 말이라고 해서 솔직한 것은 아니다. 41. 내게 접근하는 사람에게 경계부터 한다. 42. 남으로부터 의심이 많다는 말을 듣는다. 43. 타인의 말을 믿지 않는다. 44. 광고의 내용을 믿지 않는다. 45. 의지할 만한 친구가 없다. 46. 부모님은 내가 의견을 말할 때 다른 얘기를 하신다.	
5. 경쟁성(12문항)	○, X
47. 나와 가치관이 다른 타인을 싫어한다. 48. 친구가 한 일을 평가하기 좋아한다. 49. 내 뜻대로 되지 않으면 속이 상한다. 50. 남으로부터 지적을 받으면 오랫동안 마음이 언짢다. 51. 누가 묻는 것에 모른다고 답하기가 싫다. 52. 남이 충고해 주는 것을 좋아하지 않는다. 53. 친구들보다 뒤지지 않으려 애쓴다. 54. 남이 좋은 물건을 가지면 나도 갖고 싶다. 55. 나보다 뛰어난 친구를 보면 앞지르고 싶다. 56. 칭찬 받은 일을 오랫동안 기억한다. 57. 모임에 나갈 때 옷차림에 신경을 쓴다. 58. 거울을 들여다보는 일이 자주 있다.	
6. 독립성(11문항)	○, X
59. 내 뜻대로 일을 처리한다. 60. 쉬운 일보다 어려운 일에 매력을 느낀다. 61. 지시를 받기보다 자발적으로 일하길 좋아한다. 62. 자신과 관련된 문제에 결정을 내리는 일이 부담스럽다.(R) 63. 무슨 일이든 스스로 결정한다. 64. 내 스스로 계획을 세워 일을 수행한다. 65. 마음 내키지 않는 일이면 싫다고 이야기한다. 66. 나는 무엇을 할 것인가를 다른 사람이 결정하게 한다.(R) 67. 나는 동료들과 대등한 입장에서 활동한다. 68. 나는 내 자신을 잘 안다. 69. 언젠가는 내가 하고 싶은 일을 할 수 있을 것이다.	

7. 책임성(11문항)	○, X
70. 어떤 역할이고 맡아서 할 수 있다. 71. 남으로부터 책임감이 강하다는 말을 듣는다. 72. 내 인생은 내가 책임져야 한다. 73. 남들이 신용있는 사람이라고 한다. 74. 책임질 수 없는 말은 하지 않는다. 75. 맡은 일은 밤을 새워서라도 한다. 76. 약속을 하는 경우 상대방보다 먼저 나간다. 77. 남에게 빌린 것을 제 때에 돌려주어야 직성이 풀린다. 78. 나는 무슨 일에나 책임의 한계를 명백히 한다. 79. 불쌍한 친구를 보면 도와준다. 80. 노약자를 보면 자리를 양보한다.	
8. 우월성(11문항)	**○, X**
81. 나는 선택된 인간이라고 생각한다. 82. 나보다 잘난 사람은 없다. 83. 나는 다른 사람의 의견을 대수롭지 않게 여긴다. 84. 친구들보다는 내가 유능하다. 85. 나는 장점이 많다. 86. 누구의 도움 없이 독자적으로 행동할 수 있다. 87. 나의 성격이 변화될 필요성이 없다. 88. 나의 용모에 자신이 있다. 89. 친구들은 나를 부러워한다. 90. 사람들은 나를 관심있게 본다. 91. 어떤 일을 끝내고 잘한 것 같은 생각이 오랫동안 남는다.	

▍결과 해석 방법 ▍

8개의 차원별로 ○표한 개수를 세어본다. ○표가 상대적으로 많은 특성이 자신의 주된 대인관계 성향에 해당된다.

■ 대인관계 성향검사 차원의 구성요인

(1) 주도성－10문항(1번~10번) : 이 특성은 대인관계에서 자율적이며 주도적이고, 자신에 대해 자신감이 있으며 자신의 권리를 찾으려 하면서도 자신이 한 행동에 대해

책임감을 진다. 인간관계에서 적극적이므로 자신의 의견 등을 여러 사람 앞에서도 잘 표현하며, 자신의 의사를 관철시키기 위해서 다른 사람을 설득하기도 한다.

(2) 공격성 - 12문항(11번~22번) : 이 특성은 대인관계를 경쟁적 입장에서 다른 사람을 공격적으로 대하고 권력에 대해 반항적이며 도전적이고 부정적인 면을 보인다. 언어의 표현은 주로 극단적이고 단정적인 것을 쓰며 자신의 감정을 통제하지 못하는 편이다. 다른 사람의 의견이나 입장보다는 자기자신의 것을 더 중요하게 생각한다.

(3) 사려성 - 12문항(23번~34번) : 이 특성은 대인관계에서 온화하며 공감적이며 다른 사람의 입장을 먼저 살펴주는 특성이 있다. 그러므로 다른 사람들과 함께 있기를 좋아하며 호의를 베풀며 관계를 잘 유지하려 한다.

(4) 불신감 - 12문항(35번~46번) : 이 특성은 인간에 대해 불신감을 갖고 있으며, 대인관계에서 누구든지 일단 의심하는 특성을 나타낸다. 이 특성은 다른 사람보다도 자신에 대해서 더욱 믿음을 가지므로 다른 사람의 호의도 받아들이기 힘들다.

(5) 경쟁성 - 12문항(47번~58번) : 이 특성은 대체로 대인관계를 경쟁적 입장에서 보며 따라서 남의 간섭을 싫어하고 남에게 지기도 싫어한다. 또한 자기 입장을 중심으로 다른 사람을 대하므로 자신의 감이나 생각 등이 중요하다. 따라서 대인관계에서 이기적이며 자기자신에게 유리한 상황만을 선택하려고 한다.

(6) 독립성 - 11문항(59번~69번) : 이 특성은 다른 사람에게 의존하기보다는 자기 방식대로 일을 처리하며 누구의 간섭을 받기보다는 주체적으로 계획을 세우고 스스로 결정한다. 대인관계에서 자발적, 모험적, 그리고 감정에 치우치지 않는 성향이 있다.

(7) 책임성 - 11문항(70번~80번) : 이 특성은 다른 사람에게 책임질 수 있는 말이나 행동을 하려고 한다. 다른 사람들에게 주로 신용있고 책임있는 사람이라는 말을 듣는다.

(8) 우월성 - 11문항(81번~91번) : 이 특성은 자기자신의 능력에 대해 확신이 있으며, 자신에 대해 수용적이고 긍정적이다. 현재나 미래에 대해 긍정적인 시각을 갖고 있다.

출처 : 송인섭 · 박애선 · 신은영, 1999

인간관계 프로그램 3-3

대인관계능력 검사

❙ 활동목표 ❙

사람들과 두루 관계를 맺고 타인과의 관계에서 자신의 입장을 표현할 수 있는 능력이 있는지를 측정해 본다.

❙ 활동내용 ❙

■ 대인관계능력 검사

※ 해당하는 곳에 선택해 주세요.

1 : 아주그렇다 2 : 그렇다 3 : 약간그렇다 4 : 약간아니다 5 : 아니다 6 : 전혀아니다

문항	1	2	3	4	5	6
1. 사람들 앞에서 말을 잘 못 꺼내겠다.						
2. 나보다 똑똑한 사람을 보면 피해 버린다.						
3. 여러 사람 앞에선 내 주장을 펴기가 힘들다.						
4. 어떤 사람들에게는 주눅이 들어서 가까이 가기 어렵다						
5. 할 말이 있어도 여러 사람 앞에서는 못하겠다.						
6. 친구와 생각이 달라도 반대의견을 말하지 못한다.						
7. 사람들이 모여 이야기하고 있으면 선뜻 들어가기 어렵다.						
8. 여러 사람 앞에서 내 의견을 말하는 것이 어렵다.						
9. 모임에 나가면 다들 나보다 똑똑한 것 같아 가만히 있는다.						
10. 내 주장을 하기가 어렵다.						
11. 사람들을 만나는 것이 어쩐지 좀 싫고 내키지 않는다.						

	1	2	3	4	5	6
12. 나는 사람들과 어울리는 기술이 있다.						
13. 사람들과 쉽게 어울리는 편이다.						
14. 생각이 다르면 상대가 높은 사람일지라도 말하는 편이다.						
15. 어디를 가든 내 밥그릇은 찾아 먹을 수 있다.						
16. 처음 보는 사람들과 만나도 불안하지 않다.						

결과 해석 방법

- 역산 문항(R) : 12, 13, 14, 15, 16

20 이하	50	80 이상
낮음	보통	높음

- 높은 점수 : 사람들과 쉽게 관계를 맺을 수 있고 자기표현을 잘할 수 있다.
- 낮은 점수 : 위축되어 사람들과 잘 어울리지 못하고 자기표현을 잘 못한다.
- 극단적으로 낮은 점수 : 대인공포증이나 회피성 성격장애를 시사한다.

출처 : http://www.guidance.co.kr

토론주제

1. 나의 성격적 특성은 무엇이며, 나의 내향성, 외향성이 가장 잘 나타나는 때는 언제인지 이야기해 보자.

2. 나의 대인관계 성향 때문에 타인과의 상호작용에서 유익했을 때와 곤란했던 때는 언제인지 이야기해 보자.

CHPATER 04

정서와 인간관계

우리 사회에서는 오랫동안 개인의 사회적 성공을 좌우하는 것은 지적 능력에 의해 좌우되는 것으로 여겨 왔으나 최근에는 그 인식이 변화하고 있다. IQ로 대표되는 지적 능력은 개인의 가능성과 학력, 그리고 기회가 비슷했던 사람들이 왜 서로 다른 운명 속에서 삶을 영위하는지를 거의 설명해 주지 못한다. 즉, 오늘날의 사회에서는 전통적 의미에서의 지적 능력(IQ)만이 우수한 사람을 높이 평가하지 않는다. 또, '학교에서의 우등생이 반드시 사회에서의 우등생인 것은 아니다'라는 표현에 익숙해 있고, 이에 공감하는 이도 많을 것이다. 이러한 인식은 정서지능이라고 하는 새로운 지능관의 출현을 초래하기도 하였다.

본 장에서는 오늘날의 사회에서 그 중요성이 강조되고 있는 정서 능력의 의미와, 이를 계발하기 위한 방법들에 대해 알아보기로 한다.

학습 목표

1. 정서 능력의 중요성을 이해하고, 정서 능력의 계발을 위해 노력한다.
2. 인간관계와 정서 능력 간의 관계를 이해하고, 실제 인간관계 장면에서 활용할 수 있다.
3. 사회적 성공과 정서 능력 간의 관계를 이해하고, 이를 실천할 수 있다.

구사일생 비법은 '높은 정서지능'

〈한국방송〉의 한 프로그램 가운데에는 '산 자의 법칙'이라는 꼭지가 있다. 여러 위기 상황에서 극적으로 살아남은 사람들의 사례를 소개해 시청자들이 그들의 경험과 지혜를 배울 수 있는 기회를 제공하는 흥미 있고 유익한 내용이다.

흔히 사고에서 살아남은 사람들은 운이 좋았기 때문이라고 여기는 경향이 있다. 하지만 이런 사례를 연구하는 학자들은 생존자들에게 공통점이 있다고 말한다. 그들은 '정서지능'이 높고, 스트레스에 적극적으로 대처하는 성향을 지니고 있다는 것이다.

요즘 이큐(EQ)라는 말로 널리 알려진 '정서지능'은 자신의 감정을 정확히 파악하고 표현하며, 의사결정 때 감정을 적절히 이용하고 조절하는 능력이다. 이런 능력을 기준으로 스트레스에 대처하는 유형을 크게 '감찰형'과 '무시형'으로 나눌 수 있다. 전자는 상황에 대한 정보를 모으고 관심을 기울이는 유형이며, 후자는 상황을 회피하거나 축소시키는 것이다.

두 유형의 차이를 지하철 탑승으로 설명하면 이렇다. 여러 사건과 사고가 자주 생겨 꺼림직하지만 지하철을 탈 수밖에 없을 때, 감찰형 사람은 지하철에서 일어날 수 있는 위기의 유형을 파악하고, 대피소의 위치와 탈출방법 등을 미리 알아둔다. 하지만 무시형은 사건의 발생 가능성을 염두에 두지 않거나 사고가 나도 어쩔 수 없다는 생각을 갖는다.

여러 사고 생존자들을 분석한 연구 결과를 보면 정서지능이 높고, 감찰형에 가까운 사람이 사고 생존율이 더 높은 것으로 밝혀졌다. 또 정서지능이 높은 사람들이 사고를 당한 뒤 나타나기 쉬운 '외상후 스트레스 장애' 증상도 덜 겪는 것으로 나타났다. 학자들은 정서지능이 높은 사람은 자신이 받고 있는 스트레스를 잘 파악하고 그에 관한 정보를 적극적으로 수집해 대처하기 때문에 큰 충격을 준 사건을 겪고도 이를 잘 이겨내는 것으로 추정한다.

2005년 8월 초순 309명을 태운 에어프랑스 여객기가 캐나다 토론토의 피어슨 국제공항에 착륙하다 활주로에서 이탈해 기체가 화염에 휩싸여 전소했다. 그러나 43명만이 타박상과 가벼운 호흡곤란 증세로 치료를 받았을 뿐 단 한 명도 사망하지 않았다. 제대로만 대처하면 비행기 사고에서도 살아남을 수 있음을 여실히 보여준 사례였다.

아직 일어나지도 않은 위기의 순간을 미리 상상해 준비하는 것은 그리 유쾌하지는 않다. 그러나 자신에게 닥칠 수 있는 잠재적인 위기를 적극적으로 탐색하고 대처 방법을 강구하는 것이 애써 두려움을 피하는 것보다 사고를 만났을 때 생존 확률을 높인다. 적극적으로 대처하고 행동하는 태도, 이것이 바로 생존자들의 비결이다.

출처 : 전상일의 건강이야기(환경보건학 박사 · 한국환경건강연구소 소장). 한겨레신문, 2007. 9. 27.

1. EQ의 출현

1940년에 졸업한 하버드대생 95명의 중년생활을 추적 연구한 결과, 성적이 낮았던 학생들과 비교하여 최고 성적을 받았던 학생들이 봉급과 생산성, 그리고 해당 분야에서의 지위 면에서 특별히 성공한 것은 아니었다. 또한 삶에 대한 만족도면에서 가장 높은 것도 아니었으며, 친구관계나 가족관계, 그리고 이성관계에서도 가장 행복한 것은 아니었다.

또한 1881년부터 일리노이즈 고등학교에서 고별사를 읽은 학생과 내빈에게 인사말을 한 학생 81명에 관한 연구결과도 시사하는 바가 크다. 물론 그들은 고등학교에서 최고 평점을 받은 학생들이었다. 그들은 대학에서도 계속 좋은 점수를 얻었으나, 20대 후반에 그들의 성공 수준은 단지 중간 정도밖에 되지 않았다. 고등학교 졸업 10년 후 4명 중 1명은 연령이 같고, 같은 직업을 가진 사람들과 비교해 볼 때 최고 수준이었으나, 나머지는 그렇지 못했다(김언주 외, 1998).

위의 사례가 의미하는 바는 무엇일까? 이는 아마도 개인의 삶의 과정이나 인간관계에 결정적인 영향을 미치는 요인은 IQ나 학업성적을 넘어선 다른 측면에 있음을 암시하는 사례가 될 수 있을 것이다.

그 다른 측면에 관련된 것으로써, 20세기 말경 많은 사람들은 '21세기는 감성지능의 시대'라는 표현을 사용하였다. 사실 '감성지능'이란 용어가 적절한 표현은 아니다. '감성'은 'Emotional Intelligence'의 'emotion'을 번역한 것인데, 이는 교육학과 교육심리학 및 심리학의 분야에서 사용해 온 학술적인 용어인 '정서'라는 표현이 보다 합당하다. 감성(feeling)은 개인의 주관적인 경험을 강조하는 구어체의 용어이고, 정서(emotion)는 '행동의 변화, 방향 및 강도와 관련되어 있는 것으로 생리적 과정을 수반하는 내적 상태'를 의미하기 때문이다. 1997년에 '정서지수와 지능지수에 대한 오해와 이해'라는 주제 하에 열린 한국심리학회 동계연구 세미나에서 논문을 발표한 하대현(1997)을 비롯한 모든 연구자들도 이 점을 지적하였고, EI 또는 EQ에 대해 정서지능 또는 정서지능지수라는 용어로 사용하고 있다.

정서지능이란 개념은 전통적인 지능관을 근거로 수리력・암기력・기억력 등의 인지적 능력만으로 인간의 능력을 평가하거나, 교육적 성취만으로 실제 사회생활에서의 성공 여부를 예언하는 것이 한계에 부딪히고, 인지적 능력만을 강조하는 일은 인간의 잠재 능력의 계발에 크나큰 손실을 초래한다는 비판이 대두되면서 새로운 시각에서 인간의 능력을 개념화하려는 시도로 등장하였다.

정서 능력의 중요성에 대한 강조는 오랜 전통을 가진 개념이다(정홍섭, 1996). 고대의 Aristoteles가 『니코마코스 윤리학(Ethica Nicomachea)』에서 지성으로 감정을 조절하는 것이 중요함을 강조한 바 있고, 1920년대에 Thorndike도 사회적 지능의 개념으로 정서능력을 다룬 바 있다.

그 이후 Gardner(1983)는 지능을 인간의 포괄적인 능력의 집합체로 새로이 개념화하면서 비인지적인 능력도 지능의 범주에 포함되는 것으로 보았고, Salovey와 Mayer(1990)에 의해 정서지능이란 용어가 처음 사용되었고, 이에 대한 체계적인 연구를 진행하였다.

그 후 Goleman(1995)의 『*Emotional Intelligence*』가 시사주간지 Time지에 "What's your EQ?"라는 내용의 커버스토리로 다루어지면서 EQ, 즉 개인의 정서능력, 대인관계와 같은 사회적 능력이 인간 삶의 성공에 지대한 영향을 미치는 것이라고 강조되면서 일반인들의 관심을 모으게 되었고, 곧 전 세계인의 이목이 집중된 것이다.

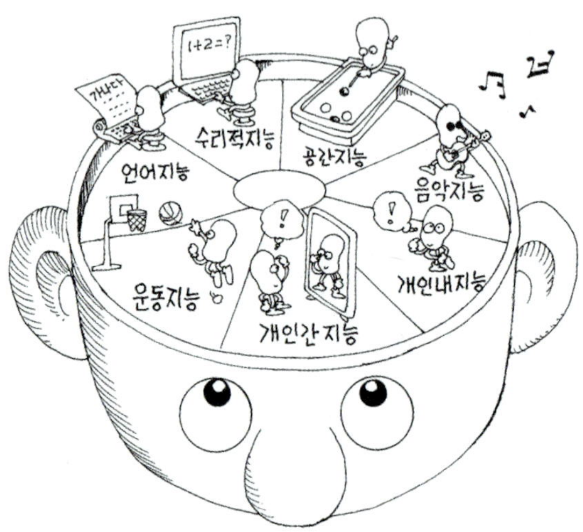

[그림 4-1] Gardner의 지능관

2. 정서지능의 개념

정서지능의 개념을 처음으로 사용했던 Salovey와 Mayer(1990)는 정서지능이란 자신과 타인의 정서를 점검하고 변별하며, 자신의 행위와 사고를 유도하는 데 그 정보를 이용하는 능력이라고 정의내리고, 이에 포함될 수 있는 능력들에는 자신과 타인의 정서를 평가하는 능력, 자신과 타인이 가지고 있는 감정과 정서의 내용을 구별해 내는 능력, 사고와 행동의 방향을 결정하기 위해서 감정과 정서에 관련된 정보를 활용하는 능력 등으로 보았다.

Salovey와 Mayer(1990)는 정서지능이 일종의 사회적 지능으로써 전통적인 지능연구에서 오랜 역사를 갖고 있기 때문에 정서와 지능을 결합시켜서 정서지능이라는 용어를 사용하는 것은 모순되지 않는다고 언급하였다. 사회적 지능(social intelligence)은 인간관계를 맺는 기술과 관련이 있는데, 초기에는 사회적 지능이 "사람들을 이해하고 관리하는 능력"이라고 규정되어 있었으나, 이 사회적 기술은 내부로 향할 수도 있기 때문에 사회적 지능에는 "자신을 이해하고 관리하는 능력"도 포함될 수 있다. 사회적 지능의 개념을 최초로 착안하였던 Thorndike(1920)는 사회적 지능이 다른 유형의 지능과 다르다고 보았으며, 이는 "자신과 타인의 내부 상태, 동기, 행동을 인식하고, 그 정보에 기초하여 적절하게 행동하는 능력"이라고 정의하였다.

Salovey와 Mayer(1990)는 정서지능의 개념이 특히 Gardner(1983)의 다중지능 이론(multiple intelligence theory)에서 일곱 가지의 지능 중에 개인지능(personal intelligence)과 중첩된다고 간주한다. Gardner의 다중지능 이론에서의 개인지능은 다시 개인내적 지능(intrapersonal intelligence)과 대인지능(interpersonal intelligence)으로 구분되며, 개인지능의 어떤 측면이 정서와 관련이 있으며, 정서지능과 유사하다고 보고 있다. 즉, 개인지능은 "자기 자신의 감정과 강도에 접근하고, 감정들을 즉각적으로 구분해 내고, 그 감정들에 이름을 붙이며, 감정들을 상징부호로 결합하며, 자신의 행동을 이해하고 이끄는 수단으로 그 감정을 이용하는 능력이다. 가장 원시적인 형태의 개인내적 지능은 기쁨의 감정과 고통의 감정을 구별해 내는 능력이라고 설명할 수 있다. 가장 진보된 형태의 개인내적 지능은 개인내적 지식을 통해서 복잡하고, 매우 분화된 감정의 세트를 상징화하고 감지하는 능력"으로 정의될 수 있다(Gardner, 1993). 이러한 정의는 정서지능과 매우 흡사하다. 개인지능은 정서지능만큼 정서의 역할을 강조하고 있지는 않지만, 사회적 지능 이론보다 자신과 타인의 정서와 감정에 대한 평가와 조절, 그리고 그런 정서적 정보를 활용하는 내용을 담고 있으므로 중첩되는 부분이 상당히 있다(곽윤정, 1997).

3. 정서와 관련 변인들 간의 관계

1) 정서와 인지의 관계

Salovey와 Mayer(1990)는 정서지능이 정서와 지능의 두 가지 요소가 결합된 개념으로서, 이것은 성격과 같은 개인의 일반적인 성향이나 행동선호도 혹은 사회적 기술과는 달리 자신과 타인의 기분을 파악하고, 그것을 조절하는 것은 정신적 능력의 영역에 속하며, 정서에 대한 이러한 지식은 일반지능과는 독립적이라고 가정하였다. 따라서 정서지능의 개념은 정서를 경험하는 것 자체가 능력의 차원에서 논의될 수 있다고 전제하고 있다. 그러므로 이를 지능으로 볼 수 있다는 것이다. 또한 정서와 인지는 서로 별개의 과정이 아니다(Bower, 1991 ; Moore & Isen, 1990).

Leeper(1965)는 정서가 모든 행동을 조정하고 동기화하는 데 중요한 영향을 미치며, 정서는 동기적 기능뿐만 아니라 인지적 기능도 동시에 갖고 있어서 정보처리를 잘할 수 있도록 하는 데도 중요한 기능을 한다고 하였다.

아이오와 대학의 신경과학자 Damasio(1994)는 『데카르트의 착오 : 정서, 이성, 그리고 인간의 뇌』라는 저서에서 정서는 이성과 매우 밀접하게 관련되어 있기 때문에 정서가 개입되지 않는 순수한 이성은 존재할 수 없다고 했다. 그는 정서를 관장하는 뇌(변연계)와 이성을 관장하는 뇌(대뇌피질) 사이에 매우 밀접한 관련이 있다고 주장하였다.

뉴욕 대학의 신경과학자 Le Doux(1996)는 『*Emotional Brain*』이라는 저서에서 정서를 관장하는 변연계의 편도체와 이성의 뇌인 대뇌피질 사이, 그리고 정서자극을 중계하는 하위 뇌인 시상(thalsmus) 사이에 밀접하게 연결되는 신경회로가 존재한다는 사실(그림 4-2 참조)과 나아가 편도체 가운데에서도 특히 편도체 중심핵이 다양한 정서 통제의 핵심 기구가 된다는 점을 주장하였다.

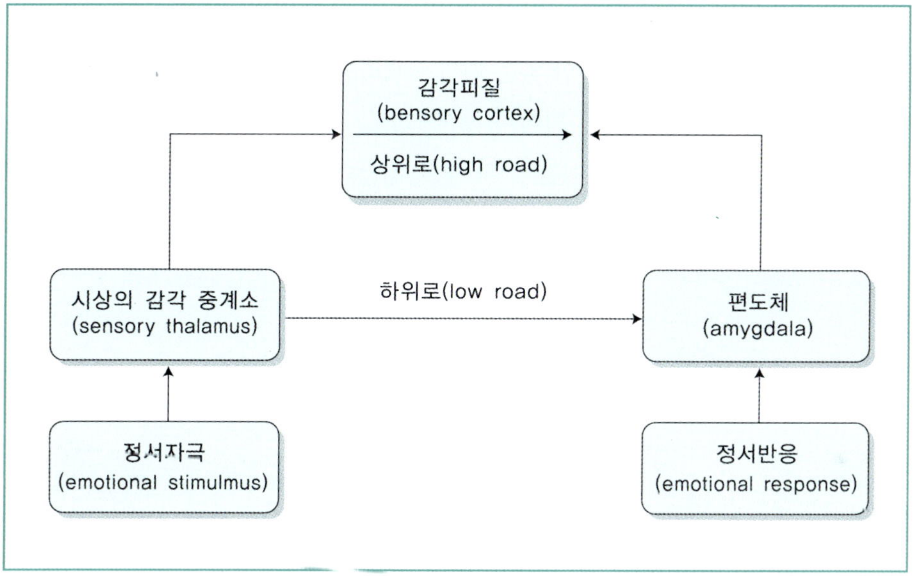

[그림 4-2] 정서자극이 정서반응을 일으키는 과정

출처 : 장현갑, 1997, p.4에서 재인용

Le Doux는 정서자극이 정서반응을 일으키는 데는 두 가지의 신경회로가 있다고 하였다. 정서자극이 시상에 이르면 이곳에서 단 한 번의 시냅스가 이루어진 후 두 종류의 길을 거쳐 정서의 뇌인 편도체에 전달된다. 하위 길은 시상에서 편도체로 정서자극이 바로 전달되는 빠른 길이고, 상위 길은 대뇌피질이 정서자극의 의미를 충분히 처리한 후 편도체로 전달하는 느린 길이다. 시상에서 편도체로 바로 전달하는 하위 길을 거치는 정보는 조잡하고 엉성한 정보를 재빠르게만 전달하는 길이며, 시상에서 대뇌피질의 여러 영역을 거쳐 전달되는 상위 길은 조잡한 정서자극을 몇 단계의 정보처리과정을 거쳐 의미있는 메시지로 만들어 전달하는 길이다.

예컨대, 우리가 산길을 걸어가다가 길섶에서 뱀처럼 생긴 어떤 자극을 보았다고 하자. 이 때 이 자극을 보는 순간 가슴이 철렁 내려앉고 재빨리 몸을 움츠리거나 펄쩍 뛰어 도망가거나 하는 따위의 반응을 보인다. 이러한 반응은 바로 이 자극이 눈의 망막에 있는 시각 수용기를 자극하고 이 정보가 시신경을 거쳐 시상에 도달한 후 한 번의 시냅스를 거친 후 하위 길을 통해 편도체로 전달되어온 정보에 의한 것이다. 그러나 이러한 위급 반응이 일어난 후 조금 있다가 그 자극은 살아 있는 뱀이 아니라 죽은 뱀이라든가 뱀처럼 생긴 나무 막대기에 불과하다는 사실을 알게 되어 침착한 반응을 보일 수 있다. 이번의 반응은 시상에서 대뇌피질의 여러 영역을 지나는 상위 길로 전달되어온 정보에 의한 반응인 것이다(장현갑, 1997). 이러한 증거들은 모두 정서적·이성적 활동이 서로 밀접하게 관련되어 있음을 알 수 있는 것이다.

2) 정서와 동기와의 관계

인간이 경험하는 가장 기본적인 느낌에는 기(飢)와 갈(渴) 뿐만 아니라 즐거움이나 분노와 같은 정서도 포함된다. 이러한 정서는 동기와 매우 밀접한 관계성을 가지고 있다. 정서는 동기와 같이 행동을 활성화시킬 수도 있으며, 행동의 방향을 결정지어주기도 한다. 또한 정서는 동기화된 행동을 수반하기도 한다. 이러한 유사점에도 불구하고, 동기와 정서는 구별될 필요성이 있다.

동기와 정서를 구별해 줄 수 있는 한 가지 차이점은 정서가 주로 외적 요인에 의해 유발되는 반면, 동기는 주로 내적 요인에 의해 유발된다는 사실이다. 동기와 정서를 구별해 줄 수 있는 두 번째 차이점은 동기가 주로 특정한 욕구(need)에 의해 유출되지만, 정서는 광범위한 종류의 자극에 의해 유발된다는 사실이다. 그러나 이러한 차이점들이 동기와 정서를 절대적으로 구분해 준다고는 볼 수 없다. 예를 들면, 맛있는 음식을 보거나 냄새를 맡는 것과 같은 외적인 요인에 의해서도 기(飢)라는 동기화 상태가 생길 수 있으며, 반대로 심하게 배고픈 상태가 짜증과 같은 정서를 유발할 수도 있다. 그럼에도 불구하고 동기와 정서는 발생의 근원, 주관적 경험, 그리고 행동에 대한 효과 등에 있어서 차이점이 있다고 할 수 있다(오세진 외, 1999).

정서는 동기를 변화시킬 수 있다. 대부분의 사람들은 행복, 만족, 기타 긍정적 정서를 얻고 고통, 불안, 불쾌, 또는 슬픔과 같은 부정적 정서를 피할 수 있는 방향으로 동기가 부여된다. 따라서 불유쾌한 정서적 결과를 유발하는 행동을 꾸준히 지속적으로 보이는 사람은 정신장애가 있는 것으로 간주될 수 있다. 정서는 또한 필요한 행동을 준비시키기 위해 뇌와 몸을 적절히 각성시킨다. 그러나 정서의 강도가 낮은 사람은 아무것에도 각성이 안 된다. 어떤 것을 보아도 흥분이 되지 않고 진정한 기쁨을 느끼지 못하며, 어떤 것에 대해서도 아주 크게 당황하는 일이 없다(김현택 외, 1996). 이와 같은 정서 결핍이 극단적인 사람은 직장을 가질 수도 없고, 정상적으로 살아가기도 어렵다. 또한 정서의 강도가 약해도 문제가 된다. 예를 들어, 무대공포라는 정서를 경험하게 되면 손바닥에 땀이 나고 입은 마르고, 몸이 떨리고, 자율신경계에 또 다른 강한 각성이 일어나서 대사를 잊기도 하고, 악보를 잘못 읽기도 하여 연기를 진행할 수가 없다.

4. 정서지능의 구성요인

Salovey와 Mayer(1990)는 정서지능을 자신과 타인의 정서에 대한 평가와 표현, 자신과 타인의 정서 조절, 문제 해결에 있어서의 정서의 사용으로 체계화하였으며, 이들의 제언을 정리하여 Goleman(1995)은 자신의 정서에 대한 이해, 정서의 조절, 자기 동기화, 공감, 대인관계능력 등의 다섯 가지 요인으로 구성하였다.

1) Salovey와 Mayer의 모형

Salovey와 Mayer(1990)는 [그림 4-3]과 같은 정서지능의 모형을 제안하였다(곽윤정, 1997).

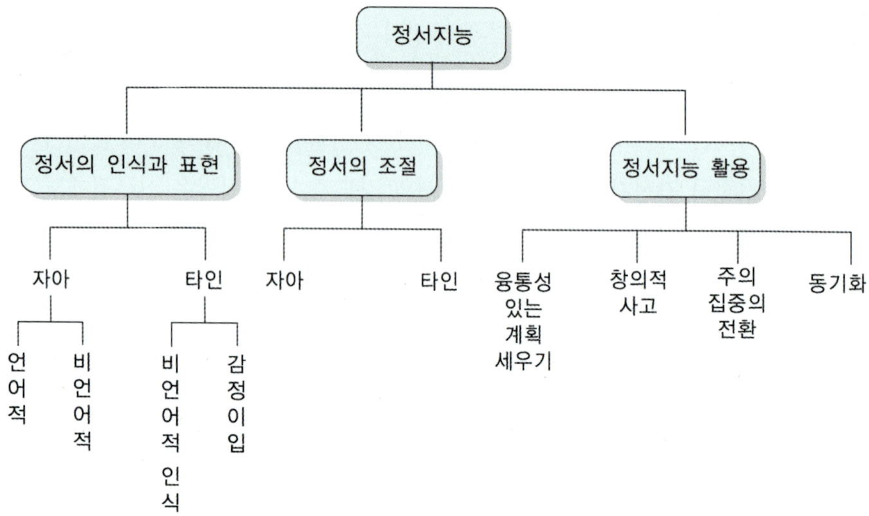

[그림 4-3] 정서지능의 개념모형

출처 : Salovey & Mayer, 1990 : 195

이 모형에 따른 정서지능의 구성요소에 대해 살펴보면 다음과 같다.

(1) 정서의 인식과 표현

정서의 인식과 표현 능력(appraisal and expression of emotion)은 정서지능의 가장 기본적이면서 중요한 구성요소이다. 왜냐하면 자신의 정서를 보다 빠르게 지각하고 반응하는 사람이 자신의 감정에 보다 적절하게 반응하며, 나아가 타인에게 자신의 정서를 보다 잘 표현할 뿐만 아니라 타인의 감정과 기분을 이해하며 공감할 수 있는 능력이 있기 때문이다(Salovey & Mayer, 1990).

이 능력은 유기체 내부에서 정서의 정보처리를 진행시키며, 적절한 사회적 기능을 위해 필요하다. 정서의 인식과 표현 능력은 대상에 따라 자아와 타인으로 나누어지고, 각각의 대상 안에서 언어적인 내용과 비언어적인 내용으로 구분된다.

(2) 정서의 조절

정서지능에서 정서 조절 능력(regulation of emotion)은 의식적인 통제과정으로서, 특정 목표에 도달하기 위해서 자신의 기분과 정서 상태를 적응적으로 이끌어내는 능력이다. 이것은 감정이나 기분 상태를 처리하는 과정에 보다 강조점을 두어, 처리과정의 능숙도에 따라 특정 목표에 도달하는 능력으로 간주된다. 정서 조절 능력은 기분의 상태를 보다 적응적으로 이끌어내며 가치 있는 목표를 향하여 동기를 부여한다는 점에서 중요한 요인으로 강조할 수 있다. 정서 조절 능력도 대상에 따라 자아와 타인에 대한 능력으로 구분된다.

인간은 자신의 기분과 감정에 대하여 다양한 경험을 한다. 자신의 기분에 대한 경험, 즉 메타 경험(meta-experience of mood)은 자신의 기분을 관찰, 평가, 변화하게끔 하는 조절체계로 인하여 나타나는 산물이라고 볼 수 있다.

기분과 감정 조절에 대한 연구는 인간이 유쾌한 정서 상태를 극대화하고, 부정적인 정서는 제거하려고 한다는 심리학적 가정에서 출발하였으며, 조절과 관련한 여러 가지 전략의 유형들이 연구되어 왔다. 직접적인 행동을 취함으로써 긍정적인 상태를 유지하려는 조절 유형, 자신의 긍정적인 관점을 유지하는 데 도움이 되는 정보를 찾음으로써 조절한다는 자기평가 유지(self-evaluation maintenance) 유형, 기분 유지(mood maintenance)와 기분 회복(mood repair)을 이용하는 조절 유형 등이 그 예이다. 이 연구들은 동기적 관점에서 진행되었으며, 기분의 경험을 조율하며, 타인과의 상호작용과 개인이 갖는 심상도 이 방향에서 이루어진다고 본다.

(3) 정서지능 활용

정서지능 활용(utilizing emotional intelligence) 능력은 사고, 추리, 문제 해결, 창의적 과제에서 정서를 적응적으로 활용하는 능력을 말한다. 이 능력에 대한 기본 가정은 정서가 어떤 종류의 문제 해결에 있어서 보다 적응적이고 적절한 정신 상태를 창출한다는 것이다(Salovey, 1996). 결국 정서지능을 활용하는 능력이란 문제의 성격에 따라 자신의 정서와 기분을 적응시킬 수 있는 능력이다. 특히 융통성 있는 계획 세우기(flexible planning), 창의적 사고(creative thinking), 주의집중의 전환(mood redirected attention), 동기화(motivation emotion) 등의 문제 해결에서 정서는 적응적으로 활용된다.

한편, 최근에 Salovey와 Mayer(1997)는 정서지능에 대한 정의와 구분 체계를 다음과 같이 일부 수정하였다.

정서지능은 정서(emotion)를 정확하게 지각·평가하고, 표현하는 능력, 감정(feelings)이 사고를 촉진시키는 조건에서 그러한 감정에 접근하거나 감정을 생성하는 능력, 정서와 정서적 지식을 이해하는 능력, 정서적 그리고 지적 성장을 증진시키기 위해 정서를 조절하는 능력과 관련된다(Salovey & Mayer, 1997 : 116)고 보았다.

2) Goleman의 모형

Goleman(1995)은 그동안의 연구결과를 토대로 하여 정서지능을 자신의 정서에 대한 이해, 정서의 조절, 자기 동기화, 공감, 대인관계능력의 다섯 가지 하위 요인으로 구성된 것으로 보았다.

(1) 자신의 정서에 대한 이해

자기를 안다는 것은 자기의 마음속에서 일어나는 기분(mood)과 이 기분에 따라 생각하게 된다는 것 두 가지를 안다는 것이다. 자기의 마음을 살핀다는 것은 자기의 내면세계에서 일어나는 정서에 대해 판단하지 않고 그대로를 살핀다는 것이다. 흔히 "내가 이렇게 생각해선 안돼"라는 생각은 자기의 정서 상태를 먼저 살핀 후에 일어나는 판단적인 반응이다. 자신의 정서 상태를 알아차린 후 이를 적절한 상태로 바꿀 수 있는 능력이 바로 정서지능인 것이다. 만약 나의 마음속에 일어나는 감정을 알아차리려는 과정 없이 나오는 감정대로 행동한다면, 이는 바로 충동적 행동으로 격정적이 되어 파괴적 결과를 초래하게 된다.

사람들이 자신의 정서 상태를 인식하고, 이에 따르는 데에는 다음의 세 가지 양식이 있다.

첫째는 자기에게 일어나고 있는 정서 상태를 알아차린 후 잘 대처해 나가는 경우이다. 이들은 자신이 좋은 기분을 갖고 있다는 것을 알고 이런 기분은 건강을 좋게 하고 인생을 낙천적으로 살아가게 하는 활력소가 된다는 것을 알고 있다. 또한 나쁜 기분이 일어나고 있다는 것을 알면 그런 기분에 빠져들지 않고 헤쳐 나올 수 있게 함으로써 나쁜 감정의 악순환으로부터 해방될 수 있다.

둘째는 자신의 정서 상태에 압도되는 경우이다. 이들은 부정적 기분의 폭풍우 속에서 빠져나오지 못하는 무기력한 사람들이다. 결과적으로 이들은 나쁜 감정의 굴레에서 벗어날 수 있는 아무런 대책도 없이 그냥 무기력 상태에 빠져 심각한 장애를 보인다.

셋째는 자신의 정서 상태를 알고 이에 따르는 수용형이다. 이들은 자기에게 일어나고 있는 정서 상태를 읽을 줄 알고 이를 받아들이지만 이를 바꾸려고 노력하지는 않는다. 이 양식은 다시 두 가지 유형으로 나뉘는데 하나는 좋은 기분을 갖고 있기 때문에 이를 바꾸려고 노력하지 않는 유형이고, 다른 하나는 비록 자신의 기분이 나쁘다는 것을 알고 있으면서도 될 대로 되라는 식으로 방치하는 유형이다. 이처럼 절망감 속에 있으면서도 아무런 변화를 일으키지 않으려는 사람들은 인생을 적극적이고 낙천적으로 살아가지 못하게 된다.

(2) 정서의 조절

정서를 적절하게 조절하여 한쪽으로 치우치지 않고 조화를 이루며 살아가는 것은 중요하다. 정서 상태가 극단적으로 변화되거나 심한 정서 상태가 오랫동안 지속되면 심리적 안정성은 파괴되고 만다. 유쾌한 감정이나 행복감과 같은 좋은 정서를 갖는 것도 중요한 일이긴 하지만 고통스러워하는 정서도 때로는 삶을 의미있게 하고 마음을 평정해 주는 데 양호한 기능도 할 수 있다. 따라서 만족감을 얻기 위해 불쾌한 감정을 억지로 회피하려고 할 필요는 없다. 그 대신 강력한 부정적 감정에 아무런 조절 없이 휩쓸려가지 못하게 하면서 가능한 한 긍정적인 기분으로 바꾸어 나가도록 하는 것은 매우 중요하다.

[그림 4-4] 정서의 조절

어느 날 아침에 어떤 속상한 일로 화가 났을 때 하루종일 평소 같으면 별일도 아닌 사건에 몹시 신경질을 내는 것은 바로 이러한 흥분된 정서 상태 때문일 것이다. 즉, 하나의 분노 표출은 뇌 속의 흥분 체계를 각성시켜 보다 미약한 자극에 의해서도 쉽게 분노가 폭발될 수 있게 하는 것으로써 분노는 또 다른 분노를 촉발하여 악순환되는 것이다. 따라서 분노는 참는 것보다 직접 표현하는 것이 정신건강상 더 좋다는 견해는 바람직하지 않다. 결국 분노를 통제하지 않고 그냥 두면 또 다른 분노를 쉽게 발생시킨다는 것을 명심해야 한다.

분노를 잘 관리할 수 있는 사람은 아마도 정서지능이 높은 사람이라고 할 수 있을 것이다. Williams와 Williams(1993)는 분노를 관리하는 17가지의 전략을 언급하였는데, 그 중 특히 중요한 것은 분노가 일어난 이유를 먼저 찾아보는 것이 분노 관리의 첫 관문이라고 강조한다. 이어 적대적인 생각을 중단하고, 관심을 바꾸고, 명상을 하고, 과잉자극을 피하며, 자기 자신을 주장하는 등의 여러 단계별 전략을 소개하고 있다(장현갑, 1997).

(3) 자기 동기화

정서지능의 세 번째 구성요인은 자기 자신을 동기화시키는 능력이다. 전력을 다해 지치지 않고 열심히 매진하며, 어떤 장애물이나 난관에 부딪혀도 좌절하지 않으며, 희망을 갖고 헤쳐 나아가는 힘은 정서지능의 중요한 한 요인이다. 자신을 잘 동기화시키는 사람은 목표의식이 분명하고, 어떤 일이든 해낼 수 있다는 굳은 신념과 낙관적인 태도를 갖는 특징이 있다.

낙관성(optimism)이란 온갖 난관과 좌절에도 불구하고 미래의 삶은 궁극적으로 좋아질 것이라고 굳게 믿는 신념이다. '학습된 무기력'과 '학습된 낙관성'에 대한 연구로 유명한 Martin Seligman은 낙관성이란 개인이 자신의 성공과 실패를 어떻게 해석하는지에 따라 달라진다고 했다. 낙관적인 사람들은 실패가 변화 가능한 요인이라고 믿기 때문에 다음 번 시도에서는 성공할 수 있다고 믿는다. 그러나 비관적인 사람들은 실패를 자기 스스로가 어찌할 수 없는 요인이라고 여기며, 실패 그 자체를 비난하기만 하고 아무런 해결책도 강구하지 않는다. 물론 지나친 낙관주의는 큰 화를 부를 수 있다. 여기서의 낙관주의란 현실주의적인 낙관주의를 의미한다(Seligman, 1991).

개인을 동기화시키는 낙관주의의 위력을 극적으로 보여주는 증거는 메트라이프 회사의 보험판매원을 대상으로 이루어진 Seligman의 연구결과이다. 보험판매원은 웃음을 가지고 고객의 거절을 받아들일 수 있는 능력이 절대적으로 요청된다. 그런 이유로 보험판매원의 3/4이 3년 이내에 이직한다. Seligman은 천성이 낙관적인 보험판매원들은 비관적인 판매원들보다 입사 이후 2년 동안에 보험을 37% 더 판매한다는 사실을 발견하였다. 입사한 첫해에 그만둔 비율을 보면, 비관적인 보험판매원들이 낙관적인 판매원들보다 2배가 높았다.

Seligman은 이러한 결과를 바탕으로 메트라이프 회사를 설득해서 일반적인 입사시험에서는 불합격했지만 낙관주의 검사에서 높은 점수를 받은 사람들을 고용하도록 건의하였고, 그 결과 이 집단의 사람들은 비관주의 집단에 비하여 첫해에는 21%, 둘째해에는 57%를 더 판매하였다(Goleman, 1995).

(4) 공 감

공감(empathy)이란 타인의 감정을 읽을 줄 아는 능력을 말하며, 이는 자기인식에 기초한다. 다시 말해서 자신의 감정을 잘 인식할수록 타인의 감정도 잘 읽을 수 있다는 의미이다. 이 용어가 처음 사용된 것은 1920년 미국의 심리학자 Titchener에 의해서이며, 그는 눈물을 닦는 것과 같이 동작 모방과 같은 의미로 이 용어를 사용하였다. 그의 이론에 의하면 공감은 타인의 고통을 신체적으로 모방할 때 나타나는 것으로서 자신이 같은 감정을 가지게 되는 것을 말하며, 동정심과는 다른 것으로 보았다. 동정심은 다른 사람의 고통을 자신의 고통으로 공유하지 않고도 느낄 수 있는 것이기 때문이다(Goleman, 1995).

타인이 느끼는 감정을 잘 인식한다는 것은 타인의 말투나 얼굴표정, 몸짓 등의 미묘한 변화를 통해 타인이 경험하고 있는 감정 상태를 잘 이해함을 의미하는 것으로써, 이는 대인관계에서 대단히 중요한 변인으로 작용하고 있다. 친구 간의 관계에서나 학생을 가르치는 교사, 연인 간의 관계를 성공적으로 유지해 나아가는 데에 차지하는 비중이 대단히 크다. 즉 목소리의 변화나 안면의 표정이나 안색 등의 미묘한 변화를 잘 알아차리지 못함으로 인해 오해가 생기고, 그 결과 대인관계에 문제가 생겨날 수 있는 것이다.

상대방의 감정을 읽는 것은 쉽지 않다. 감정표현은 말로만 되는 것이 아니라 몸짓, 목소리의 음조나 억양, 얼굴표정 등과 같은 비언어적 표현이 많기 때문이다. 하버드 대학의 심리학자 Robert Rosenthal는 이와 같은 비언어적 감정표현을 읽을 줄 아는 능력에 관한 연구를 하였다. 그는 비언어적 감성 프로파일(profile of nonverbal sensitivity : PONS)이라는 공감검사를 개발했다. 이 검사는 한 젊은 여자가 보여주는 몹시 싫어하는 표정으로부터 모성애를 나타내는 사랑스런 표정에 이르기까지 일련의 감정 표정이 담겨 있는 것을 비디오테이프로 만들었다. 이 검사에서는 질투심에서 우러나는 분노감으로부터 용서를 바라는 장면까지 하나의 축으로 하고, 또 다른 축으로는 감사를 표하는 장면으로부터 유혹하는 장면까지를 담은 내용으로 구성되어 있다. 이런 표정장면 하나하나를 피험자에게 보여주고, 이 표정이 어떤 정서 상태인가를 평가하도록 하였다. 어떤 경우에는 얼굴은 볼 수 있게 하였으나 신체는 볼 수 없도록 하였고, 또 어떤 경우에는 얼굴은 볼 수 없고 신체만 볼 수 있도록 하였다. 그러므로 평정자는 비언어적 표정의 개개 장면에 대해 정서를 판단해야 하는 것이었다.

미국을 비롯한 세계 80여 개 나라에서 7,000여 명 이상을 대상으로 PONS검사를 실시하였을 때, 비언어적 표정자극에 대한 감정을 잘 읽을 줄 아는 사람들은 정서적으로 적응력이 높았고, 인기가 있었으며, 사교성이 풍부하였으며, 감수성이 풍부했다고 한다. 전반적으로 공감 능력은 여성이 남성보다 앞섰으며, 이 검사를 45분간 실시하는 동안 공감 능력 수행성적이 잘 향상되는 사람은 이성 간의 관계가 좋았다고 한다. 이러한 사실은 공감 능력은 학습될 수 있다는 것과 공감 능력이 향상되면 이성과의 관계가 좋아진다는 사실을 뜻하기도 한다.

성폭행, 어린이 유괴 등의 잔인한 범죄를 저지르는 사람들의 공통점 중 하나는 공감의식이 부족하다는 것이다. 그들은 피해자들이 느끼는 고통을 인식하지 못하기 때문에 연쇄적으로 범죄를 저지르게 되는 것이다. 최근에 강간범에게 공감력을 높여 범죄행동을 개선하는 프로그램이 개발되었는데, 이 프로그램의 요점은 가해자가 피해자의 아픔을 알지 못해 생기는 것이므로 각종 잔인한 피해 장면을 담은 비디오 필름을 가해자에게 보여주고, 입장을 바꾸어 가해자가 피해자의 경우가 되었을 때 어떤 것을 어떻게 느꼈을까를 상상하게 하고, 그 느낌을 집단치료 장면에서 발표하도록 하는 것이다. 다음에는 모의 범죄장면을 만들어 가해자 자신이 피해자의 역할을 하게 함으로써 피해자의 감정을 공감하도록 한다. 이렇게 가해자가 피해자의 처지를 공감하면 기존의 생각이 바뀌게 되는데, 교도소에 있는 동안 성범죄를 저지른 죄수들에게 이러한 심리치료를 실시한 결과 그렇지 않은 경우에 비해 출감 후 다시 성범죄를 반복하는 확률이 반으로 줄어들었다고 한다(장현갑, 1997).

[그림 4-5] 공 감

(5) 대인관계능력

대인관계능력이란 다른 사람과의 관계를 효과적으로 잘 유지해 나가는 능력을 의미하며, 사회적 기술(social skill)이라고도 한다. 이 능력이 우수한 사람은 다른 사람의 감정을 보다 바람직한 방향으로 변화하도록 도울 수 있다. 지적인 능력이 아무리 뛰어나다 할지라도 이 능력이 결여되면 대인관계에 어려움을 겪으며, 그 결과 사회에 잘 적응하지 못한다.

대인관계능력은 대개 자신의 감정을 표현하는 방식에 따라 좌우되는 경향이 있다. 우리는 어릴 때부터 사회화 과정을 통해서 자신이 경험하는 감정을 내보내거나 통제하는 표현방식을 배워나간다. 예를 들면, 어른들은 자신의 아이들에게 아무리 화가 나거나 불만이 있더라도 혼자 있을 때는 어떻게 표현해도 괜찮지만, 여러 사람이 있는 장소에서는 노골적으로 자신의 감정을 표현할 것이 아니라 자제할 줄 알아야 한다고 가르친다. 또한 감사한 마음이 들 때는 얼굴표정이나 말로써 이를 표현해야 한다는 예절교육도 받는다. 그 밖에도 어느 때 전화를 끊어야 하는지, 상대방이 이야기를 할 때 어떤 태도로 경청해야 하는지에 관한 사회적 상호작용의 방법을 익혀 나간다.

다음의 예는 어릴 적부터의 내면화 과정을 통해 사회적 상호작용의 방법을 습득하며, 이것은 일반지능과는 다르게 사회적인 적응과정에 작용한다는 것을 강조하고 있다.

> "순희는 머리가 좋은 대학생이었다. 그녀는 외국어에 능통하였다. 그러나 그녀는 사교성이 전혀 없었다. 일상적인 대화도 하지 못하였고, 낮 시간을 어떻게 보내야 할지 몰랐다. 남자들 사이에 끼어 있을 때는 어찌할 바를 몰라 고민 끝에 심리치료사에게 찾아가 자신이 동성연애 기질이 있는지를 물어보았으나, 그렇지 않은 것으로 나타났다. 어느 누군가가 재미있는 이야기를 할 때에도 웃지 않다가, 매우 어색한 순간에 그녀는 웃었다."(김언주 외, 1998 : 83-84)

이 사례의 경우 순희가 어린시절 기본적인 사회적 상호작용 과정을 배우지 못했기 때문이라고 해석된다. 그녀는 어릴 적에 상대방이 말을 걸어올 때 상대방에게 똑바로 말하는 것, 상대방이 접촉해 오기를 항상 기대하지 말고 먼저 상대방에게 접촉하는 것, 단순히 "예", "아니오" 또는 단 한마디의 대답만 하지 말고 대화를 하는 것, 다른 사람에게 감사의 마음을 표현하고 타인에게 양보하고 기다릴 줄 알고 감사할 줄 아는 것과 같은 기본적인 상호작용을 배웠어야 한다는 것이다. 우리는 사람을 대할 때마다 감정적 표현을 하게 되는데, 개인이 이를 얼마나 상황에 적절하게 통제하거나 잘 활용하는가에 따라 정서지능의 한 요인이 높고 낮음을 가늠해 볼 수 있다.

5. 정서지능의 계발

정서지능이 단기간에 계발될 수 있다는 견해를 바탕으로 우리 사회에는 EQ 열풍이라고 부를 수 있는 현상이 초래되었다. 우리나라의 과열 교육열에 편승하여 잡다한 EQ 개발 학습지, 프로그램, 음악 등이 난무하게 된 것이다. 그러나 정서지능에 관해 너무 포괄적으로 많은 현상들을 포함하는 개념으로 이해하여 이 속에 성공의 열쇠가 들어있는 것처럼 과대포장하는 것은 문제가 있다.

Salovey와 Mayer(1997)는 정서지능과 관련된 기술들 중 최소한 몇 가지는 교육을 통해 향상될 수 있다고 가정한다. 그들은 자녀가 정서를 식별하고, 명명하고, 존중하고, 그 정서를 사회적 상황과 연결시키는 것을 부모가 도와줄 수 있기 때문에, 그 정서기술들의 학습은 훌륭한 부모-자녀 사이의 상호작용이 이루어지는 가정에서 출발한다고 생각한다. 그들은 또한 학교에서도 정규 교과과정에서 정서지능 기술들을 가르칠 수 있다고 생각하였다.

그러나 정서지능과 관련된 기술들을 직접 가르치는 프로그램을 따로 만들기보다는 기존의 교과목 속에서 자연스럽게 정서 능력을 학습시키는 것이 효과적이라고 생각한다. 가령 국어, 미술, 음악, 사회 등과 같은 과목에서 나타나는 이야기나 사회적 상황과 정서를 연결시켜 가르칠 수 있다는 것이다.

이 때 그들이 지적하는 두 가지 중요한 점은 첫째, 가치(value)가 개인 정서의 의식적인 지식을 결정하기 때문에 그 가치를 배제해서는 안 된다는 것이고, 둘째, 가치와 마찬가지로 문화 상황 역시 기대되는 정서적 반응을 한정하기 때문에 정서기술을 가르칠 때 그 문화 상황의 차이를 고려해야 한다는 것이다. 그러나 다른 한편으로 그들은 그 사회적 가치와 기대에 일치하게 정서기술을 훈련시키는 것은 위험스런 일이라고 지적한다. 왜냐하면 그것은 어떤 주어진 상황에서 '정답'의 정서반응이 존재한다는 것을 가르치는 것이기 때문이다. 그들이 정서지능의 기술을 가르치는 데 가장 선호하는 방법은 토의법이다. 즉, 어떤 상황에서 가장 올바른 정서적 반응이 무엇인지는 확신할 수 없어도, 그 올바른 반응이 무엇인지를 토의하는 것은 합리적이고, 또한 정서적 지식을 확장시킨다는 것이다. 학교가 정서능력에 초점을 맞추는 프로그램을 직접 운영하는 문제에 대해서 그들은 아직 그 프로그램 설계에 대한 과학적 지도안이 거의 없기 때문에 신중하게 생각해야 한다고 언급하고 있다. 그들은 사회적 기술 또는 사회-정서기술과 지능을 구분해서, 그 프로그램은 사회적 기술들을 학습하면 궁극적인 목표(가령 폭력의 감소)를 달성할 수 있다고 보았다(하대현, 1997).

정서지능은 전통적으로 논의되는 일반 지능과는 달리 후천적 노력에 의해 얼마든지 개선시킬 수 있다는 것이 정서지능이론가들의 일반적인 견해이다. 정서지능 계발을 위한 전략을 소개하면 다음과 같다.

문용린(1997)은 아이들의 정서지능을 기르기 위해 다음과 같이 제언하였다.

① 부모가 정서지능적 생활을 시범해 주라

"남편 복 없는 사람 자식 복도 없다"는 속담이 있는데, 이것은 정서지능의 부족으로 인한 결과일 수도 있다. 부부가 서로 상대의 감정과 기분을 이해하지 않고 자기중심적 주장만 내세우며 싸우고 갈등하는 가정에서 아이는 정서적 바보가 된다. 가정에서는 부부 간에 서로 감정과 기분을 공감하고 이해해 주는 모습을 보여주는 것이 좋다.

② 아이의 감정을 인정하고 공감해 주라

"그것밖에 못해?", "그 따위 성적을 받아오고 울기는 무슨 낯으로 울어?"라는 식으로 아이의 감정과 기분을 무시하는 부모의 언사를 듣고 자란 아이는 자신의 감정도 기분도 모른다. 그리고 자신의 감정을 솔직하게 표현하기를 두려워한다. 뿐만 아니라 남의 기분도 인정하지 않으려 한다. 이런 정서를 모르는 아이의 '감성결핍증'은 그들의 부모가 만드는 것이다. 무조건 귀여워하거나 칭찬하지 말라. 100점 받아 온 아이에게 "그래, 잘했다. 맛있는 것 사 줄게"라고 하면 아이는 자칫 자기중심적이 되기 쉽다. "응, 100점 받았구나. 그래, 오늘 너 정말 기분 좋았겠다. 네가 기분 좋아하는 걸 보니 엄마도 무척 기뻐"라며 아이의 기분을 공감해 주는 것이 좋다. 그리고 잘못했을 경우도 "시험점수가 좋지 않아 기분이 무척 좋지 않겠구나. 네가 기분이 좋지 않으니 엄마도 가슴이 아파. 어찌하면 좋은 점수를 받을지 함께 생각해 보자"라는 식의 대화가 필요하다.

③ **충동적 욕구를 참아낼 수 있게 해 주라**

"공부만 잘하면 무엇이든지 해 준다"라는 우리의 가정교육 풍토는 고쳐져야 한다. 경제적으로 풍요해짐에 따라 우리 아이들은 아쉬운 것이 없다. 무엇이든 손만 뻗으면 닿는 곳에 있는 환경 속에서 아이들은 참을성을 가질 수 없다. 아끼고 저축하여 큰 것을 얻는 기쁨, 스스로 무언가를 만들어보는 기쁨을 알게 하여 충동 조절력을 키워 주라. 아이들이 싫어하고 귀찮아하는 일을 무조건 시키지 않는 부모 아래 자라면 아이는 자신의 부정적 정서를 조절할 능력을 잃는다. 어려운 것이나 귀찮은 것도 하면 보람과 즐거움이 온다는 것을 경험시켜야 한다.

④ **분노를 조절할 수 있는 능력을 키워 주라**

분노는 가장 조절하기 어려운 정서 상태이다. 그러나 조절에 실패하면 가장 문제가 되는 감정이다. 분노와 공격성을 어릴 때부터 다스릴 줄 알아야 한다. 다음 방법을 부모가 먼저 시범하고 아이들에게 가르쳐라. 화가 나면 열까지 헤아리고 그래도 화나면 또 열까지 헤아리는 지혜는 부모가 먼저 솔선해야 한다. 자신이 화가 났음을 스스로 인정하게 하고 왜 화가 났는지 생각해 보게 하라. 화를 나게 한 상대편의 입장이 무엇인지 먼저 생각해 보게 하라. 순간적 분노로 저지른 행동은 다른 사람으로부터 사랑받지 못하는 사람이 되게 함을 경험시켜라.

⑤ **성취의 즐거움을 알게 하라**

자신의 감정을 조절하고 좌절 상황에서도 이겨내는 것은 자신감이다. 자신감을 망치는 것은 과보호와 비난이다. 과보호는 아무것도 스스로 해보지 못하게 하고 나아가 엄마 품만 떠나면 불안해하는 아이로 만든다. 비난은 아이에게 부정적인 자아상을 갖게 한다. 자신감은 스스로 어려운 일을 이루어보는 즐거움에서 얻어진다. 적절히 어려운 과제, 즉 조금만 노력하면 해낼 수 있는 일을 부여하고 그것을 해내었을 때 즐거워하는 아이의 마음에 공감해 주라. 심부름도 시키고 웬만한 일은 스스로 해 보게 하라.

⑥ **입장 바꾸어 생각해 보는 습관을 갖게 하라**

정서지능의 중요 요소는 다른 사람의 입장을 이해하는 능력이다. 동화나 TV를 함께 보면서 주인공의 입장이 무엇인지 상대의 생각은 무엇일지 엄마와 함께 이야기해 보자. 그리고 남과 다툴 때 자신은 왜 속이 상했는지, 상대는 왜 자기를 기분 나쁘게 했는지, 자신의 행동이 상대의 기분을 어떻게 만들지 생각해 보게 하자.

"남의 애를 놀리면 못써!"라는 언사보다 "그렇게 하면 저 애는 얼마나 슬프겠니?"라는 말이 아이의 감수성을 기른다.

⑦ 다른 사람의 기분과 감정에 공감할 수 있게 하라

다른 사람이 칭찬받으면 속상해 하고, 자기가 벌 받으면 억울해 하는 아이는 결코 원만한 대인관계를 가질 수 없다. 자연히 늘 불평에 차있는 아이가 된다. 남이 기분 좋으면 자기도 기분 좋고 남이 슬프면 함께 슬퍼해 줄 수 있는 아이가 정서지능이 높은 아이다. 이런 모습은 대체로 부모를 통해 배운다. 다른 사람의 성공을 보고 속상해 하는 부모 아래서 아이의 정서두뇌는 손상 받는다.

⑧ 자신의 기분을 솔직히 말하도록 격려하라

흔히 자신의 기분은 숨기고 억제해야 한다고 생각한다. 그러나 자신의 감정이나 기분을 표현하는 것을 억압당한 아이는 자신의 기분에 대한 인식력과 조절력이 떨어진다. 그리고 대인관계에서도 실패한다.

자신이 표현하지 않는 기분을 남이 알아주기를 기대하기는 어렵다. 표현되지 못한 부정적 감정은 어느새 쌓여서 폭발적인 힘을 발휘한다. 감정적 행동이 아니라 자신의 감정을 솔직히 표현하도록 격려해야 한다.

윤영화 외(1998)도 저서를 통해 EQ 계발에 대해 몇 가지 제안을 하고 있는데, 이를 요약하면 다음과 같다(장혁표, 1998).

① 자신의 정서를 인식하는 능력

- 자신의 정서 상태를 인식하라.
- 정서적인 신체반응에 주목하라.
- 의식되지 않은 정서반응을 알아차려라.

② **자신의 정서를 조절하는 능력(분노의 예)**

- 감정이 격할 때에는 일단 피하고 조금 참았다가 표현하라.
- 감정표현에는 때와 장소를 골라서 하라.
- 분노 상황을 다시 해석하라.
- 분노 상황에서 할 수 있는 자신의 반응에 따른 결과를 심상법을 사용해 보라.
- 역할놀이를 통하여 상대방과 입장을 바꾸어보라.
- 자신에게 "잠깐 진정하자", "이제 어떻게 할까?", "그렇다면 가장 좋은 방법은 무엇이지?"와 같은 자기 지시적인 말을 사용하라.
- 복식호흡법, 점진적 근육이완법, 명상 등을 사용하여 정신적인 이완상태를 얻어라.
- 가장 힘든 상태의 상황부터 비교적 덜 자극적인 상황까지 위계표를 만들어 하나씩 둔감화시키는 체계적 감감법을 사용하라.

③ **자신에게 동기를 부여하는 능력**

- 자신의 장점을 찾고 그것을 스스로에게 말하라.
- 꿈을 가져라.
- 자신감과 낙관성을 가져라.
- 통제감을 가져라.
- 장기적 만족을 위해 일시적 만족과 유혹을 참아라.

④ **타인의 정서를 인식하는 능력**

- 타인의 감정을 느껴 보라.
- 상대의 비언어적 정서표현에 주목하라.

⑤ **인간관계를 관리하는 능력**

- 상대에게 부담을 주지 마라.
- 질문을 할 때에는 열린 질문을 사용하라.
- 상대방과의 거리, 즉 공적인 거리, 사교적인 거리, 개인적인 거리 및 친밀한 거리 등 공간개념을 활용하라.

- 상대방에 대한 긍정적인 기대를 가지는 피그말리온 효과와 내가 긍정적인 기대를 하게 되면 상대방 역시 긍정적인 기대를 하게 된다는 부메랑 효과를 활용하라.
- 말을 하기보다는 잘 들어라.
- 첫인상을 부드럽고 긍정적인 것으로 만들어라.
- 갈등이 생기면 그 사람과의 좋은 추억을 생각하라.
- 상대방에게 인신공격을 하지 마라. 비판을 할 때는 구체적으로 하라.
- 비판을 할 때는 1 : 1로 하라.
- 비판을 할 때는 상대방의 감정에 미치는 영향을 생각하라.
- 비판을 할 때는 나－전달법(I-message)으로 하라.
- 비평을 받을 때에는 진지하게 대하라.
- 비평을 받을 때는 상대에게 더 많은 정보를 구하라.

인간관계 프로그램 4-1

나의 정서지능 수준 체크하기

| 활동목표 | 나의 정서지능 상태를 이해한다.

| 활동내용 |

각자 다음에 제시된 정서지능 테스트를 해 보고 결과를 스스로 확인한 후, 그 결과에 대해 서로 이야기해 본다.

다음은 Kim & Park(1998)의 EQ 테스트이다. 나의 정서지능 수준을 체크해 보자.

※ 다음 질문에 대해 솔직하게 답해 보시오.

〈자기감정 인식〉 당신은 평소 다음과 같은 감정을 경험할 때 자신의 감정 상태를 어느 정도로 인식하는지 답하시오.

	전 혀 인식하지 못한다		조 금 인식한다		다 소 인식한다		상당히 인식한다		많 이 인식한다		매우 정확하게 인식한다.
	0	1	2	3	4	5	6	7	8	9	10
1. 분 노											
2. 슬 픔											
3. 불안감											
4. 놀라움											
5. 부끄러움											

* 다음의 문항에 대해 -보기-의 기준에 따라 체크하시오.

	전 혀 그렇지 않다			그 저 그렇다			매 우 그렇다
- 보 기 -	1	2	3	4	5	6	7

■ 자기감정 표현

문항	1	2	3	4	5	6	7
6. 나는 친한 동료에게 좋다는 감정을 잘 표현한다.	1	2	3	4	5	6	7
7. 나는 내가 원통하고 억울한 일을 당해도, 동료들에게 잘 표현하지 못하는 편이다.	1	2	3	4	5	6	7
8. 가족에 대한 나의 사랑과 믿음을 잘 표현한다.	1	2	3	4	5	6	7
9. 평소에 타인에게 내 감정을 솔직하게 표현하지 못한다.	1	2	3	4	5	6	7
10. 가슴 아픈 일로 인한 나의 슬픔을 동료에게 잘 표현한다.	1	2	3	4	5	6	7

■ 타인 감정인식

문항	1	2	3	4	5	6	7
11. 나는 다른 사람의 눈을 보면 그 사람의 감정을 잘 아는 편이다.	1	2	3	4	5	6	7
12. 아침에 상사나 동료의 얼굴을 봐도 그들의 기분을 잘 모르는 편이다.	1	2	3	4	5	6	7
13. 동료들이 나에 대해 어떤 감정을 품고 있는지 잘 아는 편이다.	1	2	3	4	5	6	7
14. 평상시 상사의 기분을 잘 모르는 편이다.	1	2	3	4	5	6	7
15. 나는 다른 사람들과 대화할 때, 그 사람의 감정상태를 잘 아는 편이다.	1	2	3	4	5	6	7

■ 감정조절과 활용 : 감정이입

문항	1	2	3	4	5	6	7
16. 동료나 친구에게 좋은 일이 생기면 나도 같이 기뻐한다.	1	2	3	4	5	6	7
17. 나는 친구의 고민을 잘 들어준다.	1	2	3	4	5	6	7
18. 나는 다른 사람과 대화할 때 상대방 입장에서 생각하는 편이다.	1	2	3	4	5	6	7
19. 나는 다른 사람의 이야기를 잘 듣는다.	1	2	3	4	5	6	7

■ 감정조절과 활용 : 자기조절

문항	1	2	3	4	5	6	7
20. 어려운 문제에 직면해도 나는 긍정적으로 생각하는 편이다.	1	2	3	4	5	6	7
21. 나는 동료들과 있을 때 미소를 많이 짓는 편이다.	1	2	3	4	5	6	7

■ 감정조절과 활용 : 타인조절

22. 나는 다른 사람과 대화할 때, 가능한 부정적인 얘기를 하지 않으려고 한다. 1 2 3 4 5 6 7

23. 낙심하고 있는 친구의 기운을 북돋아 줄 수 있다. 1 2 3 4 5 6 7

24. 나는 평소에 상대방의 기분을 잘 맞춘다. 1 2 3 4 5 6 7

■ 감정조절과 활용 : 동기화

25. 나는 중요한 시험을 앞두고 있을 때, 나 자신을 격려하며 최선을 다해 공부한다. 1 2 3 4 5 6 7

26. 힘든 일이 주어지더라도 나는 할 수 있다는 생각을 가지고 끈기 있게 수행한다. 1 2 3 4 5 6 7

27. 나는 나 자신에게 자신감과 의욕을 자주 불어넣는 편이다. 1 2 3 4 5 6 7

▎결과 해석 방법 ▎

- 7, 9, 12, 14번 문항은 역산 처리한다.
- 이 검사의 최저점수는 22점, 최고점수는 204점이며, 평균은 139.7점인데, 다음의 점수분포도를 기초로 하여 자신의 점수를 해석하면 도움이 될 것이다.

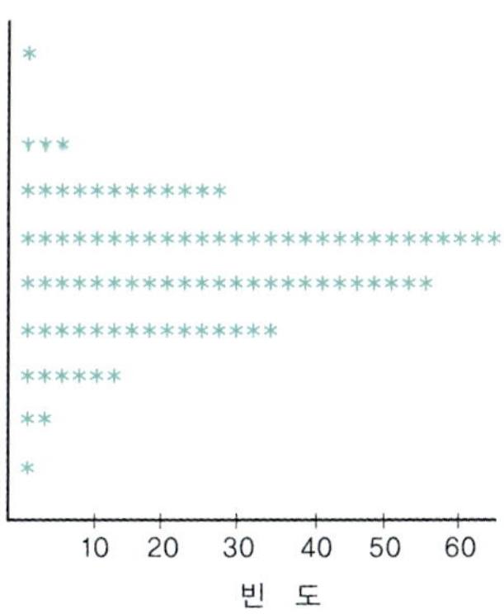

EQ 점수	빈도	누적 빈도	비율	누적 비율
88	1	1	0.49	0.49
96	0	1	0.00	0.49
108	6	7	2.83	3.41
120	27	34	13.17	16.58
132	64	98	31.22	47.80
144	56	154	27.32	75.12
156	33	187	16.10	91.22
168	14	201	6.83	98.05
180	3	204	1.46	99.51
192	1	205	0.49	100.00

출처 : 김용준・박세환(1998). 감성지능측정도구 개발을 위한 연구. 한국마케팅저널, 1권 1호. 한국 마케팅학회.

인간관계 프로그램 4-2

나의 정서지능 계발을 위한 지침

| 활동목표 | 자신의 정서지능 계발방법을 안다.

| 활동내용 |

다음의 정서지능의 하위 구성요소들을 각각 계발하기 위해 나는 무엇을 할 수 있는지에 관해 각자 생각하여 적은 후 타인의 방법과 비교해 보고 더 좋은 지침을 세워 보자. 활동이 끝난 후 자주 볼 수 있는 곳에 붙여 놓고 이를 실천하자.

나의 정서지능 계발을 위한 지침

■ 나의 마음이나 기분을 잘 인식하기 위해

•

•

•

■ 화가 나거나 흥분할 때 이를 조절하기 위해

•

•

•

■ 어떤 일이든 열심히 하려고 나를 동기화시키기 위해

•

•

•

■ 다른 사람의 기분이나 감정을 잘 인식하기 위해

•

•

•

인간관계 프로그램 4-3

진심으로 위로하기, 진심으로 축하하기

▌활동목표▐

타인의 감정을 이해하고 적절하게 대응할 수 있는 감정 이입 능력을 기른다.

▌활동내용▐

1. 나에게 기쁜 일, 경사스런 일(혹은 슬픈 일, 힘든 일)이 생겼을 때를 떠올려 본다.

2. 그 당시 어떤 느낌이었는지, 그리고 친구들의 어떤 반응이 나를 더욱 기쁘게(혹은 덜 힘들게) 했었는지에 관해 회상한다.

3. 친구에게 기쁜 일(힘든 일)이 생겼을 때 어떻게 반응하는 것이 좋을지에 관하여 함께 이야기 나눈다.

토론주제

1. 각자의 경험담을 중심으로 하여 인간관계에서 경험한 정서지능의 중요성에 대해 토론해 보자.

2. 오늘날의 사회를 살아감에 있어서 요구되는 필요 역량으로서의 정서지능의 의미에 관해 이야기해 보자.

CHPATER 05

의사소통과 인간관계

자신의 감정이나 의견을 효과적으로 주고받을 수 있는 의사소통 기술은 바람직한 인간관계의 형성과 유지를 위한 필수적인 요소이다. 의사소통의 과정에 언어가 일차적인 수단으로 사용될 수 있으나 얼굴표정, 눈짓, 몸짓 혹은 침묵과 같은 비언어적 신호나 단서를 통해서도 서로 의미를 주고받을 수 있다. 대인관계에서 의사소통을 효과적으로 하기 위해서는 의사소통의 다양한 채널과 그것의 특성들에 대해 이해할 필요가 있다.

본 장에서는 의사소통 과정에 영향을 주는 요인과 실제 생활에서 다양한 의사소통 채널들이 갖는 중요성에 대해 살펴보고, 효과적인 의사소통을 위해 필요한 내용에 대해 논의하고자 한다.

학습목표

1. 대인 간의 의사소통 과정에 영향을 주는 요인과, 의사소통이 바람직한 인간관계 형성에 미치는 영향을 이해한다.
2. 대화과정에서 언어적 의사소통 기술과 비언어적 의사소통 기술의 특성을 이해하고, 실제 생활에서 이들이 갖는 중요성을 확인한다.
3. 효과적인 의사소통을 위하여 꼭 필요한 내용은 무엇이며, 바람직하지 않은 의사소통 과정을 개선하기 위한 구체적인 방법을 탐색한다.

1. 의사소통

자신의 감정이나 의견을 효과적으로 주고받을 수 있는 의사소통 기술은 바람직한 인간관계의 형성과 유지를 위한 필수적인 요소이다. 대화에서는 언어를 사용하는 방법뿐만 아니라 표정이나 제스처, 목소리의 크기와 같은 비언어적 신호들도 중요한 단서의 역할을 한다. 대화 도중에 이러한 신호들을 적절하게 사용하거나 혹은 정확하게 간파해내는 것은 대인관계에서 실제적이고도 중요한 능력이다. 따라서 대인관계능력을 높이기 위한 인간관계 증진 훈련에서 활용하는 구체적 프로그램의 상당수는 의사소통 기술과 관련된 것이라 해도 과언이 아니다. 본 장에서는 의사소통이 이루어지는 다양한 채널의 특성을 이해하고, 이를 바탕으로 실제 생활에 활용할 수 있도록 하는 것에 중점을 두었다. 효과적인 의사소통 기술에 대한 지식과 이해를 바탕으로 이를 실천하고자 하는 노력은 바람직한 대인관계를 유지하는 데 도움이 될 것이기 때문이다.

1) 의사소통의 개념

대인 간의 의사소통은 어떤 사람이 타인에게 영향을 주고 타인을 이해하는 데 사용되는 모든 수단을 포함한다. 즉, 개인의 감정, 태도, 신념 및 사실을 전달하는 과정이다. 이때 언어가 일차적인 수단으로 사용될 수 있으나 얼굴표정, 눈짓, 몸짓 혹은 침묵과 같은 비언어적 신호나 단서를 통해서도 서로 의미를 주고받을 수 있다.

일반적으로 의사소통은 한 사람 또는 그 이상의 사람으로부터 다른 사람(들)에게로 정보와 이해가 전달되는 과정으로서, 두 사람 사이에서 사실, 감정, 태도, 신념, 생각 등을 전달하는 것이다. 따라서 의사소통을 잘한다는 것은 말하는 사람이 정보를 정확하게 잘 전달하며, 듣는 사람은 말하는 사람이 전달하고자하는 것을 정확히 잘 받아들이는 것을 의미한다.

2) 의사소통의 구성요소

의사소통 과정에는 다음의 4가지 요소가 작용하게 된다(그림 5-1 참조).

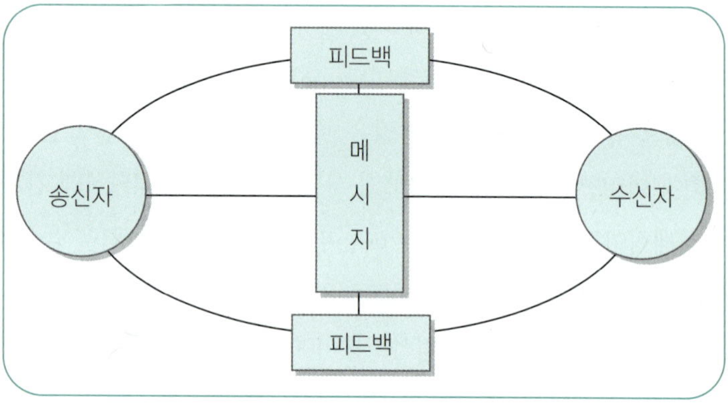

[그림 5-1] 의사소통 구성요소

① 송신자(sender) : 생각, 감정, 정보 등의 메시지를 전달하는 사람

송신자의 목소리나 말투, 분명하지 않은 음성이나 감정 상태 등으로 인하여 메시지가 잘못 전달될 가능성이 있다. 전달 과정에서 메시지의 내용이 왜곡되거나 변형, 삭제 및 소멸 등의 현상이 나타나 정확한 내용의 전달을 어렵게 할 수 있다.

② 메시지(message) : 송신자의 생각, 의도, 감정, 정보의 내용으로 의사소통의 주제가 되며 직·간접적 경로를 통해 전달

의사소통 과정에서 주제가 되는 메시지는 언어적 혹은 비언어적 형태를 취할 뿐 아니라 내용과 관계라고 하는 두 가지의 요소가 포함된다. 내용 요소는 전달하고자 하는 메시지의 주제를 가리키며, 관계 요소는 송신자의 수신자에 대한 관계, 즉 소속·통제·애정 등의 욕구가 내재된 형태를 의미한다. 관계 메시지가 사용되는 예를 들면, 마음에 드는 이성을 보고 곁에 가서 "시간 있으세요?"라고 묻는 경우에 중요한 점은 상대의 시간이 있는지의 여부 그 자체보다 '함께 시간을 보내고 싶다'는 의미를 갖는다는 것이다. 마찬가지로 "아니오, 저 바쁜데요"라는 대답의 경우, '할 일이 많아서 짬을 내기 어렵다', '당신을 만나고 싶지 않다' 혹은 '좀 더 적극적으로 시도해 보세요'하는 의도에서 나온 말이 될 수 있다. 이처럼 관계 메시지는 다음과 같은 여러 가지 형태로 나타난다.

- 친화형 : 서로 좋아하고 친밀한 관계를 형성하고자 할 때 사용하는 메시지
- 존중형 : 상대방에 대한 긍정적 평가 즉 인정과 존중에 대한 메시지
- 지배형 : 상대방에게 영향력을 행사하는 정도와 관련된 메시지

이처럼 대인관계에서의 의사소통을 효과적으로 하기 위해서는 상대방이 전달하고자 하는 메시지의 내용 요소뿐만 아니라 관계 요소까지 정확히 간파할 수 있어야 한다. 이러한 메시지는 언어적 표현을 직접적으로 전달하거나, 이메일이나 문자메시지, 혹은 다른 사람을 통한 대리 전달 등 간접적인 경로를 통한 방식으로 전달된다. 이 때 메시지의 내용이나 메시지 전달의 의도나 목적, 혹은 수신자의 상황 등을 고려하여 어떤 매체나 경로를 통하여 전달하는 것이 효과적인지 고려할 필요가 있다. 부탁하기, 사과하기, 애정을 표현하기, 감사 표시하기 등 목적과 상황에 따라 적절한 매체는 다를 수 있으며, 그에 따라 전달 효과에서도 차이가 나기 때문이다.

③ **수신자**(receiver) : **송신자가 전달하는 생각, 감정, 정보 등의 메시지를 받아들이는 사람**

전달된 메시지의 종착점이라 할 수 있으며, 청취, 이해, 기억, 반응의 요소가 포함된다.

④ **피드백**(feedback)

송신자와 수신자를 연결하여 송신자의 메시지가 수신자에게 제대로 전달되고 정확히 이해될 수 있게 한다. 송신자는 수신자의 피드백을 통해 자신의 의사소통 방법을 수정하거나 보완함으로써 메시지가 보다 정확하게 전달되도록 한다. 상대의 이야기에 대해 추가적인 질문을 한다거나 이해한 것이 맞는지를 확인해 보는 것과 같은 언어적 방법이 사용될 수 있으며, 표정이나 무언의 행동을 통한 비언어적 피드백도 있다(적극적 경청(p.134), 피드백(p.142) 내용 참조).

이상에서 살펴본 바와 같이 대인관계에서의 의사소통은 메시지를 송신하고 수신하는 두 가지 활동이 양 방향으로 이루어진다. 메시지에는 '내용'(사용된 말)과 그 말 속에 내포된 감정을 가리키는 '관계'의 두 가지 정보가 있으며, 양방적 의사소통은 이러한 메시지의 내용정보와 관계정보에 대한 피드백을 서로 주고받는 송신과 수신의 과정을 의미한다.

3) 의사소통의 모형

의사소통의 과정을 설명하는 의사소통 모형의 특성을 살펴보면 다음과 같다(설기문, 1997).

(1) 직선적 모형

직선적 모형(straight model)은 어느 한쪽 방향에서 일방적으로 이루어지는 의사소통 형태이다. 송신자의 생각과 감정 등을 메시지 형태로 부호화하여 수신자에게 일방적으로 주입하는 것이라고 할 수 있다. 직선적 모형에서는 의사소통이 이루어지는 과정에서 방해가 되는 소음이 작용한다고 가정한다. 소음은 의사소통 과정의 각 단계에서 발생할 수 있으며, 외적 소음, 생리적 소음, 그리고 심리적 소음의 세 가지 종류가 있다.

① 외적 소음 : 물리적 환경에서 야기되는 것으로 수신자의 외부에 존재하며, 수신자가 메시지를 정확히 청취할 수 없도록 방해한다.
② 생리적 소음 : 수신자의 정확한 청취를 방해하는 생물학적 요소들로 수신자의 청력장애, 질병 등이 해당된다.
③ 심리적 소음 : 메시지를 정확하게 표현하고 이해하는 데 방해가 되는 심리적 요소로서, 개인의 자아개념 형태와 같은 내적 조건에 따라 의사소통을 왜곡할 수 있다.

이와 같은 직선적 모형의 단점은 메시지에 대한 수신자의 반응이 무시된다는 점과, 의사소통이 일방적으로 이루어지기 때문에 송신자와 수신자 간의 상호작용은 일어날 수 없다는 것이다.

(2) 상호작용적 모형

상호작용적 모형(interactive model)은 인간관계에서 수신자와 송신자 간에 상호작용이 이루어지고, 피드백이 작용하는 의사소통 형태이다. 그러나 수신자와 송신자가 서로 다른 환경에 속해 있기 때문에 의사소통 과정에서 오해가 생겨날 수 있다(예 : 무전기).

상호작용적 모형은 피드백과 환경적 요소가 고려되지만 의사소통 과정을 정적인 활동으로 보고 수신과 송신의 행위가 구별되면서 송신자의 메시지가 수신자에게 영향을 미쳐 특정한 순간에 한 사람은 송신자이거나 수신자가 된다는 점에서 이 모형의 한계가 있다.

(3) 상호교류적 모형

상호교류적 모형(transaction model)의 특성은 의사소통자가 메시지를 동시에 보내고 받는다는 것이다. 상호작용 모형에서처럼 특정한 순간에 송신자와 수신자가 구별되는 것이 아니라 함께 참여하는 '참여자'로서 기능한다. 특정 순간에 타인의 메시지를 수신하고 해독하며 반응하는데, 이 때 상대방 또한 메시지에 대해 수신하고 반응한다. 즉, 메시지를 보내는 행위와 받는 행위가 동시에 이루어지게 된다.

2. 효과적인 언어적 의사소통 기술

대인 간의 의사소통이 이루어지는 실제의 상황에서는 언어적인 것과 비언어적인 것이 혼합되어 나타나기 때문에 사실 이것을 명확하게 구분하기가 어렵다. 일반적으로 의사소통이 이루어지는 채널의 종류를 대략적으로 나누어 보면, [그림 5-2]와 같이 구분하여 제시할 수 있다.

- 의사소통
  - 언어적 (verbal)
  - 비언어적 (nonverbal)
    - 가시적 채널 (visible channel)
    - 부언어적 채널 (paralinguistic channel)

[그림 5-2] 의사소통 채널의 유형

언어적 의사소통(verbal communication)은 언어로 이루어지는 의사소통으로서 어떤 사람이 말하는 것의 내용이다. 이는 의사소통의 주된 통로로서 개인의 내면적 상태와 의도를 전달하는 가장 강력하고 효과적인 방법이라 할 수 있다. 대인관계는 언어적 소통의 내용과 질에 의해 큰 영향을 받는다. 그러나 언어적 의사소통의 경우 사용되는 단어와 관련하여 오해를 불러일으킬 수 있다. 이는 의사소통에 관련된 개인들이 각각 서로 다른 경험과 배경을 지니고 있어서 특정 단어에 대한 의미 부여와 이해의 정도가 다를 수 있기 때문이다. 즉, 어떤 단어가 사용되는 맥락이 사람마다 다르게 해석될 수 있다.

처음 만나 인사를 나누는 상황에서, '부잣집 맏며느리 같다', '연예인 ○○○를 닮았다'라고 표현하는 것은 주의할 필요가 있다. 듣는 사람에 따라서 기분이 좋을 수도 있지만 언짢게 들릴 수도 있기 때문이다. 부잣집 맏며느리는 '인상이 후덕하고 좋게 보인다'의 의미에서 나타낸 칭찬의 표현일 수 있지만 '뚱뚱해 보인다'의 의미로 해석될 수 있다. 또 특정 연예인을 상대방이 좋아할 수도 있지만 작품 속의 캐릭터나 그 연예인 자체에 대한 이미지를 싫어할 수도 있다. 따라서 말하는 사람의 의도와 다르게 받아들여질 수 있다는 점을 유의하여야 한다. 또한 특수한 집단에서 사용되는 속어나 은어, 전문용어 역시 의미전달에 문제를 가져올 수 있다. 이처럼 하나의 어휘 속에 여러 가지 의미가 내포될 수 있으므로 상대방과의 의사소통이 효과적으로 이루어지기 위해서는 양쪽이 사용하는 용어의 의미에 대한 공통의 이해가 필요하다. 그렇지 않으면 대화 중의 내용에 대한 오해 혹은 왜곡 현상을 가져올 수 있다.

1) 나-메시지(I-message)

인간관계에서 상대에게 자신의 메시지를 정확하고 명료하게 밝히지 못하는 경우가 많기 때문에 상대방은 이 메시지를 정확하게 받아들이지 못하게 되고 결국 갈등관계에 직면하게 되는 수가 많다. 상대방이 내게 무리한 요구를 하거나 무례한 태도를 보여서 그로 인해 내가 무시당했다고 느끼거나 불쾌해지는 경우가 있을 수 있다. 이런 경우 사람들이 갖게 되는 오해 중의 하나는 '당연히 그(녀)는 내가 이렇게 생각하고 있다는 것을 알겠지…'라고 생각하는 것이다. 그러나 실제의 경우에 있어서 상대방은 나의 이러한 생각이나 감정을 전혀 알지 못하는 경우가 많다는 것을 명심할 필요가 있다.

원만한 인간관계를 위해서 상대방에게 자신의 생각이나 입장을 전할 때는 나-메시지를 통하여 적절하게 표현하는 것이 좋다. 즉 자신의 감정 상태에 대한 정보를 제공하고, 내가 느끼는 감정의 원인에 대하여 알려주고, 그리고 상대방의 행동이나 행동 변화에 대한 바람(희망사항)을 포함하는 메시지를 상대방에게 정확하게 전달하여야 한다.

나-메시지의 사용은 이처럼 상대방의 감정을 상하게 하지 않으면서도 자신이 하고자 하는 말을 상대방에게 정확하게 전달할 수 있게 한다. 이는 자신의 권리를 침해당하거나 타인에 의해 이용당할 때, 이를 그대로 방치하는 경우(소극적 상호작용)나 타인의 권리를 희생시킴으로써 자신의 권리를 옹호하고자 하는 경우(공격적 상호작용)에서 볼 수 있는 부정적인 상호작용을 개선시켜 줄 수 있다.

나-메시지가 사용되는 경우를 예로 들면 다음과 같다.

■ 상 황 : 약속 때마다 지각하는 친구가 또 늦게 나타났다

(흥분하지 않고 차분한 목소리로) "나는 네가 시간 약속을 지키지 않았을 때, 무척 화가 났다.
☞ **상대방의 구체적인 행동을 묘사하고, 자신의 감정 상태에 대한 정보 진술**

왜냐하면 네가 그렇게 행동하는 것이 나를 무시하는 것 같이 생각되어서 나의 감정을 불쾌하게 만들었기 때문이야.
☞ **감정의 원인 진술**

나는 네가 시간 약속을 잘 지켜주기를 바란다.
☞ **구체적인 행동변화에 대한 희망사항 정보 진술**

* '나-메시지'를 듣고 난 후의 대처 - "나를 믿고 얘기해줘서 고마워"

이처럼 자신의 명확한 주장을 담고 있는 '나-메시지'가 어떤 상황에 필요한 것인지를 이해하고, 일상생활에서 이를 사용하는 훈련을 한다면 보다 원만한 인간관계를 유지하는 데 도움이 될 것이다. 상대방의 불쾌한 말과 행동으로 인해 상처를 받고 속앓이를 하면서 '나중에 바뀌겠지…' 하고 막연히 기대하는 것은 올바른 해결책이 아니다. 자신의 감정을 분명하게 파악하고 상대에게 명료한 주장을 담은 나-메시지를 사용하여, 상대방에게 공격적이지 않으면서도 분명하게 요구함으로써 오히려 상대방과의 관계를 개선시킬 수 있다. 특히 잘 모르는 사람이나 교류가 별로 없는 사람보다는 친분관계가 있고 지속적인 교류를 갖게 될 관계인 경우에서 더 효과적으로 사용할 수 있다.

2) 적극적 경청

경청이란 의사소통의 기본적 과정으로서 상대방이 전달하고자 하는 메시지 내용에 주의를 기울이고 이해하려고 노력하는 행동이다. 이러한 행동은 소극적 경청과 적극적 경청의 두 가지 유형으로 구분할 수 있다. 소극적 경청이란 수동적으로 들어주는 형태이다. 상대방의 이야기에 대해 질문하거나 반박하는 것과 같은 외현적 표현을 하지 않고 그냥 들어주는 것이다. 반면, 적극적 경청은 자신이 상대방의 이야기에 집중하고 있다는 것을 상대가 지각할 수 있도록 외현적인 표현을 하면서 듣는 형태이다.

상대방 쪽으로 몸을 기울이고 눈을 응시하고 중요한 부분에서 고개를 끄덕이는 행동은 주의를 집중하며 진지하게 듣고 있다는 외적 표현이 될 수 있다. 또한, 대화 중에 불확실한 내용이나 이해가 되지 않는 부분에 대해 질문하거나 자신이 이해한 바를 상대방에게 확인해 보거나 또는 상대방의 의견이나 감정에 대해 공감한다는 표현을 할 수도 있다. 그러나 불확실한 내용에 대해 질문을 하는 경우라도 주의할 것은 있다. 즉 상대방의 말이 모두 끝난 뒤에 "…… 예?"하는 식으로 질문하는 것이다. 메시지가 분명하게 이해되지 않은 부분이 있더라도 이 같은 형태의 반문은 바람직하지 않다. 말한 사람은 상대가 자신의 말을 주의 깊게 경청하지 않은 것에 대한 불쾌감과 도대체 어디서부터 다시 이야기를 해주어야 하는지에 대한 혼란이 생기기 때문이다. 물론 정확하게 이해되지 않은 부분이 있음에도 아는 척하고 나서 나중에 당혹스러워하는 것도 바람직하지 않다. 따라서 이런 경우라면, "예, 그럼, ○○님 말씀은 …… 이렇게 하는 건가요?", "…… 라는 건가요?"하고 정확하게 이해가 안된 부분이 어디인지를 분명하게 지적하여 확인하는 습관을 갖는 것이 좋다.

이와 같은 적극적 경청은 상대방으로부터 호감을 불러일으키며, 말하는 사람으로 하여금 자신이 이해받고 있다는 느낌을 제공함으로써 효과적인 의사소통을 가능하게 한다. 적극적 경청은 다음과 같은 과정을 거치게 된다.

(1) 반 영

반영(reflecting)은 의사소통 과정에서 상대방이 전달하고자 하는 내용에 대해 자신이 이해하고 있는 정도를 나타내 보이는 것이다. 즉, 대화 중에 자신이 이해한 내용이 정확한지를 확인하는 과정은 상대방으로 하여금 자신이 전달하고자 한 내용이 관심을 받고 있으며 이해받고 있다는 느낌을 갖게 하여 대화과정에 참여하는 정도가 더욱 높아지게 된다.

(2) 공 감

공감(empathy)은 상대방이 전달한 내용에 대한 사실적인 이해의 수준을 넘어 그의 주관적인 정서 상태까지 이해하는 수준에 이르는 것이다. 공감은 자신의 상황과 감정이 상대에게 잘 이해되고 있으며, 수용된다는 느낌을 받게 된다. 그로 인해 상대방에 대한 신뢰가 높아지고 대화과정에서 자기노출의 정도를 높일 수 있게 한다. 이와 같은 공감하기는 대화에서 매우 중요한 기술로 다음과 같은 노력을 통해 증진될 수 있다.

첫째, 자기중심적인 시각이 아닌 상대방의 입장에서 보고, 듣고, 이해하려고 노력한다.

둘째, 상대방이 느끼는 감정, 심리적 상태를 그의 입장에서 느껴보려는 감정이입의 자세를 가져야 한다. 상대가 나타내는 단순한 말의 내용과 함께 그 내면에 있는 정서적 의미를 간파하여 헤아려보고 노력한다.

셋째, 자신이 느낀 감정을 적절하게 표현하고 전달하려고 노력한다.

이와 같은 공감하기는 대인관계에서 깊이 있는 의사소통이 될 수 있게 하는 필수적 요소라 할 수 있다.

■ **경청을 방해하는 요소들**

대화 중에 상대방의 다음과 같은 행동 때문에 기분이 나쁘거나 신경이 거슬렸던 적이 있었는가? 혹은 내가 그렇게 하지는 않았는가? 다음 중 몇 가지나 해당되는지 체크해보자.

□ 다른 사람이 말할 때 혹은 내가 말할 때 자꾸 끼어든다.
□ 말하는 사람을 쳐다보지 않는다.
□ 자꾸 재촉해서 말하는 상대방에게 시간을 빼앗고 있다는 죄책감이 들게 한다.
□ 대화보다 다른 것에 더 흥미를 보인다.
□ 미처 말을 끝내기도 전에 결론을 내버린다.
□ 상대 요구에 반응하지 않는다.
□ 마치 마음을 정한 것처럼 "그래, 하지만…"하고 말한다.
□ "그 이야기를 들으니 생각나는데…" 또는 "별 것 아니네, 내 이야기 좀 들어봐…"하는 말로 상대방의 말허리를 잘라버린다.
□ 이전에 이야기한 것을 잊어버린다.
□ 세부적인 것까지 너무 꼬치꼬치 캐묻는다.
□ TV 소리처럼 정신을 산만하게 하는 요소를 방치한다.
□ 멀찍이 떨어져 있다.
□ 중요한 이야기인데도 메모를 하지 않는다.
□ 고개를 끄덕이는 등 비언어적 반응이 전혀 없다.

출처 : 래리바커, 키티왓슨(2013), 마음을 사로잡는 경청의 힘(이아소), pp.67-68.

3) 질문하기

질문은 상대방에게 추가적 정보를 요청하고 상대의 감정, 의견, 태도를 확인하는 것으로 상대방에 대한 관심과 호기심의 표현이 될 수 있다. 그러나 자칫 의사소통 과정을 통제하는 방법이 될 수 있으므로 적절한 시기와 내용에 대해 고려한 다음 질문하는 것이 좋다.

> 영 희 : 저, 이번 방학에 배낭여행 다녀왔어요. 많은 것을 보고 느끼고 … 참 좋았어요!
> 철수 A : 예. 그랬군요. 리포트는 어떻게 할까요?
> 철수 B : 예. 그랬군요. 다녀오신 데가 어디였나요? (또는) 어떤 것이 특히 좋았나요?

철수 A의 반응에 대하여, 영희는 상대가 자신의 말을 더 듣고 싶어하지 않으며, 자신에게 관심이 없다는 생각에 불쾌한 기분이 될 수 있다. 반면, 철수 B의 반응은 추가적인 정보를 요청하는 질문을 함으로써 영희는 기분 좋게 자신의 이야기를 계속하고 싶어 할 것이다.

만일, 철수 A의 행동이 영희에 대한 무관심이나 적대감에 의한 고의적인 행동이 아닌 사무적인 일 처리를 우선하려는 바쁜 마음에서 비롯된 행동이라면 다음의 A'와 같이 솔직하게 양해를 구하는 편이 낫다. 다음의 몇 마디를 더하는 데 10초도 채 걸리지 않는다. 그 짧은 시간에 친구가 될 수도 원수가 될 수도 있다.

> 철수 A' : 예. 그랬군요. 이야기를 더 듣고 싶지만 지금은 시간이 없으니 일단 일부터 끝내 놓고… 자세히 이야기해 주세요. 리포드는 어떻게 할까요?

왜냐하면, 앞에서 철수 A의 반응은 '말허리 자르기'와 같은 부정적 효과를 유발할 수 있기 때문이다. 대화에서 말허리 자르는 행동은 상대가 말하고 있는 중간에 끼어들거나 혹은 이야기를 하고 있는 도중에 화제를 다른 곳으로 돌려버리는 것이다. 이러한 행동은 매우 주의해야 한다. 상대방은 자기가 하고 싶은 말을 충분하게 다하지 못하게 됨으로써 기분이 나빠지고 자신이 무시당했다거나 공격받았다는 느낌을 갖게 되기 때문이다. 따라서 친한 사이인 경우라도 절대 말허리 자르기와 같은 행동을 하지 않도록 유의해야 한다.

4) 설명하기

설명하기는 자신이 지니고 있는 정보를 상대방에게 정확하게 그리고 충분하게 제공하는 것으로서 중요한 의사소통 기술의 하나이다.

5) 강화주기와 강화받기

대화과정에서 강화는 상대방에 대한 인정, 칭찬, 격려의 메시지를 전달하는 언어적 표현이다. 강화를 받음으로써 자신이 상대방으로부터 이해받고 있다는 느낌, 인정, 자신감과 자존심을 향상시켜 줌으로써 의사소통을 촉진시킬 수 있다.

강화를 주는 행동과 관련해서 강화를 받을 때의 행동, 예컨대 칭찬을 수용하는 자세도 중요하다. 상대방의 칭찬 속에는 평가대상에 대한 그 사람의 감각이나 안목도 포함되어 있음을 명심하고 그것을 담담하게 수용할 필요가 있다. 겸손하게 사양하는 것이 미덕이라는 인식 때문에 자신에 대한 상대의 칭찬을 잘 받아들이지 못하는 사람들이 많다. 그러나 상대의 칭찬을 사양함으로써 민망함을 벗어나려 하거나 겸손하려 한 것이 오히려 역효과를 가져올 수 있다. "어머, 아니에요, 웬일이니!", "별말씀 다 하시네요" 혹은 별것 아니라며 손사래를 치기도 한다. 이 경우 오히려 상대를 무안하게 만들 수 있으며, 사안에 따라서 상대의 안목을 무시하는 결과를 초래하기도 한다. '뭐 이 정도 밖에 안 되는 것을 좋은 것으로 보나?'하는 식의 반응이 되어 버릴 수 있는 것이다. 칭찬에 대한 또 다른 반응은 "원래 내가 좀 잘난 편이지"하며 그 상황을 코믹하게 웃음거리로 만들기도 하는데 적절하게 통하는 경우도 있지만 세련된 방법은 아니다. "좋게 봐주시니 고맙습니다", "…… 해 주시니 기분이 좋네요" 그냥 이렇게 받아들이면 된다. 이렇게 칭찬을 감사하게 받아들이는 반응은 칭찬한 사람도 기분 좋게 만드는 행동이 될 수 있다.

6) 자기노출

자기노출은 주변 사람들에게는 잘 알려져 있지 않은 자신의 개인적 정보를 상대방에게 의도적으로 노출하는 것이다. 적절한 자기노출은 상대방으로 하여금 경계심을 완화시키고 신뢰를 촉진하며 더불어 상대방의 노출을 수반할 수 있어서 보다 솔직하고 깊이 있는 대화를 가능하게 한다는 장점이 있다.

7) 자기주장

자기주장은 타인의 권리를 존중하면서 동시에 자신의 생각, 감정, 신념을 솔직하고 직접적으로 표현함으로써 자신의 개인적 권리를 주장하는 것이다. 따라서 타인의 권리를 무시하고 위협하면서 자신을 주장하는 공격적 행동과는 다른 것이다(인간관계프로그램 5-1, 자기표현 훈련 참조).

이러한 자기주장에는 수락하기 어려운 타인의 요구를 거절하기, 타인에게 부탁이나 요청하기, 자신의 긍정적 감정과 부정적 감정을 솔직하게 표현하기 등의 내용이 포함될 수 있다.

8) 유 머

때와 장소, 대상을 고려하여 적질한 유머나 농담을 사용하는 것은 의사소통을 원활하게 하는 방법이 될 수 있다. 그러나 지나치게 공격적이거나 성적인 내용, 또는 상황에 부적절한 경우 유머는 오히려 부작용을 초래할 수 있으므로 주의할 필요가 있다.

인간관계 프로그램 5-1

우리는 남의 말을 어떻게 듣는 사람인가?(듣기성향 테스트)

▎활동목표▎

자신과 상대의 경청태도를 진단하고, 상대의 듣기 성향에 따라 적절한 대화전략을 세울 수 있다.

▎활동내용▎

성공적 대화를 위한 첫 번째 기술은 바로 '경청'이다. 말을 잘하고 싶다면, 상대의 마음을 사로잡고 싶다면 우선 잘 들어야 한다. 상대를 쳐다보고, 귀를 쫑긋 세우고, 마음을 열어 경청하라.

〈마음을 사로잡는 경청의 힘, 이아소〉을 통해 자신과 상대의 듣기 성향을 테스트해보자(참고-래리바커, 키티왓슨(2013, pp. 84-88)).

Part 1. 나는 남의 말을 어떻게 듣는 사람인가?(듣기성향 체크리스트)

나는 어떤 대화 상대인가? 경청을 하는 태도에도 유형이 있다. 당신은 어떤 유형에 해당하는 지 다음의 셀프 테스트를 통해 알아보자.

1	상대방의 말을 들을 때 그 사람의 느낌에 주의를 기울인다.	1	2	3	4	5
2	상대방의 말을 들으면 기분이 좋은지 그렇지 않은지 금세 알아차린다.	1	2	3	4	5
3	상대방이 자기 문제를 털어 놓을 때 그 사람의 말에 금방 몰두한다.	1	2	3	4	5
4	새로 알게 된 사람의 말을 들을 때 공통의 관심사를 찾으려고 노력한다.	1	2	3	4	5
5	다른 사람이 말을 할 때 눈짓이나 고갯짓으로 흥미를 표현한다.	1	2	3	4	5
6	다른 사람이 자기 생각을 조리 있고 효과적으로 표현하지 못하면 갑갑해진다.	1	2	3	4	5
7	다른 사람의 말을 들을 때 내용의 불일치나 모순점에 집중한다.	1	2	3	4	5
8	말하는 사람의 생각을 건너뛰거나 예단한다.	1	2	3	4	5
9	대화 도중에 곁가지를 치며 다른 얘기를 꺼내는 사람이 정말 싫다.	1	2	3	4	5
10	말하는 사람이 더 빨리 요점에 도달할 수 있게 질문을 던진다.	1	2	3	4	5

11	모든 사실을 듣고 나서야 판단을 내리거나 의견을 내놓는다.	1	2	3	4	5
12	기술적인 정보를 선호하는 편이다.	1	2	3	4	5
13	의견이나 주장보다는 내가 직접 판단, 평가해 볼 수 있는 사실이나 증거를 듣고 싶어한다.	1	2	3	4	5
14	복잡한 정보를 듣는 게 즐겁고 좋다.	1	2	3	4	5
15	추가적인 정보를 캐내기 위해 질문을 던진다.	1	2	3	4	5
16	바쁠 때면 이야기를 들어줄 시간이 한정돼 있음을 상대방에게 알린다.	1	2	3	4	5
17	토론을 시작하기 전에 얼마나 오래 기다렸는지부터 말한다.	1	2	3	4	5
18	시간이 없다 싶으면 상대방이 말을 하는 도중에라도 끼어든다.	1	2	3	4	5
19	시간이 없다 싶으면 상대가 말을 하고 있어도 손목시계나 벽시계를 쳐다본다.	1	2	3	4	5
20	시간의 압박을 느낄 때면 다른 사람의 말에 대한 집중력이 떨어진다.	1	2	3	4	5

▍점수 계산하기 ▍

- 1~5번 문항에 4 또는 5를 표기한 횟수 : 사람 지향적 ________
- 6~10번 문항에 4 또는 5를 표기한 횟수 : 행동 지향적 ________
- 11~15번 문항에 4 또는 5를 표기한 횟수 : 내용 지향적 ________
- 16~20번 문항에 4 또는 5를 표기한 횟수 : 시간 지향적 ________

당신은 어떤 항목에서 가장 높은 점수를 얻었는가? 각 항목들 사이의 점수 편차는 당신의 듣기 성향에 대한 정보를 담고 있다. 4~5점은 강한 성향, 3점은 보통 성향, 1~2점은 약한 성향, 0점은 성향이 없는 것이다. 만약 2개 이상의 항목에서 높은 점수(4~5)를 얻었다면 당신은 복합적인 듣기 성향을 가진 사람이다. 반대로 모든 항목에서 0점을 얻었다면 당신은 듣는 것 자체를 회피하고 있을 가능성이 크다.

듣기 유형에도 각각 장점과 단점이 있다. 유형별 장·단점을 정리하면 다음과 같다(pp. 89-95 참조).

1) 사람 지향적 유형

당신은 타인의 말을 들으면서 그의 감정 상태를 온전히 이해하고 별다른 선입견 없이 그 사람을 바라볼 것이다. 그래서 사람들은 개인적인 문제나 위기에 봉착했을 때 바로 당신을 찾게 된다. 그러나 거의 모든 유형의 사람들에게 열려 있다 보니 당신은 타인과 너무 잘 얽히게 된다.

장점 ① 다른 사람에게 관심이 많고 배려할 줄 안다. ② 선입견이나 편견을 갖지 않는다. ③ 대화할 때 반드시 유언, 무언의 피드백을 준다. ④ 타인의 감정 상태를 잘 파악한다. ⑤ 타인의 분위기를 빨리 감지한다.

단점 ① 타인의 감정 상태에 너무 쉽게 휘말린다. ② 타인의 잘못이나 약점을 잘 보지 못한다. ③ 타인의 감정을 내면화하거나 거기에 동화된다. ④ 타인의 일에 지나치게 간섭하기 쉽다. ⑤ 피드백을 줄 때 너무 오버할 수 있다. ⑥ 이 사람 저 사람 가리지 않고 친해질 우려가 있다.

2) 행동 지향적 유형

자신이 맡은 일에 집중한다. 개략적인 내용에 귀를 기울이고 두서없는 이야기를 듣는 것을 힘들어한다. 또 다른 사람들에게 주제에서 벗어나지 않도록 도움을 주고 논리적, 구조적 방식으로 정보를 제공하기 때문에 대부분의 회의에서 환영받는다. 그러나 때때로 업무에 너무 집착하기 때문에 다른 사람들과 관계를 맺는 데 참을성을 발휘하지 못하고 관심이 없는 것으로 비쳐지기도 한다.

장점 ① 문제의 핵심에 재빨리 접근한다. ② 목표와 관련된 피드백을 재빨리 제공한다. ③ 당장 수행해야 할 임무를 이해하는데 에너지를 집중한다. ④ 다른 사람들이 중요한 것에 초점을 맞추도록 돕는다. ⑤ 다른 사람들이 구조적이고 간결하게 말을 하도록 돕는다. ⑥ 내용 속에 담긴 모순을 잘 파악한다.

단점 ① 주의가 산만한 화자를 참지 못한다. ② 말이 끝나기 전에 넘겨짚고 재빨리 결론을 내린다. ③ 화자가 두서없이 이야기하면 쉽게 산만해진다. ④ 무례한 질문을 한다. ⑤ 지나치게 비판적으로 보인다. ⑥ 감정적인 문제를 과소평가한다.

3) 내용 지향적 유형

모든 내용을 신중하게 평가하는 경향이 있다. 자세히 듣고 이면에 숨겨진 내용까지 파해치는 등 문제를 모든 관점에서 탐구한다. 또 문제의 모든 면을 파악하려 하고 난해하거나 복잡한 정보에 귀 기울이는 것을 좋아한다. 기술 분야의 종사자들이 이 범주에 속하는 경우가 많다.

장점 ① 기술적인 정보를 높이 평가한다. ② 정보가 얼마나 명료한지, 자신이 얼마나 이해했는지를 점검한다. ③ 다른 사람들이 자신의 생각에 대한 근거를 제시하도록 격려한다. ④ 복잡하고 어려운 정보를 환영한다. ⑤ 문제의 모든 측면에 관심을 가진다.

단점 ① 지나치게 세부적인 것에 집착한다. ② 신랄한 질문으로 다른 사람들을 위협한다. ③ 비기술적 정보를 과소평가한다. ④ 알려지지 않은 개인에게서 들은 정보는 높게 평가하지 않는다. ⑤ 결정하는 데 오랜 시간이 걸린다.

4) 시간 지향적 유형

시간을 중시하고 낭비하는 사람들을 참지 못한다. 효율성과 시간 관리를 중시하는 반면 시간에 대한 압박감 때문에 창조력을 발휘하지 못한다. 또 인간관계를 망치거나 경시하기 쉬우므로 주의해야 한다. 사업가나 샐러리맨 등에서 쉽게 찾아볼 수 있는 유형이다.

장점 ① 시간을 효과적으로 관리한다. ② 다른 사람의 말을 들을 때 시간이 제한돼 있음을 알린다. ③ 만남이나 대화에서 시간을 어떻게 이용할 것인지 지침을 정한다. ④ 화자가 쓸데없는 말을 하며 시간을 낭비하지 못하도록 한다. ⑤ 시간이 낭비되고 있을 때 상대방에게 암시를 준다.

단점 ① 시간을 낭비하는 사람을 참지 못하는 경향이 있다. ② 인간관계에 긴장을 주면서 다른 사람들을 방해한다. ③ 시간을 의식하다 보면 집중력이 떨어질 수 있다. ④ 자주 시계를 들여다봐 화자를 조급하게 만든다. ⑤ 시간적인 압박을 주어 다른 사람들이 창조력을 발휘하지 못하게 한다.

Part 2. 상대방의 듣기 성향에 따라 전략을 세워라

상대방의 듣기 성향을 파악한다면 대화를 자신에게 유리하게 이끌어갈 준비를 갖추었다고 볼 수 있다. 다음의 단서들은 상대의 듣기 성향을 파악하는 데 도움이 될 것이다. 상대의 듣기 성향을 추측했다면 상대방에게 이야기를 잘 전달할 수 있는 최선의 전략을 고려해 볼 수 있을 것이다.

	사무실(환경적 단서)	개인적 단서	전략
사람 지향적	• 벽에 개인적인 사진이 걸려 있거나 책상에 개인적인 물건이 있다. • 책상이 지저분하다.	• 시선을 마주친다. • 억양이 다양하다. • 동의의 표시로 자주 미소를 짓거나 고개를 끄덕인다.	• 인간적 가치를 포함하는 이야기를 하거나 그림을 보여준다. • '나'보다 '우리'라는 단어를 사용한다. • 성보다 이름을 부른다. • 유머를 활용할 때도 자기를 내세우지 않는다.
행동 지향적	• 책상에 정리함이 놓여 있다. • 벽에 학위 증명서가 걸려 있거나 일과 관련된 사진이 걸려있다. • 책상이 깨끗하다.	• 힘차게 악수한다. • 약간 빠른 속도로 이야기한다.	• 전하려는 내용이 3가지를 넘지 않게 한다. • 짧게 프레젠테이션을 하거나 바로 본론을 제시한다. • 빠르지만 절제된 속도로 말한다.
내용 지향적	• 책상 위에 서류들이 깔끔하게 쌓여 있다. • 책상 근처에 참고 서적들이 놓여 있다. • 컴퓨터가 항상 켜져 있다.	• 얼굴 표정이 심각하다. • 목소리가 도전적이거나 호전적이다. • 이야기를 들으며 자주 위를 쳐다본다.	• 신뢰성 있는 자료를 제시한다. • 신뢰할 만한 전문가의 말을 인용한다. • 차트와 그래프를 활용한다.
시간 지향적	• 방 안에 시계가 한 개 이상 있다. • 컴퓨터나 시계에 알람 기능을 설정해 때가 되면 울린다.	• 자주 시계를 본다. • 참을성 없는 표정을 지어 보인다. • 시간을 알려주는 장치를 사용한다.	• 가능하면 정해진 시간보다 빨리 끝내고자 노력한다. • 불필요한 예나 정보는 삭제한다. • 상대방이 대화를 끝내고 싶다는 비언어적 단서를 보내는지 계속 주시한다.

출처 : 래리바커, 키티왓슨(2013), 마음을 사로잡는 경청의 힘(이아소), pp.89-95, 119-122.

3. 효과적인 비언어적 의사소통 기술

비언어적 의사소통은 언어를 사용하지 않고 정보를 전달하는 소통 방식이다. 얼굴표정, 제스처, 자세와 같은 표정 행동들을 포함하는 가시적 채널과 말의 내용이 제거되었을 때에 언어 신호에 남아있는 것, 즉 음성의 고저, 크기, 속도, 음성의 질, 말소리의 억양과 같은 부언어적 채널이 이에 해당된다.

1) 가시적 채널

(1) 거 리

한가한 공원의 벤치에 앉아있을 때, 낯선 사람이 당신의 바로 옆자리에 바짝 붙어서 앉는다고 가정해 보자. 이 낯선 사람에 대해 어떻게 생각할 것인가?

어느 정도의 거리를 유지하게 되느냐에 따라 우리는 상대에게 다른 감정을 가지게 된다. 사람들은 자기 바로 주위의 물리적 공간을 마치 자신의 일부인 것처럼 취급하는 경향이 있기 때문이다. 이러한 영역을 개인공간(personal space)이라 하는데, 자신의 공간 안으로 들어오는 타인에 대한 반응은 그 상황을 정의하는 양식에 따라 크게 다를 수 있다. 즉, 타인의 행동에 대한 귀인을 어떻게 하느냐에 따라 우리의 감정이나 행동이 달라진다.

홀(E. Hall, 1959)은 대인적 상호작용에 대한 4가지 기본 구역을 다음과 같이 제시하였다(홍대식 역, 1989 재인용).

① **친밀한 거리**(intimate distance : 0~18인치) : 약 0~46cm 정도의 거리로 사랑하는 부부, 아기를 돌보는 어머니, 서로 꽉 거머쥐고 있는 레슬링 선수의 모습에서 볼 수 있는 거리

② **개인적 거리**(personal distance : 18인치~4피트) : 약 46~122cm 정도의 거리로 친밀하게 대화를 나눌 수 있는 거리

③ **사교적 거리**(social distance : 4~7피트) : 약 122~213cm 정도의 거리로 공식적인 사업상의 만남을 위한 거리

④ **공적 거리**(public distance : 12~25피트) : 약 213~762cm 정도의 거리로 큰 목소리로 강의를 하고 있는 경우에서 볼 수 있는 거리

어떤 사람이 타인에 대해서 보다 더 친하고 가깝게 느낄수록 그 사람은 더 가깝게 선다. 친구들은 낯선 사람들보다 가깝게, 친하게 지내고 싶은 사람이나 성적인 매력을 느낀 사람들은 보다 더 가까이 선다. 서로가 가까이 선다는 것은 대개 우정이나 관심을 나타내는 하나의 신호가 된다. 친밀한 거리와 개인적 거리는 친구, 가족 혹은 친한 동료들 간의 비공식적 상호작용에서 나타나며, 사교적 거리와 공적 거리는 우연히 알게 된 사람 또는 낯선 이들 간의 보다 공식적인 상호작용 형태에서 나타난다.

(2) 얼굴 표정

얼굴 표정은 개인의 감정을 표현하는 비언어적 수단이다. 미소를 짓는 것은 상대방에 대한 호감, 기쁨, 만족을 표시하는 것이며, 인상을 찡그리거나 입술을 꽉 깨무는 것과 같은 행동은 상대방에 대한 불쾌함, 분노 혹은 단호한 의지를 나타내는 것일 수 있다. 의사소통 과정에서 우리는 자신의 감정을 얼굴 표정으로 분명하게 드러내는 것이 필요한 경우가 있는가하면 절대 드러내지 말아야 하는 경우도 있다. 또한, 상대방의 얼굴 표정을 통해 그의 감정과 태도를 정확하게 간파해내야 하는 것도 의사소통에서 매우 중요한 일이다.

(3) 눈접촉

대화 중 오랫동안 눈을 마주치고 있다는 것은 상대방에 대한 관심을 표현하는 것이 될 수 있다. 반면, 눈접촉의 회피나 중단은 관심이 없다는 신호가 될 수 있다. 눈접촉은 눈빛(강렬, 온화, 적의), 응시 시간, 정도에 따라 다양한 의미를 내포한다. 따라서 자신의 눈을 통해 감정을 전달하거나 상대방의 감정 및 태도를 파악하는 유용한 방법이 될 수 있다.

눈접촉은 친밀감뿐만 아니라 위협적인 의미로 사용될 수 있다는 양면성을 지닌다. 그 감정의 내용이 긍정적인지 부정적인 것인지는 맥락에 따라 달리 해석될 수 있다.

(4) 제스처-신체언어

의사소통 과정에서 손, 팔, 머리, 몸통 등 신체의 움직임을 적절히 사용함으로써 메시지의 의미를 더욱 분명하게 전달하거나 강력하게 할 수 있다. 즉 어떤 사람의 자세나 신체적 움직임을 관찰함으로써 그 사람의 생각이나 그가 말하고자 하는 내용을 정확히 알아낼 수 있게 된다.

대화 중에 팔짱을 끼거나 다리를 꼬는 행동, 테이블을 사이에 두고 마주 앉은 상대방 쪽으로 몸을 기울이는지 혹은 멀어지려고 하는지의 자세, 혹은 가슴을 펴고 목에 힘을 주며 몸을 뒤로 젖히는 자세 등에 따라 상대방에 대한 호감의 정도나 태도를 파악할 수 있다.

우리는 간혹 유모차에 태워져 지나는 아이를 보며 "아유, 귀여워!"하고 머리를 쓰다듬거나 볼을 만지작거릴 수 있다. 아이의 엄마 입장에서는 상대의 인상이 험악하거나 지저분한 차림새가 아니라면 비록 모르는 사람이라도 자기 아이가 귀엽다며 어쩔 줄 몰라 하는 낯선 이의 행동에 크게 기분 나빠하지 않을 수도 있다. 그러나 이런 행동은 아프리카의 어떤 부족 마을에서는 절대 해서는 안될 금기사항이라고 한다. 아이의 머리를 쓰다듬게 되면 '아이의 영혼이 나가게 된다'는 믿음 때문이다. 따라서 이곳을 방문하려는 외지인은 들어가기 전에 반드시 이에 대한 사전 경고를 받는다고 한다. 문화적 차이에서 오는 제스처와 관련된 오해의 에피소드는 북한의 금강산 방문이 이루어지던 초기에 많이 회자되었다. 그 중 하나는 '지시'의 의미를 내포하는 손가락으로 무언가를 가리키는 행동이다. 버스 차창 밖의 풍경을 보면서 "어머나, 저 바위 좀 봐!" 손가락이 지시하는 곳 너머에는 기암절벽의 한가운데에 붉은 글씨로 "위대하신 …"이라는 글귀가 커다랗게 쓰여 있다. 차 안의 일행들이 손가락이 가리키는 곳을 내다보는 순간, 북측 안내원이 언짢은 목소리로 다급하게 소리친다. "아니, 어디다 대고 손가락 총질을 하십네까?!"

이처럼 신체적인 제스처는 다양한 정보를 전달할 수 있지만 제스처에 대한 의미가 항상 동일하게 해석되지는 않는다. 따라서 각각의 상황에 대한 맥락이나 그 행위를 하는 사람 그리고 그가 속한 문화에 대한 이해가 수반되어야 하며, 이것이 고려될 때 메시지의 정보를 보다 정확히 파악할 수 있게 된다.

2) 부언어적 기술

부언어는 말의 내용이 제거되었을 때에 언어 신호에 남아있는 것으로서 음성의 고저, 크기, 속도, 강약, 리듬, 억양 및 지연 정도(주저)와 같은 요소들이다. 이러한 요소들은 대화과정에 다양한 정보를 제공한다. 대화 중에 특정한 부분을 강조할 때는 그 부분을 크게 혹은 천천히 말할 수 있다. 때로는 오히려 더 작게 함으로써 상대의 집중도를 높이려 할 수도 있다.

아기를 돌보는 엄마는 '응－애'하는 울음소리를 듣고 아기가 배가 고픈지, 졸려서 보채는 것인지, 기저귀를 갈아줘야 하는지 혹은 어디가 아픈지를 구분해야 한다. 이와 같이 부언어는 상대방의 정서적 표현을 감지하는 데 중요한 단서를 제공한다. 그러나 이 단서들은 고정적인 의미로 사용되지 않는다. 예를 들어 대화 중 목소리가 높아지는 것은 상대가 갑자기 흥분했다거나 거짓말을 하는 경우일 수 있다. 또한 대화 중 목소리가 커지는 경우 분노, 강조 혹은 흥분상태를 의미할 수 있으므로 전달되는 메시지가 정확히 어떤 것인지 해석하기 어려운 때가 많다. 따라서 부언어는 사용되는 맥락에 따라 달리 해석될 수 있다는 점에 유의해야 한다.

이상에서와 같이 비언어적 의사소통은 언어적 의사소통과정을 보다 효과적으로 진행시키는 데 도움을 줄 수 있으며, 언어적 의사소통만으로는 표현하기 어려운 복잡하고 미묘한 감정이나 태도 등을 전달하는 데 매우 유용한 것이라 할 수 있다.

4. 피드백

의사소통 과정에서 각 개인은 자신이 겪어온 경험, 욕구, 감정, 가치관, 신념 등에 따라서 메시지를 자기 나름대로 해석하고 수용하려는 경향이 있다. 따라서 대화 중에 자칫 오해와 왜곡 현상이 나타날 수 있다. 그러므로 메시지가 수신자에 의하여 적절하게 해석

되었는지 아닌지를 확인하기 위해서는 의사소통 과정에서 적절한 피드백이 이루어져야 한다. 피드백은 정보를 정확하게 전달하고 자신의 이해를 명료화하는 과정이라 할 수 있다. 이와 같은 피드백을 통해 메시지의 의미를 정확히 확인하고, 대인 간의 의사소통을 명료하고 분명하게 해줄 수 있다.

상대방이 전달하고자 하는 의미나 의도를 정확하게 이해했다는 확신이 서지 않을 때 자신이 이해한 바를 상대방에게 말하고 그것을 확인받을 필요가 있다. 대화 중에 미소를 짓거나 고개를 끄덕거리는 것과 같은 긍정적 피드백은 말하는 이로 하여금 자신감을 가지고 더 많은 이야기를 계속할 수 있도록 하는 효과를 갖는다. 자기의 말을 잘 들어준다고 느낌으로써 기분을 좋게 할 뿐 아니라 상대에 대한 신뢰를 쌓을 수 있는 출발점이 된다. 또는 상대방의 이야기를 듣는 중에 고개를 가로저음으로써 상대방의 의견에 동조하지 않음을 나타낼 수 있다.

그러나 상대방이 이야기를 할 때 딴청을 피우거나, 찡그리며 시선을 멀리하거나, 핸드폰 같은 소지품을 만지작거리며 한숨을 쉬는 것과 같은 행동은 부정적 피드백이다. 이런 반응행동은 '나는 그렇게 생각하지 않아', '이제 그만 좀 해', '너의 이야기에 더 이상 관심이 없어'라는 의미를 담고 있다. 본인이 의도한 것이든 아니든 이런 종류의 부정적 피드백은 대화 중에 상대에게 불쾌감을 주는 반응임을 명심해야 한다. 상대를 화나게 하려고 계획한 의도적 행위가 아니라면 대화 중에 피해야 할 매우 위험한 행동이다. 만약 상대의 지루하고 짜증나는 이야기를 정말 더 듣고 싶지 않은 경우라면, 차라리 "이제 그 이야기는 그만하고 다른 문제에 대해 생각하자"라고 직접적으로 말하는 편이 더 낫다.

메시지의 정확한 전달을 위하여 피드백을 효과적으로 사용하기 위해서는 다음의 3가지 요소가 고려되어야 한다.

첫째, 피드백은 시기적으로 적절한 시점에서 제공되어야 한다. 즉, 대화 중에 피드백을 너무 빨리 주거나 너무 늦게 이루어져서는 안 된다.

둘째, 피드백은 적절한 빈도로 제공되어야 한다. 대화 중에 상대방이 아무런 반응을 내보이지 않는다면 말하는 사람은 심리적으로 불편함을 느끼게 되고 대화가 제대로 진행되지 않을 수 있다.

셋째, 피드백은 정확하게 제공되어야 한다. 상대방으로 하여금 여러 가지 해석이 가능한 애매모호한 피드백을 제공할 경우 효과적인 의사소통에 오히려 방해가 될 수 있다. 예를 들어, "대화 중 침묵하기"는 상대방의 메시지에 대한 반감이나 부정의 표시가 될 수 있으나 동의의 표시도 될 수 있다. 상대의 말에 대해 '생각을 달리 한다'는 의미로 아무 말하지 않고 침묵하였으나 상대는 "침묵은 긍정"이라며 자신의 말에 대한 '암묵적 동의'로 해석할 수 있다. 또는 '그것에 대해 신중하게 생각하고 있는 중'이라는 신호가 될 수 있으며, 또 한편으로는 상대로 하여금 '묵시적으로 말할 것을 강요하는' 일종의 압력으로도 작용할 수 있다는 점을 명심해야 한다.

이상에서 효과적인 의사소통을 위한 기술적 방법들을 언어적 의사소통과 비언어적 의사소통 채널로 구분하여 각각의 특성과 효과, 그리고 피드백의 중요성에 대해 살펴보았다. 의사소통 과정에서 다양한 채널의 의사소통 기술을 활용하며, 정확하고 적절한 피드백을 주고받음으로써 양쪽 모두가 공통적으로 이해할 수 있게 하는 효과를 거둘 수 있도록 해야 할 것이다.

인간관계 프로그램 5-2

자기표현 훈련

| 활동목표 |

원만한 대인관계를 유지하기 위해서는 다른 사람과의 의사소통 과정에서 상대방의 감정을 존중하면서도 자신의 의견과 느낌을 솔직하고 용기있게 표현하는 것이 중요하다. 이는 개인의 심리적인 안정과 긍정적인 자아개념의 형성에 영향을 줄 뿐 아니라 건강한 사회를 유지하기 위해서도 필요한 일이다.

본 훈련 프로그램을 통하여 자신이 나타내고자 하는 바를 상대에게 솔직하게 표현할 수 있는 자기표현의 방법과 기술을 익히고, 이를 실제 생활에서 적용하여 사용할 수 있도록 한다.

| 활동내용 |

다음의 프로그램은 김창은(1990)의 자기표현 훈련 프로그램의 일부를 발췌, 수정하여 제시한 것이다.

■ 1회차 : 자기 소개

1) 프로그램의 훈련을 위한 모임 설정
   - 목적 및 필요성에 대한 언급
2) 자기 소개
   - 나는 누구인가? 자신의 별명을 짓고 그 이유를 설명하기
   - 내가 생각하는 나의 성격
   - 내가 좋아하는 것과 싫어하는 것
3) 간단한 레크리에이션
   - 친밀감 형성을 위한 신체활동
4) 서약서 작성
   - 훈련에 적극적으로 참여하기
   - 훈련 프로그램 집단 내에서 알게 된 구성원의 비밀은 반드시 지킬 것임을 서약

■ 2회차 : 자기표현행동

1) 자기표현적 행동이란 무엇인가?(강의)

- 공격적 행동, 소극적 행동, 표현적 행동의 차이를 구분한다.
  - 공격적 행동 : 자신의 권리만을 생각하고 다른 사람의 권리를 무시하거나 상대방을 불쾌하게 하는 행동
  - 소극적 행동 : 자기표현행동을 하고 싶은 마음이 간절하지만 용기가 없거나, 눈치나 체면 때문에 자신의 권리를 스스로 포기하는 행동
  - 표현적 행동 : 상대방의 권리를 침해하거나 불쾌하게 하지 않는 범위 내에서 자신의 권리를 지키려는 행동으로 자신의 생각이나 의견을 솔직하게 나타내는 행동

2) 자기표현적 행동의 연습

- 상황을 제공한 후 각 반응들이 어떤 표현(공격, 소극, 표현적)으로 되었는지를 생각해 본다.

※ 아래의 문항을 잘 읽고 다음에 제시된 반응은 어떤 표현이라고 생각하십니까? 공격적 행동, 소극적 행동, 표현적 행동을 구분하여 표시해 주십시오. 이런 경우 어떻게 하는 것이 현명한 대처 방법이 될지 생각해 봅시다.

(1) 내가 힘들게 작성한 리포트를 한 친구가 보여 달라고 한다.

---- "미쳤니? 내가 애써서 어렵게 한 리포트를 보여 주게!" ________

(2) 시험시간에 옆 사람이 답지를 보여 달라고 한다. 나는 보여 주고 싶지 않다.

---- "어어.. 보여주면 안 되는데. 이번만 보여 줄테니 다음에는 보여 달라고 하지 마." ________

(3) 한 번도 쓰지 않은 새 물건을 친구가 빌려달라고 부탁한다. 그 친구에게 빌려주고 싶은 마음이 없다.

---- "빌려주고는 싶지만 우리 엄마가 남에게 빌려주지 말고 나 혼자만 쓰라고 하셨어." ________

(4) 친구들을 집으로 초대했는데 한 친구가 오지 않았다. 한참을 기다리다가 집으로 전화를 걸었다.

---- "네가 오기로 해놓고 오지 않아 섭섭하다. 무슨 일이 있었니?" ________

참고 : (1) 공격적, (2) 소극적, (3) 소극적, (4) 표현적 행동에 해당

■ 3회차 : 소극적 행동의 원인에 대한 분석

1) 소극적 행동의 이유 분석

① 행동적 원인 : 자신의 권리를 옹호하고 자기표현적으로 행동하고 싶지만 구체적으로 어떻게 행동하는 것이 자기표현적 행동인지를 몰라서 표현행동을 못하는 경우

② 정서적 원인 : 자기표현적 행동 후 상대방이 어떻게 반응할 것인지에 대해 불안해 하고 걱정함으로써 자기표현행동을 못하는 경우. 자기표현적 행동 방법이 미숙하여 자기가 하고자 하는 행동이 잘되었는지에 대해 불안해 하고 염려함으로써 표현행동을 소극적으로 하는 경우. 방법을 잘 알고 있으나 한 번 좋지 않은 결과를 경험하게 된 후부터 자기표현을 해야 할 상황에서 큰 불안을 느끼는 경우

③ 사고적 원인 : 자기표현적 행동을 할 수 있는 방법을 알고 있어서 마음만 먹으면 할 수 있지만 생각하는 방식에서 비합리적인 생각을 가지고 있어 자기표현 행동에 소극적인 경우

2) 소극적 행동에 대한 분석 연습

※ 다음의 각 상황에서 자기 자신에게 해당하는 경우를 표시해 봅시다.

1. 하기 싫은 일을 누군가 부탁해 왔을 때, 대답이 입 속에서만 중얼거리게 되어 상대방이 알아들을 수 없다. ________

2. 내 생각이나 의견을 말하고 싶어도 무엇을 어떻게 말해야 할지를 몰라서 못하게 된다. ________

3. 자기표현적 행동을 해볼 기회가 있어 연습을 해보고 싶어도 어떻게 하는 것이 더 효과적인지를 몰라서 못하게 된다. ________

4. 내가 하고 싶은 대로 하면 상대방에게 화를 내거나 공격을 하게 될 것 같고 참으려고 하니 속이 상한다. ________

5. 나는 다른 사람과 함께 행동할 경우 마음이 편하지 못하다. ________

6. 불안해지면, 내가 불안해하고 있다는 사실에 대해 점점 더 불안해진다. ________

7. 내 주장을 하고 있을 때 마음이 불편하다. ________

8. 불안을 느낄 때 그 감정을 잘 처리하지 못하는 편이다. ________

9. 다른 사람들이 나보다 더 훌륭하고 좋은 생각을 가졌다고 생각한다. ________

10. 원만한 인간관계가 중요하다고 생각하는데 내 주장을 내세우게 되면 인간관계가 나빠질 것 같아 불안하다. ________

11. 모든 사람들한테서 칭찬을 듣고 싶은데 나의 생각을 말하여 다른 사람을 화나게 할까 봐 걱정된다. ________

12. 내 주장을 언제 내세우는 것이 적절한지 잘 모르겠다. ________

13. 나를 위해서가 아니고 상대방을 위해서 나의 생각을 참고 말하지 않는 편이다. ________

참고 : 1-4번 : 행동적 원인, 5-8번 : 정서적 원인, 9-13번 : 사고적 원인에 해당

■ 4회차 : 친밀감 형성 및 상대방 칭찬하기

1) 친밀감 형성을 위한 레크리에이션
(예 : 짝짓기를 한 후 점점 좁아지는 신문지 위에 올라가기)

2) 소집단 구성원에 대한 칭찬을 주고받기 연습
－칭찬할 때와 칭찬받을 때의 주의사항에 대해 생각하고 토론한다.

■ 5회차 : 불안극복 훈련의 실시

1) 대인관계에서 불안을 유발하는 여러 상황을 설정한 후 자유연상을 한다.

2) 근육이완 훈련을 통하여 불안감을 극복하는 연습을 한다.

■ 6회차 : 피드백 주고받기

1) 대인관계에서 불안을 유발하는 상황을 설정한 후 역할연습을 한다.

2) 각 역할에 대해 토의하고 피드백을 교환한다.

■ 7회차 : 프로그램에 대한 평가

1) 자기표현 훈련 프로그램에 대한 평가 및 최종 소감을 각자 발표한다.

2) 소집단원에 대한 감정을 행동으로 표현한다.

출처 : 김창은, 1990

토론주제

1. 의사소통 과정을 방해하거나 왜곡시키는 다양한 요인들에 대해 생각해 보고 실생활에서 일어날 수 있는 상황과 연결시켜 보자.

2. 각각의 요인별로 상황을 설정한 후 이를 극복하기 위해 어떤 노력을 할 수 있는지 개선 방안을 생각해 보자.

3. 나-메시지가 사용될 필요가 있는 상황을 생각해 보고 친구와 역할을 번갈아 설정해 가며 이야기해 보자.

4. 상황을 설정해 놓고 소극적 상호작용, 공격적 상호작용 그리고 나-메시지의 사용 등 다양한 방법을 적용해 보자. 그리고 각각의 경우에서 나타날 수 있는 가상적 결과에 대해 장·단점을 비교해 보자.

CHPATER 06

우정과 사랑

인간은 늘 더불어 사는 삶을 살아간다. 인생에서 좋은 친구만큼 소중한 것도 없다. 인생에서 수많은 사람을 접하게 되는데 만나는 대부분의 사람과 모두 친밀한 관계를 맺지는 못하는 게 일반적이다. 그러나 소수의 사람들과 잦은 만남을 통해 친밀한 관계를 맺게 되고, 서로를 잘 알게 되어 친구가 된다. 이러한 친구와 나누는 정다운 애정을 우정이라고 한다.

한편, 사랑은 인간관계에서 경험할 수 있는 가장 행복하고 오묘한 감정이다. 한 개인의 삶에 있어서 사랑은 기쁨과 슬픔, 환희와 고통, 행복과 불행을 좌우하는 가장 중요한 요인 중 하나이다.

그러나 이렇게 우리 삶의 중요한 요소인 우정과 사랑에 대해 우리가 아는 것은 너무 미미하다. 따라서 본 장에서는 더불어 사는 삶 속에서 가장 큰 영향을 차지하는 우정과 사랑에 대한 정의, 기능 및 유형, 그리고 우정과 사랑 사이의 차이 등에 대하여 살펴보고자 한다.

학습 목표

1. 우정과 사랑의 정의 및 유형, 기능 등을 이해한다.
2. 우정과 사랑의 차이를 생각해 본다.

1. 우 정

1) 우정의 의미

서로를 이해하고 어려운 시기에 위로하고 격려하며 때로는 하기 어렵고 싫어하는 충고를 불사하는 진정한 의미의 친구를 갖는다는 것은 인생에서 무엇과도 비교할 수 없는 큰 자산이다. 친구란 무엇인가? 어떤 사람을 친구라고 하는가? 우정이란 무엇인가? 친구와 우정을 정의하는 일은 쉽지 않다. 친구의 사전적 정의는 '오래 두고 정답게 사귀어 온 벗'이다. 친구의 우리말인 '벗'은 '마음이 서로 통하여 친하게 사귄 사람'이나 '뜻을 같이 하는 사람'이라고 정의된다. 이러한 친구와 나누는 정다운 애정을 우정이라고 한다. 이러한 우정은 연인에게 느끼는 낭만적 사랑이나 가족에게 느끼는 가족애와는 구분된다.

친구와 우정의 의미를 좀 더 자세히 이해하기 위해서는, 우리와 같은 시대를 살아가는 사람들이 친구라는 용어를 적용하는 인간관계를 분석해 볼 필요가 있다. Davis와 Todd (1985)는 250여 명의 대학생과 일반인을 대상으로 우정과 사랑의 가장 대표적 특징을 조사하였다. 그 결과, 우정의 특징으로는 '함께 있으면 즐겁다', '있는 그대로 받아들인다', '서로 깊게 신뢰한다', '서로 존중한다', '서로 도와주고 믿을 수 있다', '서로 비밀이 없다', '서로 이해할 수 있다', '있는 그대로 내보일 수 있다' 등이 나타났다. 이러한 연구결과에 의하면, 친구는 수용, 신뢰, 존중의 바탕 위에서 인생의 즐거움을 공유하고 도움을 교환하는 동반자라고 정의할 수 있다.

그렇다면 친구는 다른 유형의 동반자와 어떤 차이가 있는가? 우정과 사랑은 어떻게 다른가? 즉, 친구에 대한 우정과 이성에 대한 낭만적 사랑은 어떤 차이가 있는가? 이성친구와의 우정은 가능한가? 친구의 고유한 특성을 살펴보기 위해서 이러한 물음이 제기될 수 있다. 우정과 사랑은 관련된 사람의 특성보다는 관계의 질에 의해서 구분된다는 것이 일반적인 견해이다. 두 사람이 같은 성이냐 다른 성이냐의 문제보다는 두 사람의 관계가 어떤 특징을 지니느냐에 의해 우정과 사랑은 구분된다는 것이다. 즉 상대방에 대해서 어떤 체험을 하며 어떤 태도를 지니고 있느냐가 중요하다는 것이다.

우정과 사랑의 차이에 대해서 연구한 Davis와 Todd에 의하면, 우정과 사랑은 매우 유사하며 많은 공통점을 지닌다. 동시에 발견되는 특징으로는 친한 우정관계에서는 함께 있으면 즐겁고 편안했으며, 서로를 있는 그대로 받아들이고, 서로를 신뢰하고 존중하고 있었다. 또한 상호 간의 비밀 없이 감정이나 경험을 솔직하게 털어놓았으며, 상대편이 왜 그런 행동을 했는지? 왜 그런 감정을 느끼는지를 이해하고 있었다. 이들은 자신을 감추지 않고 자유스럽게 드러냈으며, 어려울 때 함께 도와주고 있었다. 이러한 특징들은 애정관계에 있는 사람들에게서도 유사하게 나타났다.

그러나 애정은 두 가지 측면에서 우정과는 다른 특징을 보였다. 그 하나는 열정적인 측면이다. 즉, 애정관계에서는 무슨 일을 하든 항상 그 사람과 함께 있고 싶고 그 사람 생각으로 사로잡혀 있었다. 그리고 두 사람의 관계는 이전에 경험해 보지 못한 특별한 관계였으며 다른 어떤 사람과의 관계보다 우선권이 주어졌다. 또한 서로를 이상화해서 매력을 느끼고 있었으며, 성적인 접촉을 갈망했다. 다른 하나는 보호적인 측면이다. 즉, 애정관계에서는 상대방을 위하는 일이라면 무엇이든지 하려고 하며 상대방이 어려움에 처해 있을 때에는 보호하려 하고 자기 희생도 무릅썼다. 또한 아끼는 마음에서 상대편의 이익을 위해서 적극적으로 지지하고 옹호하는 한편이 되었으며, 애인들 간에는 친구들보다 더 함께 있기를 원했다. 그러나 애정관계보다 우정관계가 더욱 변화 가능성이 적었다. 즉, 이들의 연구에 의하면, 우정과 사랑은 수용, 신뢰, 존중의 측면에서는 거의 차이가 없었으며 숨기지 않음, 이해, 자발성, 상호 협력의 측면에서도 다소 차이가 있지만 거의 유사했다. 그러나 낭만적 사랑을 경험하는 부부나 애인은 친구에 비해서 상대방을 훨씬 더 매혹적이라고 느낄 뿐만 아니라 '이 세상에 오직 하나뿐인 존재'라고 느끼는 정도가 더 강했다.

사랑과 우정에 대해서 규범적인 정의는 없다. 이에 대한 정의는 개인마다 매우 다를 수 있어서 단정적으로 "이것이 우정이다", "이것이 사랑이다"라고 말하기 매우 어렵다. 그러나 여러 학자들이 연구하고 주장해 온 의미들을 되새겨 봄으로써 진정한 우정과 사랑이란 어떤 것인가를 생각해볼 필요가 있다.

2) 친구의 기능

좋은 친구는 삶의 소중한 요소로 여겨지고 있다. 과연 친구는 왜 소중한가? 우리의 삶에 있어서 친구는 어떤 기능과 역할을 하는가? 과연 좋은 친구란 어떤 친구인가?

권석만(1998)에 따르면, 친구는 다음과 같은 기능과 역할을 한다.

① 주요한 정서적 공감자이자 지지자

친구는 만나서 편안하고 서로 힘을 줄 수 있어야 한다. 서로를 이해하고 공감하며 인정하는 정서적 지지는 친구관계를 유지하고 심화시키는 주요한 요인이 된다. 힘들 때 힘이 되어 주는 친구가 좋은 친구라는 말이 있다. 자신의 고통, 갈등, 고민 등을 공개할 수 있고 친구로부터 이해받고 위로받을 때 우리는 위안과 힘을 얻게 된다. 따라서 서로에 대한 공개수준이 넓고 깊어지게 된다. 서로의 사생활을 잘 알고 이해하는 친구 간에는 우정이 깊어지게 된다. 관중과 포숙의 우정을 높이 평가하는 것은 이들이 서로에 대한 신의로운 지지자였기 때문이다. 미국의 작가인 Mark Twain은 "친구의 본래 임무는 당신이 잘못했을 때 당신을 편들어 주는 사람이다. 당신이 옳은 일을 했을 때는 누구나 당신을 편들어 줄 것이다"라고 친구의 역할을 재치있게 표현한 바 있다. 내가 약해지고 비난받을 때 나를 이해하고 지지해 주며 위로해 줄 사람이 있다는 것은 인생의 큰 힘이 된다.

② 자기자신과 자신의 삶을 평가하는 주요한 비교준거

우리는 타인과의 비교를 통해 자신을 평가한다. 자신과 여러 가지 조건에서 차이가 있는 사람보다는 비슷한 사람과의 비교자료가 자신을 평가하는 신뢰로운 자료가 될 수 있다. 따라서 어떤 인간관계 대상보다도 친구는 자신을 평가하는 데 필요한 풍부한 정보와 자료를 제공하는 유익한 대상이기도 하다.

③ 즐거운 체험을 공유하는 사람(친구는 만나서 즐거워야 한다)

서로 만나 재미있게 놀 수 있어야 한다. 공통의 화제, 관심사, 취미가 같은 사람들끼리 서로 나누는 재미와 즐거움은 친구관계를 유지하는 주요한 원천이 된다. 여기서 즐거움이란 반드시 향락적 쾌락만을 의미하는 것은 아니다. 가치관, 인생관, 종교관 등이 같은 사람들은 대화를 통해서 서로의 생각에 대한 공감과 지지를 받기 때문에 자신의 사고방식과 신념에 대한 확인을 받게 되면서 만남이 즐거울 수 있다.

지금까지의 여러 분야에서 수행되어 온 연구들은 우정이 우리 행복에 큰 영향을 준다는 것을 시사하고 있다. 구체적으로 돈독한 우정이 우리의 주관적 안녕을 왜 높여주는가? 이 의문에 대한 대답은 Argyle과 Furnham(1982)의 연구에서 살펴볼 수 있는데 그들은 세 가지 중요한 인간관계, 즉 친구, 배우자, 그리고 작업동료와의 관계에서 우리가 일반적으로 가장 많이 하는 활동이 무엇인지를 조사하였다. 그 결과 누구보다도 친구와 함께 즐거운 활동을 가장 많이 하는 것으로 나타났다. 즉, 그들은 같이 춤추고, 마시고, 먹고, 잡담하고 게임을 한다. 그 결과 친구가 우리의 행복을 높여 주는 이유로 즐거움을 주는 활동을 같이 할 수 있는 파트너이기 때문임을 시사한다. 배우자와 같이 하는 활동의 평균 비율은 친구보다도 높고 또 활동의 가짓수도 많지만, 배우자와 함께 하는 활동은 친구와 같이 하는 활동에 비해서 일상적인 것, 즉 즐거움이 그리 많지 않은 것이 대부분이다. 그런 점에서 배우자보다 친구와의 활동에서 더 많은 기쁨을 얻는다고 가정할 수 있다.

④ 안정된 소속감의 제공

친구는 많은 경우 집단을 이루게 된다. 인간은 누구나 소속감을 느끼고자 하는 욕구를 지닌다. 친구 집단에 소속됨으로써 그 집단을 자신의 준거집단으로 삼게 되고, 앞에서 언급한 여러 가지 긍정적 경험과 도움을 안정되게 공급받을 수 있다. 이러한 친구집단의 소속감은 자기 가치감과 안정감을 느끼는 주요한 원천이 될 수 있다.

⑤ 삶에 현실적인 도움의 제공

현실적인 곤경이나 도움이 필요한 상황에서 그러한 도움을 요청할 수 있는 주된 대상이 친구이다. 현실적으로 도움이 되는 친구관계는 잘 유지될 수 있다. 현실적인 도움은 재정적 또는 물질적 도움뿐만 아니라 지식과 정보의 제공 및 교환들을 포함한다. 인간관계는 주고받는 관계이며, 친구관계도 마찬가지다. 현실적인 도움이 일방적으로 주어지는 친구관계는 유지되기 어렵다. 현실적인 도움의 내용과 형태는 다르더라도 서로 균형있게 도움을 주고받을 때 친구관계는 더욱 공고해질 수 있다.

이러한 기능과 역할이 원활히 수행되면 친구관계는 잘 유지되고 심화된다. 그러나 그렇지 못할 때 친구관계는 약화되거나 해체된다. 이러한 기능을 제공할 수 있는 새로운 사람과 친구관계를 모색하게 된다. 따라서 친구관계를 유지하고 심화시키기 위해서는 이러한 기능과 역할을 고려하여 노력하는 것이 중요하다.

〈표 6-1〉 나의 우정지수

점수로 보는 나의 우정	늘 그렇다	가끔 그렇다	거의 그렇지 않다
1. 공통의 취미 또는 생각을 가지고 무엇인가를 하면서 지낸다.			
2. 좋은 것, 맛있는 것이 있으면 꼭 서로 나누어 쓰거나 먹는다.			
3. 서로의 생각, 느낌이나 의견을 솔직히 이야기한다.			
4. 지금의 우정이 계속 유지될 것을 굳게 믿는다.			
5. 잘못한 일이 있으면 솔직히 말하고 용서를 구한다.			
6. 어떤 경우에도 친구를 무시하지 않는다.			
7. 친구의 이야기를 잘 들어준다.			
8. 친구의 이야기를 듣고 그에 대한 답변, 충고를 성심껏 해 준다.			
9. 친구의 좋은 점, 본받을 점을 이야기해 준다.			
10. 친구와의 비밀 또는 약속을 잘 지킨다.			

(늘 그렇다 : 5점, 가끔 그렇다 : 3점, 거의 그렇지 않다 : 1점)

[채점 및 평가]

- 45점 이상 : 우정을 지키려는 태도가 매우 좋고 대화와 타협으로 친구와의 갈등을 해결하려는 타입
- 35~44점 : 마음으로 우정을 지키고 싶지만 행동이 따라주지 않는다. 가끔 싸우기도 하지만 곧 친구의 마음을 풀어주려고 노력하는 타입
- 34점 이하 : 친구와의 우정을 지키기보다는 자신의 이익을 생각하고, 친구를 이해하려 하지 않고 자신의 의견과 생각만을 주장하는 타입

출처 : 안선모(2005). 변함없는 친구 사귀기 비법. 서울 : 토마토 친구.

〈표 6-2〉 좋은 친구로서의 '나' 점검해 보기

자기노출 지표					
나는 친한 친구에게	전혀 그렇지 않다	그렇지 않은 편이다	보통 이다	그런 편이다	매우 그렇다
1. 나는 나만의 특이한 습관을 말한다.	1	2	3	4	5
2. 내가 한 일들 중에서 죄책감을 느끼는 일들을 말한다.	1	2	3	4	5
3. 여러 사람 앞에서 하고 싶지 않은 일들을 말한다.	1	2	3	4	5
4. 나의 가장 깊은 감정들을 표현한다.	1	2	3	4	5
5. 내 자신에 대해 내가 좋아하는 것과 싫어하는 것을 말한다.	1	2	3	4	5
6. 인생에서 나한테 가장 중요한 것을 말한다.	1	2	3	4	5
7. 나 자신에 대해서 말한다.	1	2	3	4	5
8. 나의 가장 큰 걱정거리를 말한다.	1	2	3	4	5
9. 내가 한 일들 중에서 자랑스러운 일들을 말한다.	1	2	3	4	5
10. 다른 사람들과의 가까운 관계에 대해서 말한다.	1	2	3	4	5

[채점 및 평가]

- 31점 이상 : 가장 친한 친구와 나는 비밀이 없는 사이. 서로 어려운 점을 나눌 수 있는 좋은 친구
- 11~30점 : 조금만 솔직해진다면 좋은 친구
- 10점 이하 : 나를 다른 사람에게 개방하자. 내가 나를 꺼내어 놓지 않으면 나를 이해하고 나에게 다가오는 사람은 없다.

출처 : Miller, L. C., Berg, J. H., & Archer, R. L.(1933). Openers : individual who elicit intimate self-disclosure, *Journal of personality and social psychology*, 44(6), 1234-1244.

3) 친구관계의 유형

우리는 여러 사람과 다양한 친구관계를 맺는다. 친구관계는 그 관계의 강도, 내용, 형성 요인 등에 따라 다양하게 분류될 수 있다. 친구관계는 우정의 강도에 따라 분류될 수 있다. 우정의 강도와 친밀도에 따라 우리는 친구를 다양한 용어로 표현하고 기술한다. 지기(知己), 친구, 절친한 친구, 단짝친구, 죽마고우, 생명도 나눌 수 있는 친구 등의 표현이 있다.

(1) 우정의 강도에 따른 친구관계

우정의 강도를 평가하는 것은 어렵다. 그러나 우정의 강도는 몇 가지 기준에 비추어 평가될 수 있다.

첫째, 우정은 친구관계에서 경험하는 정서적 만족도에 비례한다. 정서적 만족도는 친구관계에서 경험하는 긍정적 감정과 부정적 감정의 비율 및 강도에 의해서 평가될 수 있다. 유쾌하고 즐거우며 편안한 친구는 부담스럽고 불편한 친구보다 우정의 강도가 높다고 할 수 있다. 아울러 미래에 정서적 만족도가 높아질 것이라고 예상되는 친구관계는 그렇지 못한 관계보다 강한 우정을 느끼게 된다.

둘째, 우성은 현재 친구관계에 투여하는 심리적 또는 물리적 투자의 양에 비례한다. 만남을 위해 많은 시간을 투여하고 심리적인 관심과 애정을 보여주며 때로는 물질적으로도 친구에게 투자하게 된다. 이러한 투자량은 친구관계의 강도를 반영하는 것이다.

셋째, 우정은 미래에 친구를 위해 투자할 수 있는 초대의 양에 비례한다. 만약 친구가 곤경에 처해서 도움을 요청했을 때 어떤 도움을 얼마나 투여할 의지가 있는가? 담보 없이 돈을 빌려달라고 했을 때 과연 얼마나 흔쾌히 빌려줄 수 있는가? 또한 보상이나 대가를 기대함이 없이 얼마나 도움을 줄 수 있는가? 즉, 우정은 친구에 대한 신뢰의 정도를 반영하며 친구를 위한 자기희생의 정도에 의해 평가될 수 있다.

마지막으로, 우정의 강도는 친구관계의 지속기간이나 만남의 빈도와도 관계가 있다. 오랜 기간 우정을 유지하고 빈번하게 많은 만남을 가져온 친구관계는 견고해진다. 이렇게 오랜 기간 동안 친구관계를 유지해 왔다는 것은 그동안 많은 우여곡절 속에서 친구관계를 지탱하고 심화시키는 요인들이 충분히 시험되고 검증되었다는 것을 의미한다.

(2) 형성요인에 따른 친구관계

친구관계는 그 형성요인에 따라 1차적 친구와 2차적 친구로 나눌 수 있다. 1차적 교우 집단은 학연, 지연, 때로는 혈연에 근거하여 형성된 친구이다. 달리 말하면, 1차적 교우는 상당기간 반복적인 만남이 상황적으로 주어진 상태에서 맺어진 친구를 말한다. 흔히 오래도록 지속되는 친구관계는 어린시절 같은 지역에서 자랐거나 같은 학교를 다닌 사람, 특히 동기들 사이에서 유지된다. 때로는 가까운 친척 중에 같은 또래끼리 친척인 동시에 친구가 되는 수도 있다. 1차적 친구는 어린시절부터 지속되는 경향이 많다. 반면, 2차적 친구는 관심사, 취미, 가치관 등의 공유로 인해 형성된 친구이다. 2차적 친구는 상황적 요인보다는 개인적 특성에 근거한 친구이다. 이러한 2차적 친구는 어린시절보다 청소년기 이후에 생기는 경향이 있다.

Aristoteles는 친구관계를 형성하고 유지시키는 요인에 따라 쾌락적 친구, 효용적 친구, 인격적 친구로 나누고 있다.

첫째, 쾌락적 친구는 즐거움과 쾌락을 위해 맺어진 친구이다. 이러한 친구관계에서는 즐거움과 쾌락이 친구관계를 유지하는 주요한 요인이 된다. 쾌락적 친구관계에서는 유흥, 취미, 여가와 관련된 활동이 많이 일어나게 된다.

둘째, 효용적 친구는 실리적 필요와 현실적인 도움의 기대에 의해 맺어진 친구이다. 이런 친구는 물질적 · 직업적 · 사회적인 면에서 현실적인 도움을 서로 주고받는 교류가 활발하게 일어난다.

셋째, 인격적 친구는 상대방의 덕성에 의해 맺어진 친구이다. 덕성은 개인이 지니는 여러 가지 긍정적인 성격적 특징, 즉 수용성, 신뢰성, 지혜로움, 성숙성 등을 의미한다. 이러한 인간관계에서는 상대방의 인격적 가치에 대한 존중과 호감이 중요한 역할을 한다. 아울러 개방적이고 깊이 있는 대화, 정서적 지지, 그리고 공감이 주요한 교류 영역이 된다.

(3) 기능에 따른 친구관계

친구관계를 그 기능에 따라 연합적 친구관계, 수혜적 친구관계, 상호적 친구관계로 구분한다.

첫째, 연합적 친구관계는 공간적 근접성, 유사성, 업무의 공유 등에 의해서 맺어지는 친구관계로서, 서로 간의 정서적 유대나 깊은 관여가 부족하다. 따라서 이사를 하거나 전직을 하게 되는 경우와 같이 환경이 변화하게 되면 친구관계는 종결된다. 이러한 친구관계는 단기적이며 피상적인 수준에서 가볍게 만나는 교제로서 현대사회에서는 이러한 친구유형이 많다고 한다.

둘째, 수혜적 친구관계는 한 사람이 상대방에게 주로 베푸는 역할을 하는 친구관계이다. 이러한 친구관계는 흔히 두 사람 사이에 사회적 지위나 역할에 있어서 차이가 있는 경우가 많다. 예를 들어, 선생과 제자, 고용주와 피고용인, 후견인과 피후견인, 지도자와 추종자의 관계가 이에 속한다.

셋째, 상호적 친구관계는 동등한 위치에서 서로에 대한 상호적 이해와 신뢰에 근거한 친구관계이다. 이러한 친구관계는 상대방에 대한 깊은 정서적 유대와 헌신적 관여로 인해 오랜 기간 동안 지속된다. 동양에서는 춘추시대 제나라 사람인 관중과 포숙아의 평생에 걸친 깊은 우정을 '관포지교'라 하여 이상적이고 모범적인 친구관계로 기리고 있다. 이러한 관포지교가 상호적 친구관계의 전형이라고 할 수 있다.

(4) 제3의 인간관계

SNS를 통한 소통의 양적 확대 현상에서 주목할 부분은 '스몰 토크'의 증가로 보는 견해다. '스몰 토크'는 일상의 의례적인 커뮤니케이션에 해당하지만, 덕(Duck, 1994)은 이에 대해 인간관계의 본질이 대화의 내용보다는 상호작용의 연속선상에 있다고 주장하면서 관계 유지에서 스몰 토크의 역할을 강조했다.

'관계'란 연속적인 대화 위에서 이 관계가 어떤 것이라는 '수사학적 비전(rhetorical vision)'을 공유해 나가는 커뮤니케이션이라는 것이다. 이러한 관점에서 '잘 있었니?', '밥은 먹고 다니냐?'처럼 별 알맹이가 없고 의미 없이 던지는 일상 대화가 사실은 관계 유지를 위해 가장 중요하다(임영호 · 김은미, 2011). 이것은 스몰 토크에 해당하지만, 메시지를 교환하는 커뮤니케이션 사이에 존재하는 어떤 관계를 당사자들에게 지속적으로 환기해 주면서 관계에 대한 비전을 강화하는 역할을 한다는 것이다.

그렇다면 SNS를 통해 끊임없는 소통을 하면서도 어떤 관계인지를 명확히 구분해 내기란 어려울 것이다. 가령, SNS형 관계는 '약한 유대'와 '강한 유대' 관계(Granovetter, 1973)의 속성을 조금씩 혼합하여 지닌다고 볼 수 있는데, 임영호 · 김은미(2011)는 그렇더라도 SNS상에서 대하는 관계는 친구라고 부르기도 어렵고 단순히 피상적인 관계로 볼 수도 없는 제3의 새로운 유형으로 보았다.

이처럼 SNS에서 관계는 언어적 메시지의 교환에 의해서만 맺어지고 유지되는 것이라는 점에서 이전에 보지 못했던 새롭고 독특한 현상이다. 빠른 쌍방향성과 상호작용성을 기반으로 한 SNS에서 흔히 접하게 되는 관계나 소통 방식이 과거와는 전혀 다르기 때문에 제3의 새로운 유형의 관계로 보는 것이다.

① SNS의 등장

SNS란 소셜 네트워크 서비스(Social Network Services) 또는 소셜 네트워크 사이트(Social Network Sites)의 줄임말로 서비스 사용자들 간에 서로 관계를 맺거나 사이트 내에서 공통된 목적을 가진 사람과 만남을 갖는 등 새로운 인맥을 만들어가는 것을 목적으로 개설된 커뮤니티형 인터넷 서비스라고 말할 수 있다. 또한 SNS는 오프라인상의 사회적 관계 개념을 온라인 공간으로 가져와 개인의 일상과 관심사를 공유 · 소통시켜 인맥 구축 및 네트워크 형성을 지원하는 서비스로 볼 수 있다. SNS는 개인 홈페이지 형태의 블로그와 유사하지만 개인의 일방적인 정보 공개보다는 다른 사람과 관계를 형성 · 확장하는데 초점을 맞추고 있다.

② SNS의 정의

SNS는 말 그대로 사회적 관계 개념을 인터넷 공간으로 가져온 것을 의미한다. 즉, 현재 오프라인상에서 발생할 수 있는 모든 사람 사이의 관계를 네트워크를 지원함으로써 서 온라인을 통해서도 관계 형성이 가능하게 만들고 있고 개인을 표현하는 데 보다 쉽고 빠르게 해주며, 특히 언제, 어디서나 접속하는 것을 통해 많은 사람들을 만날 수 있는 교류와 소통의 공간이라는 의미이다(장삭 · 이종호, 2011).

SNS는 사회적 관계의 개념을 인터넷상으로 가져온 것으로 개인 대 개인 간 관계 맺기를 통해서 네트워크 형성을 지원하는 온라인 인맥 구축 서비스다.

SNS는 초기에는 유선 인터넷 인프라의 기반에 의해 탄생했으나 인터넷 환경이 모바일 커뮤니케이션 영역까지 확장되면서 단순한 온라인 서비스가 아닌 일상생활 어디에서나 활용 가능한 의사소통 수단이 되고 있다.

■ 다양한 SNS의 차이

싸이월드: 내가 이렇게 감수성이 풍부하다.

페이스북: 내가 이렇게 잘 살고 있다.

블로그: 내가 이렇게 전문적이다.

인스타그램: 내가 이렇게 잘 먹고 있다.

카카오스토리: 내 아이가 이렇게 잘 크고 있다.

트위터: 내가 이런 생각을 가지고 있다.

③ SNS의 특징

SNS의 특징은 그 기능만큼이나 다양하다. SNS는 즉시성, 공유성, 실시간성, 상호작용성, 집단지성의 특징을 가지고 있다(김성태 · 이영환, 2006). 각각의 특징을 구체적으로 살펴보면, '즉시성'은 스마트폰 보급의 증가에 따라 SNS 이용자들이 언제 어디서든 손쉽게 SNS를 이용할 수 있으며, 스마트폰의 어플리케이션도 쉽고 편리하게 SNS를 이용할 수 있도록 개발되었다는 것을 말한다.

'공유, 실시간성'은 기존의 미디어 시스템과는 다르게 서비스를 제공할 수 있는 툴이 다양하기 때문에 자신이 만들어 낸 콘텐츠 또는 정보를 자신이 속한 소셜 그룹에서 공유가 가능하고, 이러한 정보들은 링크를 통해 쉽고 간편하게 다른 사람에 의해 실시간으로 공유가 가능한 것을 말한다. '상호작용, 집단지성'은 SNS의 특성상 양방향성을 활용해 정보나 의견을 교환하고 이를 통해 콘텐츠의 제작, 수정 등 일반적인 활동이 누구나 가능하게 되고, 이런 활동을 통해 얻게 되는 정보가 커뮤니티를 통해 개방적이고 지속적으로 축적되고 발전됨으로써 거대한 지성이 만들어진다는 특징을 담고 있다.

이러한 특징과 특성들이 있어 오늘날 제3의 인간관계가 보편화되었으나 페이스북 친구 등 SNS 친구가 현실의 친구를 대체할 수 없다는 던바(2011)의 주장이 있다. 이는 사회적 동물인 인간에게 관계의 양적 크기보다는 질적 깊이가 중요하다는 내용을 담고 있다. 사람이 매우 곤란한 지경에서 도움을 청할 수 있는 진짜 친한 관계는 3~5명이라고 말하고 있으며 이 관계는 모든 관계의 핵심이고 그 다음은 15명 그리고 그 다음은 30명 정도의 규모로 이어진다고 한다. 제일 친밀한 가족과 친한 친구 등 우리가 기꺼이 마음을 열고 무엇이건 소통하는 사람 외에 별로 친하지 않은 친구들은 기본적으로 제한될 수밖에 없다는 것이다.

■ **“SNS 유령친구 구해요” 왕따 두려워 가짜인맥 맺는 아이들**

여고생 딸을 둔 권모 씨(44·여)는 최근 딸의 스마트폰을 압수해 버렸다. 딸의 ‘카카오스토리’(카카오톡을 통해 이용하는 소셜네트워크서비스·SNS)에서 심상치 않은 내용이 발견됐기 때문이다. 서울의 학교에 다니는 딸의 카카오스토리에는 지방의 남학생 여럿이 친구로 등록돼 있었다. 권 씨가 “어떻게 알게 된 사이냐”고 추궁하자 딸은 “그냥 유령친구일 뿐”이라고 답했다. 카카오스토리 친구 수를 늘리기 위해 인터넷에서 카카오스토리 ID만 공유한 사이라는 말이었다. 권 씨는 “모르는 사람하고 SNS 친구를 맺다가 큰일 나면 어쩌냐”며 스마트폰을 빼앗아 버렸다.〈동아일보 2013.03.21〉

■ **‘좋아요’에 갇힌 인간관계, 이젠 싫어요.**

현대인들은 ‘좋아요’ 세상에 산다. 페이스북 ‘좋아요’ 버튼은 10억 명을 하나의 세상에 묶어 놓았다. 분명한 건 이미 페이스북은 우리가 한 번도 상상해보지 못한 방식으로 모두에게 영향을 미치고 있다는 사실이다. 누군가는 집적거리기, 질투, 관심 끌기 등 연애 스트레스를 받았다. 누군가는 공격적 포스팅에 시달렸고, 누군가는 우정을 잃었다. ‘친구 맺기’라는 말은 페이스북 같은 소셜네트워크서비스(SNS)로 인해 생겨난 말이다. 온라인상에서도 우정은 쌓을 수 있다. 하지만 개인적인 우정으로 발전하기는 힘들다. 친밀한 관계란 매우 복잡하고 노력이 필요한 것이기 때문이다.〈매일경제 2015.10.02〉

(5) 친구관계 형성 요인

친구관계의 형성에는 앞에서 언급한 친교대상자의 선택요인들, 즉 근접성, 유사성, 친근성, 보상성 및 개인적 특성들이 개입된다. 1차적인 친구집단은 혈연, 지연, 학연 등을 통해 형성된다. 같은 또래의 친척들, 동향회의 친구들, 각종 동문회의 친구들은 주요한 친구집단이 된다. 특히 폭넓은 인간관계가 이루어지기 전인 청소년기까지는 이러한 1차적 친구집단이 주류를 이루게 된다. 이들은 또한 근접성, 친근성, 유사성 등의 친교 요인을 많이 지니고 있어서 평생 주요한 친구로 남는 경우가 많다. 그러나 대학입학을 전후하여 활동의 폭과 자유가 증가하면서 인간관계는 넓고 다양해진다. 과거의 1차적 친구집단에서 벗어나 가치관과 인생관, 사상과 이념, 종교, 취미 등의 공유를 바탕으로 한 2차적 친구집단이 발전하게 된다. 직장으로 사회적 진출을 하게 되면 직장의 동료들은 많은 시간을 함께 작업하고 친밀감을 나누는 주요한 친구집단이 된다.

이렇게 인생의 시기마다 다양한 친구들을 만나게 되지만, 어떤 친구는 피상적인 관계에 머무르는 반면 어떤 친구는 매우 깊고 친밀한 관계로 발전한다. 친구관계는 서로 상호작용하면서 그 상호작용의 성격에 따라 관계가 유지되고 심화되기도 하며 때로는 소원해지고 해체되기도 한다. 친구들 간의 상호작용에는 여러 가지의 활동이 이루어지고 그 속에서 다양한 심화시키는 일은 더우 어렵다. 만족스런 친구관계를 이루기 위해서는 이를 유지시키고 심화시키는 요인에 대한 이해가 필요하다.

1979년 'Psychology Today'라는 대중심리학 잡지사에서 4만여 명의 미국인을 대상으로 하여 친구와 함께 하는 활동을 조사한 바 있다. 그 결과 친구 사이에서는 친밀한 대화, 서로 도움, 함께 식사를 함, 영화나 스포츠를 함께 관람함, 함께 쇼핑함, 스포츠를 함께 함 등의 순서로 나타났다. 친밀한 대화는 친구관계를 유지하는 가장 중요한 활동으로 나타났다. 솔직하고 개방적인 대화를 통해 서로를 이해하고 공감하며 인정하는 정서적 지지는 친구관계를 유지하고 심화시키는 가장 주요한 요인이 된다.

Aristoteles는 친구관계를 형성하고 유지시키는 주요한 요인을 쾌락, 효용성, 덕성으로 보고 그에 따라 친구를 쾌락적 친구, 효용적 친구, 인격적 친구로 나눈 바 있다. 대체로 친구관계는 이러한 세 가지 우정의 요소들을 모두 포함하고 있다. 그러나 남자들은 친구관계에서 쾌락을 중요시하는 반면, 여자들은 신뢰와 같은 덕성을 보다 중요시한다고 한다. 또 어린시절에는 쾌락이 친구관계를 유지하는 중요한 요소인데 비하여, 나이가 들면서 효용성이 친구관계에 중요한 역할을 하게 된다. 그러나 쾌락과 효용성보다는 덕성에 기초한 친구관계가 오랜 기간 지속되는 경향이 있다.

친구관계를 유지하는 주요한 요인은 크게 흥미의 공유, 정서적 지지, 현실적 도움으로 나눌 수 있다.

첫째, 친구는 만나서 즐거워야 한다. 만나서 즐거운 친구는 자꾸 만나게 된다. Argyle과 Furnham의 연구에 의하면 친한 친구 사이에는 여가 및 취미활동, 식사, 음주를 함께 하면서 많은 상호작용이 일어났다. 이러한 연구결과는 친구끼리 즐거움을 느끼는 활동을 함께 한다는 것을 시사한다. 특히 동성의 친구 사이에서는 흥미의 공유가 만족을 느끼게 하는 주요한 원천이 된다. 친구 사이에서는 서로 만나 마음 편하고 재미있게 놀고 즐길 수 있어야 한다. 취미나 관심사가 같은 사람들끼리 서로 나누는 재미와 즐거움은 친구관계를 유지하는 주요한 원천이 된다.

둘째, 친구는 만나서 편안하고 서로 힘을 줄 수 있어야 한다. 힘들 때 힘이 되어 주는 친구가 좋은 친구이다. 자신의 고통, 갈등, 고민 등을 공개할 수 있고, 친구로부터 이해받고 위로받을 때 우리는 위안과 힘을 얻게 된다. 이렇게 친구관계가 심화되기 위해서는 자기공개가 매우 중요하다. 서로의 사적인 생활에 대한 자기공개가 이루어짐으로써 상호 이해와 상호 신뢰가 증진된다. 따라서 이런 친구 사이에서는 서로의 고민과 갈등을 털어놓을 수 있게 되고 서로 정서적인 지지를 통해 힘이 되어 줄 수 있다. 결과적으로 서로의 사생활을 잘 알고 이해하는 친구 간에는 우정이 깊어지게 된다. Aries와 Johnson은 중년을 대상으로 하여 친구와 대화할 때의 주제를 조사하였다. 그 결과, 주된 주제는 일상적 활동, 사회적 사건, 가족의 활동, 가족의 문제, 과거의 추억과 같은 개인적인 주제의 대화가 중요한 비중을 차지했다. 특히 여자는 남자에 비해서 개인적이며 인간관계와 관련된 주제에 대해 이야기하는 경향이 강하며 더 자세하고 깊이 있는 이야기를 하는 것으로 나타났다. 친구관계에서 정서적 지지는 부부나 연인관계에서보다는 덜 중요하지만 다른 가족이나 직장동료 사이보다는 더 중요한 역할을 한다고 한다.

셋째, 현실적인 도움을 주고받는 친구관계는 심화되는 경향이 있다. 현실적인 도움은 재정적 또는 물질적 도움뿐만 아니라 정보의 교환을 포함한다. 그러나 현실적인 도움이 일방적으로 주어지는 친구관계는 유지되기 어렵다. 현실적인 도움의 내용과 형태는 다르더라도 서로 균형있게 도움을 주고받을 때 친구관계는 더욱 공고해질 수 있다.

이처럼 친구는 다양한 활동을 함께 나누면서 우정이 깊어진다. 즐거운 체험의 공유, 정서적 지지와 자기공개, 그리고 현실적인 도움의 교환은 친구관계를 유지하고 심화시키는 주요한 요인이다. 현재 우리가 맺고 있는 친구관계를 이러한 점에서 다시 한 번 살펴볼 필요가 있다.

2. 사 랑

1) 사랑의 의미

사람은 누구나 사람을 사랑하고 사랑을 받고, 그리고 그 사랑이 영원히 변치 않기를 바라고 있다. 사랑하고 사랑받고 있다는 사실로서 인생의 보람을 느끼고 행복을 느끼기 때문에 누구나 사랑을 원한다. Rousseau가 말한 바와 같이 산다는 것은 곧 사랑한다는 것이고 사랑하지 않는다는 것은 살지 않는다는 것과 같다. 인생에는 사랑이 있기 때문에 기쁨이 있고, 향기가 있고, 보람이 있고, 행복이 있다. 인생에서 사랑을 제거한다면 삶의 의미가 없어지고 삭막해질 것이며, 정신적인 건강은 황폐해질 것이다. 이러한 사실은 사랑의 진실을 호소한 시나 노래가 시대나 국적을 초월하여 언제나 감동적인 것으로 나타나고 있음을 통해 알 수 있다.

부모와 자녀, 형제 그리고 부부가 따뜻한 사랑으로 맺어진 가정은 언제나 마음의 안식처이고 사랑으로 손잡고 나아가는 곳에는 가시밭길도 꽃밭으로 된다고 한다. 그러나 사람들은 사랑의 아름다움과 기쁨을 끊임없이 추구하면서도 진정한 사랑의 모습은 현실에서 얻기가 어렵고 사랑하고 사랑받는 마음의 과정이 얼마나 미묘한 관계인지를 알고 있다. 여자의 마음은 갈대와 같다거나 남자들은 다 그렇다거나 하면서 사람의 마음이 쉽게 변하는 것을 한탄하기도 하고, 사랑은 맹목적이라거나 사랑이 미움이 된다고 하는 것은 사랑이란 그렇게 달콤한 것만이 아니라는 설명이다. 한편, 사랑이란 비록 짝사랑이나 실연으로 끝나더라도 사랑을 하지 않은 것보다 훨씬 값지며, 사랑을 잃었지만 많은 것을 얻는다고 한다. 결혼할 때는 변함없는 사랑을 맹세한 행복한 남녀가 살면서 폭행을 하고, 이혼을 하고, 심지어 살해하기도 한다. 이와 같이 사랑의 아름다움과 그 현실적인 문제의 이중성은 사랑에 대한 본질적 이해와 가치를 잘못 알고 실천하는 데 있는 것이다. 사랑은 얻는 것이 아니라 가꾸어가는 것이다.

2) 사랑의 요소

Sternberg(1986)는 사랑의 심리에서 사랑의 구성요소를 친밀감, 열정, 헌신으로 설명하고 있다. 친밀감은 사랑하는 사람과 가깝고, 연결되어 있고, 결합되었다는 느낌이다. 또한 두 사람 사이에서의 따뜻한 느낌이다. 친밀감을 가지게 되면 그 사람과 함께 하고, 그 사람의 복지를 증진시키려 하고, 존경심을 가지고, 이해하고, 자신 및 자신의 소유를 나누고, 정서적 지지를 주고받고, 의사소통을 원만히 하고, 그 사람의 가치를 높게 평가한다.

열정은 사랑하는 사람에게 낭만, 신체적 매력, 성적인 매력을 이끄는 욕망이다. 이 외에 자아존중감, 친화, 지배, 복종, 자아실현과 같은 욕구도 열정을 작용하는 것이 된다. 결심과 헌신은 단기적으로 어떤 사람을 사랑하기로 결심하는 것과 장기적으로 그 사랑을 지속시키려는 헌신을 의미한다. 상대를 사랑한다고 인정하지 않은 상태에서 그 사람과의 사랑에 헌신하기도 하지만 헌신 이전에 사랑에 대한 결심이 선행된다.

친밀감, 열정, 결정과 헌신의 세 가지 요소를 삼각형의 각 꼭지점에 놓고 볼 때, 조화롭게 균형을 이룬 삼각형이 성숙한 사랑이며, 세 가지 요소 가운데 어느 한 요소에 치우치면 사랑은 균형을 잃게 된다. 세 요소들 간의 관계는 강도와 균형에 있어서 다양하게 되고 사랑의 삼각형 크기와 모양도 또한 다양해진다. 그러므로 상대에 대한 사랑의 삼각형 크기와 모양을 알면 그 사람이 상대를 어떻게 느끼고 있는지를 알 수 있게 된다.

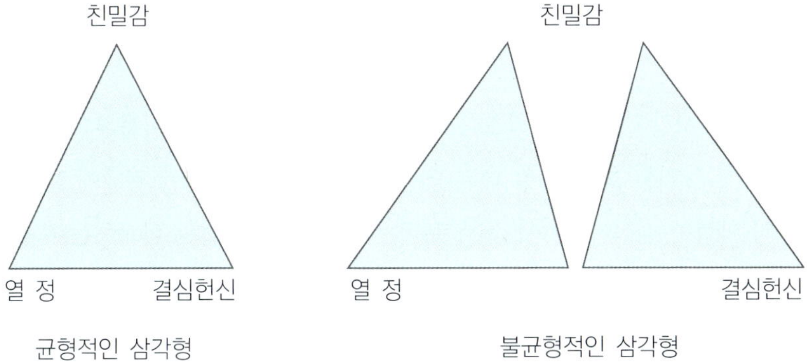

[그림 6-1] 사랑의 삼각형

Fromm은 사랑의 대상이 다르고 사랑의 깊이와 질이 다를지라도 사랑의 기본요소는 동일하다고 보았으며, 사랑의 기본적인 요소는 관심, 책임감, 존경, 지식이라고 하였다. 관심(care)은 상대방이 처한 어떠한 상황에도 자신이 참여하는 것이다. 사랑은 즐거운 상황이나 고통스러운 상황에도 기꺼이 접하도록 하는 것이다. 책임(responsibility)은 상대에게 반응할 준비가 되어 있는 상태로 'respondere'는 대답하는 것을 의미하는 어원에서 온 것이다. 사랑을 함은 상대의 육체적 생존뿐만 아니라 지속적인 성장과 발달에 관심을 가지고 책임을 느끼는 것이다. 이러한 책임감은 의무가 아니라 스스로 자신의 일이라고 느끼는 자신에 대한 반응이다. 존경(respect)이란 상대가 있는 그대로 성장하며 발전해야 한다는 것을 인식하는 관심이다. 사랑하는 사람이 나에게 봉사해 줄 것을 바라지 않고 상대가 성장하며 발전하기를 원한다. 존경이란 상대의 개성과 독특성을 인정하는 것이다. 지식(knowledge)은 상대의 성장을 도와줄 수 있는 개인의 능력을 말한다. 상대에 대한 존경과 지식이 없다면 사랑은 불가능한 것이다.

3) 사랑의 유형

(1) 사랑의 유형

John AlanLee는 사랑의 유형을 에로스, 스토르게, 루더스, 매니아, 프라그마, 아가페로 나누어 설명하였다.

① 에로스(Eros) 사랑은 고대 그리스 신화의 에로스고, 에로스는 아폴론의 가슴에 사랑의 감정을 일으키는 화살을 쏜 데서 연유된 것이다. 마치 강한 전류에 감전된 듯이, 큐피트의 화살이 심장에 꽂히는 순간부터 사랑의 불꽃이 활활 타오르는 황홀하고 열정적인 낭만적 사랑이다. 이런 사랑은 대개 처음에는 신체적 매력에 이끌리게 되며 신체적 변화를 수반하는 강한 정적 감정을 일으키는 것이 보통이다. 그리고 차츰 감정이나 생각, 경험들을 함께 나누어 가짐으로써 서로를 사랑의 사슬에 묶어 놓는다.

② 스토르게(Storge) 사랑은 형제자매 사이나 친구 간에 시간이 흐르면서 서서히 무르익는 사랑의 감정을 뜻하는 고대 그리스어 Storgay에서 온 것이다. 이와 같이 스토르게 사랑은 우정이나 연민을 생활 가운데서 자연스럽게 느끼고 사랑의 감정으로 발전한 경우이다. 그러므로 사랑하는 사람을 의도적으로 고르거나 육체적인 이상을 추구하지도 않으며 생활 속에서 만나는 것에 만족해한다. 이러한 사랑은 비록 황홀한 감정은 없을지라도 서로 함께 있으면 편안하고 정다우며, 서로를 신뢰하고 이해하며 보살피려는 친밀감이다.

③ 루더스(Ludus) 사랑은 놀이나 게임을 뜻하는 라틴어에서 유래된 것으로 여러 대상을 방황하는 사랑이다. 이러한 사랑을 하는 사람들은 온생을 다해 한 대상만을 사랑하는 것은 무의미하다고 보고 그때 그때 만나는 사람과 즉흥적이며, 찰나적인 사랑을 추구한다. 이러한 사람들은 동시에 여러 사람을 사랑하며 다른 사람을 또 사랑할 수 있다는 자랑으로 사랑을 즐긴다. 그러면서 지속적인 사랑이란 구속이라고 느끼며 새로운 대상을 찾는다.

④ 매니아(Mania) 사랑은 고대 그리스어의 신으로부터 나오는 광기라는 의미의 매니아에서 유래된 것으로 상대에게 사로잡혀 질투와 소유욕에 불타는 사랑이다. 언제나

사랑받고 있다고 확인하며 상대가 사랑하기 전에 사랑하게 될까 봐 걱정을 한다. 이런 사람은 상대를 정말로 좋아하지도 않고 평생 동반자로 생각하지도 않는다. 그러다 사랑을 하게 되면 너무 많은 사랑을 필요로 하기 때문에 냉정하게 처신하기 힘들다. 초연함을 지니고 싶지만 자기확신이 부족하다. 매니아적 사랑은 구체적인 대상과 사랑에 빠진 것이 아니라 사랑 그 자체를 사랑하고 있는 것이다. 이러한 사랑이 필요한 것은 친한 친구가 부족하거나, 자신의 일에 대해 깊은 불만을 가지고 있거나, 혼자 살거나, 외로움 또는 낮은 자존감을 가지고 있을 경우이다.

⑤ 프래그마(Pragma) 사랑은 그리스어 'pragmatic'이란 말에서 유래된 것으로 실용적인 사랑을 의미한다. 이러한 사랑을 하는 사람은 상대에게 원하는 특성들을 목록으로 작성하여 잘 어울리는 상대를 찾는다. 이 자질 목록에는 신체적 매력이나 취미 등이 포함되어 있으며, 이와 같은 특성을 지닌 대상을 찾기 위해 스스로 노력한다. 만일 자신과 잘 어울리는 배경과 관심사를 가진 상대를 만나지 못하면 루더스를 사용하여 적당한 후보를 물색한다. 그러나 충동적이거나 성적 행동을 하지 않으며, 각 대상을 검토하여 자신과 잘 어울리는 상대라고 판단될 때까지 알아본다. 그리고 자기의 판단이나 선택이 옳은지의 여부를 친구나 부모에게 상의한다.

⑥ 아기페(Agape) 사랑은 기독교에서 나온 것으로 타인을 위한 사랑이며, 나를 희생하는 사랑이다. 상대에게 사랑하는 감정이 없더라도 사랑하는 것을 의무로써 하는 사랑이다. 따라서 아가페 사랑은 마음보다는 머리로, 감정보다는 의지로 사랑한다. 아가페는 하느님의 완전한 의지에 복종함으로써 완전한 사랑의 대상과 결합하려 한다. 의무적이며 베푸는 사랑은 이웃을 사랑하고 봉사자로서 헌신적인 친구로서 행동한다. 아가페 사랑을 하는 사람은 배우자와의 관계에서 그에게 사랑을 주어야 하는 많은 대상자 중의 한 사람으로 여기며, 상대가 자신보다 다른 사람과 함께 있는 것이 더 행복하다고 생각할 땐 대상이 경쟁자일지라도 관계를 단념할 수 있다.

(2) Sternberg의 사랑유형 분류

[그림 6-2]와 같이 사랑의 세 요소를 가지고 결합하면 좋아하는 관계, 도취적 사랑, 공

허한 사랑, 낭만적 사랑, 우애적 사랑, 얼빠진 사랑, 성숙한 사랑, 사랑이 아닌 것으로 사랑의 유형을 분류할 수 있다고 한다.

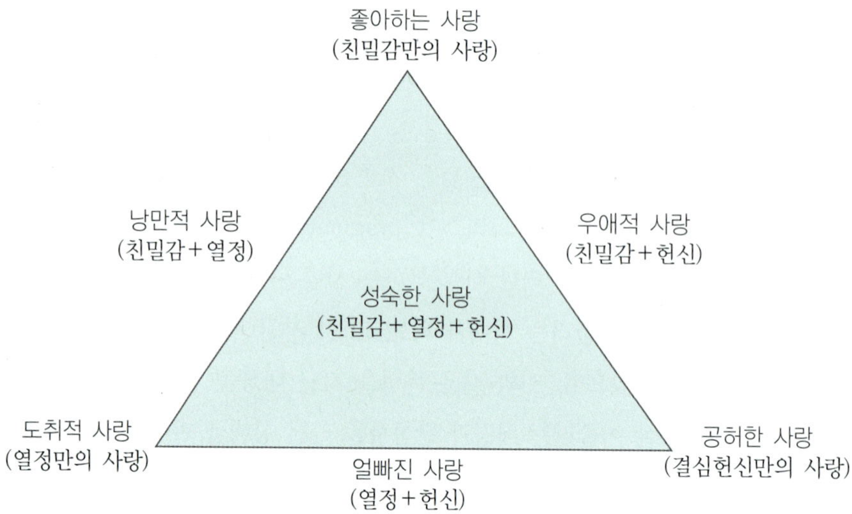

[그림 6-2] Sternberg의 사랑 요소와 사랑의 유형

① 친밀감만 있는 좋아하는 관계는 서로 간에 친밀감만을 경험할 수 있는 사랑이다. 이러한 사이는 진정한 친구들과의 관계에서 경험하는 감정으로 열정이 없이도 결합되어 있다는 느낌이나 따뜻함을 느끼며 지낸다.

② 도취적 사랑은 첫눈에 반하거나 망상으로 치우치는 사랑이다. 이 경우는 친밀감이나 헌신적인 것이 결여되고 열정만으로 이루어진 사랑이다. 도취적 사랑은 상대를 있는 그대로 보는 것이 아니라 이상화하여 사랑하며, 사랑에 홀린 듯한 상태로 다른 일에 몰두하지 못하게 된다.

③ 공허한 사랑은 친밀감이나 열정이 전혀 없이 상대를 사랑하려는 것이다. 오랫동안 서로 감정적 몰입이나 육체적 매력을 느끼지 못하는 관계로 사랑에의 헌신이 없다면 어려운 사랑이다. 공허한 사랑은 오래된 관계의 종말의 부분이기도 하지만 중매결혼의 사회에는 서로 간에 헌신은 관계의 시작이 되었으므로 반드시 관계의 종결

만을 의미하는 것은 아니다.

④ 낭만적 사랑은 친밀감과 열정이 있는 사랑으로 육체적 매력이나 다른 매력이 포함된 좋아하는 감정이다. 그러므로 서로가 육체적·감정적으로 밀착되어 있다. 이러한 밀착은 우정으로 시작된 좋아하는 관계에서 열정적인 사랑으로 발전될 수 있다.

⑤ 우애적 사랑은 친밀감과 헌신에서 생긴다. 육체적 매력이 약해지고 우정을 나누는 관계에서 볼 수 있는 사랑이다. 낭만적인 사랑은 차츰 우애적인 사랑으로 변하게 되는데 열정은 없어지고 친밀감은 남아 있어서 세월이 거듭됨에 따라 깊은 헌신으로 바뀌게 된다.

⑥ 얼빠진 사랑은 열정과 헌신이 결합되며, 친밀감은 결여된 사랑이다. 남녀가 어느 날 만나 약혼하고 결혼하며 헌신하는 데 시간이 걸리는 그런 사랑이다. 도취적인 사랑은 열정이 식어가게 될 때 헌신으로 변한다. 이 헌신은 오랜 동안 성숙되고 심화된다.

⑦ 성숙한 사랑은 친밀감과 열정, 헌신이 포함된 사랑으로, 낭만적 관계에 있는 사람들이 도달하려고 노력하는 사랑이다. 따라서 육체적인 밀착뿐만 아니라 상대와 일체감을 느낄 만큼 심리적으로 밀착되고 자기 자신에게 하는 것처럼 상대에게도 기꺼이 내어주고 행할 수 있는 친밀감이 필요하다. 이와 같은 완전한 사랑이 어렵긴 하지만 서로의 노력에 의해 가까이 도달할 수 있는 것이라는 기대를 가지고 사랑해야 한다.

4) 사랑의 기술

모든 사람이 사랑하고 사랑받기를 원한다. 그럼에도 불구하고 사랑하는 방법을 배울 필요가 있다고 생각하는 사람은 지극히 드물다. Fromm은 그 이유를 이렇게 말했다.

첫째, 대부분의 사람들이 사랑은 '사랑하는 것'이 아니라 '사랑받는 것'이라고 생각한다. 이들에게는 어떻게 하면 사랑받을 수 있고 사랑스러워 하는가가 중요하다. 그래서 이들은 사랑을 받기 위해 돈을 모으고 성공하고, 옷치장을 하며, 인기와 성적 매력을 추구한다.

둘째, 사랑이란 '능력'의 문제가 아니라 '대상'의 문제라고 가정한다. 오늘날과 같이 시장 지향적이고 물질적 성공이 우위를 차지하고 있는 문화권에서는 애정관계 역시 교환 형식을 따를 수 있다. 즉, 신체적 매력, 재력, 가족적 배경, 학력들이 자기의 것과 교환가치가 있는 최상의 대상을 찾았을 때에만 사랑을 할 수 있다고 생각한다.

셋째, 사랑을 시작하는 '최초의 경험'과 사랑관계 속에 머물러 있는 '지속적인 상태'를 혼동하기 때문이다. 흔히 성적 매력이나 성적 결합에 의해서 시작되는 경우이지만, 두 사람이 처음 만나 갑자기 가까워지고 일체감을 느끼고 합일의 순간을 경험하는 것은 생애의 황홀하고 격앙된 경험일지도 모르지만, 이러한 흥분된 감정들은 쉽게 사라져 버리고 마침내 적대감, 실망감, 상호 간의 권태가 쌓여간다. 그 열정은 사랑의 열도가 아니라, 자신들이 그동안 얼마나 외로웠나를 입증한 것뿐이다. 이들은 자신들의 실패 원인을 가려내고, 진정한 사랑의 의미를 깨닫고 어떻게 사랑해야 되는가를 배우지 않는 한 지속적으로 사랑관계를 유지해 나가기가 힘들다.

Erich Fromm(1976)은 사랑이란 즐거운 감정이라기보다는 기술(art)이며, 사랑하기 위해서는 지식과 노력이 필요하다고 했다. 어떻게 사랑의 기술을 습득하고 이를 실천에 옮길 수 있을까?

첫째, 사랑을 하기 위해서는 순수한, 성숙한 사랑의 의미가 무엇인가를 알고 삶에서 사랑의 가치를 긍정적으로 여기고, 우선적인 가치로 삼아야 할 것이다. 아마도 어떤 사람은 "사랑 먹고 사나? 쌀 먹고 살지!"하고 말할 것이다. 지극히 현실적인 말이다. 그러나 삶의 가치를 쌀에 두느냐 사랑에 두느냐는 개인의 가치문제이다. 사랑을 우선적인 가치로 둘 때만 사랑하려는 동기가 생기고 그것을 얻기 위해 노력을 하게 되며, 이런 사람만이 사랑할 기회를 갖게 된다.

둘째, 사랑하는 기술을 습득해서 실천에 옮겨야 한다. 사랑하는 기술을 살펴보면,

① 자신의 욕구를 분명히 밝힌다 : 자신이 욕구불만인 상태에서 누군가를 사랑한다는 것이 불가능하기 때문에 자신의 기본적인 욕구 먼저 충족시켜야 한다. 따라서 자기가 상대방에게 원하는 것이 무엇인지 분명히 알려주어야 한다. 사랑하는 사람들끼리 어떻게 사랑받고 싶은지를 자유롭게 말할 수 있다는 것은 그만큼 두 사람의 사랑이 깊고 관계가 돈독함을 나타낸 것이다.

② 상대방의 욕구를 알고 충족시키려고 노력한다 : 상대방의 욕구를 충족시키기 위해서

는 다양한 기술과 노력이 필요하다. 상대방이 깔끔하고 부지런하기를 원하면 그렇게 하도록 노력해야 할 것이다. 또 재치있는 사람이 되기를 원하면 그렇게 되도록 노력해야 할 것이다.

③ 각자가 서로의 사랑하는 방식을 이해하고 존중해야 할 것이다 : 사람마다 사랑을 표현하는 방식이 다르다. 대부분의 사람들은 어린 시절 자신이 사랑받았던 방식대로 사랑을 표현한다. 어떤 사람은 성실하고 책임감있게 보살피나 정감이 우러나는 말이나 열정은 전혀 보이지 않을 수도 있으며, 또 반대일 수도 있다. 그러나 자신이 사랑하는 방식만이 진정한 사랑이라고 생각한다면 자기 폐쇄적인 태도이다.

④ 사랑을 지킬 용기가 있어야 한다 : 사랑하는 과정에는 욕구불만도, 좌절도 그리고 상실감도, 실망도, 견디기 어려운 고통도, 위험도 있을 수 있다. 진정으로 그 사랑 관계를 유지하기를 원한다면, 이러한 모든 것을 감수하고 견뎌나가는 용기가 필요하다. 필요하다면 상대방이 원하는 대로 자신을 변화시킬 수 있는 용기와 유연성이 있어야 할 것이다. 특히 이성 간의 사랑은 상대적이다. 주기만 하고 사랑받기를 포기하는 완전히 희생적인 사랑은 매우 드물다.

〈표 6-3〉 사랑의 유형검사

문 항	전혀 그렇지 않다	그렇지 않은 편이다	보통이다	그런 편이다	매우 그렇다
1. 나와 연인은 서로 첫눈에 감전된 것을 느꼈다.	1	2	3	4	5
2. 내 연인이 나에 대해 모르는 것이 있어도 그것이 그(녀)에게 상처를 주지 않을 것으로 믿는다.	1	2	3	4	5
3. 가장 최선의 사랑은 오래된 우정으로부터 발전되는 것이다.	1	2	3	4	5
4. 내가 연인을 선택하는데 있어서 주된 고려사항은 그(녀)가 우리 가족에게 어떤 영향을 미칠 것인가 하는 점이다.	1	2	3	4	5

문 항	전혀 그렇지 않다	그렇지 않은 편이다	보통이다	그런 편이다	매우 그렇다
5. 내 연인이 나에게 관심을 두지 않을 때면, 나는 병이 난 것 같이 몸이 아프다.	1	2	3	4	5
6. 내 연인이 고통당하는 것을 그냥 두고 보기보다는 차라리 내가 대신 당하겠다.	1	2	3	4	5
7. 나와 내 연인은 하늘이 정해준 짝이라고 생각한다.	1	2	3	4	5
8. 나는 때때로 내 연인이 내게 또 다른 연인(들)이 있다는 것을 알지 못하도록 조심해야 한다.	1	2	3	4	5
9. 우리의 우정은 시간이 지남에 따라 사랑으로 점차 발전되었다.	1	2	3	4	5
10. 연인을 선택하는 데 있어 중요한 고려사항은 그(녀)가 훌륭한 부모가 될 수 있는지의 여부이다.	1	2	3	4	5
11. 사랑을 하고 있을 때면, 다른 것에 집중하기가 어렵다.	1	2	3	4	5
12. 내 연인의 행복이 나의 행복보다 우선되지 않는다면 나는 행복할 수가 없다.	1	2	3	4	5
13. 나와 내 연인은 서로를 너무도 잘 이해한다.	1	2	3	4	5
14. 내 연인은 실제로 내가 다른 여자(남자)들과 관계를 맺은 적이 있다는 것을 알게 되면 굉장히 화를 낼 것이다.	1	2	3	4	5
15. 사랑은 알 수 없고, 신비스러운 것이 아니라 실제로 깊은 우정과 같은 것이다.	1	2	3	4	5
16. 애인을 사귈 때 그(녀)가 내 장래의 경력에 어떠한 영향을 미칠지에 관해 고려해야 한다.	1	2	3	4	5
17. 내 연인이 다른 이성과 함께 있다는 생각이 들기 시작하면 나는 가만히 있을 수가 없다.	1	2	3	4	5
18. 내 연인의 행복을 이루기 위해서라면 나 자신의 소망도 기꺼이 포기할 수 있다.	1	2	3	4	5
19. 내 연인의 신체적 매력은 나의 이상형과 일치한다.	1	2	3	4	5

문 항	전혀 그렇지 않다	그렇지 않은 편이다	보통 이다	그런 편이다	매우 그렇다
20. 나는 내 연인과 기타 여러 명의 남자(여자)들과 장난삼아 사랑하기를 즐긴다.	1	2	3	4	5
21. 좋은 우정으로부터 발전된 것이 가장 만족스러운 사랑 관계이다.	1	2	3	4	5
22. 나는 어떤 이성과 깊게 사귀기 이전에 그 사람의 유전적 배경이 이후 지식을 가지게 될 경우에 나의 것과 잘 조화되는지를 생각해 본다.	1	2	3	4	5
23. 만약 내 연인이 한동안 나를 등한시한다면, 나는 그(녀)의 주의를 끌기 위해 바보 같은 짓도 할 수 있다.	1	2	3	4	5
24. 내 연인을 위해서라면 기꺼이 모든 것을 참을 수 있다.	1	2	3	4	5

[채점 및 평가]

항목	해당 문항
열정적인 사랑	1, 7, 13, 19
유희적인 사랑	2, 8, 14, 20
친구 같은 사랑	3, 9, 15, 21
소유적인 사랑	4, 10, 16, 22
실용적인 사랑	5, 11, 17, 23
헌신적인 사랑	6, 12, 18, 24

• 각 문항에 대해 "전혀 그렇지 않다=1" "대체로 그렇지 않다=2" "약간 그렇다=3" "대체로 그렇다=4" "매우 그렇다=5"의 5점 척도상에서 반응한 <표 6-3>에 근거하여 각 사랑의 유형별로 점수의 평균치를 계산한다.

출처 : Hendrick & Hendrick, 1988

〈표 6-4〉 이성관계 만족도 척도

문 항	전혀 그렇지 않다	그렇지 않다	다소 그렇지 않다	보통 이다	약간 그렇다	그렇다	매우 그렇다
1. 이성친구와 함께 하는 동안은 행복하다.	1	2	3	4	5	6	7
2. 이성친구와 지내는 것은 권태롭다.	1	2	3	4	5	6	7
3. 이성친구와 사귐으로써 내가 바라던 것들이 충족되었다.	1	2	3	4	5	6	7
4. 나는 내 이성친구와 사귀게 된 것을 후회한다.	1	2	3	4	5	6	7
5. 나는 현재 내 이성친구와의 관계에 만족한다.	1	2	3	4	5	6	7
6. 나는 마지못해 내 이성친구와 사귄다.	1	2	3	4	5	6	7
7. 나는 현재 내 이성친구와 사귀기를 잘했다고 생각한다.	1	2	3	4	5	6	7
8. 나는 내 이성친구가 지겹다..	1	2	3	4	5	6	7
9. 내가 내 이성 친구를 만난 것은 행운이다.	1	2	3	4	5	6	7

- 각 문항에 대해 "전혀 그렇지 않다=1" "그렇지 않다=2" "다소 그렇지 않다=3" "보통이다=4" "약간 그렇다=5" "그렇다=6" "매우 그렇다=7"로 되어 있으며 2번, 4번, 6번, 8번 문항은 역 채점 문항이다. 점수가 높을수록 관계가 만족스러움을 의미한다.

출처 : 이경성 & 한덕웅(2005)

토론주제

1. 우정과 사랑의 차이는 무엇인지 논의해 보자.

2. 고민이 있을 때 함께 나누는 친구가 있습니까? 그 친구의 특성은 무엇입니까? 함께 나눠봅시다.

3. 대면관계의 친구와 SNS상의 친구와는 어떤 차이가 있는지 이야기해 봅시다.

CHPATER 07

결혼과 인간관계

가정은 가족이 생활하는 신체적·정신적 공간으로 인간의 행복을 구현하는 터전이자 사회의 기본단위이다. 이러한 가정은 한 쌍의 남녀가 애정을 바탕으로 결혼함으로써 형성되는 것이다. 즉, 결혼은 사회적으로 인정된 남녀 한 쌍의 정신적·육체적 결합이자 가정형성의 기본이다. 개인적으로 결혼은 인간에게 정서적 안정과 성적 만족을 준다. 사회적으로 결혼은 성질서와 종족 유지를 통해 사회를 안정시키며, 사회와 문화를 계승한다. 결국 이러한 결혼은 인간이 독립된 개체로서 부부, 부모 등의 새로운 역할을 수행하며, 보다 원숙한 인격완성에 이르는 하나의 도정(道程)이며, 삶의 궁극적인 목표인 자아를 실현하는 수단이다.

그러나 이렇게 한 인간이 삶에 있어 중요한 의의를 가지는 결혼은, 각기 다른 환경과 문화 속에서 부모의 보호와 사랑 속에서 성장한 독립된 개체가 새로운 가정을 이루고 이를 유지하는 것이기 때문에, 많은 어려움이 따르기도 한다. 그러므로 그 어려움을 극복하기 위해서는 상호 간의 이해와 사랑 또는 지혜가 필요하다.

따라서 본 장에서는 배우자의 선택과 부부의 적응 및 성공적인 결혼에 대하여 살펴보고자 한다.

학습 목표

1. 행복한 결혼을 위한 배우자의 선택을 살펴본다.
2. 결혼생활의 적응에 대해 살펴본다.
3. 성공적인 결혼 기준에 대해 이해한다.

1. 결혼

결혼이란 우리의 역사 속에서 가장 오래 된 제도 중 하나이며 많은 사람들이 결혼을 하여 가정을 이루므로 결혼은 개인의 삶에 중요한 부분을 차지한다.

1) 결혼의 정의

결혼(結婚)은 대립물의 화해, 상호작용, 합일이자 신과 지상세계가 관계를 맺는 것을 의미한다. 한자를 풀어보면 결(結)은 '맺다, 매듭짓다, 열매를 맺다'를 뜻하며, 혼(婚)은 '혼인하다'를 말한다. 이 두 글자(결혼)가 결합을 해서 '남녀가 정식으로 부부관계를 맺음'이라는 사전적 의미를 가지게 된다.

① 사랑을 바탕으로 서로의 인격과 능력을 보완해가면서 발전시켜 나가는 주체적이고 평등한 관계이자 성숙한 두 인격체의 만남이다.

② 한 쌍의 남녀가 혼인을 하여 새로운 가정을 이루어 나가는 출발점으로서 개인과 개인 간의 결합뿐만 아니라 양가 가족 집단이 서로 인연을 맺는 중요한 의례 절차이다.

③ 가정과 문화와 생활배경을 달리한 성숙한 남녀가 그 사회가 정하는 법이나 제도 또는 규범적 틀에 따라 가족형성을 목적으로 실행하는 계약이다.

다시 말해 결혼은 인간의 요구와 의무 간에 균형을 잘 유지하고 책임있는 역할을 수행하도록 하며 이를 통해 하나의 성숙된 인격체로 완성되어 가는 인생의 중대한 과제라고 할 수 있다.

2) 결혼의 의미

강문희 등(2003)에 의하면 결혼의 의미는 다음과 같다.

① 법적 책임의 관계이다

일정한 연령에 도달한 두 남녀가, 각각 배우자가 없는 상태에서 서로의 합의에 의하여 결혼하여 혼인신고를 함으로서 법적으로 책임과 권리를 가지게 된다. 즉 서로 보호자가 되고 재산을 공유하며 상속을 받을 수 있는 관계라는 것이다.

② 사랑의 실현이다

현대의 결혼 욕구 중 가장 강한 동기는 사랑하는 사람과 함께 살고 싶다는 것이다. 사랑의 실현을 위해서는 결혼이라는 관문을 통과해야 하며, 실제로 결혼 생활을 통해서 성숙한 사람을 이루어 나간다.

③ 성적인 욕구의 합법성을 부여받고 이를 충족하기 위해서이다.

성숙한 남녀는 생물학적으로 성욕을 표현하게 되어 있는데, 이것에 대해서 사회가 합법적으로 인정하고 성관계를 허용하는 제도가 결혼이다. 따라서 사회적 · 법적으로 인정된 성욕 충족을 통해 안정감과 만족감을 갖고자 결혼을 한다.

결혼한 두 사람은 서로 인격적, 정서적으로 존중하며 책임을 지는데, 이는 각각의 배우자가 상대방에 대해 성적으로 정숙할 것을 요구한다. 한때 우리 사회가 절실히 요구했던 혼전 순결보다 더 중요하게 결혼의 순결이 이 시대에 요구된다.

④ 자녀 출산의 기회를 갖게 된다.

전통사회에서는 결혼이 자녀출산과 가계 계승의 중요한 수단 중 하나였다. 적절한 시기에 자녀를 갖고 싶은 욕구도 결혼을 결정하는 중요한 요인이 된다.

이와 아울러 부모는 자녀가 사회 구성원으로서의 역할을 제대로 행할 수 있을 때까지 책임을 다 해야 한다.

⑤ 정서적 안정을 추구한다.

결혼은 개인에게 정서적 · 감정적 안정을 가져다 준다. 결혼을 함으로써 생의 동반자로서 서로를 이해해 주고 잠정적 지지를 받고자 하는 욕구를 충족시킬 수 있다. 결혼은 사랑이란 이름으로 서로를 보살피고 삶을 함께 함으로서 행복하고 즐거워하며 이를 영원히 함께 나누고자 하는 사람들이 추구하는 관계를 반영한다.

개인은 여러 사람들보다 각별한 한 사람의 관계에서 더 친밀한 일대일의 관계를 유지하여, 이를 통해 자신의 정서적 욕구가 충족되기를 원하기도 한다. 특히 경쟁적이고 때로는 비인간적이기까지 한 세상에서 믿고 이야기할 수 있는 사람이 절실히 필요한 것이다.

⑥ 남녀 간의 경제적 협력이 가능해지므로 경제적 안정을 이룰 수 있다.

전통적인 성역할 수행과정에서는 남편이 경제적 부양을 하고 아내는 가정을 돌봄으로써 경제적 안정을 이루었다. 오늘날에는 맞벌이 부부가 증가하고 있는데, 배우자를 고를 때도 빠른 시일 내에 경제적으로 안정되는데 도움이 되는 직업을 가진 여성, 안정된 직장을 가진 남성을 배우자 조건으로 보는 것은 이와 관련된다.

⑦ 성인으로서의 신분을 획득한다.

결혼은 어느 사회에서나 성인이 되는 신분을 부여한다. 우리나라에는 성년의제라는 제도가 있어 실제 미성년자라 할지라도 자녀를 출산하고 혼인신고를 하면 성인 신분을 주는 법이 있다. 결혼을 통해 부모로부터 독립하고 독립된 신분을 획득할 수 있으므로 결혼을 하려는 욕구가 작용한다. 특히 우리 사회는 결혼을 해야 성인 취급을 하는 의식이 강하다.

▪ 2015년 청소년 결혼과 자녀에 대한 인식조사

중·고등학생 1179명을 대상으로 조사한 결과 이 같이 나타났다고 밝혔다. 조사 결과 '어른이 되면 자녀가 반드시 필요한가'라는 질문에 55%가 '그렇다'고 답했다. 부정적 입장보다는 다소 높지만 여학생은 긍정적인 입장이 49.7%로 절반을 밑돌았다(자료 : 한국보건사회연구원).

① 전체적 반응 결과

구분	예	아니오	아직 모르겠다	무응답	계
빈도	650	249	278	2	1179
백분율(%)	55.1	21.1	23.6	0.2	100.0

② 성별에 따른 반응 결과

구분	응답결과(명. %)			계
	예	아니오	아직 잘 모르겠다	
남학생	358(60.6)	81(13.7)	152(25.7)	592(100.0)
여학생	291(49.7)	168(28.7)	126(21.5)	585(100.0)

③ 청소년의 자녀 기피 의식 정도

'자녀가 없어도 된다는 이유'와 관련해서는 '내 일에 전념하고 싶어서'(29.8%)가 가장 높았고, 이어 '자녀에 대한 양육비와 교육비가 많이 들기 때문에'(26.8%) 순이었다. 자녀 기피 의식은 주로 사회구조적인 이유보다는 개인적인 이유가 더 크게 작용하고 있음을 알 수 있다고 연구원은 설명했다. 적정 자녀 수에 관해서는 2명이 51.9%로 가장 높았다. '아직 모르겠다'(26%)를 제외하면 그 다음으로는 3명(13.8%)이 많았다.

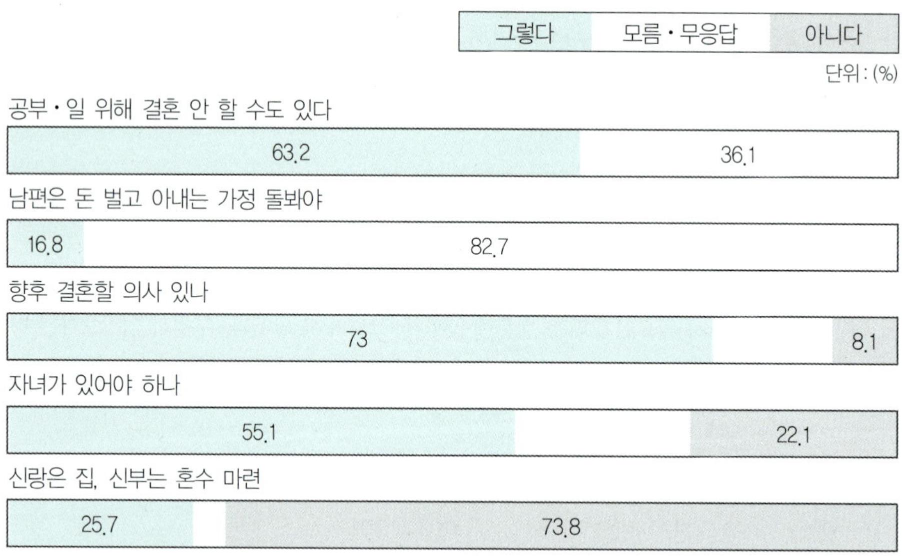

출처 : 한국보건사회연구원

2. 배우자의 선택

부부관계가 한 개인의 삶에 차지하는 비중만큼 배우자의 선택은 일생에 있어서 매우 중요한 선택사항이다. 배우자 선택은 여러 가지 방식으로 이루어진다. 흔히 배우자의 선택방식은 중매혼, 자유혼, 절충형으로 구분된다. 중매혼은 배우자의 선택권이 당사자보다는 부모나 친족에게 있는 경우이다. 이 경우 흔히 당사자의 애정이나 성격보다는 가문이나 사회·경제적 지위가 중요한 선택기준이 된다. 이에 반해 자유혼은 배우자의 선택이 전적으로 당사자들의 의사에 맡겨지는 경우이다. 이 경우에는 서로 직접적인 교제를 통해 자신에게 적합한 사람을 선택하여 결혼에 대한 서로의 합의에 의해 부부관계가 형성된다. 절충형은 중매혼과 자유혼의 요소가 혼합된 형태로, 두 가지 하위 유형이 있다. 하나는 당사자가 자유로운 교제를 통하여 결혼상대를 선택한 후 부모에게 소개하여 동의를 얻는 유형이다. 다른 유형은 부모가 상대자를 선택하여 자녀의 동의를 얻는 방법이다.

이런 여러 가지 방법을 통해 수많은 이성 중에서 결혼상대자를 만나는 과정은 가히 운명적이라고 할 만큼 신비스럽다. 배우자가 선택되는 과정은 매우 다양하고 복잡하다. 그러나 이러한 배우자 선택에 개입되는 요인과 과정에 대한 연구들이 많이 이루어져 있다.

Kerkoff와 Davis(1962)에 의해 제안된 배우자 선택과정에 대한 여과 이론에 따르면 이는 기본적으로 교환에 근거하며 동시에 상호작용의 기회, 배경과 관심의 유사성, 욕구의 상보성, 비용과 보상 등의 다양한 요인들이 여과 이론에 포함된다. 여과 이론의 특징은 [그림 7-1]과 같이 잠재적 배우자의 범위를 단계적으로 좁혀가는 발달적 모형에 의해 배우자 선택과정을 제시한다는 것이다.

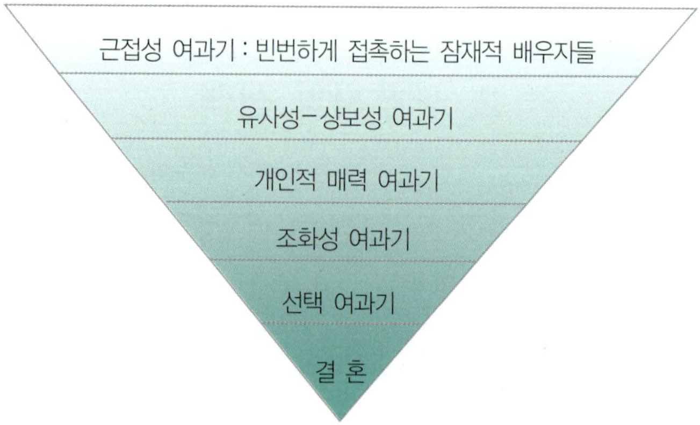

[그림 7-1] 배우자 선택의 여과 모델

1) 근접성 여과기

배우자 선택의 첫 단계인 근접성 여과기는 우리가 일상적으로 접촉하는 근접한 사람들 중에서 배우자가 선택될 가능성이 많다는 것을 제시한다. 물론 최근의 다양한 중매 방법들(TV 중매, 비디오 테이프 중매, 혹은 컴퓨터 중매 등)은 지리적으로 멀리 떨어져 있는 결혼적령기의 젊은이들이 만날 수 있도록 한다. 그러나 많은 잠재적 배우자들은 아동기나 청년기 동안 같은 지역에서 성장하였거나 대학이나 직장에서 함께 생활한 사람들인 경우가 많다.

2) 유사성-상보성 여과기

자주 접촉한다고 해서 모두 배우자로 선택되는 것은 아니다. 그 중에서 나와 유사한 특성을 갖거나 정반대의 특성을 갖는 사람들이 잠재적 배우자로 선택된다. 유사성과 상보성은 배우자 선택에서 항상 논의되는 정반대의 개념으로서 학자들에 따라 상이한 견해를 나타낸다.

우리는 유사한 특성을 갖는 사람에게 매력을 느끼는가 아니면 정반대의 특성을 갖는 사람에게 매력을 느끼는가? 일반적으로 사람들은 연령, 종교, 사회적 계층 및 성격 특성 등에서 유사한 사람들에게 매력을 느낀다고 생각된다. 서로 유사한 특성을 갖는 사람들이 결혼하면 성역할 기대나 관심 혹은 가치관에서의 충돌을 피할 수 있을 것이라는 것이 이 입장을 지지하는 사람들의 주장이다.

대조적으로 상보성을 지지하는 사람들은 서로 상이한 특성을 갖는 사람들이 서로의 약점을 보충할 수 있기 때문에 배우자로서 적합하다고 주장한다(Winch, 1971). 내향적인 사람은 외향적인 사람을 선택하고, 성격이 급한 사람은 성격이 느린 사람을 선택함으로써 조화를 이룰 수 있다는 것이다. 그러나 현재까지 유사성이 상보성보다 결혼생활의 성공을 더 잘 예언할 수 있다는 것이 많은 사람들이 갖는 공통적 견해이다.

3) 개인적 매력 여과기

이제 잠재적 배우자들은 유사하거나 상보적인 사람들 중에서 개인적 매력을 느끼는 대상으로 좁혀진다. 신체적 매력은 최초의 만남과 만남의 초기 단계 동안 중요한 역할을 한다. 상대편에 대해서 아무것도 알지 못할 때, 우리는 외모로써 그 사람을 판단하는 경향이 있다.

아름답거나 잘생긴 외모는 외모 자체가 주는 매력도 있지만, 그것이 갖는 후광 효과(halo effect) 때문에 중요한 요인으로 인식된다. 즉, 잘생긴 사람은 매력없는 사람보다 더 바람직한 특성을 지니고 있을 것이라는 것이다. 외모가 갖는 후광 효과를 입증한 디온(Dion et. al., 1972)은 대학생들에게 매력적인 사람, 보통 사람, 그리고 매력없는 사람들의 사진을 보여주고 그들이 어떤 특성을 지닐 것인가를 추측하게 하였다.

연구결과, 매력적인 사람과 보통 사람에 대한 지각 차이는 크지 않았으나 매력없는 사람과는 현저한 지각 차이를 나타내었다. 대학생들은 매력적인 남성과 여성들은 친절하고 따뜻하고 사교적이고 성적으로 더 반응적이라고 지각하였으며, 보통사람들보다 더 바람직한 성격 특성을 지니고 있을 것이라고 생각하였다.

배우자의 외모는 여성들보다 남성들에 의해 그리고 나이 많은 사람들보다 젊은 사람들에 의해 더 중요시된다. 여성들은 남성들의 외모보다 경제적 안정성이나 사회적 지위를 그들의 교환조건으로 더 중요시하기 때문에, 남성들의 외모는 배우자 선택에서 중요한 요인으로 작용하지 않는다. 더욱이 외모는 함께 일하거나 규칙적 상호작용을 하는 사람들 사이에서 그 중요성이 약화되기 때문에(Hatfield & Sprecher, 1986), 우리 같은 보통사람들은 그것으로 위안을 삼는다.

4) 조화성 여과기

우리는 상대편이 매력적이라고 해서 반드시 그 사람에게 끌리는 것은 아니다. 매력을 느끼는 사람이 자신과 조화될 수 있을 때, 즉 자신만큼 매력적인 사람에게 끌리기 쉽다. 배우자 선택 시에 조화성 여부가 평가되는 요인들은 다음과 같은 몇 가지 특성들을 포함한다.

① 개인적 외모 : 키, 용모, 체격, 피부색깔 등의 신체적 특성들
② 성격 특성 : 신뢰성, 의존성, 지능, 유머 감각 등
③ 경제적 능력 : 직업이나 장래 전망
④ 신념과 가치 : 성역할에 대한 태도, 종교적 신념 및 개인의 행동을 지배하는 가치관 등
⑤ 특별한 흥미나 취미 : 운동, 음악, 그림, 오락 등
⑥ 이상형 : 개인이 마음속에 지니고 있는 이상적 배우자의 유형

이상과 같은 여섯 가지 요인들을 바탕으로, 대부분의 삶들은 사회적으로 바람직한 정도에서 자신과 현저하게 다른 사람들을 배우자로 선택하는 것을 주저한다.

5) 선택 여과기

자신과 조화되는 사람 중에서 배우자 선택이 이루어진다. 자신과의 조화 여부를 평가한 요인들을 대상으로 당위항목(must items)과 사치항목(luxuries items)을 구분한다. 당위항목이란 배우자로 선택되는 사람이 반드시 갖추고 있어야 할 특성으로 타협될 수 없는

배우자의 선택조건이다. 대조적으로 사치항목은 장래의 배우자가 지니고 있으면 좋긴 하지만, 없어서는 안 될 요인은 아닌 개인적 특성에 해당한다.

당위항목과 사치항목을 바탕으로 잠재적 파트너를 심사하고 부적절한 파트너를 제외시켜 감으로써 최종적인 선택이 이루어진다.

한편, Lewis(1973)는 배우자가 선택되는 심리적 과정을 중시하여 결혼에 이르는 6단계를 제시하였다(김명자, 1993). 첫째는 유사성(similarity)의 단계로서, 상대방의 사회적 배경, 가치관, 성격 등이 유사함을 지각하는 단계이다. 둘째는 래포(rapport)의 단계로서, 서로 상대방에 대하여 긍정적인 평가를 하고 호감과 친밀감을 느낀다. 셋째는 자기공개(self-disclosure)의 단계로서, 상대방에 대한 신뢰감이 증진된다면 서로 자유롭고 솔직한 자기표현을 할 수 있는 관계로 발전한다. 넷째는 역할탐색(role taking)의 단계로서, 밀접한 관계 속에서 자신의 역할을 구축해 가고 상대방의 역할에 대한 기대를 형성하게 된다. 아울러 상대방의 성격과 능력에 대한 구체적 파악을 통해 기대하는 역할의 수행능력을 평가하게 된다. 다섯째는 역할조화(role fit)의 단계로서, 서로에 대한 역할기대와 역할수행을 조정하여 상호 보완적인 조화를 이루어가는 단계이다. 상대방의 기대에 맞추어 자신의 역할을 조정해 나가는 동시에 상대방의 역할에 대한 자신의 무리한 기대를 변화시켜 가는 과정이 이 단계에서 이루어진다. 마지막은 상호 결정(dyadic crystalization)의 단계로서, 서로의 역할을 수용하여 확정하고 한 쌍의 동반자로서의 정체감과 일체감을 느낀다. 이 단계에서 결혼을 통해 주위 사람들로부터 공식적인 부부로 인정받게 된다.

3. 결혼 전 예비 배우자와 의논 · 합의해야 할 사항

최선의 배우자를 선택하였다고 해서 행복한 결혼생활이 보장되는 것은 아니다. 개개인의 사고, 인격, 개성이 각각 다른 사람들이므로 결혼생활은 전혀 다른 사람들끼리 힘을 합쳐 하나의 길로 끌고 가는 수레와 같다.

따라서 한 방향으로 갈 수 있는 힘 있는 수레가 되기 위해 결혼 전에 배우자 될 사람과 의논하고 합의해야 할 사항을 살펴보고자 한다.

1) 삶의 질에 관한 논의

부부가 서로에게 적응하는 데 있어서 서로가 가지고 있는 정신적 태도, 즉 삶에 대한 가치관이나 관심사, 도덕관 등은 매우 중요한 관건이 되며, 갈등의 주요 원인이 되기도 한다. 그러므로 이러한 문제는 제일 먼저 논의하여 이해해야 할 것이다.

① 삶에 대한 가치관

'어떻게 살아갈 것인가?' 또는 '어떠한 가치를 최우선으로 설정하고 추구할 것인가?'를 의논하는 것은 삶을 공유하고 함께 개척하기로 약속한 두 사람이 결혼 전에 서로 합의해야 할 최우선의 과제이다. 배우자와 협력하여 공동의 목표를 추구해 나가는 결혼에 있어서, 그 공유의 목표가 무엇인지를 설정하는 과정이 선행되어야만 그 목표를 성취하기 위한 수단적 가치들을 실행할 수 있기 때문이다.

결혼하는 두 사람은 각기 상이한 성장배경 속에서 독특한 가치관을 형성하였을 것이다. 이러한 개성과 사고의 간격을 서로 상대를 존중하고 이해하여 자기의 생각도 존중받는 태도로 극복되고 조정되어야 한다. 자기의 방식만을 고집하거나 무조건 배우자의 방식에 자신을 맞추어서는 결코 행복한 결혼생활이 이루어질 수 없다는 것은 불 보듯 뻔한 일이다.

삶에서, 특히 결혼생활에서 어떤 것을 최우선의 가치로 설정할 것인가는 사람에 따라서 다양하게 나타날 수 있을 것이다. 미래를 위해 현재의 즐거움을 조금 희생하여 부를 축적하는 것을 목표로 할 수도 있을 것이고, 현재의 풍족한 소비생활에 충실하여 만족을 얻는 것을 목표로 할 수도 있을 것이다. 또 부부 중심의 행복을 추구할 수도 있을 것이고, 자녀의 교육이나 성장을 중심으로 행복을 추구할 수도 있을 것이다. 또 사회적 지위나 명예의 획득에 중점을 둘 수도 있을 것이다.

이러한 가치관은 구체적인 인생계획이나 삶의 형식을 결정하는 기본이 된다. 인간 생존의 가장 기본적인 요건들, 즉 의식주의 충족을 위한 계획들이 부부의 가치관에 따라 좌우된다.

또, 이러한 물질적 요건과 삶의 환경을 나타내주는 객관적 지표뿐만 아니라 지적·심미적 만족이나, 사랑·존경에의 욕구를 실현시키는 문제에 있어서도 가치관의 영향이 지대하다. 부부의 문화생활을 위해 얼마나 투자할 것인가, 레저 활동으로 무엇을 할 것인가, 여행은 언제 갈 것이며 얼마나 투자할 것인가 등의 문제에 대한 해결책도 가치관의 문제와 연관지어 도출될 수 있을 것이다.

이렇게 사람들이 각기 제시하는 행복한 삶이나 바람직한 삶의 모습은 매우 다양하며, 어느 것만이 옳다고 단정 지을 수 있는 성질의 문제는 아니다. 결혼할 남녀의 가치가 상이할 경우에 서로 상대의 생각을 존중하고 자신의 생각도 인정받을 수 있는 범위에서 양보하고 합의하여 의견을 절충하여야 한다.

② 종 교

종교는 사회적 관계 속에서 그 사회의 균형을 유지하는 데 지속적인 영향력을 행사하는 유형화된 삶의 양태이다. 그렇기 때문에 종교는 인간 삶의 구조 속에서 이미 확고하게 자리잡은 사회적 실제이며, 개인의 삶에 큰 의미를 가지고 있다.

그렇다면 종교에 관한 서로의 입장을 고려하는 것은 중요한 일이 아닐 수 없다. 두 사람의 종교가 같다면 별 문제가 없을 것이다. 한 당사자가 무교(無敎)이고 상대방이 특정 종교를 가지고 있다면, 전자가 후자에 맞추어 주는 것이 보편적인 듯하다. 다만 사랑하는 남녀가 서로 다른 종교적 신념을 가지고 있을 경우라면, 그 점에 대해 서로 합의해야 할 필요성이 있다. 두 사람이 완전히 상반되는 다른 종교를 가지고 있다면 그것이 갈등의 원인이 될 수도 있을 것이다. 또 당사자들이 서로를 이해한다고 하여도 양쪽 집안 사이의 갈등이 발생할 수도 있다. 이 경우의 문제에서는 다른 어떤 경우보다도 상호 입장의 존중이 중요하다. 진정한 사람은 자신과 다른 상대방의 실체까지도 이해하고 배려해 주는 것이다. 이런 마음가짐으로 상대의 종교의 자유를 인정하고, 다른 집안 가족들을 설득하고 양해를 구할 수 있어야 한다.

자녀가 태어날 경우에는 어느 한쪽을 일방적으로 강요하기보다는 아이 자신의 판단 능력과 의사를 존중하여 스스로 선택하는 것이 바람직하다. 단, 결혼 당사자들도 사회의 관습이나 집안의 전통 등을 따르는 것이 필요할 것이다.

2) 부부관계에서 파생하는 문제에 관한 논의

결혼을 통해 당사자들에게는 신체적·심리적·법적으로 새로운 신분과 권리, 의무가 주어지게 된다. 이제는 더 이상 각자가 자유롭지 않으며, 서로 간에 책임과 의무가 있다. 즉, 독신이던 때와는 다른 차원의 성인으로서의 역할을 수행해야 하며, 새로운 차원에서 두 사람이 함께 하는 사회생활을 해야 하는 것이다. 행복한 결혼생활은 이러한 상황을 잘 이해하고 각자의 역할을 충실히 해내기 위해 합의하고 노력할 때 가능한 것이다.

① 가족계획

부모가 된다는 것은 자기불멸감(自己不滅感)을 느끼고 애정의 욕구를 충족하며, 창조·긍지·권위 등의 종합적인 희열과 행복감을 누릴 수 있는 기회이다. 우리나라에서는 전통적으로 가문을 이을 후손을 갖는 것이 조상에 대한 도리로 여겨 왔기 때문에, 결혼을 하면 자녀를 출산하는 것이 가장 큰 의무라고 생각했다. 그러나 현대에 이르러서는 임신과 출산계획은 부부 공동의 의사에 의해 결정하여야 할 사항이다. 그것은 부모가 되는 일이 단순히 생물학적 어버이로서 자녀의 의식주를 해결해 주는 상식적인 수준만으로는 대처할 수 있는 일은 아니기 때문이다.

자녀를 건전한 가치관을 지닌 훌륭한 성인으로 양육하기 위해서는 물질뿐 아니라 바른 양육태도와 양육에 대한 전문적 지식, 부모가 된다는 정신적 준비 등이 필요하다. 그러므로 가족계획은 부부의 연령, 직업, 경제적 사정, 장기적 생활계획 등을 고려해 신중히 수립하는 것이 필요하다. 아울러 이에 따른 실천도 중요한 문제이다.

② 부부 간의 성생활

최근 부실한 성생활도 이혼의 사유가 된다는 법원의 판결이 나와 세간의 화제가 된 일이 있다. 우리 사회의 보수성을 대표해 왔던 사법부의 이런 획기적 판결은 많은 사람들에게 시대의 변화상과 함께, 부부관계에 있어서 성생활이 가지는 의미를 재고하게 하는 계기가 되기도 했다. 그러나 부부 사이의 잠자리에서 중요한 것은 단지 '횟수'에 그치는 것이 아니라, 애정을 담은 사랑의 표시와 이를 위한 상대방의 세심한 배려일 것이다.

③ **전 력**(前歷)

결혼하기 전에 배우자 이외의 사람과 사귄 경험이 없는 사람은 드물 것이다. 그러나 이 문제를 서로 감추었다가 나중에 알게 되는 경우는 서로의 감정이 걷잡을 수 없이 악화되고 급기야 파경을 맞게 되는 경우도 있다. 현재의 상대를 만나기 전의 일이고, 지금은 정신적인 면까지 완전히 청산되었다면, 과거의 일을 구태여 문제삼을 필요는 없을 것이다. 그것은 부부도 침해할 수 없는 개인의 사생활이므로 상대의 자존감을 고려하여 이해하는 것이 부부 사이의 예의일 것이다.

④ **개인의 기호**

아무리 서로 사랑하는 사이라 할지라도 개인 간의 기호에는 차이가 없을 수 없다. 서로 식성이 매우 다를 수도 있고, 좋아하는 TV의 프로그램 성향이 달라 채널 선택권을 가지고 싸울 수도 있다. 이렇게 개성이 다른 두 사람의 기호는 충돌할 수도 있다. 생활 곳곳에 이러한 요소는 있기 마련이므로 공평하게 양보하여야 할 것이다. 그러나 이러한 면들은 함께 사는 과정에서 서로 맞추어 가며 같아질 수 있을 것이다.

⑤ **가사분담**

부부가 함께 직장을 갖는 경우가 증가하고 있는 현재의 추세에서 가사분담의 문제는 크게 부각되고 있다.

전통적인 가부장제에서 유래된 '가족은 가정을 돌보는 주부의 손길이 필요하다'라는 관념은 사회제도가 변하여 여성도 당당하게 사회적 노동에 합류하고 있는 지금도 조금도 바뀌지 않고 있다. 여성에게만 편중되는 것이 당연시되는 가사노동으로 인해 취업주부는 가정에서 정서적 안정과 위안을 얻는 것은 고사하고, 일과 가정이라는 두 마리 토끼를 잡기 위해 육체적·정신적 압박을 받게 된다.

부부 두 사람이 함께 사회활동을 한다면 공평하게 가사를 분담하는 것이 합리적이다. 또한 전업주부라 하더라도 가사노동이 여성의 소외를 초래할 수 있고 인정받지 못하는 힘든 노동이라는 점을 감안한다면 배우자의 조력이 필요하다는 것은 두말할 나위가 없다. 서로를 아끼면서 해결해 나가야 하는 문제라고 하겠다.

3) 가족관계에서 파생하는 문제에 관한 논의

① 양 육

아동은 최초의 사회생활인 가족과의 인간관계를 통해 앞으로의 사회생활에 적응할 능력과 태도를 학습하게 되므로 부모의 역할과 가정의 환경은 매우 중요하다. 그러나 이 역시 전적으로 여성에게 그 책임을 부과하는 것은 옳지 못하다. 자녀는 어머니의 자애와 아버지의 엄격함을 함께 경험해야만 한다. 요즘은 남성에게도 육아 휴가를 인정하는 추세이다. 여성이 직업을 가지고 있는 경우에, 일방적으로 부인이 육아를 위해 휴직을 하고 가정에 남기보다는 부부가 함께 육아의 책임을 부담하려는 태도가 중요하다.

맞벌이부부의 경우에 친정부모나 시부모에게 아이를 맡기는 것으로 해결을 하려는 예가 많은데, 그보다는 사회적으로 탁아시설을 확충 지원하여 여성의 사회진출을 적극 지원하는 것도 사회적 해결책이 될 수 있을 것이다.

② 시부모 부양

시부모 부양의 문제는 각자가 처한 상황에 따라 합리적으로 의논하여 해결해야 할 문제이다. 예를 들어, 부모가 따로 살 수 없을 정도로 경제적이나 신체적인 면에서 절박한 입장에 놓여있다면 당연히 모시고 살아야 할 것이다. 그러나 어느 정도의 경제력과 체력을 갖추었다면, 서로 간의 개별적인 가정생활의 유지를 위해 독립하여 자주 왕래하는 것도 좋을 것이다. 물론 그것이 최선의 해결책일 수는 없겠지만, 서로 같이 살면서 자녀는 간섭한다고 부담스러워 하고 감정 싸움으로 악화되는 경우보다는 나을 것이다. 이러한 문제가 노부모는 아들이 모셔야 하고 시중들고 보살피는 노동은 당연히 며느리의 책임이라는 고정관념이나 타인의 시각에 의해 좌우되어서는 안 된다.

③ 혼 수

혼수문제로 싸운다는 것은 결혼을 통해 자신의 가격을 매겨 판매한다는 의미 외에는 아무것도 아니다. 그러므로 혼수는 사회의 공공질서나 선량한 풍속에 어긋나지 않는 일반적 범위에서 당장의 결혼생활을 영위할 수 있을 만한 필수적인 것만 마련하는 것이 바람직하다. 즉, 부모의 재산에 의존하지 않고 살아가면서 자신들의 능력대로 장만해 나가야 할 것이다.

4) 직업, 진로에 관한 논의

현대에는 여성의 사회활동이 증가하고 있다. 부부가 모두 직업을 가질 경우, 육아나 가사분담의 문제들을 미리 고려하고 합의해야 하며 또 유학, 직장 등으로 해외에서 살아야 할 경우도 생각해야 할 것이다.

이러한 경우는 본인의 의사를 존중하고 직업의 특수성을 이해하는 것이 무엇보다도 중요하다. 배우자의 장래를 위한 개발을 우선시하여 합의할 수 있는 성숙한 부부관계가 이루어져야 할 것이다.

그러나 우리 주변에서 실제 전문직 여성으로 사회 진출에 성공한 여성들을 살펴보면, 그들은 상당히 남성 중심적인 사고를 하고 있는 듯하다. 많은 전문직 여성들은 남편이 자신의 사회활동을 이해해 주는 것만으로도 고마워서 그 외의 모든 집안일을 도맡아하고 있다. 이것은 결코 바람직한 현상이 아니며, 불안하고 부자연스러운 기존 질서를 변화시켜 진정한 자기 역할을 인정받으려는 노력이 아니며, 현재의 상황을 참고 견디는 것을 지향하는 소극적 태도이다.

또한 '가족'이라는 강한 사슬에 얽매여 '독립적이고 능력있는 취업여성의 지위'를 결혼과 함께 포기하고 결혼 속에 안주하는 많은 사례도 볼 수 있다. 가부장적 봉건사회에서 유래하여 아직까지도 우리 사회에 잔존하고 있는 획일적이고 남성 중심적인 사고를 타파해야 한다.

4. 결혼에 대한 환상과 오해

결혼 전 합의해야 할 고려사항에 대해 알았다면, 혹시 자신이 결혼에 대한 환상과 오해를 가지고 있지는 않은지에 대해 점검을 할 필요가 있다.

결혼은 동거나 연애생활과는 다르고, 결혼으로 야기되는 출산, 자녀양육, 고부관계, 경제적인 문제, 부부갈등과 같은 현실적인 문제들이 대두된다. 따라서 연애는 사랑만으로 유지될 수 있을지 모르나 결혼생활은 사랑만으로는 유지되기 어렵다.

결혼한 부부는 자신들이 속한 사회 환경에 따라 본래의 기대와는 달리 환상들이 하나 둘씩 깨어지기 쉽다.

1) 결혼에 대한 환상

Knox와 Schacht(1999)는 사회가 결혼에 대해서 다음과 같은 비현실적인 믿음을 영속시킨다고 보고 있다.

첫째, 우리의 결혼은 다를 것이다.

주변에서 불행한 결혼생활을 하는 사람들을 보면서 '그런 일들이 우리에게는 일어나지 않을 거야'라고 우리는 생각하기 쉽다. 사람들은 자신의 결혼생활은 다를 것이라는 막연한 기대로 인해 결혼생활을 잘하기 위한 노력을 별로 하지 않는다.

둘째, 우리는 상대방을 행복하게 만들 것이다.

어느 누구도 상대방의 행복을 책임질 수는 없다. 다만 약간의 보탬이 될 뿐이다. 사람들은 자신이 배우자를 행복하게 할 책임이 있고, 그렇게 할 능력도 있다고 믿는다. 그리고 상대방도 나에게 그렇게 해주리라고 믿는다.

결혼생활은 여러 가지 변수가 무수히 작용하기 때문에 배우자와 가족을 위해서 성실하게 노력을 해도 상황이 그것을 허락하지 않는 경우도 있다. 누군가가 자신을 행복하게 만들어주기를 기대한다는 것은 나 자신을 아직도 젖병을 물고 있는 아기로 둔갑시키는 것과 같고, 자기의 배우자를 전지전능한 신적 존재로 승격시켰다가 땅바닥으로 떨어뜨리는 일을 하루에도 몇 십 번씩 반복하는 것이다.

셋째, 우리의 갈등은 심각하지 않다.

갈등을 인식하는 것은 정직성도 필요하고 용기도 필요하다. 실제 존재하는 갈등의 크기와 심각성을 정확하게 깨닫고 부부 간에 공개적으로 대처하지 못한다면, 그 갈등은 가족해체의 원인이 되기도 한다. '우리는 행복해야 한다', '우리는 타의 모범이 되어야 한다'는 등의 비현실적인 목적 때문에 갈등이 없는 척 혹은 모르는 척, 시간만이 보약이라는 주장을 하면서 갈등을 덮어두려고 한다. 그러나 해결되지 않은 '사소한 갈등'이나 '중요해 보이지 않는' 갈등들이 실제로 결혼생활을 위협하기도 한다.

넷째, 배우자가 내가 원하는 모든 것을 충족시켜 줄 것이다.

배우자는 신이 아니고, 사람이라는 사실을 명심해야 한다. 과거의 부모님도 내가 원하는 것을 다 해주지 못했는데 지금의 배우자가 어떻게 내 욕구를 모두 다 충족시켜 줄 수 있겠는가? 특히 과거에 부모님에게서 받지 못했던 사랑이나 보살핌의 어떤 측면들은 아쉽지만 포기하는 것이 더 나을 것이다. 어느 심리치료사가 말했듯이 과거에 부모님에게서 받지 못한 사랑은 스스로를 재양육(reparenting)하는 방법이 제일 효율적이라고 했다. 배우자가 그런 재양육의 과정을 도와줄 수는 있지만 부모의 대리자 역할을 해주는 것은 곤란하다고 했다.

다섯째, 사랑이 깊을수록 갈등은 적을 것이다.

부부들은 때로는 그들이 서로를 사랑하면 할수록 갈등이 적을 것이라고 생각한다. 실제로 Spercher와 Felmlee(1993)는 '높은 정도의 사랑이 시간이 지남에 따라 갈등을 증가시킨다'는 것을 발견하였다. 사랑이 강렬할수록 아마도 배우자의 실상보다는 허상을 보는 경우가 많고, 그 허상이 깨지기 어렵기 때문일 것이다.

2) 결혼에 대한 오해

김계현(1995)에 따르면 다음과 같은 결혼에 대한 오해를 하기 쉽다고 하였다.

첫째, 사람들이 결혼을 하는 것은 서로 사랑하기 때문이다. 그러나 그 이외에도 다음과 같은 이유로 결혼한다.

① 사람들은 종종 사회적 관습과 기대 때문에 결혼을 한다. 독신자는 우리 사회 속에서 매력 없는 실패자, 이성에 대한 콤플렉스가 있는 사람으로 여겨지기도 한다.
② 부모의 압력이 자녀들로 하여금 성급하고 미성숙한 결혼을 하도록 만든다. 부모는 자녀를 위해 결혼을 권한다고 하지만, 사실은 자녀가 결혼 적령기가 되어도 결혼하지 않을 경우 부모 스스로 실패감을 느낀다.
③ 육체적인 욕구나 이끌림 때문에 결혼하게 될 때도 있다. 연애가 뜨거워지면 사람들은 쉽게 판단력을 잃는다. 결혼에 골인하기까지 그들은 신기할 정도로 상대에게 끌리게 되고 오직 하나가 되고자 하는 열망을 갖는다. 그러나 결혼한 후에는 놀랍게도 연애 기간의 그런 끌림은 줄어들고 만다.
④ 결혼에 대한 잘못된 가치 부여와 로맨틱한 소설이나 영화, TV의 영향을 받는다. 사랑만 있다면 모든 문제가 해결된다는 믿음은 실현될 때보다는 실현되지 못할 때가 더 많다.
⑤ 외로움이 결혼을 결심하게 된다.
⑥ 결혼이 먹고 사는 데 편리하기 때문에 하게 된다. 하숙이나 자취를 하던 총각은 결혼하면 집안 살림, 즉 가사노동에서 벗어날 수 있다. 직장이 탄탄한 남자와 결혼하는 것이 꿈인 여성들도 적지 않다. 경제적인 안정을 보장받을 수 있기 때문이다.
⑦ 지금까지 채워지지 않은 신경증적인 욕구를 채우려고 결혼할 수도 있다. 결혼하면 자기가 지금까지 가지지 못했던 것을 가지게 되고, 자기의 불안과 외로움이 사라질 것이라고 아무 근거 없이 믿는다. 이런 욕구는 대개 무의식적인 것이지만 그것을 사람의 실현이라고 말할 수 없다. 이처럼 사랑 외에도 결혼하는 이유는 수없이 많다.

둘째, 결혼생활을 원만하게 하는 사람들은 대부분 서로 사랑한다.

원만하고 만족스러운 부부생활을 가능케 해주는 요소는 사랑 이외에 인내, 존중, 솔직함, 그리고 상호 이익을 위해 함께 있고자 하는 바람이다. 사랑의 정열 없이도 그들은 다른 누구보다 배우자와 함께 하는 걸 좋아한다. 결혼한 부부는 아내가 아이들에게 좋은 엄마이기 때문에, 혹은 반대로 남편이 성실한 직장인으로서 먹고사는 데 걱정을 시키지 않기 때문에 원만한 부부관계를 유지할 수도 있는 것이다. 결혼한 부부들의 사랑은 상호 존중과 헌신이 필요하다.

셋째, 자녀가 생기면 결혼생활의 잠재적인 어려움들이나 만족하지 못했던 부분들이 자동적으로 개선된다.

부부관계가 나쁜 것은 서로를 조화시키는 태도, 의지, 기술이 부족하기 때문이다. 아이가 생겼다고 해서 부족한 면이 없어지는 것은 아니다. 사이가 안좋은 부부일수록 아이가 태어나면 더 새로운 문제가 불거지고, 부부관계가 악화되기도 한다. 자녀출생이 부부문제에 치유력이 있다는 발상은 부모 자신이 아이였을 때 받아보지 못한 것을 자기 아이를 통해서 경험해 보려고 하거나, 부모 자신이 부족하다고 느끼는 영역을 자녀를 통해서 실현시켜보겠다는 의식적·무의식적 욕구에 의해서 생기는 것이다. 그러므로 부부 간의 문제는 부부 자신들이 해결책을 찾아야 할 것이다. 결혼하자마자 바로 임신을 하거나, 결혼 전 임신을 하면, '서로를 알게 되어가는 과정'인 신혼 초기를 적절히 경험하지 못하게 된다.

넷째, 외로움은 결혼을 통해서 치유된다.

자신의 인생이 외롭다고 주장하는 이들은 간혹 자신의 마음을 어루만져주고 치유해 줄 수 있는 따뜻한 배우자를 만나면 외로움이 줄어들 것이라고 생각한다. 그러나 외로움은 결혼으로 치유되지 않는다. 외로움은 결혼을 하든 안하든 간에 본인의 노력으로 치유될 수 있다. 물론 이런 과정에서 배우자의 도움과 지지가 함께 한다면, 더 효율적일 수 있다. 결혼을 했다고 해서 자동적으로 혹은 별다른 노력 없이 외로움이 사라지지는 않는다.

다섯째, 만일 배우자에게 '나는 당신과 결혼한 것이 후회스러워'라고 소리를 지르면, 그것은 이내 결혼의 전적인 실패를 의미한다.

결혼과정에서 갈등은 필수적인 것이다. 후회나 갈등이 전혀 일어나지 않는다면, 진정한 천생연분이거나 둘 중 어느 한 사람이 조용히 희생당하고 있기 때문이다. 결혼생활을 하는 사람들은 배우자에 대한 미움의 감정, 배우자를 향한 분노의 감정을 두려워하지 말아야 한다. 억누를 필요도 없다. 감정은 느끼는 대로 느끼면 된다. 어제의 미움과 분노를 딛고서, 배우자의 중요함을 다시금 깨닫고, 그럼에도 불구하고 사랑하는 이유를 또 한 가지 발견한다면, 결혼생활은 그만큼 더 깊이가 있고 단단해지는 것이다.

5. 예비부모교육

위의 여러 가지 결혼 전 고려 사항들을 검토하면서 준비하는 과정의 필요성이 지속적으로 논의되고 있다. 가장 대표적인 것이 예비 부모교육이다.

부모교육은 그 시대와 사회적 요구 그리고 학자에 따라 다르게 표현될 수 있다. 부모들은 오늘날의 아동이 미래 사회의 변화에 대처하도록 무엇인가를 결정하는 것이 필요하다. 부모교육이 왜 중요한지, 왜 필요한 것인지, 필요하다면 어떤 목적을 이루기 위해서 실시해야 하는지, 누구를 대상으로 실시해야 하는지, 어떤 내용을 어떤 방법으로 실시해야 하는지는 그 시대의 인간관, 교육, 사회, 문화, 역사, 경제적 상황에 의해 많은 영향을 받는다.

그러나 현대에는 사회의 여러 특징을 고려해서 부모교육의 필요성을 논의해야 할 것이다(한국부모교육학회, 1998).

1) 부모교육의 필요성

햄너와 터너(Hamner & Turner, 1985)가 제시한 부모교육의 필요성은 다음과 같다.

① 대부분의 사람들이 현재 부모이거나 미래에 부모가 된다. 그러므로 중요 역할인 부모기에 대한 훈련이 필요하다.

② 부모기에 대한 교육이 가정에서는 거의 제공되지 않을 뿐만 아니라 대부분의 교육 체계에서도 등한시되고 있다.

③ 부모기를 성공적으로 수행하기 위한 지침이 충분하지 않아서 부모들을 혼란스럽게 하고 있다.

④ 효과적인 부모역할은 특히 아동기의 초기 전반적인 발달에 걸쳐 중요하다.

⑤ 부모역할하기는 어렵다.

⑥ 부모들은 도움받기를 원한다.

⑦ 부모들은 도움이 필요하다.

⑧ 어머니가 직장을 가짐에 따라 부모가 자녀를 돌보는 시간이 줄어들고 있다.

⑨ 자녀 양육에 아버지가 좀 더 참여해야 할 필요가 있다. 남자도 부모역할을 효과적으로 해야 한다.

⑩ 부모기에 대한 여러 허실을 근접할 필요가 있다.

한편 부모교육의 필요성을 살펴보면 다음과 같다(유안진, 김연진, 1992).

① 아동의 사회적, 정서적 발달은 부모와 양육태도 및 양육방법에 크게 영향을 받는다.

② 아동의 인지발달은 부모의 양육태도와 방법에 크게 영향을 받는다.

③ 부모의 양육태도와 방법은 아동의 신체발달을 조장하며 저해한다는 것이다.

④ 미 성숙된 한 인간으로서 부모교육이 필요하다.

⑤ 확대 가족제도의 붕괴로 인하여 젊은 세대들은 자녀양육에 따른 어른들의 도움, 조언 등을 즉각적으로 받을 수 없다.

⑥ 도시화, 문명화, 산업화로 인해 개인 또는 가정 단위의 사회이동 횟수는 증가하고 있으며, 국내에서의 도시 간 이동은 물론 국제적인 이동도 증가하고 있다.

⑦ 성역할 개념의 변화에 따라 그에 적응하고 대처하기 위하여 부모교육이 필요하다.

⑧ 인적자원의 효율적 개발이라는 측면에서 부모교육이 필요하다.

⑨ 사회균등의 정책으로 부모교육이 필요하다.

⑩ 교육의 경제성을 높이기 위해 부모교육이 필요하다.

■ **부모의 의무, 결혼 · 출산 전 가르쳐야 '철부지 부모' 막는다**

친딸 A(11 · 이하 사건 당시 나이)양이 지난 12일 집을 탈출하기 직전까지 2년 넘게 감금한 채 동거녀와 함께 굶기고 폭행한 인천 소녀 학대 사건의 가해 아버지(32)는 "처음엔 아무거나 주워 먹어서, 나중엔 그냥 꼴 보기 싫어서 때렸다"고 했다. 그는 A양을 체중 16kg, 네 살배기 여아 수준의 영양실조 상태로 만들고도 경찰에 체포된 뒤 애견(愛犬)의 끼니 걱정부터 했다.

B(25)씨와 C(21)씨 부부는 생후 10개월된 둘째 아들이 배가 고파 울자 아이 배를 차서 울다 지쳐 잠들게 하는 등 지속적으로 학대하다 2012년 1월 소장 파열에 따른 복막염으로 사망케 했다. 부부는 폭행해 사망에 이르게 한 이유를 "아이가 둘의 성관계와 인터넷 게임을 방해했기 때문"이라고 했다.

D(22)씨는 고교 중퇴 후 PC방에서 같이 아르바이트를 하던 동갑내기 여성과 함께 살다가 열아홉 살에 부모가 됐다. 그는 불화를 겪던 아내가 떠난 뒤 홀로 키우던 아이(생후 26개월)를 '잠을 제때 안 자고 장난을 친다'는 이유로 집안에서 때리고 입과 코를 막아 숨지게 했다. 그는 이후 숨진 아이를 방치한 채 인터넷 게임을 하러 외출했고, 살해한 지 한 달 뒤 집을 보러 온 이들에게 발각될 것이 두려워 아이 시신을 집 인근 화단에 버렸다.

출처 : 조선일보 2015.12.28

6. 성공적인 결혼

'성공적인 결혼'이란 결혼에 대해 가지는 각 개인의 기대수준(期待水準)에 따라 결정될 수 있는 문제일 것이다. 어떤 사람들은 '성공적인 결혼'을 주어진 여생(餘生)에서 부부가 함께 살 수 있는 것이라고 하지만, 대부분의 사람들은 이와 같은 편협된 정의에 동의(同意)하지 않을 것이다. 사람들은 제각기 나름대로의 '성공적인 결혼'이라고 정의할 수 있을 만한 여러 가지 범주를 제시하겠지만, 아주 기본적인 것으로 생각되는 몇 가지 기준을 제시해 보면 다음과 같다.

첫째, 결혼한 부부들은 서로가 계속해서 성장하고 '완성된' 부부가 될 수 있도록 도와주고, 그래서 부부 모두가 가능한 한 최선의 모습을 갖추게 된다. 즉, '자아실현적' 결혼에 있어, 부부 모두는 서로가 필요로 하는 도움을 얻기 위하여 상호의존 관계에 있다는 사실을 잘 안다.

둘째, 대개 결혼을 한 부부는 자신의 욕구는 물론 상대방의 욕구에도 민감한 반응을 보인다. 그래서 이들은 온정과 협동과 사랑을 통해서 이러한 욕구들을 충족시키려고 노력한다.

셋째, 각자가 상대방의 성(性)에 대한 성실한 이해를 바탕으로 해서 결혼한 부부들은 건전한 성관계를 형성한다. 그리고 이러한 성관계가 부부 모두에게 중요한 것이지만, 그렇다고 해서 성관계가 지속적인 사랑과 성장을 위한 유일한 기초가 되는 것은 아니다.

넷째, 대체로 결혼한 부부들은 건전한 '싸움'의 관계를 개발한다. 그래서 이들은 자신들에게 갈등문제가 발생하면 이를 이기주의나 자존심 손상에 의해서가 아니라 서로 수용할 만한 해결방안으로 갈등을 해소시키는 순리적인 방법을 통해 해결한다. 부부는 자신이 상대방에 대한 상대적인 힘, 즉 말이나 행동으로 상대방을 제압하는 힘이 있는 것을 알고 있지만, 해로운 방식으로 그러한 힘을 사용하지는 않는다.

다섯째, 결혼한 부부들은 일종의 생활방식이 된 자신들의 결혼에 서로 큰 비중을 둔다. 이들은 서로 공통관심사를 갖고 있지만, 상대방이 혼자만의 시간을 통해 자신의 사적(私

的)인 생활을 할 수 있는 공간이나 시간이 필요하다는 것도 인식한다.

이상의 기준들이 상당히 높은 수준의 것으로 보이기 쉽다. 그래서 주변 사람들을 보아도 이러한 기준들은 모두 만족스럽게 충족시키는 결혼은 그리 많지 않다. 처음 결혼생활을 시작하는 젊은 부부들은 자신들의 결혼을 이상적이고, 서로가 결혼생활에 큰 비중을 두며, 두터운 사랑의 관계에 있다고 생각할 것이다.

자신의 결혼이 정말 이상적이라고 확언할 수 있는가? 대부분 그렇지 못할 것이다. 세상의 그 누구도 자신들의 결혼이 성공적이라고 확언할 수는 없을 것이다. 그렇지만 부부가 정직하고, 또 사상이 담긴 의사소통체제를 갖고 있고, 결혼에 대한 기대와 가능한 갈등의 원천과 예상되는 적응 등에 대하여 적절한 지식을 갖는다면, 이들의 결혼이 보통 사람들보다 성공적일 가능성은 훨씬 더 많아진다.

결혼은 우연히 성공하는 것도 아니고 우연히 실패하는 것도 물론 아니다. 결혼의 성패는 본인들이 만드는 것이다. 사람들은 변화하는 환경과 시간과 성격, 그리고 모든 인간관계와 상호작용, 이에 영향을 주는 모든 다른 요인들을 고려하여 자신의 생활을 영위하고 조절해 나간다. 결혼이라 하는 것은 부부가 함께 가질 수 있는 감각적이고 가장 만족스러운 경험이 될 수 있는 반면에 가장 파괴적인 경험이 될 수도 있을 것이다.

▪ 동성결혼 합법화 가능할까?

우리나라의 경우, 대법원은 헌법 36조 1항 "혼인과 가족생활은 '양성'의 평등을 기초로 성립돼야 한다"를 근거로 혼인은 '남녀 간의 육체적, 정신적 결합'이라고 정의하여 동성결혼을 인정하지 않는다. 하지만 미국은 길게는 50년 가까이, 짧게는 지난 18개월 동안 미국을 뜨겁게 달군 동성결혼에 대해 '최후의 보루'인 연방대법원이 대법관 5-4 판결로 합헌 결정을 내리자 성적소수자의 자유와 인권, 평등을 위해 싸워온 이들은 누구랄 것 없이 뜨겁게 포옹하고 눈물을 흘렸다. 버락 오바마 미국 대통령은 26일(현지시간) 동성결혼이 합헌이라는 연방대법원의 역사적 결정에 대해 "미국의 승리"라며 환영했다.

출처 : 오마이뉴스, 2015. 6. 27

■ **반기문 "동성결혼 허용한 미 대법원 결정 적극 환영한다."**

반기문 유엔 사무총장이 공식석상에서 동성결혼을 허용한 미 연방 대법원 결정을 적극 환영한 것으로 28일 알려졌다.

반 총장은 26일 미국 샌프란시스코에서 열린 '유엔헌장 채택 70주년 기념식' 연설에서 "미국 게이와 레즈비언들이 어디서든 합법적으로 결혼할 수 있도록 한 연방 대법원의 결정을 적극 환영한다"고 밝혔다.

반 총장은 "우리는 매일 인종, 종교, 국적, 성별 혹은 성적 취향에 관계없이 모든 사람들의 인권을 수호하고 있다"고 했다.

출처 : 조선일보 2015. 6. 28

■ **교황 "결혼은 이성간 결합"… 동성결혼 "반대"**

프란치스코 교황이 동성결혼에 대한 가톨릭의 입장을 확실하게 정리했다. 허핑턴 포스트US가 인용한 로이터 기사 '교황이 우리 모두에게 가톨릭은 동성결혼에 반대한다는 것을 재확인시키다'에 따르면 교황은 10월 4일 바티칸에서 열린 주교 시노드 총회의 개회 미사에서 "신은 그의 사랑하는 창조물이 남성과 여성의 사랑으로 결합한 것으로 보고 싶어 하신다"며 "남성과 여성의 결합은 서로의 여정과 상호간의 유익한 선물을 하는 것"이라고 했다. 그는 또한 "진정한 부부의 의미는 신의 계획대로 만들어진 인간의 섹슈얼리티에 따르는 것"이라고 덧붙였다. 결혼은 남녀 간의 결합으로만 인정할 수 있으며, 동성결혼은 반대한다는 결혼관을 다시 명확하게 모두에게 천명한 셈이다.

출처 : 오마이뉴스 2015. 10. 5

■ **동성결혼 합법화 찬성과 반대**

찬성의견	반대의견
• 동성애자의 인권회복 및 보호 • 동성애자의 실질적 사회보장 측면 • 동성결혼도 아이를 키울 수 있고, 기존 가족 가치관을 파괴하지 않음 • 입양 등을 통해 오히려 사회에 기여하는 면도 존재	• 생식능력이 없는 동성의 결혼은 사회를 약화시킴 • 기존 가족 가치관을 파괴하고 각종 사회적 혼란을 야기 • 동성애자의 권리를 존중하나 동성결혼까지 합법화하는 것은 우리나라 정서, 법질서 상 무리 • 실효성 없이 청소년 성정체성에 혼란만 부추길 것

7. 부부의 역할을 확립하기

신혼여행에서 돌아온 신혼부부들 중 일부는 파트너가 그들의 기대와 다르다는 사실을 발견하고 앞으로의 결혼생활에 대한 갈등과 후회로 고민한다. 그들은 구혼기간 동안 행동했던 것과 사뭇 다른 방식으로 행동하는 파트너를 서로 비난하고 속았다고 느낀다. 이 단계를 극복하지 못하는 신혼부부들은 파경을 맞을 수밖에 없고 최근에 나타나는 결혼 초기의 높은 이혼율이 이것을 입증한다.

그러나 많은 부부들은 서로의 관계에 대한 기대를 현실적 수준으로 조정하고 구혼기간 동안의 낭만적 사랑을 점차적으로 회복한다. 그들은 파트너의 긍정적 측면을 기초로 새로운 가정을 건설한다. 행복한 결혼생활이 이루어질 수 있도록 하기 위해 신혼부부들은 남편과 아내로서 그들의 역할을 규정해야 한다. 동시에 개인으로서가 아니라 부부로서의 정체감을 확립하며 양편 부모와의 관계에서도 부부 고유의 영역을 설정할 수 있어야 한다. 즉, 신혼부부들은 독신생활에서 결혼생활로의 성공적 이동을 위해 신혼부부의 발달과업을 성취하고 변화된 정체를 수용하며 양편 부모나 친척들과도 만족스러운 관계를 확립해야 한다.

【 함께 읽기 7-1 】

▪ **맞벌이 가구 최근 현황**

① 맞벌이 가구 비율추이

2014년 10월 맞벌이 가구는 518만 6천 가구로 유배우 가구의 43.9%를 차지하며 전년(42.9%) 대비 1.0%p 증가하였다. 맞벌이 가구 중 가구주가 남자인 가구는 461만 1천 가구로 88.9%, 여자가 가구주인 가구는 57만 5천 가구로 11.1% 차지하였다.

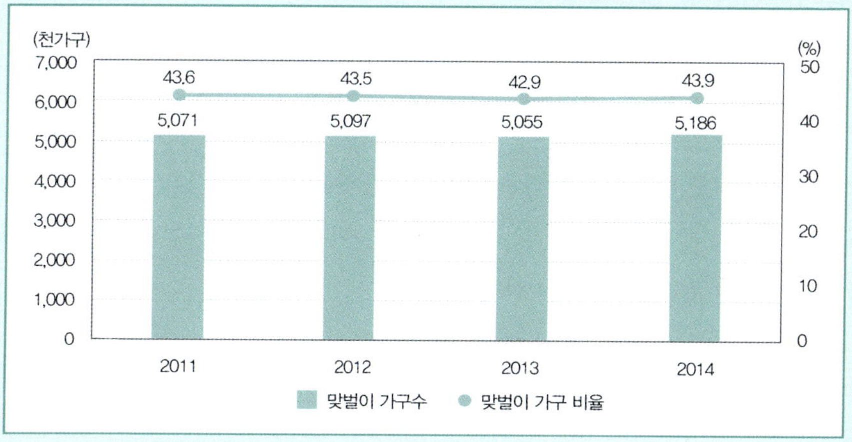

② 맞벌이 부부 가사분담

가사분담에 대하여 부인들에게 물어봤을 때와 남편들에게 물었을 때 비율상 큰 차이는 없지만, 남편도 가사 일을 한다는 비율이 부인의 답변보다는 조금 높다는 것을 알 수 있다. 맞벌이 부부의 가사분담은 특정일로 몰아서 하기 보다는 보다 더 평등하게 시간을 분배하는 게 중요하다.

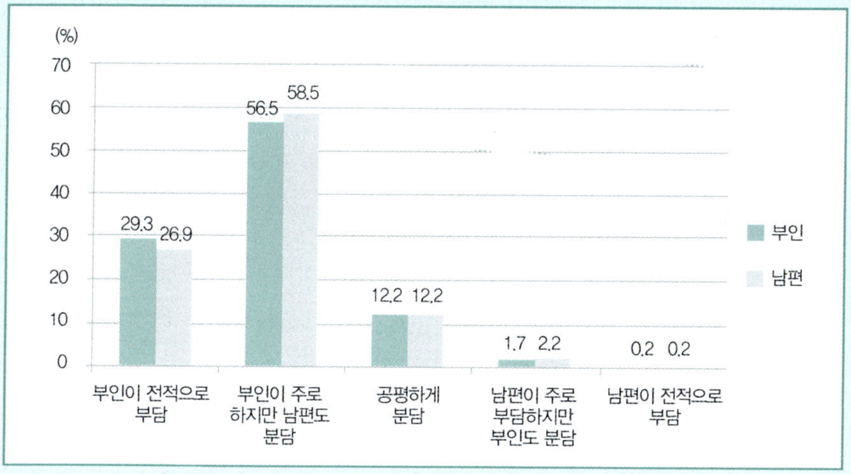

출처 : 통계청 2015. 「지역별고용조사」

1) 신혼부부의 발달과업

Havighurst(1953)는 일생을 여섯 개의 발달단계로 나누고 개인이 각 발달단계에서 환경에 적응하기 위해 반드시 성취해야 하는 기술이나 적응을 발달과업(developmental task)이라고 불렀다. 20년 이상을 서로 다른 환경에서 성장한 신혼부부들은 행복한 결혼생활을 위해 성취해야 할 발달과업들을 갖는다. 이 과업들이 성공적으로 수행될 때, 부부만족은 시간 경과에 따라 감소한다는 일반적인 경향성과는 반대로 점차적으로 더 큰 만족이 경험될 수 있다.

일차적으로 적응과업인 신혼부부의 발달과업을 제시하면 다음과 같다.

① 부부의 역할과 가족역할을 확립하기 : 자신과 파트너가 서로 기대하는 부부의 역할을 논의하고 서로의 욕구에 적응한다. 자녀 출산문제와 부모로서의 역할수행에 대해서도 의견을 교환하고 잠정적인 결정을 내린다.

② 서로에게 정서적 지원을 제공하고 개인적 성취를 이룰 수 있도록 돕기 : 사랑과 애정을 주고받는 방법을 학습하고 상대편을 정서적으로 지원할 수 있는 효과적 방법의 모색을 통하여 개인과 부부로서 자신의 정체(identity)를 성취하는 방법을 학습한다.

③ 서로의 개인적 습관에 적응하기 : 상이한 수면 패턴과 목욕 습관 및 취미활동 등 개인적 습관의 차이를 수용하거나 변화시켜 부부가 조화를 이룰 수 있도록 노력한다.

④ 성역할에 대한 기대를 조화시키기 : 개인적 성격과 욕구, 흥미 및 남녀 동등을 반영하는 성역할을 확립한다.

⑤ 부부의 성생활에 적응하기 : 부부 간에 애정이나 사랑을 표현하는 방법을 알고 상호간에 기쁨과 만족이 경험될 수 있는 성행동의 방법과 시기를 결정하며 가족계획을 수립한다.

⑥ 부부 간의 의사소통 기술을 발달시키기 : 부부가 기쁨과 고통의 순간을 공유하고 어려움이 발생할 때 어떻게 의견을 교환해야 하는가를 학습한다.

⑦ 가정의 경제적 문제를 관리하기 : 가정을 운영하기 위한 예산을 세우고 가족의 장·단기적 목표를 달성하기 위해 예비비의 마련을 위한 계획을 수립한다.

⑧ 친족관계를 확립하기 : 확장된 가족망의 일원으로 생활하되, 친부모와 시부모 혹은 장인과 장모의 관계를 규정하고 부부의 고유 영역을 확립한다.

⑨ 가족과 직업 중 어느 편을 우선할 것인가를 결정하기 : 가정과 직장이 균형을 이루도록 하고 임금으로 지불되지 않는 가사노동의 중요성을 인식한다. 맞벌이부부의 경우 누구의 직업이 우선권을 가지며, 아동양육과 가사일의 책임을 어떻게 나눌 것인가를 결정한다.

2) 부부관계의 적응

결혼은 사랑하는 사람과 부부가 되는 기쁘고 즐거운 변화이다. 그러나 결혼은 새롭게 적응해야 하는 인생의 커다란 변화이다. 결혼을 하면 생활에 많은 변화가 생긴다. 남편 또는 아내로서 수행해야 할 여러 가지 새로운 역할이 부여된다. 이러한 변화에 적응하고 새로운 역할을 수행하는 것은 쉽지 않다. 그래서 많은 신혼부부들이 행복해야 할 결혼 초에 많은 어려움과 갈등을 경험한다.

이렇듯 결혼생활은 적응해 가는 과정이다. 행복한 부부관계는 노력하여 만들어가는 것이다. 적절한 배우사의 신대민으로 행복한 가정이 이루어지는 것은 아니다. 결혼으로 새롭게 부과된 역할과 변화에 잘 적응하는 일은 행복한 부부생활을 위한 필수조건이다. 뿐만 아니라 결혼생활을 지속하는 과정에는 여러 가지의 적응과제와 갈등이 새롭게 떠오른다. 이러한 과제와 갈등을 잘 해결하여 적응하지 못하면 결혼생활은 고통스럽고 불만스러워진다.

부부관계에 적응하는 일은 여러 가지 측면의 노력을 의미한다. 첫째, 결혼생활에서 드러나는 부부 간의 차이점에 대해서 서로 조화시켜 나가는 과정이다. 결혼하여 함께 부부생활을 하다 보면 서로의 차이점과 결점을 수없이 발견하게 된다. 이러한 부부 간의 차이는 성격, 행동습관, 감정표현, 가치관, 흥미 등 여러 측면에서 발견되며, 흔히 부부갈등의 주요한 원인이 된다. 이러한 차이를 서로 수용하고 서로의 단점을 보완하며, 조화로운 관계로 발전시켜 나가는 것은 부부관계 적응의 주요한 과제이다.

부부관계 적응의 두 번째 측면은 결혼 전 연인관계에서 결혼 후 부부관계로의 변화를 인식하고 서로의 관계를 변화시켜 나가는 일이다. 연애와 결혼은 현격하게 다르듯이, 연애할 때와 결혼생활에서의 상호 관계는 다르다. 상대방에 대한 호칭, 애정 표현방식, 부부역할과 권력, 친·인척과의 관계 등 두 사람 사이의 관계에 많은 변화가 생긴다. 결혼 초에 특히 이러한 변화된 관계를 잘 인식하고, 그에 적응해 가는 일이 중요하다. 즉, 결혼 전의 연애상대가 아니라 결혼한 부부로서 서로를 대하고 행동하는 변화와 전환이 필요하다.

세번째, 부부관계의 적응은 결혼생활에서 요구되는 일상적 과업을 배우며 익히는 과정이다. 결혼을 통해 새로이 부과된 역할을 잘 수행하는 일이다. 남편으로서 또는 아내로서 수행해야 되는 새로운 과업들을 수행해 나가는 것이 적응의 중요한 측면이다. 예를 들면, 남편은 가정의 경제적 부양을 책임지며 아내의 행복을 위한 노력을 하고 처가집에 대해 배려를 하는 등 남편으로서의 다양한 역할과 과업을 수행하는 일이 중요한다. 아내는 가정을 돌보고 자녀를 양육하며 시부모를 잘 봉양하는 아내로서의 역할을 배우고 수행해 가는 과정을 통해 부부관계에 적응해 가게 된다.

이렇게 부부관계에서 적응해야 할 일들은 다양하다. 결혼생활에서 적응해야 하는 구체적인 영역 중에는 성(sex)관계, 성격차, 생활비, 역할분담, 자녀양육, 종교, 여가와 관련된 영역이 있다. 아울러 시댁식구와의 관계, 처가식구와의 관계, 친구관계와 같은 사회적 관계도 중요한 적응 영역이다. 이러한 적응 영역은 별개의 문제라기보다 서로 밀접하게 연결되어 있는 경우가 많다. 또한 결혼생활이 지속되면서 여러 가지 필연적인 또는 우연적인 적응과제가 발생하게 된다. 따라서 성공적인 부부관계는 부부 모두의 노력에 의해서 만들어 가는 것이다. 그렇다면 과연 성공적인 부부관계를 위해서는 어떤 노력을 해야 하는가? 성공적인 부부관계의 필수요건을 살펴보면, Hine(1980)은 결혼에 실패한 부부와 비교하여 성공적인 부부의 10가지 특징을 다음과 같이 제시하고 있다.

첫째, 가족의 위기를 성공적으로 해결한다.

둘째, 지속적인 애정교환을 한다.

셋째, 배우자에게 헌신하며 성실한 태도를 갖는다.

넷째, 칭찬 · 감사 등의 강화와 지지를 보낸다.

다섯째, 개방적이고 솔직한 대화를 나눈다.

여섯째, 인생관 · 가치관 · 역할기대를 일치시킨다.

일곱째, 유연하고 융통성있는 성숙한 태도를 보인다.

여덟째, 배우자에 대해서 관용과 인내를 보인다.

아홉째, 배우자와 함께 나누는 동반자 활동을 많이 한다. 마지막으로 원만한 부부관계를 위한 의지를 가지고 노력한다.

〈표 7-1〉 신뢰도 척도

내용.	정말로 그렇다	대체로 그렇다	그런것 같다	잘모르겠다	그렇지 않다	대체로 그렇지 않다	정마로 그렇지 않다
1. 내 파트너의 일차적인 관심사는 자기 자신의 안녕이다.	1	2	3	4	5	6	7
2. 나는 나의 파트너를 믿을 수 없을 때가 있다.	1	2	3	4	5	6	7
3. 나의 파트너는 나와의 관계에서 의심할 바 없이 정직하고 신실하다.	1	2	3	4	5	6	7
4. 나는 나의 파트너를 의심할 바 없이 신뢰할 수 있다고 생각한다.	1	2	3	4	5	6	7
5. 내 파트너의 약속은 정말로 진실된다.	1	2	3	4	5	6	7
6. 나의 파트너가 나를 충분히 배려해 주지 않고 있다고 생각한다.	1	2	3	4	5	6	7
7. 나의 파트너는 나를 공정하고 올바르게 대한다.	1	2	3	4	5	6	7
8. 나는 나의 파트너가 나에게 도움을 줄 것이라서 의지된다.	1	2	3	4	5	6	7

- 각 문항에 대해 "정말로 그렇다=1" "대체로 그렇다=2" "그런 것 같다=3" "잘 모르겠다=4" "그렇지 않은 것 같다=5" "대체로 그렇지 않다=6" "정말로 그렇지 않다=7"로 되어 있으며 3번, 4번, 5번, 7번, 8번 문항은 역 채점 문항이다. 점수가 높을수록 신뢰가 높음을 의미한다.

출처 : Larzelere & Huston (1980)

토론주제

1. 결혼을 고려하는 데 있어서 가장 중요한 동기를 5가지 열거하고, 소집단 내에서 이를 검토하고 다른 사람과의 유사점과 차이점에 대해 토론해 보자.

2. 맞벌이부부의 득실에 대해 열거하고, 배우자가 한 사람만 직업을 가질 경우의 득실에 대해 기록해 보고. 어떤 상황을 선택할지 논의해 보자.

3. 부모가 된다는 것은 일정한 자격을 갖춰야 한다고 생각하는지, 갖춰야 한다면 어떤 자격을 가져야 하는지에 대해 토론해 봅시다.

4. 미국의 경우 동성간 결혼이 합법화되었는데 앞으로 우리나라의 경우는 어떻게 될 거 같은지 그리고 소집단 내에서 각자의 생각을 나누어 봅시다.

CHPATER 08

가족 내에서의 인간관계

가정은 인간에 대한 교육이 이루어지는 최초의 장이며, 평생동안 가장 많은 시간을 보내게 되는 곳이다. 인간의 성격 및 행동 특성은 대부분 취학 전의 가정에서 이루어지는데 다른 시기에 비해 개인의 발달이 가장 활발하게 진행되는 시점이므로 가정환경이 개인에게 미치는 영향력은 막대하다 할 수 있다. 따라서 가족 구성원들 간의 상호작용이 이루어지는 부부, 부모-자녀 및 형제-자매 간의 인간관계는 개인의 성격 및 행동 발달에 직접적인 영향을 주게 된다. 본 장에서는 가족 내에서의 인간관계의 특성을 이해하고, 이를 개선·증진시키기 위한 여러 가지 방법들에 대하여 논의하고자 한다.

학습목표

1. 현대사회에서 가정과 가족이 갖는 의미는 무엇인지 이해한다.
2. 부부 간의 인간관계의 중요성을 알고, 친밀한 부부관계를 유지하기 위한 방법을 모색한다.
3. 부모-자녀 간의 인간관계의 특성을 이해하고, 부모-자녀 간의 관계를 개선·증진하기 위하여 노력한다.
4. 형제-자매 간의 바람직한 인간관계를 유지하는 데 필요한 조건은 무엇인지 탐색한다.

1. 가정, 가정환경

인간의 사고와 행동양식에 영향을 주는 주요 환경에는 가정, 학교, 사회 등이 있다. 이 중에서 가정은 최초의 인간관계를 형성하는 곳으로 개인에게 강력한 심리적 영향을 미친다는 점에서 가장 기본적이며 중요한 사회적 단위라 할 수 있다. 개인의 성격 및 행동 특성의 형성이 대부분 취학 전 가정에서 이루어지며, 이 때가 다른 시기에 비해 발달이 가장 활발하게 진행되는 시점이라 할 때 가정환경이 개인에게 미치는 영향력은 막대하다고 할 수 있다.

가정은 개인에 대한 교육이 이루어지는 최초의 장이며, 평생동안 가장 많은 시간을 보내게 되고, 이곳에서 기본적인 생활양식·행동양식·가치관 등을 형성하게 된다. 가족 구성원들 간의 인간관계 특히 배우자, 부모, 형제와의 상호작용을 통한 인간관계는 개인의 성격 및 행동 발달에 직접적인 영향을 주게 된다.

1) 가정환경

일반적으로 가정환경은 사회적 계층과 같은 지위환경(status environment)과 부모와 자녀 간의 상호작용 형태와 질, 개인에게 가해지는 어떤 압력과 같은 과정환경(process environment)으로 개념화하여 구분할 수 있다. 정원식(1976)은 가정환경을 지위환경, 구조환경, 과정환경의 세 가지 유형으로 분류하여 설명하였는데, 지위환경은 가정의 사회경제적 상황, 생태적 환경, 가족 구성을 의미하며, 구조환경은 가족의 문화적 상태, 영양 및 위생 상태, 생활공간, 사용하는 언어 모형을 의미한다. 과정환경은 주로 심리적 측면에 해당하는 요인으로서 수용-거부적, 자율-통제, 보호-방임적, 성취-안일, 개방-폐쇄적 특성 등의 하위요인을 갖는다. 또한 송인섭(1998)은 가정환경을 가족구조 차원(출생순위, 자녀의 수), 사회적 지위 차원(부모의 직업, 부모의 교육 수준, 교육받을 수 있는 경제 수준), 가족의 심리 및 과정 특성 차원(부모의 격려 및 기대, 가정의 교육활동, 교육적 관심, 자녀의 지적 수준에 대한 부모의 평가, 상벌 체계) 등으로 구분하고 이에 대한 고차적 요인 분석을 통해 각 차원의 특성을 확인하였다. 이재창(1983)은 가정의 사회·경제적 지위, 부모의 직업 및 교육 정도 등의 구조변인과 부모의 가치 지향, 자녀 양육방식, 가족 내 의사소통 방법 등의 과정변인으로 구분하고 있으며, 김상진(1985) 역시 부모의 사회적 지위에 의해 결정되는 지위환경과 부모-자녀 간의 상호작용에 의해 결정되는 작용환경으로 구분하여 제시하였다. 가정환경에 대한 연구들을 종합하여 살펴보면, 가정은 그것을 구성하는 요인의 특성에 따라 크게 지위환경과 과정환경으로 나뉜다. 가정환경에 대한 기존의 연구가 주로 지위환경적 측면에서 이루어져 왔으나 최근에는 과정변인 혹은 작용변인에 대한 강조가 활발한 편이다. 즉, 가정 내에서 이루어지는 부모-자녀 간의 상호작용의 질과 양, 강도, 밀도, 지속성 등이 가정의 사회계층 및 지위와 같은 변인보다 더 중요한 것임을 알 수 있다(황정규, 1977 : 1998). 특히 가정의 심리적 환경에 포함될 수 있는 부모-자녀 간의 상호작용 형태의 변인은 개인의 성격이나 행동 특성에 직접적인 영향을 제공하는 중요한 요소라고 할 수 있다(Bronfenbrenner & Mahony, 1975).

2) 가족의 유형

가족은 부부와 그 자녀로 구성되는 혈연 중심의 공동 운명체로서 친밀한 인간관계의 기본적인 형태라고 할 수 있다. 가족관계는 다른 형태의 인간관계와 달리 유전적 특성 혹은 신체적·심리적 측면에서 유사성을 지니고 있다. 또한 개인의 출생과 함께 부여된 관계로서 사별이나 이혼과 같은 특별한 경우를 제외하고 평생동안 밀접한 관계를 지속하는 역동적 관계라는 특징을 갖는다. 가족은 가족 구성원의 크기, 구성원 간의 유대관계, 의사소통 및 애정교환 구조의 형태에 따라 다음과 같이 유형화하여 구분할 수 있다(권석만, 1997).

(1) 가족 구성원의 크기에 따른 구분

핵가족은 부부와 자녀로 이루어지는 가족이다. 확대가족은 조부모까지 포함된 3대 이상, 그리고 직계 이상의 구성원으로 이루어진 가족이다. 또한 다소 변형된 형태로서 서로의 사생활을 어느 정도 유지하면서 친밀한 관계를 지속할 수 있는 절충적 형태인 '수정된 확대가족'과 '수정된 핵가족'이 있다. 수정된 확대가족은 노부모와 자녀가족이 각기 별개의 가구를 마련하고 근거리에 살면서 실제로는 마치 한집에 사는 것처럼 왕래가 빈번한 경우이다. 수정된 핵가족은 외형상 한울타리에 살지만 실제로는 별개의 주거공간을 마련하여 독립된 생활양식을 유지하는 형태이다. 즉 한 건물의 위·아래층에 살지만 식사는 각자 해결하는 것과 같은 형태를 취하는 것이다.

(2) 구성원의 응집력에 따른 구분

가족의 응집력은 구성원 간의 의사소통과 애정교환이 이루어지는 빈도나 강도에 의해 평가될 수 있다. 분산형 가족은 응집력이 가장 약한 형태로 의사소통과 애정교환이 매우 제한적으로 이루어지는 가정이다. 가족이 함께 모일 기회가 적고 서로에 대한 애정과 관심이 적은 경우이다. 이는 구성원 각자가 주로 가정 밖에 생활 영역을 마련하고, 가정 밖에서의 대인관계를 통하여 정서적 지지와 애정을 공급받는 경우가 많다. 아버지는 회사 일에만 매달려 밤늦게까지 일하고 어머니는 종교활동이나 봉사활동 등으로 늘 외출 중이며 자녀는 학교공부나 친구를 핑계로 가족과 함께 할 여유가 없는 경우에서 볼 수 있다. 분리형 가족은 가족 구성원이 두 개 이상의 하위집단으로 구성, 분리되어 있는 경우이다. 한 지붕 두 가족 혹은 세 가족처럼, 아버지와 딸 혹은 어머니와 아들 간에는 친밀한 관계가 형성되어 있으나 나머지 구성원 간의 응집이 약한 경우이다. 하위집단 내에서는 유대가 돈독하지만 하위집단 간에는 교류가 없거나 적대시하는 경우가 많다. 반면, 응집형 가족은 바람직한 가족의 대표적 형태라 할 수 있는데 가족 구성원 모두가 서로에 대해 깊은 관심과 애정을 소유하고 있으며, 긴밀한 의사소통과 애정교환이 이루어져 한 가족이라는 일체감을 지닌다.

(3) 새로운 가족 유형

최근 생활풍속의 변화와 성역할에 대한 의식의 변화, 여성의 취업 증가로 가족의 역할 및 형태가 변화하고 있다. 부부가 각기 직업을 갖고 사회적 활동을 하는 '부부 취업형' 가족, 가정 내에서의 역할을 부부가 공평하게 분담하는 '역할 공유형' 가족, 전통적인 가족에서의 남편과 아내의 역할이 뒤바뀐 '역할 전환형' 가족이 이에 해당한다.

이혼, 별거, 사별 및 재혼의 증가로 인하여 편부모가족, 계부모가족, 재구성가족(혼합가족) 등이 증가하고 있다. 또한 결혼은 하지 않고 아이만 갖는 '싱글맘가족', 자녀교육을 위한 '기러기가족' 등 사회 전반의 급속한 변화로 인해 다양한 형태의 새로운 가족유형이 늘고 있다. 이는 우리사회의 변화된 사회적 풍토와 생활양식을 반영하는 것이라고 할 수 있다. 따라서 새로운 가족유형에 대한 사회 전반의 유연한 인식의 전환이 필요하다. 또한 새로운 가족유형의 특성과 문제점을 파악하고 파생되는 문제와 관련하여 개선점을 강구하며 제도적인 개선을 모색하는 등 다양한 지원체제가 수반되어야 할 것이다.

2. 부부 간의 인간관계

가정에서 이루어지는 가족의 주요 인간관계는 다음의 세 가지 하위 차원으로 구성된다(그림 8-1 참조). 즉 가족 내에서의 인간관계 주요 유형은 부부 간의 관계, 부모-자녀 간

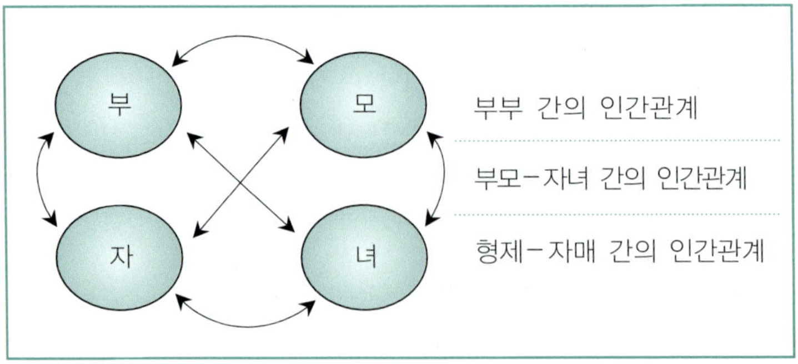

[그림 8-1] 가족 내에서의 하위 인간관계의 유형

의 관계 및 형제-자매 간의 관계이다. 가족 내 하위 인간관계의 주요 특성과 바람직한 관계의 형성을 위하여 우리가 수행하여야 할 구체적인 노력과 활동에 대해 생각해 보자.

1) 부부관계의 중요성

가족 내에서의 인간관계에서 가장 핵심적이고 기본이 되어야 하는 것은 부부 간의 관계이다(읽기 자료 참조). 한 가정의 신뢰를 바탕으로 한 건강한 부부관계의 수립은 부부 개인의 만족감 차원에서뿐만 아니라 전체가족 구성원은 물론 사회 전반에 영향을 미친다.

친밀감이 형성된 서로를 배려하는 부부관계가 중심이 되어 가정을 이끌어갈 때 가족 구성원의 심리적 안정과 신체적 건강 그리고 올바른 자녀교육이 이루어질 수 있다. 이는 청소년 비행이나 학교폭력과 같은 공격행동, 우울 및 자살과 같은 사회적 병리현상을 예방하는 기초가 될 수 있다. 반사회적인 문제행동의 기저에는 병든 가정, 건강하지 못한 가정환경이 자리하고 있는 경우가 많기 때문이다. 따라서 원만하지 못한 부부관계로 가정이 병들면 그 나라의 미래가 없다고 해도 과언이 아닐 것이다.

(1) 부부관계는 사회 전체에 영향을 미치므로 건강한 부부관계를 유지하기 위하여 노력해야 한다

친밀한 부부관계를 만들기 위하여 의도적으로 서로를 쳐다보는 횟수를 늘리고 서로에게 미소짓는 시간을 늘려 공감대를 형성하고 부부 간의 유대를 더욱 돈독하게 하여야 한다. 그러나 이와 같은 부부차원의 개별적 노력뿐만 아니라 가정의 역할과 기능을 고려할 때 사회 전반적 차원에서의 인식의 전환, 사회 환경 및 제도의 개선과 같은 총체적 노력이 강구되어야 한다. 즉 친밀한 부부관계를 장려하고 그것을 중요하게 여기는 사회적 풍토, 가정의 중요성에 대한 사회 전반의 인식이 확산되도록 해야 할 것이다. 가정생활 속에서 배우자가 행복감을 느끼며 살 수 있도록 부부 간의 관계의 사회구조적 문제에서 기인하는 갈등을 해결하도록 노력해야 한다. 예를 들어 부부 간의 스트레스의 주요 원인 중 하나인 변화된 생활환경에 보조를 맞추지 못하는 가사노동에서의 역할분담 문제를 비롯한 가부장적 권위의식에서 기인하는 문제 등 다양한 갈등 상황에 대처하여 적절하게 이를 극복해 나가는 것이 필요하다.

(2) 부부의 만족도는 건강과 관련이 있다

배우자와 좋은 관계를 유지하는 것은 마음의 안정과 같은 심리적 측면뿐만 아니라 건강이나 수명과 같은 신체적 측면에도 중요한 영향을 미친다. 행복호르몬이라 불리는 세로토닌 측정 검사 결과, 결혼만족도가 높은 부부는 결혼만족도가 낮은 갈등관계의 부부보다 세로토닌의 분비가 많은 것으로 나타났다. 또한, 단백질을 생성하여 암을 죽이는 데 관여하는 NK 세포의 수치도 훨씬 높아 바이러스나 세균 감염 등을 예방할 수 있는 면역력이 더 큰 것으로 나타났다.

(3) 부부관계는 자녀의 심리적, 정서적 특성 및 행동에 영향을 미친다

일반적으로 화목하지 않은 불화가정에서 성장한 자녀의 키는 만성적 스트레스로 인하여 화목한 가정에서 자란 아이에 비해 더 작은 경향이 있다고 한다. 또한 부모의 잦은 다툼으로 인하여 걱정과 불안감을 더 많이 경험하게 됨으로써 우울증이나 공격적인 행동을 더 많이 나타낼 수 있다. 특히 문제가 될 수 있는 것으로 부부 간 불화의 원인이 자신에게 있다는 비합리적 신념을 갖게 됨으로써 불필요한 자책감이나 학습된 무기력감을 느낄 수 있다. 이러한 감정은 성장 이후 당면하게 될 대인관계에 나쁜 영향을 미칠 수 있게 된다.

2) 부부 간의 의사소통

(1) 대화의 내용 : '사랑의 지도'도 함께 그리자

부부 간 대화 내용의 주제를 살펴보면, 자녀교육과 관련한 시비, 수입과 지출, 집 문제나 대출금, 경조사 문제 등 현실적 생활에 대한 문제 등이 주를 이루게 된다. 이런 종류의 주제는 대화를 통해서 뾰족한 해답을 찾을 수 없는 경우가 많다. 따라서 대화를 할수록 답답해지고 더 이야기하고 싶지 않게 되는 경우가 많은 것도 사실이다. 그래서 분위기 있는 식당이나 카페 같은 곳에 앉아있는 커플들을 볼 때, 웃으며 이야기를 많이 나누는 커플은 불륜을 상상하게 되는 반면 아무 말 없이 무표정하게 먹거나 마시고 있으면 백발백중 부부사이임을 예측할 수 있다고 한다. 물론 부부사이에는 굳이 말하지 않아도 눈빛으로 통하는 끈끈한 그 무엇이 있기 때문이라는 것으로 위안해 보지만, 참으로 씁쓸한 일이다.

현실적이고 재미없게 여겨지는 일상의 문제에 대한 이야기들은 그것이 크든 작든 실제 생활 속에서는 매우 중요한 것들이다. 그러나 거기에서만 멈추지 말고 배우자 서로에 대한 문제에 대해서도 이야기를 나눌 필요가 있다. 즉 배우자의 인생과 관련된 정보를 공유하는 것이다.

부부가 서로 상대방의 꿈이 무엇인지, 장래 계획이나 인생의 목표, 가치관, 그리고 상대에게 바라는 것이 무엇인지와 같은 주제들에 대하여 대화를 나누는 사랑의 지도(love map)를 그릴 필요가 있다. 이런 주제의 대화를 통하여 서로를 더 잘 알아가게 되고 상대를 더 많이 이해하고 잘 배려할 수 있게 된다. 오랫동안 함께 살면서도 정작 자신의 배우자가 자신의 인생에서 이루고 싶어하는 꿈이 무엇인지에 대하여 알지 못하고 알려고 조차 하지 않는 것은 화목한 듯 보여도 실상은 반쪽부부에 불과하다. “새삼스럽게 무슨 …”하며 오로지 생활 속의 전사처럼 행동하려는 것은 부부 간 갈등의 소지가 될 수 있다.

(2) 대화방식 : 다가서는 형태의 대화가 중요하다

Gottman과 Silver는 3천 쌍 이상의 부부를 대상으로 한 오랜 연구 결과, 부부의 대화를 5분만 관찰하면 그들이 이혼할 것인지 아닌지의 여부를 91%의 정확도로 예측할 수 있다고 주장하였다(임주현 역, 2007). 결혼만족도가 높은 행복한 부부의 대화방식은 서로에게 다가가려는(turning toward) 형태를 취한다. 반면 만족도가 낮은 불행한 부부들의 경우 시비를 걸거나, 외면하는 형태의 부정적인 대화 방식을 사용한다는 것이다. 또한 대화를 하는 중에 상대에 대한 비난, 경멸, 자기변명, 담쌓기(도피)와 같은 유형의 대화방식은 상대를 적으로 만들 수 있는 위험한 요소가 되어 결국 부부가 파경에 이르게 될 확률이 증가하게 된다고 수상하였다.

3) 부부 간의 관계 증진을 위한 방법

친밀하고 건강한 부부관계를 위해서는 서로에 대한 관심과 좋은 관계를 유지하려는 노력이 중요하다.

(1) 얼굴을 마주보며 이야기하는 시간을 많이 갖는다

이 때는 특히 경청과 피드백을 적절하게 사용하는 것이 매우 중요하다. 부부가 서로의 이야기를 들을 때 다른 곳에 한눈을 팔거나, 마음속으로는 딴 신경을 쓰고 있으면서 고개만 끄덕여서는 안 된다. 눈, 얼굴, 몸, 그리고 마음까지 모두 집중하여 상대의 이야기에 귀 기울여서 잘 들어주고 맞장구를 쳐주는 것과 같은 피드백 행동은 친밀감 형성의 기초가 된다. 자기를 지지해 준다는 느낌, 존중받고 있다는 느낌은 서로에 대한 따뜻한 정과 깊은 신뢰의 마음을 갖게 한다.

(2) 부부가 함께 할 수 있는 취미생활을 가지자

부부가 함께 시간을 보내는 활동을 공유하면 더 많은 공감대를 형성할 수 있고, 상대 존재를 재발견할 기회가 될 수 있다. 집에서 늘 대해오던 익숙하고 고정된 이미지를 넘어 상대를 다른 시각에서 볼 수 있게 한다. 또 가까운 곳을 외출하거나 산책할 때는 손을 잡고 다닐 수도 있다. 친밀감을 높이는 가벼운 스킨십은 청춘 남녀들만의 전유물이 아니다.

(3) 자신의 감정을 말로 표현한다

"… 알아서 해줘야지, 내가 이런 것까지 일일이 다 이야기해야 돼? 정말 치사해." 자기가 느끼는 것이 무엇인지 상대 배우자에게 말하지 않으면 상대가 알 수 없다는 점을 명심하자. 치사한 일도 아니고 자존심 상할 것도 없다. 자신이 정말 좋아하는 것이 무엇인지 상대가 알 수 있도록 자주 표현하는 것이 좋다. 또한 좋은 부부라면 무엇이든지 이야기할 수 있는 사이가 되어야 한다.

부부는 '말을 안 해도 눈빛으로 통할 수 있다'고 하지만 오해의 가능성과 한계가 있다. 더 중요한 것은 '말을 하는 것이다'. 자신의 감정이나 입장, 특히 상대에게 화가 나거나

서운한 감정이 생겨서 속상한 것이 있으면 말로 표현하는 것이 더 좋다. 무조건 참는 것보다 솔직하게 털어놓는 것만으로도 속 시원하게 풀리는 경우가 있다. 분위기 파악을 잘하지 못하는 상대에게는 알게 해 주고, 알면서도 모르는 척 넘어가려는 상대에게는 문제에 직면하게 하는 효과가 있다.

【함께 읽기 8-1】 성철스님의 주례사

다음의 글은 성철스님이 살아생전 딱 두 번 했다는 주례사이다.

오늘 두 분이 좋은 마음으로 이렇게 결혼을 합니다.

이렇게 좋은 서로 사랑하는 마음으로 결혼을 하는데 이 마음이 십년, 이십년, 삼십년 가면 얼마나 좋겠습니까? 여기 앉아 계신 분들 결혼식장에서 약속한 것 다 지키면서 살고 계십니까?

지금 이 자리에서는 검은 머리가 하얀 파뿌리가 될 때까지 아무리 어려운 일이 있거나 어떤 고난이 있더라도 서로 아끼고 사랑하며 살겠는가 물으면 '예'하며 약속해놓고 3일을 못 넘기고 3개월, 3년을 못 넘기고 남편 때문에 못살겠다, 아내 때문에 못 살겠다 이렇게 마음의 갈등을 일으키고 다투기 십상입니다. 그렇게 결혼하기를 원해 놓고는 살면서 아이고 괜히 결혼했다, 이럴 줄 알았으면 안하는 게 나았을 걸, 후회하는 마음을 냅니다.

그럼 안 살면 되는데 이렇게 많은 사람들 앞에서 약속을 해놓고 안살 수도 없으니까 이래저래 어영부영하다가 애기가 생기니까 또 애기 때문에 못하고, 이렇게 하면서 나중에는 서로 원수가 되어 아내가 남편이 아니고 원수라 합니다.

이렇게 남편 때문에 아내 때문에 고생 고생하다가 나이 들면서 포기하고 살만하다 싶은데 이제 또 자식이 애를 먹입니다. 자식이 사춘기 지나면서 어긋나고 온갖 애를 먹여 죽을 때까지 자식 때문에 고생하며 삽니다. 이것이 인생사입니다. 그래서 결혼할 때는 다 좋은 데 한참 인생을 살다보면 여기 이 스님이 부러워, 아이고 저 스님 팔자도 좋다 이렇게 됩니다.

이렇게 인생이 괴로움 속에 돌고 도는 이유가 있습니다. 오늘 제가 그 이유를 말할 테니 두 분은 다른 사람들처럼 살지 마시기 바랍니다. 서로 좋아서 결혼하는데 이 결혼할 때의 마음이 어떠냐. 선도 많이 보고 사귀기도 하면서 남자는 여자를 여자는 남자를 이것저것 따져보는데, 그 따져보는 근본 심보는 덕 보자고 하는 것입니다. 저 사람이 돈은 얼마나 있나, 학벌은 어떤가, 지위는 어떤가, 성질은 어떤가, 건강은 어떤가 이렇게 다 따져 가지고 이리저리 고르는 이유는 덕 좀 볼까하는 마음입니다.

손해 볼 마음은 눈곱만큼도 없습니다. 덕 보겠다는 마음으로 고르고 고릅니다.

그러니 아내는 남편에게 덕 보고자 하고 남편은 아내에게 덕 보겠다는 이 마음이 살다가보면 다툼의 원인이 됩니다. 아내는 30% 주고 남편에게 70% 덕 보자고 하고 남편도 자기가 한 30% 주고 70% 덕 보려고 하니 둘이 같이 살면서 70%를 받으려고 하는데 실제로는 30% 밖에 못 받으니까 살면서 결혼을 괜히 했나? 속았나? 하는 생각을 십중팔구하게 됩니다. 그런데 이 덕 보려는 마음이 없다면 어떨까? 좀 적으면 어떨까요? 아이고 내가 저분을 좀 도와줘야지, 저분 건강이 안 좋으니까 내가 평생 보살펴 주어야겠다. 저분 경제가 안 좋으니까 내가 뒷바라지해 줘야겠다. 아이고, 저분 성격이 저렇게 괄괄하니까 내가 껴안아서 편안하게 해 줘야겠다.

이렇게 베풀어 줘야겠다는 마음으로 결혼을 하면 길가는 사람 아무하고 결혼해도 별 문제가 없습니다. 그런데 덕 보겠다는 생각으로 고르면 백명 중에 고르고 해도 막상 고르고 보면 제일 엉뚱한 걸 고른 것이 됩니다. 시집가고 장가가면 좋은 일이 생길까 기대하고 가보지만 가 봐도 별 볼일이 없으니까, 괜히 결혼을 했나 후회가 됩니다.

(중 략)

제일 중요한 것은 오늘 이 순간부터 덕 보겠다는 생각을 버려야 됩니다.

내가 아내에게, 내가 남편에게 무얼 해줄 수 있을까, 내가 그래도 저분하고 살면서 그래도 좀 덕 봤다는 생각이 들도록 해줘야 하지 않을까 이렇게만 생각을 하면 사는 데 아무 지장이 없습니다. 그런데 심보를 잘못 가져 놓고 자꾸 사주팔자를 보려고 합니다.

궁합 본다고 바뀌는 것이 아닙니다. 바깥궁합 속궁합 다 보고 삼년을 동거하고 살아봐도 이 심보가 안 바뀌면 사흘 살고 못삽니다.

주위의 실패한 사람들이 괜히 심보를 부립니다. 남편에게 '왜 괜히 바보같이 마누라에게 쥐여 사나, 이렇게 할 것 뭐 있나'하고, 아내에게는 '네가 왜 그렇게 남편에게 죽어 사나, 네가 얼굴이 못났나 왜 그렇게 죽어 사노' 이렇게 옆에서 살살 부추기며, 결혼할 때는 박수치지만 내일부터는 싸움을 붙입니다. 이런 말은 절대 들으면 안 됩니다. 이것은 실패한 사람들이 괜히 심술을 놓는 것입니다. 남이 뭐라고 하던 나는 남편에게 덕 되는 일 좀 해야 되겠다. 남이 뭐라 그러든 어머니가 뭐라 그러든, 누가 뭐라 하던 나는 아내에게 도움이 되는 남편이 되어야겠다. 이렇게 지금 이 순간 마음을 딱 굳혀야 합니다. 괜히 애까지 낳아놓고 나중에 이혼한다고 소란피우지 말고 지금 생각을 딱 굳혀야지 그렇게 하시겠어요? 덕 봐야 돼요? 손해 봐야 돼요?

'손해 보는 것이 이익이다' 이것을 확실하게 가져야 합니다.

(중 략)

제가 신도 분들 많이 만나보면, 애 때문에 시골 살면서 남편 떼어놓고 애 데리고 서울로 이사 가는 사람, 애 데리고 미국에 가는 사람이 있는데 이것은 절대 안 됩니다. 두 부부는 애기 세 살 때까지만 애를 우선적으로 하고 그 이후에는 어떤 일이 있더라도 남편은 아내, 아내는 남편을 우선으로 해야 합니다. 애기는 늘 이차적으로 생각하십시오. 대학에 떨어지든지 뭘 하든지 신경쓰지 마십시오. 누가 제일 중요하냐. 아내요 남편이 첫째입니다. 남편이 다른 곳으로 전근가면 무조건 따라가십시오. 돈도 필요 없습니다. 학교 몇 번 옮겨도 됩니다. 이렇게 남편은 아내를 아내는 남편을 중심으로 놓고 세상을 살면 아이들은 전학을 열 번 가도 아무 문제없이 잘 삽니다.

그런데 애를 중심으로 놓고 오냐오냐하면서 자꾸 부부가 헤어지고 갈라지면 애는 아무리 잘해줘도 망칩니다. 여기도 그렇게 사는 사람 있을 것입니다. 오늘부터 정신 차리십시오. 제 이야기를 선물로 받아 가십시오. 이렇게 해야 가정이 중심이 서고 가정이 화목해집니다.

이렇게 먼저 내가 좋고 가정이 화목한 것을 하면서 내가 사는 세상에도 기여를 해야 합니다. 우리만 잘 산다고 되는 것이 아닙니다. 그러니까 늘 내 자식만 귀엽게 생각하지 말고 이웃집아이도 귀엽게 생각하고 내 부모만 좋게 생각하지 말고 이웃집 노인도 좋게 생각하고 이런 마음을 내면 어떠냐. 내가 성인이 되고 자식이 좋은 것을 본받습니다. 부모에게 불효하고 자식에게 정성을 쏟으면 반드시 자식이 어긋나고 불효합니다. 그러나 늘 자식보다는 부모를 생각하고, 첫째가 남편이고 아내고 두 번째는 부모가 돼야 자식 교육이 똑바로 됩니다.

(중 략)

첫째가 남편이나 아내를 우선시하고 둘째가 부모를 우선시하지 남편이나 아내보다 부모를 우선시하면 안 됩니다. 그것은 옛날이야기입니다. 일단 아내와 남편을 우선시할 것, 두 번째 부모를 우선시할 것, 세 번째 자식을 우선시할 것, 이렇게 우선순위를 두어야 집안이 편안해집니다. 그러고 나서 사회의 여러 가지도 함께 기여를 하셔야 합니다.

이러면 돈이 없어도 재미가 있고 비가 새는 집에 살아도 재미가 있고, 나물 먹고 물 마셔도 인생이 즐거워집니다. 즐겁자고 사는 거지 괴롭자고 사는 것이 아니니까 두 부부는 이것을 중심에 놓고 살아야 합니다. 그런데 돈에 눈이 어두워 권력에 눈이 어두워 자기 개인의 이익에 눈이 어두워 가지고 자기 생각 고집해서 살면 결혼을 안 하느니보다 못합니다. 그러니 지금의 좋은 이 마음이 죽을 때까지 내 생에까지 가려면 반드시 이것을 지켜야 합니다. 이렇게 살면 따로 머리 깎고 스님이 되어 살지 않아도 해탈하고 열반할 수 있습니다. 그것이 대승보살의 길입니다. 제가 부주 대신 이렇게 말로 부주를 하니까 두 분이 꼭 명심하시기 바랍니다.

3. 부모-자녀 간의 인간관계

가족의 화목을 위해서는 부부 간의 원만한 관계뿐만 아니라 부모-자녀 간의 신뢰가 중요하다. 부모-자녀 간의 관계는 혈연으로 이루어진 일차적 관계로서 본능적 애착이 강하게 작용하며 평생동안 관계가 지속된다는 특성을 갖는다. 또한 부모와 자녀 간의 연령 및 능력, 경험의 현저한 차이로 인하여 일방적인 상호작용이 이루어지는 수직적이고 종속적인 특성을 갖게 된다. 그러나 이와 같은 관계의 속성은 자녀의 성장과 함께 변화하게 되는데 자녀는 의존적 관계에서 독립적 관계로 발전하고, 성장한 후에 부모의 의지가 되는 존재로 바뀌게 된다.

1) 부모-자녀 간의 의사소통

가족의 역할 구조, 가정의 분위기, 부모의 양육방법 등은 자녀의 성격 및 행동적 특성의 형성에 큰 영향을 미친다. 가족 내에서의 부모-자녀 관계 속에서 개인의 성격이 형성되며, 현실생활에 대처하는 기술, 그리고 인간관계를 형성하고 유지해 나가는 방법 등을 학습하게 된다. 특히 정서적·지적인 문제를 지니고 있는 아동의 경우 의학적 원인이 아닌 부모-자녀관계의 문제가 주요 원인으로 작용하는 경우도 많다.

Gordon(1976)은 부모-자녀 간의 관계에서 원활한 의사소통을 하게 되면 사회적으로 생산적이고 협동적인 인간이 될 수 있다고 보고 의사소통의 결핍으로 인한 결과는 부모들의 책임이라고 주장하였다. 부모-자녀 사이의 의사소통에서 지켜야 할 기본적인 내용을 이해함으로써 갈등을 초래하는 관계의 문제를 해결해 줄 수 있다. 기본적 의사소통에 장애가 되는 형태는 다음과 같다(이형득 외, 1987). ① 명령과 지시, ② 주의·협박, ③ 훈계·설교, ④ 충고·해결책의 논쟁, ⑤ 강의·교수·논적 논쟁의 전개, ⑥ 판단·비난·비판, ⑦ 칭찬·동의, ⑧ 욕설·조소·수치심, ⑨ 분석·진단, ⑩ 격려·동정·위로·지원, ⑪

심문·질문, ⑫ 화제 바꾸기·빈정거림·농담 등이다. 또한, Michael Brock과 Stephen Glenn(1998)도 효과적인 대화를 가로막는 비효과적인 대화 방법을 권위적인 말, 훈계, 충고, 판단, 무조건적 칭찬, 놀림, 조롱, 해석, 잘못된 확신, 공격, 회피 등으로 보고 있다. 이 외의 잘못된 의사소통의 요소로는 '반대와 거부'의 태도와 '남과 비교하기' 등이 있다.

이 같은 부모-자녀 간의 대화를 어렵게 만드는 잘못된 형태의 의사소통 사례를 구체적으로 제시하면 다음과 같다.

- **명령과 지시** : "나한테 그런 말 하지 마!", "○○야. 빨리 이 물건들 좀 치워버려. 하나, 둘, 셋!"
- **주의·협박** : "입 다물어! 또 말대꾸하기만 해봐, 그냥…", "너 지금 숙제 안하면 저 컴퓨터 확 치워버린다!"
- **훈계·설교** : "사람은 그럼 안 돼. 어른 말씀을 잘 들어야 착한 사람이지."
- **충고·해결책의 논쟁** : "만약 누가 뭐라 하면, '난 잘 몰라요'라고 말해, 알았지?"
- **강의·교수·논쟁의 전개** : "네 말이 틀린 이유는…", "네가 왜 잘못했느냐 하면…"
- **판단·비난·비판** : "그건 바보 같은 생각이야, 도대체 언제 철들래", "너는 항상 그렇게 게으름 피우는 게 문제야."
- **칭찬·동의** : "그래, 너 잘했다", (아무 근거도 없이) "그래, 그래. 좋아, 좋아"
- **욕설·조소·수치심** : "야! 이 바보야. 도대체 네가 잘하는 게 뭐 있니?", "이런 바보, 겁쟁이, 멍청하긴…"
- **분석·진단** : "네가 그렇게 말하는 건 이번에도 거짓말해서 그냥 넘어가려고 그러는 거지?"
- **격려·동정·위로** : "괜찮아, 다 잘 될 거야. 잊어버려."
- **심문·질문** : "너 왜 늦게 들어 왔어? (꼬치꼬치 캐물으며) 누구랑 있었는데? 뭐했어?"
- **화제 바꾸기·빈정거림·농담** : "자—알 한다. 그래, 계속 그런 식으로 해봐."
- **반대와 거부** : "안 돼, 저리가! 네가 하긴 뭘 한다고 그래."
- **남과 비교** : "남들은 다 하거든!", "너는 어째 동생만도 못하니?"
- **회피** : "지금은 그냥 넘어간다. 다른 얘기하자."

부모와 자녀 간의 대화에서 부모가 자녀에게 전달하는 한마디의 말은 자녀를 어떻게 생각하고 있는지를 드러내며 부모-자녀 간 관계에 큰 영향을 미친다. 따라서 자녀를 양육할 때 혹은 자녀와의 대화에서 부모가 사용하는 언어 형태가 부모-자녀관계를 건설적으로 유도할 것인지 혹은 파괴적으로 만들 것인지를 결정하는 중요한 요소라는 것을 명심하여야 한다.

2) 부모의 수용 능력

자녀를 양육하는 부모 역시 사람이기 때문에 자녀에게 언제나 사랑과 인내, 무조건적 수용과 관대함으로 대할 수는 없다. 오히려 이러한 완벽한 부모노릇을 하여야만 올바른 것이라고 생각하는 부모들의 고정관념이 부모자녀 관계를 더욱 어렵게 만드는 경향이 있다(Gordon, 1975).

자녀의 특정한 행동에 대한 부모의 반응은 상황마다 다르게 나타날 수 있다. 자녀의 행동을 받아들이는 정도를 나타내는 수용능력의 차이에 따라 아동의 동일한 행동에 대한 평가가 달라진다. 즉, 비수용적인 부모가 수용적인 부모보다 자녀의 행동을 더 문제시하는 경향이 있다. 수용능력이 큰 부모는 수용능력이 작은 부모에 비해 자신의 기분이나 주위 상황, 집안의 분위기에 크게 좌우되지 않으며, 자녀의 행동에 대해서도 덜 문제시하는 경향이 있다.

평소에는 문제가 없다고 보았던 자녀의 놀이 형태(예 : 장난감을 이것저것 잔뜩 꺼내 놓고 노는)가 부모 자신이 매우 바쁜 날에는 수용하기 어려운 문제행동으로 지각될 수 있다. 또한 평소 자녀에 대하여 좋은 감정을 가지고 있는 경우에는 자녀에 대한 수용 능력이 커지지만 나쁜 감정을 가지고 있을 경우 수용 능력은 작아진다. 뿐만 아니라 상황에 따라 수용 정도가 달라지는 경우도 있는데, 예를 들면 친구가 자녀와 함께 자기 집을 방문하였을 때와 자신이 자녀와 함께 친구 집을 방문하였을 때 동일한 행동에 대한 수용 정도가 달라질 수 있다. 자기 자녀가 소파에서 뛰는 행동에 대해서는 "뛰지 마! 왜 이렇게 난리야. 도대체 누구를 닮아서 저러는지…"하며 야단을 치지만 친구의 자녀가 그 집의 소파에서 뛰는 행동을 보고서는 "애들이 다 그렇지 뭐…….."하며 높은 수용 정도를 나타내는 것이다. 이와 같이 부모의 수용태도는 비교적 일관성이 없다고 할 수 있다. 그러나 부모의 수용태도가 자녀의 행동에 영향을 미칠 수 있어 가능한 일관성이 있는 태도를 갖도록 노력해야 한다.

하지만 부모들이 항상 일관성을 갖고 아이들을 대할 수 없기 때문에 부모는 아이의 행동 평가에 대한 자신의 감정이나 행동에 문제가 있는지를 잘 인식할 필요가 있다. 만일 부모의 잘못이나 실수로 아이의 행동을 문제시한 경우라고 판단되면, 자녀에게 솔직하게 표현하는 것이 좋다. 부모의 자존심이나 체면 때문에 자신의 실수를 인정하지 않고 덮어두려 하거나 오히려 자녀를 윽박지르는 것과 같은 행동을 보일 수도 있는데, 이러한 행동은 부모-자녀관계를 그르치는 원인이 될 수 있으므로 피해야 한다.

부모-자녀관계에서 문제가 생길 때 문제행동의 원인이 부모, 아동, 환경 중 어떤 요인에서 기인하는지를 살펴볼 필요가 있다. 부모는 자신의 수용성이 어느 정도이며, 문제의 원인을 제공한 사람이 누구인지를 파악해야 한다. 부정적인 아동의 행동에서 기인하는 경우도 있으나 실제 부모의 정서 상태 혹은 외부 상황에 의해 아동의 정상적인 행동이 부정적으로 인식되는 경우도 많기 때문이다.

3) 감정코치(Emotion coach)

감정코치는 부모가 자녀의 감정을 알아주고, 공감해주며, 자녀가 자신의 감정을 잘 표현하도록 해주되, 감정을 표현하는 행동에는 제한이 있다는 것을 알려 줌으로써 자녀들이 감정에 대해 어떻게 해야 하는지 방향을 제시해주는 중요한 전략이다.

부모의 가장 중요한 책임 중 하나는 자녀의 말에 귀 기울이는 것이다. 이 때 단순히 말을 듣는 것뿐만 아니라 말 속에 담긴 숨은 감정까지 읽을 수 있어야 한다. 이것은 부모가 자녀의 감정을 진심으로 존중할 때 비로소 가능하게 된다. 즉 아이들이 느끼는 감정을 그대로 느껴야 한다. 부모자식이 의사소통을 할 때는 양측 모두 항상 자기 존중감이 유지되어야 한다. 특히 '충고의 말'에 앞서 '이해의 말'이 선행되어야 한다(존가트맨, 남은영, 2013, p.41).

자녀의 감정에 관여하는 부모들을 '감정코치'라 한다. 감정코치는 아이가 분노, 슬픔, 두려움을 표현하지 못하게 하지 않고, 그런 감정을 무시하지도 않는다. 오히려 부정적 감정을 인생의 참 모습으로 인정하고, 그것을 통해 중요한 교훈을 가르친다. 또한 아이와 더 친밀한 관계를 맺을 수 있는 기회로 활용한다. 어린 시절에 감정코치를 받은 아이들은 사회적 기술을 제대로 계발하여 나중에 또래집단과 잘 어울리고 대인관계가 원만하다(존 가트맨, 남은영, 2013).

자녀에게 온화하고 긍정적인 부모라 해도 아이에게 EQ를 가르칠 수 없는 경우가 있다. 즉 자녀를 사랑하고 자녀의 일이라면 발 벗고 나서는 부모라도 아이의 부정적 감정에는 효과적으로 대처하지 못하는 경우가 많기 때문이다. 따라서 자녀의 감정코치를 하는 데 있어 부모의 유형을 다음과 같이 진단, 분류해 볼 필요가 있다(Box. 네 가지 양육방식, 참고)

(1) 감정코치의 5단계(존가트맨, 남은영, 2013)

감정코치를 통하여 자녀는 부모가 자신의 감정을 이해하고 공감한다는 사실을 알게 되면 자신이 느끼는 정서적 경험을 신뢰하고 자기존중감을 키울 수 있게 된다. 감정코칭을 위한 핵심적인 단계의 주요 내용을 정리하면 다음과 같다(존가트맨, 남은영, 2013, pp.102-148).

① 1단계 : 아이의 감정을 인식하기

자녀의 느낌을 부모가 느끼기 위해서는 부모가 먼저 자신의 감정을 인식하고 그런 다음 아이의 감정을 인식해야 한다. 감정의 인식은 단순히 자신이 어떤 감정을 느끼고 있음을 깨닫고 그때의 감정이 무엇인지 구분하며 거기에 덧붙여 사람이 느끼는 감정을 민감하게 살피는 것이다.

② 2단계 : 감정적 순간을 친밀감 조성과 교육의 기회로 삼기

위기를 기회의 순간으로 삼을 수 있다. 위기상황과 같은 부정적 경험들은 아이와 공감대를 형성하고 친밀감을 조성하며 감정을 다스리는 법을 가르칠 수 있는 좋은 기회가 될 수 있다.

③ 3단계 : 아이의 감정이 타당함을 인정하고 공감하며 경청하기

아이의 감정에 동조하기 위해서는 아이의 신체언어, 얼굴표정, 몸짓 등에 관심을 기울여야 한다. 부모가 아이의 이야기를 주의 깊게 들어주고 얼마나 열중하는 지를 보면 아이는 부모가 자신의 걱정을 진지하게 받아들이고 그 문제에 대해 대화하고 싶어 하며 아이의 감정을 타당하게 생각한다는 확신을 갖게 된다.

④ 4단계 : 아이가 자기 감정을 표현하도록 도와주기

아이가 자기 감정을 묘사할 수 있는 단어를 찾도록 도와 줄 필요가 있다. 그러나 이것은 아이들에게 어떻게 느껴야 하는지를 가르치는 것이 아니라 단순히 아이가 자신의 감정을 표현할 때 사용할 단어를 개발하도록 도울 수 있어야 한다는 것이다. 즉 아이가 자신의 감정을 더 정확한 단어로 표현할 수 있도록 하는 것이 바람직하다.

이 상황에서 종종 상반된 감정을 동시에 느낄 수 있는데 이때 부모는 아이가 다양한 감정을 살피도록 지도하고 서로 다른 기분을 동시에 느끼는 일이 정상이라고 안심시켜야 한다.

⑤ 5단계 : 아이가 스스로 문제를 해결하도록 이끌면서 행동에 한계를 정해주기

부모가 아이의 말에 귀 기울이고 감정에 이름을 붙이며 그것을 이해하도록 하면 자연스럽게 문제 해결과정으로 넘어갈 수 있다. 문제 해결과정은 다음의 5단계로 이루어진다. 1) 한계 정하기 2) 목표 확인하기 3) 해결책 모색하기 4) 가족의 가치관을 바탕으로 제안된 해결책을 평가하기 5) 아이가 해결책을 선택하도록 돕기.

예를 들어, 욕구불만인 아이가 친구를 때리거나 장난감을 부수거나 욕을 하는 등 부적절한 방법으로 감정을 표현할 수 있다. 부모는 아이의 버릇없는 행동 뒤에 감춰진 감정을 인정하고 아이가 그 감정에 이름을 붙이도록 한 다음, 특정행동은 부적절하고 용납될 수 없다는 것을 확실히 이해시킨다. 그런 다음 부정적 감정을 다스리는 적절한 해결책을 찾도록 지도할 수 있다.

아이가 '자신의 감정'이 아니라 '버릇없는 행동'이 문제라는 점을 깨닫게 하는 것이 중요하다. 모든 감정과 바람은 받아주되, 행동을 모두 받아줘서는 안 된다. 슬픔, 두려움, 분노와 같은 감정은 부모가 '울지 마! 또는 '그런 생각하면 안 돼!'라고 말했다고 해서 사라지지 않는다. 오히려 아이가 느낀 감정에 대해 그럴 만하다고 말하면서, 하지만 좀더 나은 방법으로 표현할 수 있도록 도와준다면 아이가 자신의 감정과 생각을 표현하는 능력이 증대될 수 있다.

아이의 감정을 인식하기

↓

아이의 감정이 격해지는 순간을 친밀감 조성과 교육의 기회로 삼기

↓

아이의 감정이 타당함을 인정하고 공감하며 경청하기

↓

아이가 자기감정을 표현하도록 도와주기

↓

아이가 스스로 문제를 해결하도록 이끌면서 행동에 한계를 정해주기

[그림 8-2] 감정코치의 5단계

▪ 네 가지 양육 방식

1. 축소전환형 부모

- 아이의 감정을 중요하지 않거나 대수롭지 않게 취급한다.
- 아이의 감정에 무관심하거나 무시한다.
- 아이의 부정적 감정이 빨리 사라지기를 바란다.
- 아이의 감정을 무마하려고 시도하거나 기분 전환할 거리를 제공한다.
- 아이의 감정을 비웃거나 경시할 수 있다.
- 아이의 감정은 비합리적이기 때문에 그다지 중요하지 않다고 생각한다.
- 아이가 부모와 의사소통하려고 노력하는 내용에 별 관심을 보이지 않는다.
- 자기 자신과 다른 사람의 감정을 인식하는 능력이 부족할 수 있다.
- 아이의 감정을 불편해 하거나, 두려워하거나, 걱정하거나, 짜증을 내거나, 상처를 입거나 또는 어쩔 줄을 몰라 매우 당황한다.
- 감정적으로 통제가 불가능한 것을 두려워한다.
- 감정의 의미 자체보다는 어떻게 하면 그 감정을 잊어버릴까에 초점을 맞춘다.
- 부정적 감정은 해로워서 독이 된다고 믿는다.
- 부정적 감정에 초점을 맞추는 것은 문제를 더 악화시킬 뿐이라고 생각한다.

- 아이의 감정에 대응하여 어떻게 해야 할지 불확실하다.
- 아이의 감정을 문제 해결의 요구로 본다.
- 부정적 감정을 보이는 것은 아이가 정서적으로 안정되지 못해서라고 믿는다.
- 아이의 부정적 감정은 부모의 체면을 심하게 깎는다고 생각하기에 자제시키려고 애쓴다.
- 아이의 감정을 최소화시키고 그런 감정을 불러일으킨 사건을 축소시킨다.
- 아이와 함께 문제를 해결하지 않고 그저 시간이 가면 대부분의 문제가 해결된다고 믿는다.

〈축소전환형 부모의 양육 방식이 아이에게 미치는 영향〉

아이는 자신의 감정이 옳지 않고 부적절하며 타당하지 않다고 느끼게 된다. 자기가 상황을 느끼는 방식 때문에 자신이 본질적으로 옳지 않다고 생각할지 모른다. 이런 아이는 감정을 조절하는 것을 어려워한다.

2. 억압형 부모

- 많은 행동이 축소전환형 부모의 행동과 같다. 차이점이라면 좀더 부정적이라는 점이다.
- 아이의 감정 표현이 옳고 그른지 판단하고 비판한다.
- 아이에게 한계를 정할 필요성을 지나치게 의식한다.
- 바른 기준이나 행동에 순응할 것을 아이에게 강조한다.
- 아이의 행동이 옳던 그르던 상관없이 감정을 표현한 것을 꾸짖거나 매로 다스리거나 벌을 준다.
- 부정적 감정의 표현은 시간의 제약을 받아야 한다고 믿는다.
- 부정적 감정은 억제해야 한다고 믿는다.
- 부정적 감정은 성격이 나쁘다는 것을 반영한다고 믿는다.
- 아이가 부모를 조종하기 위해 부정적 감정을 사용한다고 믿는다. 이러한 믿음은 부모 자식의 기싸움으로 이어진다.
- 감정은 사람을 약하게 만들기 때문에 아이는 정서적으로 강인해야 한다고 믿는다.
- 부정적 감정은 비생산적이고 시간 낭비라고 믿는다.
- 부정적 감정은 마구 휘두르면 안 되는 것으로 본다.
- 권위에 대한 아이의 복종에 관심을 갖는다.

〈억압형의 양육 방식이 아이에게 미치는 영향〉

축소전환형 양육 방식과 같은 결과를 가져온다.

3. 방임형 부모

- 아이의 모든 감정 표현을 거리낌 없이 받아준다.
- 부정적 감정을 경험하는 아이를 위로한다.
- 행동에 대한 지침을 제공하지 않는다.
- 감정에 대해 아이를 가르치지 않는다.
- 지나치게 관대하며 한계를 정해 주지 않는다.
- 아이가 문제를 해결하도록 돕지 않는다.
- 문제 해결 방법을 아이에게 가르치지 않는다.
- 부정적 감정에 있어서 감정을 이겨내는 것 외에 할 수 있는 일은 없다고 믿는다.
- 감정을 분출하면 모든 것이 해결된다고 믿는다.

〈방임형의 양육 방식이 아이에게 미치는 영향〉

감정을 조절하는 법을 터득하지 못한다. 집중력이 부족하고, 친구를 사귀며 다른 사람들과 사이 좋게 지내는 것을 어려워한다.

4. 감정코치형 부모

- 아이의 부정적 감정은 부모자식 간의 친밀도를 높일 기회를 제공한다고 생각한다.
- 슬퍼하거나 화를 내거나 두려워하는 아이와 시간을 보내는 것을 참을 수 있다.
- 아이의 감정에 인내심을 보인다.
- 아이의 감정을 파악하고 그것에 초점을 맞춰 대응하는 일이 의미 있다고 생각한다.
- 아이의 부정적 감정의 세계가 양육 방식의 중요한 영역이라고 생각한다.
- 아이의 감정 상태를 알기 힘들 때도 세심하게 감정을 포착한다.
- 아이의 감정 표현에 당황하거나 걱정하지 않는다. 어떤 행동을 취해야 하는지 잘 알기 때문이다.
- 아이의 감정을 존중한다.
- 아이의 부정적 감정을 놀리거나 무시하지 않는다.

- 아이가 어떻게 느껴야 하는지 지시하지 않는다.
- 아이를 위해 자신이 모든 문제를 해결해야 한다고 느끼지 않는다.
- 감정적인 순간을 다음과 같은 기회로 본다.
  - 아이의 말에 귀를 기울일 기회
  - 위로의 말과 애정으로 공감대를 형성할 기회
  - 아이가 자신이 느끼는 감정에 이름을 붙이도록 도울 기회
  - 감정 조절에 대한 지침을 제공할 기회
  - 한계를 정하고 수용 가능한 감정 표현이 무엇인지 가르칠 기회
  - 문제 해결 기법을 가르칠 기회

〈감정코치형의 양육 방식이 아이에게 미치는 영향〉

아이는 자신의 감정을 신뢰하게 된다. 또한 감정을 조절하고 문제를 해결하는 방법을 터득한다. 자긍심이 높고 학습 능력이 뛰어나며, 다른 사람과의 관계도 원만하다.

출처 : 내 아이를 위한 사랑의 기술(존가트맨, 남은영, 2013), pp60-64)

4) 부모-자녀 간의 관계 증진을 위한 방법

부모-자녀 사이의 의사소통이 원활하게 이루어지도록 하는 기술로서, Gordon은 다음의 세 가지 기술을 제의하였다.

(1) 문제 소유자가 자녀인 경우 적극적 경청 방법이 효과적이다

적극적인 경청은 자녀에게 문제가 있음이 분명한 경우에 사용하면 효과적이다. 부모가 자녀의 감정 메시지나 문제 메시지를 잘 들어 줌으로써, 자녀의 마음을 열도록 하거나 말을 더 하도록 할 수 있다. 듣는 사람의 판단 또는 감정에 대해 말하지 않고서도 자녀의 생각이나 판단 또는 감정을 잘 표현하도록 촉진할 수 있는 방법이다. 자녀의 현재 상황을 알게 되어 문제 해결에 도움이 되는 역할을 할 수 있으며, 자녀는 스스로 문제를 해결하는 과정에서 정신적으로 성숙해질 수 있다.

① 적극적인 경청을 위해서 부모는 자신이 하고 있던 일, 자신의 생각과 감정까지도 일시 중단하여 자녀의 이야기를 듣는 것이 중요하다. "아! 그렇구나", "흥미 있구나", "그것에 대해 더 듣고 싶은데", "자세히 이야기해 봐", "이것은 네게 매우 중요한 것 같구나" 이와 같은 부모의 반응은 자녀로 하여금 자신이 부모로부터 수용되고 있으며, 한 인간으로서 존중받고 있다는 느낌이 전해져 마음의 문을 열고 말을 계속할 수 있도록 의사소통을 원활하게 돕는다.

② 부모는 자녀가 고유한 개성을 지닌 인격체라는 것을 인정해야 한다. 비록 자녀의 감정이 자신과 많이 다르다고 해도 진심으로 수용할 자세를 가지고 자녀가 말하고 싶어하는 것을 들으려는 태도를 지녀야 한다. 자녀가 자신의 감정을 통제할 능력이 있다는 생각, 자녀 스스로 자기 문제를 해결할 수 있다는 믿음을 가지도록 한다. 또한 부정적인 감정은 영속적인 것이 아니라 일시적임을 이해시키고 자신의 감정을 솔직하게 표현하는 데 있어 두려워할 필요가 없다는 것을 알게 할 필요가 있다.

③ 자녀가 말하는 도중에 방해를 하지 않도록 주의해야 한다. 이야기를 듣는 도중에 충고나 평가, 교훈적인 메시지를 강요하면 즉시 대화가 단절될 수 있으므로 이야기할 시기를 신중하게 고려해야 한다.

④ 자녀가 부모에게 의사소통을 요구할 때는 어떤 필요성이 있거나 내부적인 욕구가 잠재되어 있다는 것을 의미한다. 즉, 자신의 기분, 감정이 무엇인지 알아주기를 바라는 상태일 경우가 많다. 따라서 자녀의 메시지를 정확하게 해석하여 자녀의 입장을 이해할 수 있어야 한다. 적극적인 경청은 자녀가 보내는 메시지를 정확하게 이해할 수 있게 하는데, 만약 메시지의 내용을 오해하였다고 해도 자녀에게 즉시 피드백을 보냄으로써 정확하게 이해할 수 있도록 한다.

이와 같은 적극적인 경청의 효과는 자녀가 자신의 감정을 정확하게 표현함으로써 정화작용을 촉진시키며, 자녀로 하여금 스스로 문제를 해결할 수 있도록 도와준다. 또한 자녀의 감정을 적극적으로 수용하고 있다는 것을 보여줌으로써 부정적인 감정을 두려워하지 않게 된다. 뿐만 아니라 서로에 대한 공감대가 형성됨으로써 친밀감, 온정, 사랑을 느낄 수 있어 부모-자녀관계를 증진시킬 수 있다.

(2) 문제 소유자가 부모인 경우 나-메시지가 효과적이다

부모와 자녀 중 어느 쪽에 문제가 있는지를 알아낸 후 부모에게 문제가 있는 경우에는 나-메시지를 사용하는 것이 효과적이다. 부모는 자녀의 행동과 태도를 수용할 수 없을 때 자녀에 대한 좌절감, 욕구불만, 분노를 갖게 되는데 이 때 대부분의 경우 비효과적인 의사소통 방법을 사용하는 경향이 있다. 즉 자녀를 무시하는 메시지를 전달함으로써 행동을 수정하려고 하는데, 이 때 자녀는 반항적이 되고 적대감만 키우게 된다. 부모의 이러한 태도는 자녀들의 자아개념을 손상시키고 무능력하고 무기력한 인간이라고 생각하게 한다("나는 나쁜 아이야. 항상 엄마 말 안 듣고, 화나게 하고…"). 따라서 자녀에 대한 부정적인 감정이 있을 때는 의식적으로라도 나-메시지를 사용할 필요가 있다.

① 부정적 감정을 강조하지 않는다. 부모들은 자녀들에게 부정적인 감정을 자연스럽게 전하는 경우가 많다. 그러나 자녀의 행동과 태도에 대하여 우선 긍정적인 느낌을 나타내는 나-메시지를 전달하고, 나중에 실망한 태도를 전달하는 것이 더 효과적이다.

예 : "너는 어째서 그렇게 꾸물거리고 있니! 숙제도 안하고." (×)
"나는(엄마) 네가 숙제를 안 하고 있으니까 참 속상하구나."(○)

② 감정을 조절한다. 부모는 자녀와의 관계에서 분노심과 격한 감정이 생길 수 있는데 감정의 폭발로 판단이 흐려지게 되면 자녀에 대한 객관적인 비판을 하지 못하게 된다. 일차적 감정과 이차적 감정의 차이를 이해하고, 이차적 감정을 분출하는 대신 일차적 감정을 자녀에게 전달하도록 노력한다. 이것은 부모가 느끼는 분노감정이 자녀로 인한 것인지 아니면 자신에게 누적된 여러 가지 문제들의 결과였는지를 구

분할 수 있게 해 준다.

예 : "어휴, 정말 지겨워서 못 살겠어! 너 도대체 왜 맨 날 이렇게 늦게 들어오는 거야? 하루 이틀도 아니고." (×)
"엄마는 네가 날마다 늦게 들어오니까 몹시 걱정이 된다. 밤늦게 다니다가 혹시 나쁜 일이라도 생기지 않을까 해서 말이야. 이제부터 좀 더 일찍 귀가하기를 바란다."(○)

(3) 무승부법

"엄마 마음만 있는 줄 아세요? 내 마음도 있어요!"

부모-자녀관계에서 갈등은 항상 존재하기 때문에 이를 해결하기 위한 방법과 기술이 필요하다. 갈등 해결의 한 방법은 갈등관계에 있는 어느 한쪽이 이기거나 지는 것으로써 해결하는 것이 아니라 양쪽이 모두 기분좋게 이겼다는 느낌을 갖게 하는 것이다.

① 무승부법이 부모-자녀관계에 가져다주는 효과를 정리하면 다음과 같다. 첫째, 아이들이 갈등문제의 해결에 참여함으로써 책임을 느끼게 되고 호의적인 태도를 가질 수 있다. 둘째, 해결책을 찾는 과정에서 합리적인 사고력 훈련이 될 수 있다. 셋째, 해결책을 함께 모색함으로써 적대감이 아닌 사랑과 존경의 돈독한 유대관계를 형성할 수 있다. 넷째, 서로 합의점을 찾으므로 강요나 위협, 간섭이 없어진다. 다섯째, 아동의 욕구도 부모들의 욕구만큼 중요하다는 것을 인정함으로써 인격적으로 존중하며 대할 수 있게 한다는 점에서 매우 효과적이다.

② 부모-자녀관계에서의 갈등을 해소하기 위하여 무승부법을 사용할 때는 다음의 6단계 과정을 이해해야 한다.

- 1단계 : 욕구의 해결을 위한 문제 정의하기
- 2단계 : 가능한 해결 방법을 모색하기
  - 자녀에게 먼저 해결책을 생각해 보도록 하는 것이 좋다. 의외로 많고도 합리적인 해결책을 제시하는 경우가 많다.
- 3단계 : 해결 방법에 대해 평가하기
- 4단계 : 상호 수용할 수 있는 해결책 결정하기

- 강요나 설득을 통한 경우 자녀는 실천에 옮기지 않을 가능성이 크다. 서로가 동의하는 것, 자녀가 자유롭게 선택한 해결책을 선택해야 한다.

• 5단계 : 결정된 해결 방법을 실행해 보기
• 6단계 : 실행한 결과에 대해 평가하기

이상에서 부모-자녀 간의 관계를 증진하기 위하여 고려해야 할 문제들에 대하여 살펴보았다. 부모의 자녀에 대한 사랑은 크지만 일상의 대화에서 의도와는 전혀 다른 형태로 표현되는 경우가 많다. 부모-자녀 간의 잘못된 형태의 대화가 갖는 문제점과 관계증진을 위한 바람직한 방법들에 대해 살펴보았다. 나-메시지의 사용이나 적극적 경청과 같은 의사소통 기술을 적절하게 사용하여 부모-자녀 간의 유대관계를 친밀하게 유지하는 것은 화목한 가정을 위한 필수적 요소라 할 수 있다. 부모와 자녀가 자연스럽게 서로의 생각과 느낌을 솔직하게 털어놓고 서로 경청하며, 갈등이 생길 때에도 서로의 입장을 존중하면서 문제를 합리적으로 해결하려는 분위기의 가정이라면 더 이상 말할 것도 없이 건강한 가정이다. 이와 같은 건강한 가정을 만드는 기초는 바로 부모-자녀 간의 대화이다.

4. 형제-자매 간의 인간관계

같은 부모 혹은 어느 한쪽의 부모로부터 태어난 자녀들로 구성되는 형제-자매관계는 가족의 중요한 인간관계이다. 가족의 형태, 자녀의 수와 성별에 따라 다양하게 나타날 수 있는 형제-자매관계는 가족관계의 한 형태이지만, 부부관계나 부모-자녀관계와는 그 성격이 다른 독특한 특성을 지니고 있다. 혈연으로 맺어진 일차적인 관계로서 생물학적으로 많은 유사성을 지닌 혈연적 동료관계이고, 출생순위에 따른 서열적 관계이며, 동시에 부모에 대해서는 동일한 입장의 수평적 관계를 취한다. 평생동안 관계가 지속되며, 유사한 환경을 공유하고 상호 경쟁적인 관계를 가지게 된다.

형제-자매 간의 경쟁관계에서 서로 우위를 차지하려고 다투면서 적응력이 강해지고 유연성을 갖게 된다. 또한, 주장하기, 타협하기, 자신을 보호하기와 같은 적절한 사회적 행동을 학습할 수 있으며, 형제 간의 재능에 대한 부러움이 자극제가 되어 인내를 가지고 더욱 노력하여 성공할 수 있게 되기도 한다.

그러나 이러한 경쟁관계는 어느 한쪽 아이 혹은 양쪽 모두의 기를 꺾거나 그들에게 큰 상처를 줄 수도 있다. 따라서 형제-자매 간 갈등 상황에 대한 부모들의 대처행동양식이 이들의 관계 형성에 영향을 미치게 된다.

1) 형제-자매 간 경쟁관계

"이 녀석아, 열 손가락 깨물어 안 아픈 손가락이 있겠어?", "… 안 깨문 손가락은 안 아프지요!" 부모의 차별적 대우에 항의하는 자녀가 하는 말이다. 비슷한 연령의 형제자매들은 경쟁관계에 놓이게 된다. 부모로부터 받게 되는 애정 표현의 정도, 경제적·물리적 지원 정도에 따라 자녀는 형제자매를 서로 경쟁상대로 생각할 수 있다. 특히 부모가 자녀들을 비교하여 평가하게 되는 경우 형제 간 경쟁의식을 심화시키고, 형제-자매 간 불화의 원인이 될 수 있다.

부모의 내면에는 자녀에 대해 동일한 애정을 지니고 있다 해도 겉으로 나타내는 행동은 동일할 수가 없다. 특히 자녀의 성격 및 능력의 차이, 역할에 대한 기대의 차이, 상황 등의 요인에 따라 부모의 애정 표현은 다르게 나타날 수밖에 없고, 이것이 자녀의 눈에 더욱 과장되어 비춰질 수 있다. 이러한 부모의 차별적 애정 표현 역시 형제-자매 간 불화의 원인이 된다. 또한 원만하지 못한 부부관계나 가족 간 불화와 같은 요인들에 의해 형제-자매 간의 갈등이 유발되고 심화될 수 있다.

다음에 제시된 내용은 형제-자매 간 경쟁과 갈등을 구체적으로 이해할 수 있도록 구성한 것이다. 제시된 상황들을 읽고 자신이 이러한 경우에 처했다면 어떻게 할 것인지를 상상해 봄으로써 형제-자매 간 경쟁관계를 다시 한 번 생각해 보면 좋을 것이다.

형제 – 자매가 겪는 감정을 이해해 봅시다.

형제–자매 간 다툼과 경쟁에서 아이들이 공격적이고 간혹 비열하기까지 한 행동을 하는 이유는 무엇일까? 다음의 상황에 대하여 대답해 보면 그러한 행동을 이해하는 데 도움이 될 것이다(서진영 역, 1998).

■ 상 황 1

당신의 배우자가 당신 어깨에 팔을 두르고 이렇게 말한다고 상상해 보십시오. "여보, 나는 정말 당신이 좋아. 당신은 정말 좋은 사람이야. 그래서 당신하고 똑같은 사람을 새 아내로 맞기로 했어."

당신의 반응 : ________________________________

____

■ 상 황 2

마침내 새 아내가 왔는데 당신이 보기에도 아주 젊고 귀여운 여자다. 셋이 함께 외출을 하면 사람들은 당신에게는 그냥 점잖게 인사할 뿐이지만 새로 온 여자를 보고는 환성을 터뜨린다. "정말 사랑스런 분이군요. 안녕하세요? 정말 귀여우시네요." 그리고는 당신을 향해서 이렇게 묻는다. "새색시가 생겨서 좋으시지요?"

당신의 반응 : ________________________________

____

■ 상 황 3

새 아내에게는 옷이 필요하다. 남편은 당신의 옷장으로 가서 당신의 윗도리와 바지를 그녀에게 준다. 당신이 항의하자 남편은 '당신이 몸이 좀 불어서 당신한테는 너무 꽉 끼는 옷들이지만, 새 아내한테는 잘 맞는다'고 대꾸한다.

당신의 반응 : ________________________________

____

■ 상 황 4

새 아내는 빠른 속도로 성숙해 간다. 날마다 더 약삭빨라지고 더 자신감이 붙는 듯하다. 어느 날 오후, 남편이 사준 새 컴퓨터의 사용법을 알려고 당신이 씨름을 하고 있는데, 새 아내가 방으로 들어오더니 "우아, 이거 제가 써도 돼요? 저는 그거 어떻게 하는지 알아요."하고 소리친다.

당신의 반응 : ____________________

____

■ 상 황 5

당신이 안 된다고 했더니 새 아내는 울면서 남편에게로 갔다. 잠시 후 그녀는 남편과 함께 왔다. 그녀의 얼굴은 눈물로 얼룩져 있고 남편은 새 아내에게 팔을 두른 채 당신에게 이렇게 말한다. "좀 같이 쓰면 어때서 그래? 당신은 왜 나눠 가질 줄을 몰라?"

당신의 반응 : ____________________

____

■ 상 황 6

어느 날 보니 당신의 남편과 새 아내가 침대에 나란히 누워 있다. 남편이 새 아내에게 간지럼을 태우니까 새 아내는 깔깔거리고 웃는다. 갑자기 전화벨이 울리더니 남편이 받았다. 남편은 중요한 일이 생겨서 지금 곧 나가봐야 한다면서, 당신보고 새 아내와 같이 집에 있으면서 새 아내를 잘 보살피라고 당부한다.

당신의 반응 : ____________________

____

2) 형제-자매 간의 관계 증진을 위한 방법

(1) 형제에 대한 부정적인 감정을 무시해 버리지 말고 인정해 주기

부모는 형제-자매들이 서로에게 느끼는 부정적인 감정을 인정해 주도록 한다. 그러나 감정을 허용하는 것과 행동을 허용하는 것은 구분할 수 있어야 한다. 아이들에게 해를 입히지 않고 자신들의 분노를 표현할 수 있는 방법을 가르쳐 주는 것이 필요하다.

> (갓난아기를 안고 있는 엄마에게 아이가 툴툴거리면서)
> 아 이 : "치- 엄마는 맨날 아기하고만 놀고…. 나하고는 놀아주지도 않으면서…."

엄마1 : "너하고도 놀았잖아. 좀 전에 책도 읽어 주었구먼!"(×)

엄마2 : "엄마가 아기하고만 오래 있는 것이 싫구나."(○)

> 아 이 : "엄마. 형이 나보고 바보라고 자꾸 놀려."

엄마1 : "아유, 그냥 못 들은 척해"(×)

엄마2 : "어머. 그런 말 들으니 화가 났겠구나"(○)

> 아 이 : "엄마. 아기가 없어져 버렸으면 좋겠어."

엄마1 : "뭐야? 못써. 그런 생각하면. 그러고도 네가 형(언니)이야?"(×)

엄마2 : "넌 아기가 있는 것이 싫은가 보구나. 동생이 없었으면 좋겠다는 생각이 들 때가 있지?"(○)

(2) 형제 간의 적개심(불안)을 창조적으로 표현할 수 있도록 유도하기

> 언니(형) : "엄마. 얘가 내 옷을 다 망쳐 놓았어." (흑흑)
> "나도 얘 옷을 다 망가뜨릴 거야."

엄마1 : "뭐? 그걸 말이라고 하니? 동생이 몰라서 그런 걸 갖고!"(×)

엄마2 : "어휴, 네가 얼마나 화났는지 얘가 좀 알아야겠구나. 편지에다 네 마음이 어떤지를 한 번 써 볼래?"(○)

동생 : "엄마. 형(언니)은 정말 나빠. 맨날 나를 안 데리고 가요. 씨이-."

엄마 1 : "동생이 따라 다니는 걸 좋아할 언니가 어디 있겠어. 그냥 너 혼자 놀면 되잖아!"(×)

엄마 2 : "너 혼자 집에 있는 건 재미없지? (종이를 건네주며) 엄마한테 네 기분이 어떤지 여기다 그림을 그려서 보여줄래?"(○)

(3) 화나고 속상한 마음을 안전하게 표현하는 방법을 가르쳐 주기

(자신의 장난감을 만지는 것에 화가 난 형이 동생을 때리려고 한다.)

엄마 1 : "야, 그깟 장난감 좀 만졌다고 애를 때리려고 그래?"(×)

엄마 2 : "때리면 안 돼. 네가 얼마나 화났는지 주먹이 아닌 말로 천천히 이야기해 봐."(○)

동 생 : "이 돼지야, 엄마. 형(누나)이 과자를 다 먹어버렸어. 나도 먹으려고 했는데…."

엄마 1 : 너도 저번에 그랬잖아.(×)

엄마 2 : "형(누나)을 돼지라고 부르지 말고 네 기분이 어떤지, 네가 바라는 것이 뭔지를 천천히 말해 주렴." (○)

동 생 : "난 형(누나)이 과자를 다 먹어버려서 속상해. 내 것도 조금 남겨 주길 바랐는데…."

(4) 비교하면서 꾸짖지 말고 문제점을 지적하기

(방안을 지저분하게 어질러 놓은 아이에게)

엄마 1 : "아이고. 지저분해. 동생도 그렇게 어질러놓지는 않는데…"(×)

아 이 : '엄마는 나만 미워하고 동생만 좋아해.'

엄마 2 : "아이고. 지저분해. 방안이 너무 어질러져 있구나."(○)

아 이 : '방을 좀 치워야겠다.'

(5) 비교하면서 칭찬하지 말기

(장난감을 다 정리해 놓고 방안을 깨끗이 치우고 있는 형에게)

엄마 1 : "아유. 이제 다 컸네. 동생처럼 어지르지도 않고."(×)
형 : '나는 동생보다 나아.'

엄마 2 : "장난감이랑 자동차를 잘 정돈해 놓았구나. 방도 깨끗하고."(○)
형 : '나는 정리를 잘 해.'

(의자에 앉아 열심히 책을 읽고 있는 형에게)

아빠 1 : "대견한데. 네 동생도 너처럼 공부해야 하는데… 잠시도 가만 있질 못하니, 원."(×)
형 : '아빠는 동생을 별로라고 생각하는구나….'

아빠 2 : "열심히 책을 읽고 있구나. 대견한데."(○)
형 : '나는 집중해서 열심히 하는 성격이지…'

(6) 공격자에게 주의를 기울이지 말고 다친 아이에게 주의를 기울이기

동생 : "내 거야. 만지지 마. 이리 줘."(형을 깨문다.)
형 : "아야. 엄마. 애가 나를 깨물었어요."

엄마 1 : "뭐야? 이게 무슨 짓이야. 형을 깨물면 어떻게 해? 이리와. 형 괴롭히지 말고…. (동생을 안으며) … 엄마랑 같이 나가자."(×)
형 : (엄마에게 안겨 나가는 동생을 물끄러미 바라본다.)

엄마 2 : "뭐야? 이게 무슨 짓이야. 어디 보자. 빨갛게 됐네. 아프지? 형을 깨물다니. 네 동생은 화가 나더라도 원하는 것이 있으면 말로 하는 법을 배워야 해. 가자. 엄마가 약 발라 줄게."(○)
동 생 : (엄마와 함께 나가는 형을 물끄러미 바라본다.)

이상에서 가족의 중요성과 건강한 가정환경 그리고 화목한 가족 내에서의 인간관계를 유지하기 위하여 가족 구성원들이 노력해야 할 문제에 대하여 살펴보았다. 가족 내 인간관계의 세 가지 하위관계들의 특성을 고려할 때, 화목한 가정의 중심에는 친밀하고 배려하는 관계의 부부가 자리하고 있으며 이를 기초로 부모-자녀, 형제-자매 간의 관계가 보다 돈독하고 건강하게 유지될 수 있다 할 것이다.

긍정적인 가족관계를 유지하기 위한 방안으로서, 스티븐 코비는 '성공하는 가족들의 7가지 습관'에 대하여 다음과 같이 논의한 바 있다(김경섭 역, 1998). 첫째, 가족들이 자신의 선택에 책임을 지고 주도적으로 행동하는 습관을 지녀야 한다. 둘째, 가족이 어떤 모습이어야 하는지에 대한 분명하고도 강력한 비전을 만들어내어 목표를 확립하고 행동하는 습관이 필요하다. 즉 가족이 원하는 것이 무엇이며, 어떤 모습의 가족이 되고 싶은지, 가족의 생활을 지배하는 원칙이 무엇인지에 대한 가족소명서가 필요하다. 셋째, 가족들은 자신의 인생에 있어서 가장 소중한 일, 중요한 우선순위에 따라 모든 일을 조직하고 실행하는 습관을 가져야 한다. 많은 사람들이 가족을 가장 중요한 것으로 생각하며 가족을 위해서는 희생을 감수하겠다고 생각하지만, 정작 이들의 생활을 살펴보면 가족보다는 자신의 업무, 친구, 혹은 취미생활에 더 중점을 두고 있는 경우가 많다. 넷째, 상호이익을 추구하는 습관이 필요하다. 가족들은 내가 아닌 '우리' 의식을 갖고 상호 이익의 차원에서 서로 협조하고 존중하는 정신을 키워야 한다는 것이다. 다섯째, 경청한 다음에 이해시키는 습관이 필요하다. 상대방의 이야기를 잘 경청하고 그리고 난 후 상대방을 설득하거나 이해시키려고 하는 태도는 인간관계에서 가장 기본적인 요소라고 할 수 있다. 가까운 관계의 사람일수록 이러한 태도는 더욱 중요하다. 여섯째, 시너지(synergy)를 활용하라. 양손을 다 쓰는 것은 각각 손 하나씩만 사용할 때보다 더 많은 일을 할 수 있다. 가족관계에서 역시 두 사람 이상이 각각 만들어낼 수 있는 것을 합친 것보다 더 많은 것을 이루어 낼 수 있다. 가족들은 개인적인 장점과 가족의 장점을 배양하여 다른 사람이 가진 차이점을 존중하고 그것을 가치 있게 여김으로써 부분의 합보다 더욱 큰 전체를 만들어 갈 수 있다. 타협(1+1=1.5)이나 단순한 협력(1+1=2)에 그치지 않고, 창의적 협력(1+1=3이거나 혹은 그 이상)을 추구하도록 하여야 한다. 일곱째, 끊임없이 쇄신하여야 한다. 가족 구성원들이 쇄신의 시간을 가지도록 노력하는 과정을 통해 가족은 새롭게 일상의 도전거리를 향해 나아갈 수 있게 되고 발전할 수 있게 된다는 것이다.

친할수록 할 말은 더 많아진다. 마음에 맞는 친구와 하루 종일 수다를 떨며 거의 같이 있다시피 하고는 각자 귀가한 뒤에 집에 들어가 또 전화통을 붙잡고 그 친구와 이야기하려고 했던 경험이 있는가? 그 잠깐 동안 헤어져 있던 순간에 생긴 일을 함께 공유하고 싶은 마음에서 비롯된 지나친 것 같지만 사실은 자연스런 것이다. 친구와는 이토록 오래하고 싶고 잘 되는 대화가 사실은 더 가까운 사이이어야 할 가족들과 되지 않는 이유는 무엇일까? 부부 간, 부모와 자녀 간, 형제-자매 간 대화를 방해하는 요인은 무엇이며, 자연스러운 의사소통을 망치는 까닭을 분석해 보고, 이를 극복하여 가족의 유대관계를 더욱 좋게 하는 것은 중요한 문제라고 본다. 가족과의 관계에서도 바람직한 대화 방법을 통하여 많은 대화를 나누려는 노력이 필요하다. 부부와 그 가족들이 서로 얼굴을 쳐다보고 이야기를 많이 하는 것이 중요하며, 이러한 대화를 많이 나눌 때 서로를 존중하고 배려하는 가족의 유대관계는 더욱 깊어지게 될 것이다.

인간관계 프로그램 8-1

부모-자녀 간 관계 분석

▌활동목표▐

가정 내에서의 인간관계 중 부모와 자녀의 관계를 정확하게 파악하는 것은 매우 중요한 일이다. 그러나 이러한 부모와 자녀의 관계를 객관적으로 진단하는 데는 많은 어려움이 따르게 된다.

상호 밀접한 관련을 지니고 있으며, 오랫동안 유지되어온 관계이므로 문제가 되는 부분이라도 문제점으로 지각되지 못할 수 있으며, 부모 자신이 생각하는 부모-자녀관계와 자녀들이 생각하는 부모-자녀관계는 차이가 있을 수 있다.

따라서 부모와 자녀가 각각 서로의 생각을 나타내어 부모-자녀 간의 관계를 정확하게 진단해 볼 필요가 있다. 이는 가정 내에서의 인간관계를 개선·발전시킬 수 있는 객관적인 자료가 될 수 있다.

▌활동내용▐

어버이와 자녀관계(친자관계) 진단검사(한국상담심리학회, 오기선, 1995)는 양친용(부모용)과 자녀용으로 되어 있어 자녀와 부모의 관계에 대한 지각 차이를 비교해 볼 수 있다. 단, 초등학교 4학년 이상의 자녀에게 실시해 볼 수 있다. 부모용은 부모 자신의 자녀에 대한 태도를 반성하여 보는 것이며, 자녀용은 자녀들이 보는 부모의 태도를 반영하게 된다. 이 검사는 바람직하지 못한 부모의 태도를 5가지(거부, 지배, 보호, 복종, 모순-불일치)로 유형화하고, 이를 다시 10개의 태도로 구분하여 부모-자녀 간의 관계를 진단할 수 있도록 구성되었다.

여기서는 이들 태도 유형 중 거부(적극적 거부형, 소극적 거부형), 모순과 불일치(모순형)를 선정하여 문항을 예시하고 결과를 해석해 볼 수 있도록 제시하였다. 보다 자세한 내용은 어버이와 자녀관계 진단검사(코리안테스팅센터)를 참고하길 바란다.

어버이와 자녀관계 진단검사(양친용)

■ 소극적 거부형

	부 모 용	a	b	c
1	바쁘다고 자녀를 돌보지 않거나 말상대를 하지 않습니다.	(아니오)	(예. 때때로)	(예. 늘)
2	자녀의 결점을 다른 사람에게 말하는 일이 있습니다.	(아니오)	(예. 때때로)	(예. 늘)
3	이 자녀보다 다른 자녀가 더 귀엽다고 생각한 적이 있습니다.	(아니오)	(예. 때때로)	(예. 늘)
4	이 자녀는 어딘가 마음에 들지 않는다고 생각합니다.	(아니오)	(예. 때때로)	(예. 늘)
5	이 자녀는 없었으면 좋았을 걸하고 생각합니다.	(아니오)	(예. 때때로)	(예. 늘)
6	이 자녀 때문에 창피하다고 생각을 합니다.	(아니오)	(예. 때때로)	(예. 늘)
7	이 자녀가 누구와 어떤 장난을 하여도 내버려 둡니다.	(아니오)	(예. 때때로)	(예. 늘)
8	이 자녀의 요구나 약속을 잊거나 무관심할 때가 있습니다.	(아니오)	(예. 때때로)	(예. 늘)
9	이 자녀의 결점만 눈에 뜨입니다.	(아니오)	(예. 때때로)	(예. 늘)
10	이 자녀는 신용할 수 없다고 생각합니다.	(아니오)	(예. 때때로)	(예. 늘)
		합 계		점

	자 녀 용	a	b	c
1	부모님에게 내가 말을 붙이면 "바쁜데"라고 하여 말상대를 해 주지 않습니다.	(아니오)	(예. 때때로)	(예. 늘)
2	부모님은 내 잘못을 다른 사람들에게 말하거나 마음에 새겨 가지고 있습니다.	(아니오)	(예. 때때로)	(예. 늘)
3	부모님은 나보다 다른 형제들을 더 귀여워해 줍니다.	(아니오)	(예. 때때로)	(예. 늘)

4	부모님과 나는 마음이 맞지 않는다고 생각됩니다.	(아니오)	(예. 때때로)	(예. 늘)
5	나는 우리 집에서 귀찮은 존재라고 생각됩니다.	(아니오)	(예. 때때로)	(예. 늘)
6	나는 우리 부모님이 나 때문에 부끄럽게 생각한다고 믿어집니다.	(아니오)	(예. 때때로)	(예. 늘)
7	부모님은 내가 다른 사람과 어떤 놀이를 해도 무어라고 하지 않습니다.	(아니오)	(예. 때때로)	(예. 늘)
8	부모님은 내가 좋아하는 것이나 약속을 잊어버리고 들어주지 않을 때가 있습니다.	(아니오)	(예. 때때로)	(예. 늘)
9	부모님은 나의 좋은 점을 보지 않고 나쁜 점만 꼬집습니다.	(아니오)	(예. 때때로)	(예. 늘)
10	부모님은 나를 의심합니다.	(아니오)	(예. 때때로)	(예. 늘)
		합 계		점

■ 적극적 거부형

	부 모 용	a	b	c
1	이 자녀를 벌할 때 체벌을 줍니다.	(아니오)	(예. 때때로)	(예. 늘)
2	이 자녀에게 잔소리를 합니다.	(아니오)	(예. 때때로)	(예. 늘)
3	이 자녀의 학교성적이나 작품을 하찮게 여기거나 비웃습니다.	(아니오)	(예. 때때로)	(예. 늘)
4	다른 형제에 비교하여 이 자녀를 더욱 욕하거나 주의를 주곤 합니다.	(아니오)	(예. 때때로)	(예. 늘)
5	"이것은 못써", "이것은 안돼"라고 하면서 하는 것을 못하게 합니다.	(아니오)	(예. 때때로)	(예. 늘)
6	외출할 때 집을 보게 하거나 다른 집에 맡겨두곤 합니다.	(아니오)	(예. 때때로)	(예. 늘)
7	"밥을 먹지 마라", "내다 버린다"라고 위협을 하곤 합니다.	(아니오)	(예. 때때로)	(예. 늘)

8	바보, 맹꽁이……. 같은 말을 쓰곤 합니다.	(아니오)	(예. 때때로)	(예. 늘)
9	이 자녀와 같이 외출하거나 놀거나 얘기하곤 합니다. (R)	(아니오)	(예. 때때로)	(예. 늘)
10	마음에 들지 않는 것이 있으면 자녀에게 화풀이를 합니다.	(아니오)	(예. 때때로)	(예. 늘)
		합 계		점

	자 녀 용	a	b	c
1	집에서 꾸중을 들을 때 매를 맞거나 꼬집히거나 하는 때가 있습니다.	(아니오)	(예. 때때로)	(예. 늘)
2	나는 부모님에게 꾸중을 듣습니다.	(아니오)	(예. 때때로)	(예. 늘)
3	나는 부모님으로부터 성적이나 작품에 대하여 좋지 않은 말을 듣거나 비웃음을 당합니다.	(아니오)	(예. 때때로)	(예. 늘)
4	다른 형제보다 나는 더 많이 꾸중을 듣습니다.	(아니오)	(예. 때때로)	(예. 늘)
5	부모님은 나에게 "이것은 안돼", "저것은 못써"라는 말을 합니다.	(아니오)	(예. 때때로)	(예. 늘)
6	부모님은 언제나 집보기를 나에게 맡깁니다.	(아니오)	(예. 때때로)	(예. 늘)
7	부모님은 나에게 "밥 먹지 마라", "내다버리겠다.", "경찰에게 일러야 겠다" 등의 말을 합니다.	(아니오)	(예. 때때로)	(예. 늘)
8	부모님은 나에게 "이 못난아", "이 바보야" "이 병신아"와 같은 욕을 합니다.	(아니오)	(예. 때때로)	(예. 늘)
9	부모님은 나와 함께 외출을 하거나 같이 놀거나 재미있는 이야기를 하곤 합니다. (R)	(아니오)	(예. 때때로)	(예. 늘)
10	부모님의 기분이 나쁠 때는 더 많이 꾸중을 듣습니다.	(아니오)	(예. 때때로)	(예. 늘)
		합 계		점

■ 모순형

	부 모 용	a	b	c
1	그때그때 기분에 의하여 자녀에 대한 태도가 달라집니다.	(아니오)	(예. 때때로)	(예. 늘)
2	똑같은 일인데도 어떤 때는 꾸중을 하고 어떤 때는 묵인합니다.	(아니오)	(예. 때때로)	(예. 늘)
3	심하게 꾸중을 하고는 사과하거나 기분을 맞추어 줍니다.	(아니오)	(예. 때때로)	(예. 늘)
4	귀여워만 하다가도 때로는 엄하게 합니다.	(아니오)	(예. 때때로)	(예. 늘)
5	내버려두다가도 때로는 자녀가 성가시도록 도와줍니다.	(아니오)	(예. 때때로)	(예. 늘)
6	나는 늘 다른 사람의 도움을 받으면서도 자녀가 혼자하지 못하면 화가 납니다.	(아니오)	(예. 때때로)	(예. 늘)
7	손님이 왔을 때나 외출했을 때, 사람들 앞에서의 태도가 평상시와 다릅니다.	(아니오)	(예. 때때로)	(예. 늘)
8	겉으로는 귀엽게 여기다가도 성적, 능력, 용모 같은 것을 생각하면 속마음으로는 부끄럽습니다.	(아니오)	(예. 때때로)	(예. 늘)
9	입으로는 "바보", "틀렸어"라고 하면서도 내심으로 "그래도"하고 기대합니다.	(아니오)	(예. 때때로)	(예. 늘)
10	아버지는 늘 많은 간섭을 하면서 자녀가 의논(말)하여 오면 상대하여 주지 않습니다.	(아니오)	(예. 때때로)	(예. 늘)
		합 계		점

	자 녀 용	a	b	c
1	부모님은 기분나는 대로 나를 취급합니다.	(아니오)	(예. 때때로)	(예. 늘)
2	부모님은 같은 일인데도 어느 때는 욕을 하고 어느 때는 욕을 안 합니다.	(아니오)	(예. 때때로)	(예. 늘)
3	부모님은 나를 심하게 꾸짖고는 사과하거나 기분을 맞추어 줍니다.	(아니오)	(예. 때때로)	(예. 늘)
4	부모님은 나를 귀여워해 주면서도 때로는 심하게 야단을 칩니다.	(아니오)	(예. 때때로)	(예. 늘)

5	부모님은 나를 내버려두다가도 가끔 지나치게 시중을 들어줍니다.	(아니오)	(예, 때때로)	(예, 늘)
6	부모님은 나를 많이 도와주고서도 어느 때는 혼자 못하느냐고 꾸중하십니다.	(아니오)	(예, 때때로)	(예, 늘)
7	부모님은 손님이 왔을 때나 외출을 했을 때와 사람들 앞에서는 나에 대한 태도가 집에서와 달라집니다.	(아니오)	(예, 때때로)	(예, 늘)
8	부모님은 집에서는 나에 대한 일을 자랑하다가도 밖에 나가면 창피하게 여깁니다.	(아니오)	(예, 때때로)	(예, 늘)
9	부모님은 "너는 도저히 안 되겠다"고 하면서도 내가 성적이 좋았으면 하고 생각합니다.	(아니오)	(예, 때때로)	(예, 늘)
10	부모님은 나에게 귀찮은 말을 하면서도 내가 부모님에게 말을 할 때는 귀찮다고 합니다.	(아니오)	(예, 때때로)	(예, 늘)
		합 계		점

• 채점방법 : a=2점, b=1점, c=0점으로 채점한 후 각각의 점수를 합한다. R은 거꾸로 환산하여 채점한다.

❙ 결과 해석 방법 ❙

■ 소극적 거부형

〈부모용〉

• 20~19점 : 부모-자녀 간의 관계가 양호
• 18~17점 : 보통
• 17~15점 : 준위험 수준
• 15점 미만 : 위험 수준

〈자녀용〉

• 20~17점 : 부모-자녀 간의 관계가 양호
• 17~16점 : 보통
• 15~14점 : 준위험 수준
• 13점 이하 : 위험 수준

[해 석] : 자녀에 대한 무시, 방임, 무관심, 불신, 악감정 등과 같은 요소를 갖고 있는 부모의 유형

■ 적극적 거부형

〈부모용〉

- 20~18점 : 부모-자녀 간의 관계 양호
- 17~16점 : 보통
- 16~14점 : 준위험 수준
- 14점 미만 : 위험 수준

〈자녀용〉

- 20~17점 : 부모-자녀 간의 관계 양호
- 16점 : 보통
- 15점 : 준위험 수준
- 14점 이하 : 위험 수준

[해 석] : 자녀에 대한 체벌과 학대를 가하고 굴욕감을 주며, 보호양육의 책임을 방기하는 것과 같은 태도를 지닌 부모의 유형이다. 거부 차원에서 볼 때, 이와 같은 거부적 태도를 지니고 있는 부모의 자녀는 많은 문제를 나타낼 가능성이 있다. 난폭한 공격성, 심신의 발달 지체, 비행, 신경증적 경향성 및 그 밖의 많은 이상행동이 발생할 수 있다.

■ 모순형

〈부모용〉

- 20~18점 : 부모-자녀 간의 관계 양호
- 17점 : 보통
- 16~15점 : 준위험 수준
- 14점 이하 : 위험 수준

〈자녀용〉

- 20~18점 : 부모-자녀 간의 관계 양호
- 17점 : 보통
- 16점 : 준위험 수준
- 15점 이하 : 위험 수준

[해 석] : 자녀의 동일한 행동에 대해서 어떤 때는 문책하고 금지시하면서 어떤 때는 모른 척하거나 장려하는 등 일관성이 결여된 태도를 나타내는 부모의 유형이다. 자녀에게 모순된 태도를 나타내는 부모는 자신의 감정을 잘 통제하지 못하거나, 자녀에 대한 증오나 반감을 지니고 있어 이에 대한 죄의식 때문에 때로 필요 이상의 보호나 칭찬으로 위장하게 되는 경우가 있다.

이와 같은 부모의 자녀는 일상의 행동에서 규칙성이 부족하고 늘 긴장하고 있으며 좋은 일을 하고도 언제 꾸중을 들을지 불안해하는 경우가 많다. 이와 같은 관계가 장기간 지속될 경우 신경증적 문제가 발생하여 일상생활에서의 부적응을 보이거나 반사회적 경향으로 될 수 있다.

출처 : 한국상담심리학회, 오기선, 1995

토론주제

1. 가정환경의 중요성을 인간관계의 시각에서 토의해 보자.

2. 부모-자녀 간의 관계를 악화시킬 수 있는 요인은 무엇인지 여러 가지 상황을 설정한 후 생각해 보고 자신의 경험과 관련시켜 토의해 보자.

3. 부모-자녀 간의 효율적인 의사소통을 위해서 실천해야 할 필요가 있는 노력에는 어떤 것이 있는지 토의해 보자.

4. 형제-자매 간의 관계에서 각자가 경험하였던 갈등 및 경쟁, 혹은 사건 등을 이야기해 보자.

5. 스티븐 코비의 '7가지 습관'에 대해 친구들과 토의해 보자. 그리고 가족관계에서 가장 중요한 것은 무엇이라고 생각하는지 친구들과 토의해 보자.

CHPATER 09

직장에서의 인간관계

인간은 사회적 존재로서 현대사회의 급격한 변화 속에서 신체적·정신적 적응을 이루고, 보다 인간다운 삶을 유지하기 위해서는 개인의 존재를 규정하는 데 결정적 역할을 하는 일이 필요하다. 그리고 직장에서의 원만한 적응과 성공적인 직장생활, 건강하고 행복한 생활을 영위하기 위해서는 바람직한 인간관계의 확립과 사회적응이 요구된다.

이에 진로를 선택·결정하는 데 있어서 고려해야 할 점과 본격적인 취업 준비로서 취업정보의 수집, 입사지원서 작성법, 면접시험을 위한 준비, 직장에서의 인간관계의 중요성, 직장인으로서 갖추어야 할 매너, 직장에서의 성공적인 인간관계를 위한 기술 등에 관해 고찰해 보고자 한다.

학습 목표

1. 진로 계획과 취업을 위한 대비책을 알고, 이를 실제에 적용할 수 있다.
2. 직장에서의 인간관계의 중요성을 인식하고, 직장인으로서 갖추어야 할 매너를 익힌다.
3. 직장에서의 성공적인 적응을 위해 인간관계의 개선과 기술 향상을 도모할 수 있는 방안들을 익힌다.

1. 진로 선택

일은 개인의 존재를 규정하는 데 결정적 역할을 한다. 진로에 대한 고민은 대부분의 사람들이 겪는 일이며, 인생을 설계하는 데 있어서 큰 비중을 차지한다. 급격한 사회의 변화 속에서 새로운 직업들이 속속 생겨나는가하면, 한때 직업의 한 부분을 당당히 차지하고 있던 직종이 슬그머니 사라지기도 한다. 현대사회의 변화만큼이나 다양화된 가치관의 혼란 속에서 직업 선택의 어려움도 점점 커지고 있다.

청년기는 자아정체성의 확립과 자아개발을 위한 중요한 시기로서 자기의 위치, 능력, 역할, 책임에 대한 분명한 인식을 토대로 인생의 목표를 설정하는 시기이다. 자아정체성이 확립된 사람은 방황하지 않고, 자신의 의지대로 인생의 목표를 설정하고, 진로 선택에 심혈을 기울인다.

목표가 설정된 사람과 설정되어 있지 않은 사람의 차이는 출발점에서부터 다르다. 목표의 유무가 그들의 미래를 좌우할 정도로 강력한 영향을 끼치게 된다. 목표를 세우고 구체적으로 어떻게 실천하는가에 따라 인생이 달라질 수 있다. 성공적인 삶은 그저 찾아오는 것이 아니다. 자신이 진정으로 원하는 것을 찾아 구체적으로 명확하게 목표를 설정하고 의도적이고 계획적으로 부단히 노력할 때 비로소 성취할 수 있다.

진로를 선택할 때는 자신에 대한 이해와 정보가 필요하다. 가능한 한 빨리 자신의 능력과 적성, 강점과 약점 등을 확인하고 이를 고려, 심사숙고하여 진로 목표를 결정할 필요가 있다. 또한, 급변하는 사회에서 수많은 직업들이 사라지고 생겨나는 변화무쌍한 이 시대에 무엇보다 시급한 것은 직업 관련 정보의 수집이다. 즉, 직업의 종류, 유망직종, 사양직종, 직업관련 훈련, 자격증 취득, 취업정보 등 미래사회에 대비한 최신 정보를 총망라하여 체계적으로 수집, 분석, 검토를 통해 진로를 결정해야 시행착오를 덜하게 된다.

최근 우리 사회에 만연되어 있는 적성을 무시하고 성적에 의해 진로를 결정하는 것과 같은 일은 위험천만한 일이다. 그렇다고 적성검사 결과만을 가지고 진로를 결정하는 것 또한 어리석은 짓이다. 진로선택 시 적성은 물론 개인의 능력, 흥미, 성격 특성, 신체적·정신적 건강 상태, 가치관, 욕구, 주위 여건 등을 종합적으로 고려하여야 하며, 학교에서도 개인의 진로 선택을 돕기 위해 좀 더 일찍 다양한 직업 세계를 접할 수 있게 하고 다양한 정보와 기회를 제공하여야 한다. 이와 같은 맥락에서 고등학교 2~3학년에 선택 중심 교육과정을 도입한 것은 학생들에게 교과 선택의 폭을 넓혀 줌으로써 개인의 흥미와 적성에 따라 다양한 경험을 할 수 있게 되었다는 측면에서 다행스러운 일이라 하겠다.

이제 진로목표 설정의 필요성과 중요성에 비추어 진로 선택 시 반드시 고려할 점들을 제안하면 다음과 같다.

① 직업과 관련된 정보를 수집하라

세계는 하루가 다르게 변해가고 있다. 수많은 종류의 직업들이 급변하는 세태에 밀려 사라지는가 하면 듣거나 보지도 못했던 새로운 직업들이 속속 생겨나고 있다. 가능한 한 다양한 경로를 통해 직업에 대해 체계적·과학적으로 정보를 수집하고 분석하라. 직업의 종류, 각 직종에서 요구하는 능력과 자격, 급여 수준, 전망 등을 세밀하게 검토할 필요가 있다. 고용노동부 한국고용정보원에서 운영하는 워크넷(http://www.work.go.kr/jobMain.do)에는 고용과 직업에 관한 정보를 수집·분석·제공하고 국가 중장기 인력수급전망 및 고용동향 분석, 청년패널 등 각종 고용패널 조사, 생애 진로지도 프로그램 개발 및 보급, 신직업 등 직업에 관한 연구, 고용서비스 진흥, 직업능력개발훈련정보망 등 고용정보시스템을 개발·운영하고 있어 정보수집 시 활용할 수 있다. 한국직업능력개발원(http://www.krivet.re.kr/ku/index.jsp)에서도 직업·진로정보 및 상담 서비스를 제공하고 있다.

② 자신이 진정으로 원하는 것을 찾아라

진로 결정은 심사숙고하여 결정해야 한다. 어쩌면 자신의 일생을 바쳐서 해야 할지도 모르는 중대사이다. 그럼에도 불구하고 주위의 권유나 강요에 의해 내키지도 않는데 어쩔 수 없이 진로를 선택할 경우 매일 사표 쓰는 사람이 되기 쉽다. 자신의 능력, 선호와 강점을 신중히 고려하여 진실로 자기가 좋아서 할 수 있는 일을 목표로 설정하라.

③ **목표는 구체적으로 명확하게 설정하라**

명확하지 않은 막연한 목표는 달성하기 어렵다. 예를 들어, 당신의 진로목표가 방송인이라면 아나운서, PD, 전문 MC, 리포터 등과 같이 구체적으로 명시하라. 목표가 구체적이고 명확할수록 그에 대한 준비도 체계적으로 철저하게 할 수 있으며, 동기유발에도 훨씬 효과적이다.

④ **실현 가능한 현실적인 목표를 설정하라**

아무리 하고 싶은 일이라도 능력이 따라주지 않으면 하기 힘든 일이 있다. 또한 현실여건을 무시하고 목표를 너무 높게 잡을 경우 현실적으로 달성하기 곤란하여 쉽게 좌절하고 포기하게 된다. 자신의 능력과 강점, 적성, 선호 등을 고려하여 적정 수준의 목표를 설정해야 한다.

⑤ **목표에 대한 소유의식을 가져라**

타인의 강요나 체면, 명예 때문에 선택한 것이 아니고 진실로 자기가 좋아서 선택하여야 하며, 타인들 앞에서 자신의 직업을 떳떳하게 밝힐 수 있어야 한다. 이러한 행동은 목표에 대한 소유의식이 있을 때 가능하다.

⑥ **자신의 가치관에 부합하는 목표를 선택하라**

가치관은 개인의 삶을 안내하고 생활의 방향을 설정하는 좌표가 된다. 따라서 만일 자신의 가치관을 전혀 고려하지 않고 진로 목표를 선택하게 된다면 적응하는 데 상당한 어려움을 겪게 될 것이다. 돈을 최고의 가치로 여기는 사람이 궂은 일, 힘든 일로 남에게 봉사해야 하는 일을 직업으로 선택하게 된다면 아마 틀림없이 중도에 포기하고 말 것이다. 반면에 봉사를 최고의 가치로 여기는 사람이라면 몸은 힘들고 경제적으로 별 도움이 안 될지라도 정성을 다해 즐겁게 그 일을 할 수 있으며, 그 속에서 보람을 찾게 될 것이다.

⑦ **지속적으로 목표를 점검하라**

목표 달성을 위해 자신이 해야 할 일을 찾아 심혈을 기울이고, 목표 달성에 방해가 되는 요인들을 찾아내어 이를 제거하기 위해 끊임없이 노력해야 한다. 혹여 목표가 좌절되거나 실패하더라도 자신을 비하하거나 좌절하지 말고 그 원인을 철저히 분석하여 극복함으로써 자기개선과 성장의 기회로 삼아야 한다.

⑧ 목표도 바뀔 수 있음을 인정하라

만일 자신이 선택한 결정이 잘못된 것이라고 생각되면 더 늦기 전에 목표를 수정하라. 그동안 바친 노력이 아까워서 또는 자신의 전공을 살리지 못함이 아쉬워서 망설인다면 당신의 방황은 훨씬 더 길어질 것이다.

인간관계 프로그램 9-1

진 로 계 획

▎활동목표▎

구체적인 진로계획 세우기

▎활동내용▎

1. 자신이 현재 고려하고 있는 진로 분야를 열거해 본다.
2. 자신의 능력, 적성, 강점, 선호도, 성격 등을 고려하여 열거한 진로대안 중 2~3개를 선택한다.
3. 진로대안에 대해 각각 취해야 할 조치, 준비해야 할 것 등 정보를 수집, 분석하고 최종 진로를 선택한다.

2. 취업 준비

1) 취업정보의 수집

정보통신의 눈부신 발전에 힘입어 이제 우리는 취업정보를 얻기 위해 여기저기 뛰어다니거나 수십여 종의 일간지를 뒤적이지 않아도 되게 되었다. 인터넷을 통해 세계 도처에서 일어나는 일들과 수많은 정보를 안방에 앉아서 받아 볼 수 있듯이 취업정보도 이제 인터넷의 취업포털 사이트(예: 인쿠르트 http://www.incruit.com, 사람인 http://www.saramin.co.kr/zf_user, 커리어케어 http://www.careercare.co.kr/, 잡코리아 http://hanq.jobkorea.co.kr)를 이용하면 각종 채용정보와 이력서, 자기소개서, 면접자료, 기업정보, 직무적성검사 등 다양한 취업준비 자료와 취업지원서비스를 제공하고 있다. 구직란을 통해 또는 자기가 원하는 회사의 웹사이트에 들어가 직원 채용공고를 열람할 수 있으며, 입사원서를 그대로 다운받아 작성하여 곧바로 회사로 보낼 수도 있다.

대학생이라면 대학교 취업정보실을 이용하거나 교수, 선배를 통해 정보를 얻을 수 있다. 기업체에서 학교에 공문을 보내 사원 추천을 의뢰하는 경우가 종종 있기 때문에 개인의 이력과 원하는 직종을 명기해 미리 제출해 놓으면 적합한 일자리가 생길 경우 우선적으로 추천될 가능성이 높다. 특히 전공을 살려 직업을 선택하려 할 경우 관련 분야의 전문적 지식과 정보를 많이 소유하고 있는 학과 교수나 전문분야에 진출해 있는 선배들을 찾아가면 생생한 정보를 얻을 수 있을 것이다. 학교에서 개최하는 취업 특강, 강연회, 모의 면접 등을 통해 취업정보나 면접시험에 도움이 되는 다양한 정보를 얻을 수 있다.

또한 일간지, 지역 정보지 등에 게재되는 구인광고도 다양한 취업정보를 제공한다. 그러나 이러한 구인광고의 경우 허위, 과장 구인광고가 많아 주의가 요망된다. 광고에 게재된 사실을 그대로 믿고 응시했다가 실망하는 경우가 많기 때문에 응시 전에 자세히 알아본 후 응시 여부를 결정하는 것이 좋다.

국가 또는 지역단체에서 운영하는 공공 고용상담소도 이용해 볼 만하다. 공공 고용상담소의 경우 다양한 직업을 망라해 놓고 분야별 구직자 목록 서비스를 통해 직업 소개는 물론 직업과 관련된 상담을 무료로 제공하고 있으며, 공신력이 있기 때문에 이곳에서 제공되는 정보는 대체로 믿을 수 있다는 장점을 갖고 있다. 반면에 일자리를 원하는 사람들이 많을 경우 대기 기간이 길어진다는 단점이 있다. 공공 고용상담기관으로는 지역 상공회의소 무료 직업소개소, YMCA 고용지원센터 등이 있다.

사설 직업안내소는 공공 고용상담소에 비해 공신력이 떨어지며, 대개의 경우 비싼 소개료를 요구하고 직업의 종류도 다양하지 않으므로 사전에 충분히 알아보고 이용해야 한다.

2) 입사지원서류의 준비

대부분의 회사에서 직원 채용 시 일차적 평가도구로써 서류심사를 하게 되는데 이력서, 자기소개서, 학력·성적증명서, 경력증명서 등을 통해 일차 선발을 한다. 지원자가 지시에 따라 일을 잘 수행할 수 있을지 없을지는 지원 서류를 통해서도 대략 알 수 있다. 만일 지원자가 이력서 하나 제대로 작성하지 못한다거나 제대로 구비되지 않은 지원 서류를 제출했다면 성의 없고 불성실하게 보일 수 있어 합격에 부정적 영향을 주는 것은 물론 서류심사과정을 통과하기 힘들다. 따라서 회사에서 요구하는 모든 서류는 완벽하게 작성하여 제출하여야 한다. 최근 많은 기업에서 서류심사를 강화하는 추세여서 입사지원 서류, 특히 자기소개서를 정직하고 충실하게 써야 한다.

회사에서 제공하는 입사지원서가 있을 경우 지시문을 자세히 읽고 모든 문항에 솔직하고 정확하게 응답해야 한다. 절대로 허위정보를 기재해서는 안 되며, 불분명한 응답이나 빈칸으로 남겨 놓지 않는다. 채용이 된 후 만일 서류상에 허위사실이 있음이 밝혀지면 채용이 취소됨은 물론 법적 책임을 져야 하는 경우도 있다.

국문이력서와 영문이력서, 자기소개서 작성 방법을 구체적으로 살펴보면 다음과 같다.

(1) 국문이력서

국문이력서 양식에는 크게 '인사서식 제1호' 보통 이력서 양식과 기업체에서 발부하는 자체 양식이 있다. 회사에서 요구하는 대로 따르면 된다. 일반적으로 이력서는 인적사항, 학력 및 경력사항, 상벌 및 특기사항 등으로 구성된다.

만일 회사에서 자필 이력서를 요구할 경우에는 반드시 자필로 써야 하지만 최근에는 온라인상에서 작성·제출하는 경우가 많다. 이력서 제출 전 오탈자가 있는지 철저한 교정이 필요하다. 이력서는 국·한문 혼용이 일반적이며, 자필로 할 경우 반드시 흑색 필기구를 이용하고, 수정액을 이용하여 오자를 고친다거나 지저분한 상태로 제출해서는 안 된다. 이력서 부착 사진은 최근 3개월 이내에 촬영한 것으로 정장을 입은 것으로 한다. 우측 상단에 응시 부문과 연락이 가능한 분명한 연락처를 명기한다.

이력서에 들어가는 내용은 회사나 직종에 따라 다소 차이가 있을지라도 일반적으로 다음과 같은 내용들로 구성되어 있다.

- **인적사항** : 성명, 주민등록번호, 생년월일, 주소란이 있다.
- **학력사항** : 초·중학교는 생략하고 고등학교 졸업부터 기재하는 것이 일반적이다. 즉, ○○고등학교 졸업, ○○대학 ○○과 입학, 동 대학 동 학과 졸업(예정) 순으로 기재한다.
- **경력사항** : 자신이 최근까지 해온 일과 경력을 기재한다. 근무기간과 직장명, 부서명, 직위, 발령청 등을 기재한다.
- **상벌사항** : 교내·외 행사나 대회에서 수상한 사실을 기록한다. 특히 수상경력이 자신이 지원하는 회사의 업종과 관련이 있을 경우 긍정적 효과를 얻을 수 있다.
- **특기사항** : 국가가 공인한 각종 자격증, 면허증 취득사항, 외국어 능력, 특기할 만한 강점, 대학동아리활동 및 사회봉사활동 경험 등을 기재한다. 비공인이라도 자신이 지원하는 회사나 업무와 관련 있는 자격증이라면 기입하는 것이 유리하며, 반드시 취득일과 발령기관을 기재한다.

모든 기록이 끝난 다음 '위의 사실은 틀림이 없음, 작성 연월일, 작성자'를 명기하고, 날인한다.

최근에는 국가직무능력표준(NCS : National Competency Standards)에 근거한 채용, 배치, 승진이 주를 이루고 있다. NCS란 산업현장에서 직무를 수행하기 위해 요구되는 지식, 기술, 소양 등의 내용을 국가가 산업부문별·수준별로 체계화한 것으로 산업현장의 직무를 성공적으로 수행하기 위해 필요한 능력(지식, 기술, 태도)을 국가적 차원에서 표준화한 것을 의미한다(http://www.ncs.go.kr). NCS를 기반으로 한 채용은 스펙보다 직무능력을 중시한다. 따라서 NCS 기반 취업준비를 하려면 기업의 채용공고를 통해 직무별 필요 능력(지식, 기술, 태도 등)을 확인하고, 그 직무를 수행할 준비가 되었는지 NCS 사이트

이 력 서

희망연봉	만원

사진 3×4				
	성명		(한문)	
	주민번호		생년월일·	
	주소		E-MAIL	
	전화번호		결혼유무	
	핸드폰		주거사항	
	가족사항			

학력	입학년월	졸업년월	학 교 명	전공	졸업구분	소재지

경력	근 무 기 간	직 장 명	직 위	담당업무	비 고

신체	신장	체중	시력	혈액형	병역	구분	병과	계급	소속부대
	cm	kg							
						복무기간			

가족사항	관계	성명	연령	근무지	직위	동거	외국어	언어	능력
								공인시험	점수

DA 능력			자격시험	취득일자	종 류	등급
	워드(한글/MS워드)					
	프리젠테이션(파워포인트)					
	스프레드시드(엑셀)					
	인테넷활용					

상기 내용은 사실과 다름없음을 확인합니다.

년 월 일

작성자 : (인)

[그림 9-1] 국문이력서 양식의 예 1

출처 : http://people.incruit.com/resumeguide

<table>
<tr><td rowspan="5">사 진</td><td colspan="2" rowspan="3">이 력 서</td><td>희망부서</td><td></td></tr>
<tr><td>희망직급</td><td></td></tr>
<tr><td>희망연봉</td><td></td></tr>
<tr><td>성 명</td><td>(인)</td><td colspan="2">주민등록번호
</td></tr>
<tr><td>생년월일</td><td colspan="3">서기 년 월 일생 (만 세)</td></tr>
<tr><td>주 소</td><td colspan="4"></td></tr>
<tr><td>전화번호</td><td colspan="2"></td><td>E-Mail</td><td></td></tr>
</table>

년	월	일	학력 및 경력사항	발령청

[그림 9-2] 국문이력서 양식의 예 2(인사서식 제1호)

내 경력개발지원 코너를 통해 확인한다.

NCS 기반 입사지원서는 해당 직무를 성공적으로 수행할 수 있는 가능성이 높은 지원자를 선별하기 위해 해당 기업·기관의 모집분야 별 직무수행에 필요한 교육, 경력, 경험, 성과, 자격 등의 필요한 스펙(On-Spec)을 기재하도록 구성되어 있다(http://www.ncs.go.kr).

(2) 영문이력서

영문이력서(resume, curriculum, personal history)는 꼭 정형화된 양식을 따를 필요는 없다. 이력서 양식을 참고로 자신을 효과적으로 제시할 수 있도록 적합한 모델을 만들면 된다. 영문이력서는 반드시 워드프로세서를 이용하여야 하며, A4 한 장 정도가 적당하며, 다음과 같은 요소들로 구성된다.

- Personal Data(Identifying Information) : 이름, 주소, 전화번호, 생년월일, 성별을 기재한다.
- Occupational Objective(Career Objective) : 희망 직종과 직무를 기재한다.
- Qualifications(Capabilities) : 희망 직무에 대응하는 능력과 자질을 기재한다.
- Work Experience(Employment) : 학력보다 먼저 기재하며, 최근 것부터 과거 순으로 담당 업무와 실적을 기재한다.
- Education(Educational History) : 특별한 요구가 없는 한 최종학력만 기재하되, 대학원 졸업인 경우 대학부터 기재한다. 졸업연도와 학교, 전공, 부전공, 성적, 취득한 학위를 구체적으로 명시하며, 희망 직종과 관련 있는 이수과목도 언급한다.
- Activities(Curricula Activities or Extra-Curricula Activities) : 동아리 활동, 자원봉사, 사회활동 등을 기재한다.
- Special Achievement : 희망하는 업무에 특히 도움이 되는 기술이나 특기를 기재한다.
- Honors and Awards(Additional Remarks) : 교내·외의 수상경력을 기재한다.
- References : 대학의 지도교수, 이전 근무처의 상사 등 자신의 능력이나 자질에 대해 보증할 수 있는 사람으로 보통 2명 이상, 이름, 주소, 직장과 직위, 전화번호를 기재한다. 단 부모, 형제자매는 해당되지 않는다.

RESUME

1. Applying job				Photo 3cm×4cm
2. Personal Data				
Full Name		Phone		
Birthday		Mobile		
E-mail		Fax		
Address				

3. Education			
Period	Name of school	Location	Degree

4. Experience		
Period	Name	Details

5. Skills	
Computer	
Languages	

6. Activities

7. Self Introduction

9. Honors And Award

10. Reference

[그림 9-3] 영문이력서 양식의 예 1

출처 : http://www.saramin.co.kr

RESUME

- Name in full :
- Date of Birth :
- Present Address :
- Sex :

Photo
3cm×4cm

- Occupational Objective :
- Qualifications :
- Work Experience :

(기간) (직장명과 주소) (담당 업무)

- Education :

(기간) (학교명과 주소) (전공, 평점, 취득학위)

- Activities :
- Honors and Awards :
- References :

I here by –

Date of resume

Name (자필 서명)

[그림 9-4] 영문이력서 양식의 예 2

- Etc : 모든 기록이 끝난 다음 작성 연월일과 이름을 적고, 자필 서명하며, 사진은 우측 상단에 붙인다.

(3) 자기소개서

최근 많은 기업들이 입사지원서류에 자기소개서를 첨부하도록 하고 있는데, 특히 서류전형을 통해 일차 합격을 결정하는 기업체에서는 자기소개서를 개인에 대한 평가 자료로 활용하기 때문에 합격 여부에 상당히 중요한 역할을 한다. 기업은 자기소개서를 통해 개인의 성장과정, 성격, 가치관, 학교생활, 대인관계, 조직에의 적응과 성실성, 책임감, 창의성 등은 물론 지원 동기, 장래성, 의사소통 능력 등을 파악하게 된다. 또한 자기소개서는 면접 시 기본 자료로 활용되기 때문에 매우 중요하다.

자기소개서는 기업마다 요구하는 내용이 조금씩 다르다. 기업에서 제시하는 항목에 대해 몇 자 이내로 답하게 하는 양식이 많다. 일반적으로 성장과정, 학교생활, 장단점, 지원동기, 기업에서 요구하는 인재상이나 직무능력, 직무경험과 관련한 내용, 장래의 포부 등을 적는다.

■ **성장과정**

자신을 핵심적이고 뚜렷하게 부각시킬 수 있도록 한다. 어린 시절부터의 성장과정을 기술하되, 일반적인 평범한 성장과정을 나열하기보다는 지신의 뚜렷한 강점이나 의지를 내보일 수 있고 사람들의 공감을 불러일으킬 수 있는 내용들을 간결하게 제시한다.

• **학교생활**

직장 경험이 없는 사람은 대학생활 중심으로 특징적인 것을 간단히 소개하고, 자신의 전공과 부전공, 동아리활동, 봉사활동 등을 자신의 지원 업종과의 관련성에 초점을 두고 구체적으로 서술하고, 자신의 인생관, 관심 분야 등을 언급한다. 이러한 정보는 지원자가 기업에서 요구하는 업무에 적합한 인물인지 아닌지를 판단하는 데 결정적 자료를 제공할 수 있다.

- 장단점 및 특기사항

자신의 장점이나 특기사항을 자신 있게 밝히고 최대한 홍보하는 것이 좋다. 외국어 능력이나 리더십, 전문적 지식과 기술 등 직무 수행에 도움이 될 수 있는 능력을 경험과 함께 언급해 주는 것이 좋다. 아울러 단점을 언급하면서 이를 고치려는 단호한 의지와 노력을 보여주는 것도 좋다.

- 지원동기와 장래희망 또는 포부

너무 거창하거나 추상적으로 나열하지 말고 상대방에게 신뢰감을 줄 수 있도록 강한 의지를 담아 지원하려는 기업에 대한 구체적인 지식을 기초로 회사에 관심을 갖게 된 계기, 회사의 인상, 입사 후 회사의 발전과 자기개발을 위한 계획과 각오, 회사에 대한 열의 등을 솔직하고 확고하게 보여준다.

- 사회활동 및 대외활동, 자기개발

해당직무를 잘 수행하기 위해 어떻게 준비해 왔는지 경험, 자기개발을 위한 노력 등을 연계하여 서술, 기업의 핵심가치에 부합하는지, 자신의 경험 중 가장 힘들었던 경험과 이를 극복하기 위해 어떠한 노력을 하였는지 등을 보여준다.

최근 창의적 인재를 요구하는 기업이 늘어나면서 UCC를 활용한 자기소개서를 요구하는 기업도 있으며, NCS 기반 자기소개서를 요구하는 기업이 점차 확대될 전망이다.

NCS 기반 자기소개서는 자기 일대기를 기술하는 방법이 아닌 지원자의 지원 동기(조직/직무) 및 조직적합성(핵심가치/인재상), 직업기초능력을 평가하기 위한 질문문항으로 구성되어 있으며, 지원자가 작성한 자기소개서는 해당 기업·기관의 기준에 따라 평가되며, 면접에서 지원자에 대한 이해자료로 활용된다. 따라서 직무능력소개서에는 입사지원서에 기술한 경력사항 및 경험사항에 대해 상세히 기술하고 본인의 역할과 행동 그리고 주요 성과를 중심으로 구체적으로 작성한다(http://www.ncs.go.kr).

최근 채용 경향을 반영하여 대기업 인사책임자들과 취업전문가들이 말하는 자기소개서 잘 쓰는 방법을 소개하면 다음과 같다(조선일보, 2015. 9. 7.).

진부한 표현은 쓰지 않는다. 주요 대기업들이 어학 성적, 학점, 외부 수상경력 같은 이른바 스펙 비중을 대폭 낮추고 자기소개서 비중을 높이고 있다. 면접도 대부분 자기소개서를 토대로 지원자의 과거 경험에 대한 질문과 직무역량, 가치관, 행동규범 등에 대한 질문이 이루어지는 경우가 많다. 지나친 자기 미화나 거짓을 적으면 탈락 가능성이 높아진다. 면접과정에서 자기소개서 내용의 진실성을 검증하기도 한다. 취업전문가들은 자신의 강점과 비전을 회사에 대한 지식이나 업무와 연결해 작성하고, 면접에서 한번 만나보고 싶은 지원자라는 인상을 심어주는 게 가장 기본이라고 말한다. 자신의 활동경험을 쓰는 에세이는 본인이 해당 직무에 관심을 갖고 성실히 준비해 왔다는 점을 부각하는 게 좋다. 대기업 인사책임자들은 자기소개서를 쓸 때 금기 사항으로 잡화상처럼 경험을 나열하는 것, 자신에 대한 지나친 미화나 찬양을 꼽았다. 내용은 최대한 객관화하는 게 좋고, 회사 인재상에 맞춰 자신의 이야기를 쓰는 것이 중요하다. 너무 개인적인 이야기를 길게 나열하지 않는 것이 좋다. 최근 자기소개서에 각종 스펙난을 없애는 기업들이 늘어나고 있다.

자기소개서 작성 시 유의할 점으로는 문장은 간결하게 객관적·구체적으로 서술하고 추상적 문구는 피하고 표현의 일관성을 유지해야 한다. 과장이나 지나친 미화는 피하고 상투적으로 표현하지 말고 참신하면서도 독특하게 자신을 나타내는 데 충실해야 한다. 자기소개서에는 이미 이력서에 기재되어 있는 신상명세와 학력, 경력을 나열하기보다는 기업에 긍정적이면서 강렬한 인상을 남길 수 있도록 개성 있으면서도 일목요연하게 자신의 능력과 강점을 잘 나타낼 수 있도록 하고 업무적인 면을 쓸 때는 실적을 중심으로 쓰는 것이 효과적이다.

〈표 9-1〉 자기소개서 작성 시 알아야 할 점과 피해야 할 점

자기소개서 작성 시 알아야 할 점	자기소개서 작성 시 피해야 할 점
• 입사하고자 하는 회사에 대한 지식은 필수 • 자신의 경험을 지원하는 업무와 연결하라 • 면접에서 나를 보고 싶게 만들어라	• 잡화상처럼 경험을 나열하지 말라 • 나에 대한 찬양은 금물 • 감정적이 되기 쉬운 밤에 쓰는 것을 피하라

출처 : 조선일보, 2015. 9. 7.(자료: 전국경제인연합회, 취업사이트 등)

■ 영문 자기소개서(Cover Letter)

영문이력서와 함께 보내는 것으로 일정한 형식은 없으며, 한 장 이내로 간결하게 쓴다.

Gil-Dong Hong
563-36 Yeoksam-dong
Kangnam-Gu, Seoul 135-080
March 9, 2004
Mr. Y. J. Kim
Executive Director
G2Job
824-22 Yeoksam-dong
Kangnam-Gu, Seoul 135-080

Dear Mr. Kim

So-Young Kim recently suggested that I contact you about a possible job opening. I am a computer programmer and currently investigating new opportunities where I can apply my knowledge and experience towards broader responsibilities and advancement. I would appreciate any assistance you could kindly provide to help me achieve this.

Enclosed is my resume as well as a recommendation letter from my previous employer for your reference. I would be very interested in the possibility of meeting you to further discuss my abilities and explore opportunities. I will call you next week. In the meantime, I may be reached at 02-565-1929. I would appreciate your keeping this inquiry confidential. Thank you for your assistance in advance.

Sincerely yours,
Gil Dong Hong
Encl.

[그림 9-5] 커버레터(Cover Letter) 샘플

출처 : 대학과 미래 · 취업포털 사람인

지원하는 기업에 자신의 경력과 능력에 초점을 맞추어 홍보함으로써 면접 기회를 얻으려 할 때 효과적으로 이용할 수 있다. 커버레터를 통해 자신이 지원하는 기업에 자신이 적절한 인물임을 보여주어야 하며, 기업은 이를 통해 지원자의 영어 실력도 평가해 볼 수 있다. 커버레터의 구성은 국문 자기소개서 작성법을 참고로 하면 되고, 주소와 날짜, 수신인과 서두, 본문, 결어, 이름과 서명 순으로 쓴다.

(4) 입사지원 서류의 제출

최근에는 인터넷 접수가 많이 활용되나 직접 제출해야 할 경우도 있다. 직접 제출해야 하는 경우 이력서, 자기소개서, 졸업증명서, 성적증명서 순으로 상당 모서리 부분에 한 번 철하여, 대봉투에 넣어 직접 제출하거나 등기로 우송한다.

인간관계 프로그램 9-2

입사지원 서류 작성

❙활동목표❙ 취업 관련 지원 서류를 작성할 줄 안다.

❙활동내용❙

1. 국문이력서 작성하기
2. 영문이력서 작성하기
3. 자기소개서 작성하기

3) 면접시험

면접시험이란 필기시험이 끝난 후 최종적으로 응시자의 인품, 언행, 지식의 정도 등을 알아보는 구술시험 또는 인물시험이다. 보통 필기시험 또는 서류전형으로 지원자의 기초 실력은 확인할 수 있으나, 그것만으로는 응시자의 됨됨이를 모두 알 수 없기 때문에 면접을 통해 잠재적인 능력이나 창의력 또는 업무 추진력, 사고력 등을 알아내기 위한 시험이다. 한국경영자총연합회, 한국능률협회, 상공회의소 등에서 조사한 바에 따르면, 면접시험이 서류 시험보다 비중이 높은 것으로 나타났다. 1차 시험인 필기시험(서류전형)에서 좋은 점수를 차지했더라도, 면접시험에서 낙방하는 경우가 허다하므로 좀 더 비중 있는 면접시험 준비가 필요하다(http://www.bizresume.co.kr/).

기업에 따라 사원 채용방법에 차이가 있긴 하지만 면접시험을 통한 개인평가를 점점 더 중시하는 추세이므로 면접시험의 비중이 당락의 중요한 요인으로 작용할 만큼 커졌다고 할 수 있다. 최근 기업체의 입사시험에서 전공 필기시험을 치르는 기업은 찾아보기 어려우며 영어시험은 TEPS, TOEIC, TOEFL 등의 성적으로 대체하는 추세이다. 서류전형과 면접을 통하여 수험생의 능력이나 책임감, 창의성, 업무추진력, 성격, 인간관계 성향 등을 알아내려 한다.

이런 추세에 발맞추어 각 기업마다 면접전형 및 방식이 다각화되고 있다. 대기업은 각 기업에 맞는 직무적성검사 등을 활용해 입사시험을 대체하고 있다. 최근 '블라인드 면접(blind interview)'을 하는 회사들도 있는데 블라인드 면접이란 면접자의 선입견을 없애기 위해 지원자의 출신대학이나 전공, 성적 등 일체의 이력사항을 모르는 상태로 면접하는 것을 말한다.

입사를 위한 면접은 극히 짧은 시간에 개인을 평가하는 것이기 때문에 면접에 대비한 철저한 준비가 필요하다. 기업체에 따라 사원을 채용하는 기준은 다양하다. 실무 능력도 중요하지만 기본적인 인성과 자질, 리더십을 더 중시하는 경우가 있는가 하면, 목표의식과 기본 자질을 가장 중요한 당락요인으로 간주하는 경우도 있고, 실무 능력을 당락의 결정적 요소로 삼는 경우도 있다.

우리나라 주요 대기업 2015년 하반기 채용의 주요 특징을 살펴보면, S그룹의 경우 직무적합성 평가와 창의성 면접이 신설되었으며, 또 다른 S그룹은 자기소개서를 가장 중요한 서류항목으로 비중을 높였으며, L그룹은 인·적성검사를 강화하였으며, 또 다른 L그룹은 이력서에 사진 첨부난과 외국어 성적 등 스펙난을 전면 삭제하고 인·적성검사를 포함 하루에 5개의 면접을 실시하고 자기소개서의 진실성을 검증한다고 하였다.

면접을 성공적으로 치루기 위해서는 먼저 자기가 지원하는 회사에 대한 정보 수집이 필요하다. 최소한 자기가 지원하고자 하는 회사의 면접 방법, 예상 질문, 회사에서 기대하는 직장인상 등에 관한 정보를 수집하여 면접에 대비하여야 한다.

(1) 면접의 유형

면접의 유형으로는 면접위원 한 사람이 지원자 한 사람을 불러 질문하는 개인면접, 면접위원 여러 명이 지원자 한 사람을 불러놓고 질문하는 개별면접, 면접위원 여러 명이 지원자 여러 명을 한꺼번에 평가하는 집단면접 등이 있다. 집단면접은 지원자 여러 명을 동시에 비교·관찰할 수 있고, 평가에 있어서 객관성을 유지할 수 있는 장점이 있어 많이 실시되고 있다. 집단면접의 유형으로는 집단토론식 면접, 프레젠테이션 면접, 합숙전형 면접, 다차원 면접 등이 있다. 또한, 먼저 기업체의 실무자들이 지원자들의 실무 능력을 평가해 통과된 사람들에 한해 임원들이 기본 소양을 보는 면접을 실시하기도 한다. 최근에는 국공기업을 중심으로 NCS 기반 면접이 주를 이루고 있으며 이는 점차 일반 기업에도 확대될 전망이다.

개인면접에서 흔히 나오는 질문으로는 직업관, 지망동기, 학교생활, 친구관계, 직무능력 등에 관련된 것들이 많으며, 면접 시작에 자기소개를 시키는 경우도 있다. 따라서 예상 질문에 대해 응답할 내용을 미리 간결하게 정리해 놓는 것이 좋다. 그러나 최근 창의적 인재를 요구하는 기업이 늘면서 전혀 예상치 못한 허를 찌르는 질문이 나오는 경우도 종종 있어 창의적 문제 해결 능력의 육성이 필요하다 하겠다.

집단면접 시 주의할 점은 자기의견을 지나치게 주장하거나 다른 사람의 말을 경청하지 않거나, 발언 기회를 놓치고 침묵해서는 안 된다. 타인의 의견을 경청·수용하고 천편일률적인 답을 지양하고, 자신의 개성, 순발력, 창의성을 발휘하면서 자기 주관을 논리적으로 제시할 때 좋은 평가를 받을 수 있다.

최근 유행하고 있는 '집단토론식 면접'은 획일적인 묻고 대답하기의 면접방식을 탈피, 지원자들에게 특정 주제를 제시하고, 이들이 토론하는 과정을 면접위원들이 그 내용과 토론 태도를 관찰하여 평가하는 것을 말한다. 집단토론식 면접은 개인의 리더십, 협동심, 판단력, 실득력 등을 평가하는 데 도움이 되는 정보를 준다는 측면에서 최근 많이 활용되고 있다.

'프레젠테이션 면접' 또한 최근 시행하는 기업들이 늘고 있다. 프레젠테이션 면접은 직군별로 전문성 있는 주제에 대해 자신의 의견과 지식, 경험 등을 발표하는 방식으로 이루어진다. 일반적으로 면접 전에 면접주제가 주어지며, 자료 준비를 거친 지원자는 평균 10~20분 동안 2~5명의 면접관을 대상으로 프레젠테이션을 진행한다. 면접위원들은 관련 면접을 통해 지원자의 논리성과 문제 해결 능력, 전문성, 의사전달능력, 표현력 등 다양한 요소를 중점적으로 평가한다(커리어다음).

'합숙전형 면접'이란 것도 있는데, 이는 지원자와 면접위원이 1~2박 정도 합숙하면서 면접하는 방법을 말한다. 기업체에서 볼 때 합숙전형 면접은 비용과 시간이 많이 든다는 단점이 있지만 보다 확실한 인재를 뽑을 수 있다는 장점이 있다.

'다차원 면접'은 선배사원 3명으로 구성된 면접단이 응시자 5명을 1개조로, 회사 밖의 다양한 장소에서 만난 다음 자유롭게 집단토론을 하면서 지원자를 관찰하는 방식이다. 지원자의 지식과 경험이 동원되기 마련인지라 지원자의 문제 해결 능력, 창의성, 전문성을 평가하기에 좋은 방법이다. 설득해야 할 대상이 무엇을 생각하고 원하는지를 파악하는 것이 중요하고, 처음부터 끝까지 의문을 허용하지 않는 자세로 진행한다. 내용이 빈약한 인상을 주지 않으려면 틈틈이 지원 업종과 시사문제에 관심을 기울여 두는 것이 좋다(한국산업인력공단 중앙고용정보원).

NCS 기반 면접은 직무를 성공적으로 수행하기 위해 필요한 능력(지식, 기술, 태도)이 있는지 선별하기 위해 직무기초능력과 직무수행에 필요한 교육, 경력, 경험, 성과, 자격 등을 중심 내용으로 면접을 진행한다.

(2) 면접 시 용모

면접에 있어서 첫인상은 매우 중요한 요인이므로 면접관에게 좋은 인상을 줄 수 있도록 해야 한다. 좋은 인상을 주려면 얼굴에 생기가 있고 눈빛이 살아있어야 한다. 실제 면접시험에 임할 때는 무엇보다 용모가 단정하여야 한다. 직장인이라면 직장인에게 어울리는 복장과 화장, 머리모양을 해야 한다. 물론 직업에 따라 이러한 것을 전혀 신경쓰지 않아도 되는 직종이 있긴 하지만 면접시험에 지나치게 화려하거나 남루한 옷, 노출이 심한 옷, 지저분한 구두, 새빨간 긴 손톱, 야한 화장, 유행의 최첨단을 걷는 듯한 머리모양은 좋은 인상을 주지 못한다.

남성의 경우, 면도와 이발, 튀지 않으면서 너무 유행에 뒤떨어지지 않은 감색이나 회색, 검정 등 말쑥한 정장차림에 와이셔츠는 긴 소매의 흰색, 양복과 어울리는 넥타이와 양말, 깨끗한 구두면 무난하다. 양복에 흰색 양말은 신지 않는다.

여성의 경우, 원색은 피하고 파스텔톤이나 무채색의 치마정장을 선택하는 것이 좋다. 일반적으로 검은색 투피스 정장을 입는다. 노출이 심한 옷, 비치는 옷, 꽉 끼는 옷 등은 피하는 것이 좋으며, 구두는 앞과 뒤가 모두 막힌 것을 신는다. 화장은 자연스럽고 지적으로 보일 수 있게 차분한 톤으로 정리하는 것이 좋고, 손톱은 길지 않게 잘 정돈하고 매니큐어는 바르지 않거나 연한 색으로 칠한다. 머리모양은 눈에 띄는 염색은 피하고 단정하게 정리한다. 강한 냄새의 화장품이나 향수는 피하는 것이 좋다.

(3) 면접 시험장에서의 태도

면접 시험일에는 시간적 여유를 두고 시험장에 미리 도착하여 면접장에 들어가기 전에 다시 한 번 최종 점검을 한다. 면접 대기실에서 담배를 피우거나 다른 수험생들과 잡담하지 말고 조용히 앉아 순서를 기다리다가 호명하면 면접실로 들어간다.

면접실에 들어가면 먼저 면접위원에게 자신의 이름과 수험번호를 밝히고 인사를 한다. 면접위원이 앉으라고 할 때까지 의자에 앉아서는 안 되며, 편히 앉으라고 해도 등을 기대고 앉거나 다리를 꼬지 않는다. 앉으라고 권하면 다리를 붙이고 앉아 양손을 무릎 위에 살며시 얹어 놓고 면접위원을 향해 시선을 고정시킨다. 이 때 손을 만지작거리거나 주위를 둘러보는 등의 불필요한 행동을 하지 않는다. 면접 시 책상 위에 자신의 소지품을 올려 놓아서는 안 된다.

면접이 시작되면 너무 불안해하지 말고 시종 침착하면서도 밝은 표정과 깍듯한 태도로 면접관에 대한 예의를 지킨다. 예상치 못했던 질문이 나오더라도 당황하지 말고 자신감을 갖고 신중히 생각한 다음 소신껏 답하라. 답변은 관련된 정보를 기초로 간략하게 정리해서

하는 것이 좋다. 답변이 너무 길어진다든지 논리정연하지 못한 답변은 좋은 인상을 주기 어렵다. 면접위원의 질문을 경청하고 만일 이해가 안 되거나 듣지 못한 질문이 있다면 물어봐도 무방하다. 될 수 있는 한 자신의 약점을 나열하지 말고 부정적 시각, 불평불만을 늘어놓지 않는다. 질문에 대해 거짓말을 하거나 수다를 떨어서는 안 되며, 모르는 것은 솔직히 모른다고 대답하는 것이 좋다. 남들이 다 하는 모범답안의 암기식 답변은 피하는 것이 좋다. 면접내내 미소를 잃지 말고, 면접이 끝나면 반드시 면접위원에게 감사하다는 말을 잊지 않는다. 면접관은 수험생의 일거수일투족을 관찰하고 있다는 것을 잊으면 안 된다.

(4) 면접 예상 질문

면접에서 잘하려면 준비를 철저히 해야 한다. 평범하고 쉬워 보이는 질문에서부터 최근 중시되고 있는 창의적 문제해결능력을 보는 질문에 이르기까지 철저한 준비가 필요하다. 최근에는 정답이 뻔한 시사상식 문제보다는 직무능력, 상황판단능력, 위기대처능력, 순발력, 창의력 등을 평가하는 질문들을 하는 추세이다. 또한 지원자가 기업의 인재상에 부합하는지, 해당 직종 직무 수행능력을 갖추고 있는지 등을 판단하기 위한 질문도 종종 출제되므로 기업 홈페이지를 방문하여 기업의 연혁, 인재상, 사훈, 경영이념, 대표적 상품, 최근 이슈, 신개발품 등을 알아보고 자기 나름대로 기업의 장·단점, 발전을 위한 제언 등을 준비해 두는 것이 좋다.

다음은 면접시험에서 자주 나오는 질문들이다(http://www.bizresume.co.kr/에서 일부 발췌). 소집단을 만들어 다음 질문들에 대해 답변하고 서로 비교해 보라.

인간관계 프로그램 9-3

면 접 예 상 질 문

| 활동목표 | 면접시험에 대비하여 예상 질문에 적절한 답변을 준비한다.

| 활동내용 |

(1) 지망동기에 대한 질문사항

- 우리 회사에 지망하겠다고 마음먹은 것은 언제부터이며, 어떤 동기에 의해서입니까?
- 우리 회사 외에 다른 회사에 지망한 적이 있습니까?
- 우리 회사에 들어오기 위해서 본인이 특별히 노력한 것이 있습니까?
- 당사의 제품을 사용해 보신 적이 있습니까? 그 제품을 평가해 보십시오.

(2) 일에 대한 의식

- 급히 처리해야 하는 일이 갑작스럽게 주어졌는데 사전에 다른 약속이 있다면 어떻게 하겠습니까?
- 말도 안 되는 억지를 부리며 난동을 피우는 고객이 있으면 어떻게 하겠습니까?
- 상사와 의견이 다를 경우 당신은 어떻게 하시겠습니까?
- 순환 보직에 의해 영업일을 맡게 된다면 어떻게 하겠습니까?

(3) 자신에 대한 소개

- 1분 안에 자신을 소개하시오(영어 소개도 준비).
- 본인의 장·단점에 대해서 말씀해 주십시오.
- 살아오면서 가장 힘들었던 경험과 그것을 극복하기 위해 어떻게 했는지 말씀해 주십시오.
- 자신의 책임감, 성실성 등을 입증할 만한 경험이 있다면 말씀해 주십시오.
- 어떤 비전을 갖고 회사생활을 할 생각인가요? 앞으로 15년 뒤 자신의 모습을 그려 보십시오.

(4) 학창시절에 대하여

- 학창시절 동아리나 봉사활동을 한 경험이 있습니까? 있다면 무엇이며, 활동내용에 대해 말씀해 보십시오.
- 당사에 지망하기 위해서 대학시절동안 어떻게 준비해 오셨나요?

(5) 개인의 인생관

- 지원한 직종과 관련하여 도움이 되는 교육경력이나 프로젝트 수행 경험이 있다면 말씀해 주십시오.
- 오래전부터 큰 맘 먹고 계획한 해외 가족여행을 가기로 한 날 회사에 갑자기 급한 일이 생겼습니다. 그 일은 지원자가 없으면 처리하기 곤란한 일입니다. 어떻게 하시겠습니까?
- 마지막으로 하고 싶은 말 있으면 30초 내에 말씀하십시오.

(5) 면접 시 성공적인 대화법

면접에서 성공하려면 다음과 같은 점에 유의하여야 한다(http://www.bizresume.co.kr/).

- 결론부터 이야기하고 나서 이유를 설명한다.
- 사람에 따라 올바른 경어와 존칭을 사용한다.
- 질문의 요지를 파악하고, '예, 아니오'를 명확히 한다.
- 항상 미소를 잃지 않는다.
- 답의 패턴을 미리 기억하고, 답을 연습해 둔다.
- 논리적으로 반론을 잘해야 한다(먼저 수긍한 후 반론하는 것도 상대방을 배려하는 모습으로 비춰질 수 있다).
- 최후의 순간까지 최선을 다한다.
- 임기응변은 항상 필요하다. 상황 대처능력의 척도이다.
- 유머를 잊지 말라(위트가 있는 사람이 호감도를 높인다).
- 끝말 흐리기, 더듬기 등 잘못된 말버릇부터 고쳐라.

3. 직장에서의 인간관계

1) 직장에서의 인간관계의 중요성

'인생의 성공은 인간관계의 성공에 달려 있다'라는 말이 있을 정도로 인간관계의 중요성이 널리 인식되고 있다. 인생에서 성공하기를 원한다면 바람직한 인간관계의 형성과 유지를 위해 부단히 노력해야 한다. 인간은 사회적 존재로서 좋든 싫든 자기가 속해 있는 집단의 한 구성원으로서 수많은 형태의 다양한 인간관계 속에서 살아야 한다. 인류의 역사 이래 인간은 언제나 크건 작건 다양한 조직 속에서 생활해 왔으며, 그러한 가운데서 다양한 사람들과의 인간관계 경험을 통해 성숙·발전해 왔다.

인간관계에 실패할 경우 자신은 물론 가정, 직장, 사회생활을 하는 데 있어 많은 문제를 초래하게 된다. 특히 직장에서 많은 시간을 보내는 직장인들에게 있어서 직장에서의 인간관계는 직장에의 적응과 부적응, 직업에서의 성공 등에 상당한 영향을 미친다. 직장인들에게 직장생활 중 가장 어려운 점을 꼽으라면 직장 경험이 별로 없는 초보 직장인들은 물론 오랫동안 직장생활을 해온 직장인들 가운데 상당수가 인간관계의 어려움을 호소한다. 오랜 경험에도 불구하고 인간관계의 어려움을 호소하는 것을 보면 인간관계라는 것이 얼마나 어려운 것인가를 실감하게 된다. 그렇다고 인간관계를 포기할 수는 없지 않은가? 인간관계가 직장생활의 성패를 좌우할 만큼 중요한 영향을 미치는 상황에서 인간관계를 무시할 수는 없다.

흔히 개인의 직장에의 적응을 규정하는 것은 '직무'와 '인간관계'라고 말한다. 만일 어느 한쪽이라도 적합하지 못하면 직장생활에 부적응을 초래하게 된다. 물질만능주의가 팽배한 현대사회에서 전통적 인간관계의 특성이라 할 수 있는 위계적 구조는 서서히 해체되어 이제 한국에서도 수평적 인간관계로의 전환이 나타나고 있다. 따라서 시대적 변화에 대응할 새로운 인간관계의 틀이 필요하게 되었다. 정보화 사회로 지칭되는 21세기는 인간관계의 시·공간적 제약이 허물어짐으로써 그 폭을 끝없이 확장시키고 있다.

카네기 기술연구소에 따르면, 개인기업과 공학기술에서 성공의 약 15%는 기술적 지식에 원인이 있고, 85%는 사람을 지도하고 영향을 줄 수 있는 인간경영기술에 있다고 한다. 나아가 공장에서 해고당한 사람들의 20~40%는 자신의 기술 부족으로 해고를 당했다고 생각한 반면, 60~80%는 자신들의 인간관계의 미숙함 때문에 해고를 당했다고 생각했다. 하버드대학 직업보도국이 졸업생 가운데 실직자를 대상으로 실직 사유를 물은 결과 일을 못해서 쫓겨난 사람보다 인간관계가 나빠 적응을 못하고 그만두게 된 사람이 두 배나 되었다(양창삼, 1997). 이러한 예들은 직장에서의 인간관계가 얼마나 중요한가를 단적으로 보여주는 증거들이다.

Mayo(1933)가 1927년부터 1932년까지 호손공장에서 실시한 연구에서도 생산성 향상에 있어서 작업장의 조명, 환기와 같은 물리적 환경이나 피로보다 정서적 요소, 인간관계 요소, 동기적 요소들이 근로자들의 행동에 보다 직접적이고 보다 중요한 역할을 한다는 것을 보여주었다. 특히 타인으로부터 관심을 받으며, 서로 상호작용할 수 있는 인간관계 경험들이 생산 활동에 보다 큰 영향을 미치는 것으로 나타났다. 호손 효과(Hawthorne effect)로 알려진 이 실험결과를 통해 직장에서의 인간관계가 조직과 산업체의 생산성과 밀접한 관계가 있음은 물론, 개인의 직장에서의 적응, 직업적 성공에도 영향을 미침을 시사 받을 수 있다. Deep(1978)도 조직에서의 원만한 인간관계가 종업원을 더욱 생산 지향적으로 만들며 조직의 분위기가 긍정적이지 못할 때 생산적 관계는 어렵게 된다고 주장하였다.

직장에서 효과적으로 업무를 수행하고 직업적 성공을 거두기 위해서는 세 가지 기술이 필요한데, 그 세 가지 기술이란 기능적 기술(technical skill), 개념적 기술(conceptual skill), 그리고 인간관계 기술(human relational skill)이다(Halloran & Benton, 1987 ; 설기문, 1997에서 재인용).

기능적 기술이란 자기가 맡은 전문분야의 업무를 말하며, 개념적 기술이란 단순히 자기가 맡은 구체적인 전문업무가 아니라 자기가 속해 있는 부서나 조직 전체의 일을 총괄하여 조직이 나아가야 할 방향과 업무를 기획하고, 업무의 효율성을 위하여 적재적소에 인재를 배치하고 업무를 적절히 분배함으로써 거시적으로 조직 전체의 목표 달성과 생산성 향상을 꾀할 수 있는 기술을 말한다. 인간관계 기술은 일보다는 직장의 동료, 상사, 부하들과 원만한 인간관계를 유지할 수 있는 기술을 말하는 것으로 직장을 인간적인 정이 충만하여 일할 맛이 나고 보람을 느끼는 삶의 현장으로 만들어 나갈 수 있는 기술을 말한다. 인간관계 기술은 다양한 사람들로 구성된 직장에서 자신은 물론 타인들의 욕구와 성격 특성을 이해하며 긍정적인 인간관계를 이룸으로써 생산성 향상에도 기여할 수 있는 것이다.

이상의 세 가지 기술 중에서 기능적 기술은 특히 하급직에서 많이 요구되고, 개념적 기술은 상급직으로 올라갈수록 많이 요구되지만, 인간관계 기술은 어떤 지위에서나 공통적으로 필요한 기술이다. 어차피 직장생활은 인간관계의 장이기 때문이며, 이것을 그림으로 나타내면 [그림 9-6]과 같다.

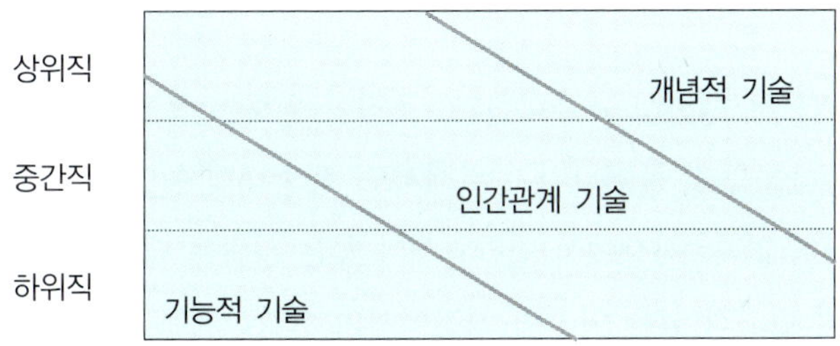

[그림 9-6] 직장에서 필요한 세 가지 기술

출처 : 설기문, 1997.

집단 구성원이 집단을 위해 노력을 다하려는 의지는 여러 가지 요인에 의해 영향을 받게 되는데, 그 중 대표적이고 종합적인 것이 바로 대인관계의 조화이다. 집단 구성원 각자가 서로를 향해 어떻게 지향하고 있는가를 설명하는 데 도움을 주는 이론으로 '기본적 대인관계 지향성(Fundamental Interpersonal Relations Orientation ; FIRO)' 이론이 있다. 이 이론의 핵심은 모든 대인관계 행동은 참여(inclusion), 통제(control), 우호(affection) 등 세 개의 대인관계 욕구 중의 하나 또는 그 이상을 충족시키고자 하는 데 목적이 있다고 가정하고 타인들과의 조화의 욕구를 지닌 사람들로 구성된 집단은 그렇지 않은 집단보다 더욱 효과적임을 주장하고 있다(이한검, 1988).

여기에서 참여 욕구는 집단에 소속하려는 욕구, 타인들과 교제하고 그들로부터 수용되려는 욕구로, 타인들과의 만족스러운 관계를 수립하고 유지하려는 욕구이다. 통제 욕구는 의사결정과 권력행사와 관련된 욕구로, 권력이나 권한과 관련하여 타인들과의 만족스런 관계를 수립하고 유지하려는 욕구이다. 우호 욕구는 타인들과의 사랑과 우정을 만족스럽게 형성하고 유지하려는 데 초점을 둔다.

조관일(1996)이 지은 『人테크』에서는 개인주의가 팽배한 사회 속에 흔히 빠지기 쉬운 명분과 실리, 손해와 이익, 승리와 패배라는 이분법적 대립을 극복, 자아를 발견하고 상대의 이해를 통해 공동의 선과 승리를 추구하는 인간관계의 새로운 패러다임으로써 인간관계의 중요성을 부각시키고 있다. 그는 인간관계의 전통적 틀을 깨고 일반사회에서의 인간관계는 물론 조직에서의 사람관리도 인간관계에 바탕을 둔 人테크 과정을 적용할 것을 주장하였다.

조직은 기본적으로 생산성을 추구한다. 조직이 원하는 목표를 달성하기 위해서, 그리고 조직 내의 문제들을 잘 풀어나가기 위해서도 조직 내의 원만한 인간관계가 전제되어야 함은 더 말할 나위 없다. 직장에서 인간관계가 좋은 사람은 대체로 회사에 대한 충성심과 책임감이 있으며 협조적이다. 이처럼 직장에서의 인간관계는 날로 그 중요성이 높아지고 있으며, 바람직한 관계 형성에 대한 관심도 증가하고 있다. 어느 조직에서나 인화를 강조하는 것도 인간관계가 그만큼 중요하기 때문이다.

직장에서의 인간관계는 또한 개인적 욕구를 충족시켜 주는 역할을 한다. 사람들은 대개 상대방과의 상호작용에서 얻는 이익이 크고 비용이 적게 들수록 그 관계를 강하게 유지하는 경향이 있다. 직장에서의 인간관계라면 만나서 반갑고, 함께 일해서 즐거운 관계가 바람직한 관계일 것이다. 직장에서의 바람직한 인간관계는 심리적으로 안정감을 주며, 조직에는 연대감과 소속감을 갖게 함으로써 자발적으로 일에 참여하게 하여 생산성을 높여 주고 서로 신뢰하고 조력하게 만든다. 그 결과 삶의 의미와 활력을 준다.

직장인으로서 성공하기 위해서는 직장 구성원으로서 회사를 위하여 무엇을 할 것인가를 알고 회사 일에 적극적으로 참여하고 협력해야 함은 물론 원만한 인간관계가 필수적으로 요구된다. 원만하고 생산적인 인간관계를 위해서는 인간관계에 필요한 다양한 기술과 매너, 인간의 존엄성과 가치성을 인정하고 타인에 대한 배려와 관심, 자기개방과 타인에 대한 수용적 태도가 필수적이다. 이러한 맥락에서 직장에서 선호하는 직장인 상을 간추려 보면, 대체로 다음과 같은 특성들을 들 수 있다.

첫째, 성취 지향적이고 자율적이며 책임감이 투철한 사람을 선호한다. 물질적 보상에 연연하기보다는 일에 대한 열망을 갖고 성실하게 주도적·자발적으로 직장의 목표 달성을 위해서 정열을 쏟을 수 있는 사람을 원한다.

둘째, 직무를 원활히 수행할 수 있는 능력과 기술을 갖출 것을 요구한다. 즉, 직무 수행에 필요한 기본적인 기술, 직무에 적합한 기술을 요구한다. 대부분의 직종은 업무와 관련하여 특정한 기술 수준이 요구되며, 이는 직무 수행과 성공의 기초가 된다. 뿐만 아니라 21세기 정보화 시대, 급변하는 사회에 적응할 수 있기 위해서는 새로운 지식과 기술을 끊임없이 재충전해야 한다.

셋째, 애사심과 협동심을 요구한다. 자기가 재직하고 있는 회사에 대한 애착과 자신감이 없다면 애사심이 없는 것이다. 몇 년 전 미국의 한 코카콜라 홍보직원이 자사의 콜라를 판촉하기 위해 간 지역에서 펩시콜라를 먹었다는 이유로 파면된 적이 있다. 그 파면 이유가 정당한 건지 아닌지를 가리기에 앞서 최소한 자기가 재직하고 있는 곳에서 만들어 낸 것을 자랑스럽게 사용할 줄 아는 그런 직원을 회사는 원한다. 또한 상호의존적 과제를 수행하는 데 있어서 협동심은 단결된 팀워크로 개개인에게 부과된 과제를 책임지고 수행함은 물론 상호 협조와 도움으로 효율성을 극대화할 수 있다는 점에서 중요시되고 있다.

넷째, 원만한 인간관계를 맺을 수 있는 사람을 선호한다. 아무리 능력과 기술이 뛰어나다 해도 인간관계가 원만하지 못하여 직장 동료들에게 피해를 주거나 종종 직장 분위기를 망쳐 놓는다면 아무도 그를 달가워하지 않을 것이다. 오히려 하루라도 빨리 그가 없어지기를 바랄 것이다. 원만한 인간관계는 직장생활에서 뿐만 아니라 모든 인간사에 있어서 매우 중요한 역할을 한다.

다섯째, 단정한 용모와 매너 있는 사람을 선호한다. 깔끔하고 단정한 용모와 깍듯한 매너의 소유자는 회사의 이미지를 한층 높일 수 있는 역할을 할 수 있기 때문이다. 근무장소와 직종을 고려하여 적합한 복장을 갖추어야 하며, 직장인으로서 지켜야 할 매너를 지킬 줄 알아야 한다.

온라인 채용포털 커리어에서는 기업이 찾고 있는 '일을 시키고 싶은 사람', 즉 '인사담당자가 찾는 우수 인재'의 조건으로 다음을 제안하였다(http://www.bizresume.co.kr/).

첫째, 기업은 'Great People'보다는 'Right People'을 원한다. Right People, 즉 '적합한 인재'란 회사 조직문화에 따라 달라질 수 있으나 기업의 조직문화에 잘 융화되고 동료들과 원만한 관계를 맺으면서 회사생활을 할 수 있는 사람이 바로 기업이 원하는 우수 인재이다.

둘째, '커뮤니케이션 능력이 뛰어난 자'를 원한다. 영업 담당이든, 마케팅 담당이든, 심지어 연구개발 담당이든 우수 인재가 되기 위해서 커뮤니케이션 능력은 필수적인 덕목이다. 커뮤니케이션 능력이란 정확하고 효과적인 의사소통을 통해 자신의 생각을 잘 전달하고 상대방을 설득시키는 것을 말한다.

셋째, '변화를 만드는 창의적인 인재'를 원한다. 학습조직이나 지식경영에서 강조하듯이 창의적인 인재는 새로운 것을 만들어내고, 이를 조직 내에서 공유해 많은 부가가치를 창출할 수 있다.

넷째, '긍정적 사고와 열정을 가진 인재'를 원한다. 긍정적인 사고와 일에 대한 열정을 바탕으로 고객을 포함한 내·외부 관계자들의 신뢰를 획득해야 한다. 적극성과 열의로 자기 역할과 책임에 충실할 뿐만 아니라 명확하지 않은 업무에 대해서도 솔선수범하는 자세는 핵심인력의 기본이다.

다섯째, '조직의 목표와 일치하는 인재'를 원한다. 우수 인재는 개인의 구체적인 목표설정과 관리를 통해 조직 전체의 성과에 기여한다. 회사의 목표 달성에 얼마나 기여하고 있는가, 즉 회사가 지향하는 목표와 일치하는 사람이 우수 인재라고 할 수 있다.

위의 사항들을 자신과 결부하여 생각해 보라. 직장인으로서 당신의 성공적인 미래를 예측해 볼 수 있을 것이다.

2) 직장인의 매너

인간은 사회적 존재로서 현대사회의 급격한 변화 속에서 신체적·정신적 적응을 이루고 보다 인간다운 삶을 유지하기 위해서는 바람직한 인간관계의 확립과 사회적 적응이 필요하다. 이러한 맥락에서 매너는 자신을 바로 세우고 원만한 인간관계를 위한 약속이자 사회적 규범으로써 개개인이 반드시 갖추어야 할 태도이다.

집단에 속해 있는 사람은 자신이 속해 있는 집단의 규범을 지켜야 한다. 집단의 규범은 집단활동의 질서를 확립하기 위해 구성원에 의해 설정된 표준 또는 규칙인 만큼 반드시 지켜져야 하며, 이러한 규범이 곧 집단 내의 개개인 행동의 기반이 된다. 직장에서의 개인은 다른 사람과의 관계를 고려하지 않으면 안 되는 전체적인 개인, 즉 인간관계적 존재이며 이러한 이유로 직장에는 그 구성원들 간의 인간관계를 규정하는 공동체 규범이 존재하게 된다.

직장에는 직장인 상호 간에 지켜야 할 행동규칙과 규범, 직장인으로서 갖추어야 할 매너가 있다. 그럼에도 불구하고 직장인들 중 상당수가 이를 제대로 지키지 못하고 있는 듯하다. 최근 기업체에 유행처럼 번지고 있는 사내 예절교육의 강화는 매너를 몰라서 또는 알면서도 안하는 사람들이 많이 있음을 단적으로 나타내는 현상이 아닐까 생각된다. 사내에서 예절을 지키지 못하는 사람은 사외에서 또는 고객에게도 예절을 지키지 못할 거라는 예측이 가능하다. 아무리 능력이 뛰어나다 할지라도 기본적으로 갖추어야 할 매너를 갖추지 못했다면 결코 좋은 점수를 받을 수 없을 것이다.

미래는 현재의 습관에 의해 결정된다는 말이 있다. 겉이 아무리 화려하게 포장되어 있을지라도 매너 없는 행동을 하는 사람은 기피의 대상, 혐오의 대상이 될 수밖에 없다. 직장에서 동료들로부터 사랑과 존경을 받으며, 함께 일하고 싶어 하는 사람이 있는가 하면 정말로 함께 일하고 싶지 않은 부류의 사람도 있다. 직장에서 함께 일하고 싶은 사람과 반대로 함께 일하고 싶지 않은 사람의 특성을 예시하면, 다음의 〈표 9-2〉와 같은 것들을 들 수 있다.

직장에서의 개인의 지위(status)는 집단 내에서의 사회질서를 의미하며 개인의 행동에 강력한 영향을 미친다. 지위는 또한 집단규범에 대한 순응과 관계가 깊다. 낮은 지위에 있는 사람은 규범에 순응하지 않더라도 별로 잃을 것이 없다고 생각하기 때문에 집단규범의 영향력을 거부하기 쉬우며, 중간 정도의 지위에 있는 사람은 현재 자기의 신분을 좋아하고 보다 높은 지위를 원하기 때문에 순응도가 높은 편이다. 높은 지위에 있는 사람은 직위상 안정되어 있기 때문에 자유를 좋아하고 가끔은 집단규범에 순응하지 않는 경향이 있다.

이렇게 다양한 특성을 갖고 있는 여러 사람들과 일을 하다보면 타인에 대한 배려는커녕 다른 사람을 전혀 의식하지 않는 형편없는 매너로 같이 일하고 싶지 않은 사람이 있기 마련이다. 이런 사람들 때문에 흔히 욕구좌절과 불만족을 경험하게 되는데, 이제 직장생활을 하는 데 있어서 개인의 직위, 상황과 관련하여 직장인으로서 지켜야 할 매너에 대해 알아보기로 한다.

〈표 9-2〉 직장에서 함께 일하고 싶은 사람과 일하고 싶지 않은 사람의 특성

함께 일하고 싶은 사람	함께 일하고 싶지 않은 사람
• 회사와 직장 동료들에 대해 적극적인 관심을 갖고 있다. • 직무 수행에 성실히 임하며 남에게 떠넘기지 않는다. • 변화를 적극적으로 수용하려는 자세를 갖고 있다. • 높은 도덕성과 이타주의를 지향한다. • 용모단정하며 근면하고 협동적이다. • 긍정적·수용적이며 융통성이 있다.	• 신경질적이며, 다른 사람을 멸시하는 태도와 지나친 이기주의 성향을 갖고 있다. • 자사 제품, 자사에 대해 헐뜯거나 불평불만만 늘어놓는다. • 게으르고 위생 상태가 불량하다. • 마지못해 억지로 일을 하는 태도와 무사안일주의가 팽배하다. • 자기의 일을 종종 남에게 떠넘긴다. • 음담패설, 유쾌하지 못한 잡담으로 시간을 허비한다.

(1) 상사로서의 매너, 상사에 대한 매너

조직에서의 인간관계는 조직의 목표와 개인의 목표를 조화롭게 통합하는 것이다. 만일 직원의 생각, 만족, 사기, 복지는 고려하지 않고 조직의 목표 달성만을 위해 희생을 강요하고 구속한다면 더 이상 조직을 유지하기 어려울 것이다. 마찬가지로 부하도 상사가 늘 잘해 주기만 바란다든지 일하는 것에 비해서 봉급만 많이 받기를 원한다든지 불평불만만 늘어놓는다면 직장생활을 하는 데 상당한 어려움을 겪을 것이다. 상사와 부하가 상호 간에 적극적인 관심과 참여, 책임을 함께 나눌 때 바람직한 인간관계가 성립될 수 있다.

직장에서 직장의 분위기나 집단 의사결정에 보다 큰 영향을 미치는 사람은 상사이다. 따라서 상사는 부하들이 효과적으로 일할 수 있는 환경을 제공해 주어야 한다. 상사라고 해서 집단이 달성한 공적이나 아랫사람의 공적을 가로채서는 안 된다. 또한 정직하고 공정한 태도, 즉 조직의 업무처리에 있어서 공정한 인사관리, 합리적 의사결정, 공정한 업무처리가 되도록 해야 한다. 직장에서 인재를 발굴하고 양성하는 것도 상사의 역할이다. 부하의 결점만 찾아내고 질책을 일삼는 상사는 반감을 불러일으키거나 무기력한 조직, 소극적인 부하만을 양산하기 쉽다. 물론 계속 형편없는 성과를 보이거나 직장의 규칙을 위반하고 상사의 명령에 특별한 이유 없이 불복종하는 부하에 대해서는 특단의 조치를 취해야 함은 두말할 나위가 없다.

직장에서 상사의 리더십은 집단의 분위기나 구성원의 반응에 영향을 미치게 된다. 전제적인 리더는 자신만이 유능하고 의사결정을 내릴 수 있다고 믿음으로써 자신의 결정에 부하가 복종하기를 기대하며, 부하들은 할 수 없이 일을 하거나 무기력함을 느끼게 된다. 반대로 자유방임적인 리더는 의사결정 권한을 부하에게 대부분 이양하고 어떤 방식으로 업무를 수행하든 내버려둔다. 양자 모두 부하들에게는 불만족스럽고 혼란을 야기시킬 수 있는 소지가 다분하다.

부하들이 요구하는 리더는 아마도 민주적 관리방식을 지님으로써 부하직원들과 긍정적 관계를 형성할 수 있는 민주적 리더일 것이다. 부하의 의견이나 제안을 귀기울여 듣고 그것을 진지하게 검토하고 부하의 자주성을 인정해 주고 상사와 부하 간의 우호적인 분위기를 조성할 줄 아는 리더를 원한다. 이는 리더가 부하에 대해 관심을 갖고 신뢰하며, 상호 존중과 인정, 지원, 배려할 줄 아는 인간 중심적임을 의미한다.

남을 위압하는 것을 즐기고 다른 사람 위에 군림하려 하며, 자신을 과시하는 권위주의는 인간관계를 파괴시키는 결과를 초래한다. 상사일지라도 자신을 낮추고 상대방에 대한 관심과 존경이 필요하다. 또한 그날그날의 기분에 따라 부하들을 대하는 태도가 달라지거나 자신이 갖고 있는 고정관념이나 편견에 얽매여 상대방을 판단해서는 안 된다. 칭찬과 질책을 조화롭게 이용하는 것이 바람직하며, 질책을 할 경우 상대방의 인격에 대한 배려를 잊어서는 안 된다. 상사의 인격적 대우, 따뜻한 마음은 부하에게 그대로 전달된다.

바람직한 인간관계는 상대에 대한 긍정, 인격에 대한 긍정에서 시작된다. 상사와 부하가 서로를 인격체로 존중하지 않는 한 서로에 대한 신뢰 형성은 어렵다. 바람직한 관계는 수단 혹은 형식적 관계가 아닌 목적의 관계이다. 상사는 부하를 이해하고 부하의 어려움을 간파해야 하며, 부하는 상사에게 부하로서의 도리와 책임을 다해야 할 것이다.

상사에게 말할 때는 큰소리를 내지 않고 정중하게 차근차근히 말한다. 상사와 함께 걷게 될 경우 상사의 왼쪽에서 한 발짝 정도 뒤에서 걷는 게 좋다. 술과 담배의 경우 술은 상사와 같이 마실 수 있지만 상사 앞에서 담배를 피우는 것은 예의에 어긋난다. 업무와 관련하여 부하로서 자신의 업무를 정확히 파악하고 전력투구하라. 문제점이나 건의사항은 철저히 조사 분석한 후 제안하라. 심사숙고하지 않은 선부른 문제 지적이나 건의사항이 상사와의 관계를 해칠 수 있음을 명심해야 한다.

(2) 동료직원에 대한 매너

직장생활을 하는 데 있어서 상하관계뿐만 아니라 동료들과의 관계가 원만해야 조직생활을 유지해 나갈 수 있다. 상사에게는 잘하면서 동료들로부터는 신임을 받지 못하는 사람, 동료들로부터 신임은 받지만 상사에게서 인정을 받지 못하는 사람, 양자 모두 문제이다. 또한 조직 내뿐만 아니라 조직 밖의 관계도 좋아야 한다.

직장에서 생활하다 보면 동료들 간의 경쟁을 피할 수 없는 것이 현실이다. 모든 경쟁은 선의의 경쟁이어야 한다. 불공정한 수단에 의해 공정치 못한 경쟁이 이루어진다면 상호 간의 신뢰 회복이 어렵게 된다. 페어플레이 정신을 갖고 진정한 선의의 경쟁이 이루어질 수 있도록 상호 노력해야 한다. 경쟁을 자신을 발전시키는 계기로 생각할 때 동료들 간의 신뢰와 협동, 조직의 발전이 이루어질 수 있다. 더불어 개인플레이도 중요하지만 팀워크가 보다 중요하다는 것을 잊어서는 안 된다.

(3) 여직원에 대한 매너

이제 우리 사회에서도 여성 인력이 점점 늘어나고 있다. 앞으로 더 많은 여성 인력이 직장인으로서 개인의 능력을 발휘하게 될 것이다. 따라서 직장에서의 남성과 여성의 관계도 재조정과 재평가가 이루어지지 않으면 안 되게 되었다. 과거에는 직장에서의 여성의 역할이 예속적이었다. 그러나 이제 그 역할은 크게 달라졌으며, 여직원에 대한 태도도 달라져야 한다. 구태의연한 남존여비사상이 존재하는 한 직장에서 남성들이 여성을 대하는 태도도 달라질 수 없다. 남성 위주의 여성 차별의식을 없애고, 여사원에 대해서 성적 조롱이나 비하하는 언행을 해서는 안 된다. 남성들도 이제 여성을 함께 일해야 할 동등한 동반자로서 인식해야 한다.

직장에서 사사건건 여직원들을 흉보는 데만 열중해 있는 사람, 입만 열면 누가 있건 없건 야한 농담과 질문으로 여직원들을 당혹스럽게 만드는 사람, 상사의 비위를 맞추는 것이라면 온몸을 불사르며 아부를 떨면서도 부하에게는 한없이 차갑고 냉정한 사람, 여직원들을 가정부 취급하는 사람에게는 의무적으로라도 직장인으로서의 매너교육을 받게 해야 할 것이다.

마찬가지로 여성 자신들도 사회의 한 구성원으로서 당당하게 업무에 임해야 한다. 매사에 성실하지 못하고 이기적이며 평상시엔 남녀평등을 부르짖다가 힘든 일이나 곤란한 일이 생기면 여자니까 봐달라는 기회주의적 태도, 자기 관리도 못하면서 사치나 일삼고 단정치 못하고 게다가 센스조차 없다면 직장 여성으로서 결코 좋은 점수를 받을 수 없을 것이다.

(4) 사무실에서의 매너

좁은 공간에서 온종일 부딪히다 보면 별것 아닌 일에도 상대방의 신경을 건드리게 되는 경우가 종종 있다. 따라서 직원들 상호 간에 지켜야 할 매너가 더더욱 중시되는 공간이 바로 사무실이다. 용모 단정, 예의바른 행동, 상대방을 존중하고 배려하는 태도가 절실히 요구되는 곳이다.

그럼에도 불구하고 출근 시 먼저 아침인사를 하기는커녕 받을 줄도 모르는 목에 깁스한 사람, 사무실 분위기를 파악하지 못하고 제멋대로 행동하는 사람, 상습적으로 지각을 밥 먹듯 하는 사람, 근무시간에 개인적인 일로 시간을 허비하는 사람, 출근은 늦게 퇴근은 정각에 칼 같이 하는 사람, 아침부터 술 냄새 풍기며 들어서는 사람, 함부로 코 풀고 침 뱉는 사람, 직장에 어울리지 않는 복장과 화장으로 사무실 분위기를 흐리는 사람, 다른 사람에 대한 험담과 불평불만으로 하루를 보내는 사람, 자기와 상관없는 일에는 절대 신경쓰지 않는 이기주의자들이 있는데 이들 모두 직장인으로서의 올바른 매너를 갖추어야 할 것이다.

또한 근무 중 조퇴나 결근 시에는 반드시 사유서를 제출하거나 미리 연락을 해야 한다. 외출 시엔 행선지를 알리고 연락이 취해질 수 있도록 해야 하며, 사적 외출은 삼가야 한다. 상대방에게 서류를 건네 줄 때는 반드시 두 손을 사용하여 반듯하게 건네며, 위아래가 거꾸로 되지 않도록 조심해야 한다. 반대로 서류나 물건을 받을 때도 반드시 양손으로 정중히 받는다. 칼이나 가위와 같은 예리한 물건을 건네줄 때는 날을 자기 쪽으로, 손잡이를 상대방 쪽으로 하여 건넨다.

(5) 인사 매너

인사는 상대방을 존중하는 마음으로 정중하고 예의바르게 해야 한다. 상냥한 미소가 함께 한다면 상대방의 마음을 즐겁게 해줄 수 있고 자신에 대해 호감을 갖도록 하는 효과를 가져옴으로써 인간관계에 도움을 준다. 복도나 엘리베이터에서 평소 안면이 있는 사람을 만나면 모른 체 지나치지 말고 목례로 자연스럽게 예의를 표한다.

성의 없고 기계적인 인사는 상대방에게 오히려 불쾌감을 줄 수 있다. 인사는 아랫사람이 윗사람에게 먼저 하며, 악수는 윗사람이 아랫사람에게 먼저 청하고 반드시 오른손으로 하되 장갑을 낀 경우 벗어야 한다. 손이 더러울 경우 상대방에게 양해를 구하면 된다. 남녀 간에는 여성이 먼저 악수를 청하며, 여성의 정장용 장갑은 벗지 않아도 된다. 악수를 할 때 양손을 사용하여 덥석 잡거나 허리를 굽실거리는 것, 지나치게 힘주어 잡는 것, 세게 잡고 흔드는 것은 올바른 악수 매너가 아니다.

(6) 전화 매너

전화는 서로 볼 수 없기 때문에 보다 세심한 주의가 필요하다. 전화가 왔을 때 받는 사람의 소속과 이름을 정확히 말한다. 상대방이 찾는 사람이 자리를 비웠을 경우에는 정중하게 상대방의 이름과 소속, 용건, 회신 여부 등을 묻고 전화가 온 시간과 전달할 메시지를 간략히 메모하여 전달해 주어야 한다.

전화를 걸 경우 먼저 자신의 이름과 소속, 용건을 간단히 밝히고, 담당자를 찾는다. 전화를 받아주는 사람에 대해서도 감사하다는 말을 잊지 않는다. 상냥하고 정중한 예의바른 전화 매너가 회사의 이미지는 물론 개인의 이미지 제고에 영향을 준다. 또한 직장에서의 대화는 용건만 간결하게, 사적인 전화는 삼가야 한다. 사적인 전화나 꼭 필요하지도 않은 내용을 가지고 장시간 수다를 떤다면 이는 경제적으로나 시간적으로 손해이며, 이러한 모습을 좋아할 상사는 아마도 없을 것이다.

(7) 손님 접대 매너

손님이 찾아오면 하던 일을 잠시 멈추고 친절하게 응대하라. 자기의 손님이 아닐지라도 손님의 이름, 방문 목적을 묻고, 이를 담당자에게 전달해 주어야 한다. 만일 담당자가 자리에 없다면 언제 면담이 가능한지를 확인하여 오늘 만날 수 있는지, 만날 수 있다면 어느 정도 기다려야 하는지 등을 상세하게 알아내어 손님에게 전달한다. 손님이 기다리겠다고 하면 적당한 곳으로 안내하고 차와 간단히 볼 수 있는 신문이나 잡지를 권한다. 상대방으로부터 명함을 받을 경우 명함을 양손으로 들고 상대의 눈과 명함을 보며, 받는 즉시 확인하면서 인사를 나누고 소중히 다룬다. 손님과 대화를 하는 동안에는 자신의 자리 앞쪽에 명함을 올려놓고 대화도중 가끔씩 명함을 바라보며 상대에게 관심을 가지고 있음을 나타내 보인다. 대화가 끝나갈 무렵 앞에 놓인 명함을 명함집에 넣는다.

3) 성공적인 인간관계를 위한 제언

모든 상황에서 바람직한 인간관계를 위한 절대적인 원리는 없다. 그러나 우리가 바람직한 인간관계를 형성하는 데 도움을 줄 수 있는 원리들을 알고, 이를 적재적소에 잘 활용한다면 인간관계를 훨씬 더 부드럽고 생산적인 관계로 개선하고 발전시킬 수 있다.

우리 주위에는 직장에서 원만한 관계 형성을 절실히 원함에도 불구하고 어떻게 해야 할지 몰라 당황하거나 망설이다가 종종 실패하는 사람, 마음은 그렇지 않은데 상대방의 오해를 불러일으켜 관계 형성에 어려움을 겪는 사람, 쓸데없는 행동으로 주위 사람들로부터 미움을 사는 사람들이 상당수가 있다. 이들의 공통점은 효과적인 인간관계에 필요한 기술과 태도, 매너가 부족하다는 것이다. 이러한 결핍을 보충해 주지 않는다면 성공적인 직장생활은 어려울 것이다.

직장이 즐거운 곳, 보람 있는 곳이 되게 하려면 개개인의 노력이 필요하다. 자신만을 중시하는 지나친 이기주의를 버리고 모든 사람을 존엄성을 가진 개개의 인격체로 인정하고 서로 신뢰하고 협력해야 한다. 나만이 아닌 나와 직장 동료들, 직장 모두가 번영할 수 있도록 서로 협력하고 도와야 한다. 협력은 자기가 속해 있는 집단의 한 구성원으로서 마땅히 해야 할 의무이다. 집단의 공동합의에 의해 결정된 목표는 각자의 역할 분담을 통해 책임감을 갖고 달성해야 한다. 집단 구성원들 간의 협력이 필요한 과제를 효율적으로 수행하기 위해서는 인간적인 협력이 뒷받침되어야 한다.

이제 직장에서의 성공적인 인간관계를 위해 필수요소라고 할 수 있는 몇 가지 제언을 하고자 한다. 이들을 잘 이해하고 인간관계에 적절히 활용한다면 직장에서의 성공 가능성도 보다 높아질 것이다.

① 상대방을 존중하라

이 세상의 모든 사람은 신분, 지위 고하를 막론하고 한 사람의 인간으로서 존엄성을 가지고 있으며, 따라서 개개인의 존엄성은 당연히 인정받아야 한다. 이 세상에 중요하지 않거나 고귀하지 않은 사람은 없다. 또한 사람은 누구나 자신을 중요하게 생각하며, 다른 사람들로부터 인정을 받고 싶어하는 자아존중의 욕구(self-esteem need)를 가지고 있다.

그럼에도 불구하고 자기보다 못하다고 생각되거나 자기보다 낮은 지위에 있는 사람에게는 함부로 대해도 괜찮다는 의식, 그리고 우리 사회에 만연되어 있는 인간 차별의식과 편견, 무시, 심지어 경멸하는 태도는 인간관계를 저해하는 가장 큰 요인이라고 할 수 있다. 이러한 의식을 갖고 있는 한 바람직한 인간관계의 성립은 불가능하다. 진심으로 상대방을 존중하는 마음과 겸손한 마음으로 한 사람의 인격체로 대우할 때 진실한 관계가 형성된다. 직장에서 성공적인 인간관계를 확립하기 위해서는 무엇보다도 상대방을 존엄성을 지닌 가치 있는 인간으로서 인정하고 대우해야 한다.

② **자기를 개방하라**

원만한 인간관계를 위해서는 자기개방이 필요하다. 상대에게 가까이 다가가 자신을 알림으로써 서로의 관계 형성을 방해하고 있는 장해물을 없애고 열린 공간을 공유할 필요가 있다. 마음을 열고 상대방에게 내 자신을 있는 그대로 보게 하는 것이 좋다. 자신을 드러내지 않고 상대방만 개방하기를 요구하거나 원해서는 안 된다. 적절한 자기개방으로 상대방이 나를 보다 잘 이해하고 신뢰할 수 있게 되면 서로에 대한 신뢰감이 형성되어 이를 기초로 원만하고 진실한 관계가 형성될 수 있으며, 그 결과 심리적 성숙을 가져오게 된다.

신뢰감의 형성에는 시간이 필요하다. 시간을 갖고 서로의 고민과 괴로움도 함께 나눌 수 있을 때 깊이 있고 진지한 신뢰감이 넘치는 관계가 형성된다. 자기개방은 단순히 자기를 나타내 보이는 의미 이상으로 인간관계의 개선은 물론, 정신건강에도 도움이 되고 결과적으로 개인의 성장·발달에 도움을 준다.

③ **효과적인 의사소통 방법들을 적절히 이용하라**

조직에 있어서 의사소통은 정보를 교환하고 서로를 이해하고 조직 환경에 적응하는 데 중요한 역할을 한다. 원만한 인간관계를 이루기 위해서는 효과적인 의사소통을 할 수 있는 기술과 능력이 요구되며, 서로 간에 감정이나 태도, 사실, 생각 등을 전달하는 의사소통은 양방적 과정이어야 한다. 의사소통의 과정에서 사람들은 각각 자신의 참조체제를 통해 메시지를 수용하게 되는데, 메시지가 정확하게 수용되었는지를 확인하기 위해 피드백 과정이 필요하다. 메시지가 개인의 참조체제를 통과하면서 종종 왜곡될 수 있기 때문이다. 피드백을 통해 정보를 정확히 전달하고, 메시지의 의미를 바로잡고 의사소통을 보다 명료하고 분명하게 할 수 있다.

우리 주변에서 흔히 볼 수 있는 효과적인 의사소통을 방해하는 요인들로는 고정관념, 선입견, 방어, 책임 전가, 과거의 경험, 잠재적 의도, 물리적 환경, 지나치게 엄격한 상하관계 등을 들 수 있다. 이러한 요인들을 알고 의사소통 과정에 이들이 개입되지 않도록 해야 할 것이다. 의사소통을 효율적으로 진행시키기 위해서는 상호 간의 예의와 존중, 신뢰를 바탕으로 한 경청, 공감, 피드백 주고받기, 의사소통을 방해하는 장애물의 제거, 수용과 허용적 태도 등이 필요하다.

④ 정직하고 성실하라

진정한 인간관계 형성을 위해서는 진실하고 성실해야 한다. 상대방의 직위나 신분을 자신의 이기적 욕구 충족을 위한 대상이나 도구로 이용하려고 하는 한 진정한 인간관계는 형성될 수 없다.

Aronson 등은 대학생들에게 ① 능력은 우수하나 실수를 저지른 사람, ② 능력도 우수하고 실수도 저지르지 않는 사람, ③ 보통의 능력을 가지고 실수를 저지른 사람, ④ 보통의 능력을 가지고 실수를 저지르지 않는 사람을 제시하고 이들을 평가하게 하였다. 그 결과 번호 순서대로 호감을 나타냈다. 이 실험은 능력이 많을수록 매력적으로 본다 할지라도 결점이 있다는 것이 오히려 더 매력을 느끼게 함을 보여준다. 이를 실수효과(pratfall effect)라 한다(양창삼, 1997). 실수를 했다고 무조건 다 덮어주는 것은 아니지만 자신의 결점과 실수에 대해 거짓말을 하거나 남에게 책임 전가하지 않고 정직하게 인정하는 것이 오히려 높은 평가를 받는다. 사람들은 진실한 인간관계를 형성하는 데 있어서 솔직함과 정직성을 중요한 요인으로 꼽는다. 구차한 변명으로 오히려 문제를 더 복잡하게 만드는 경우가 종종 있다. 진실성 없는 위선은 오래가지 못한다. 마찬가지로 성실하지 못하면 그 관계는 더 이상 지속될 수 없다.

⑤ 협력하라

집단의 공동 합의에 의해 결정된 목표는 각자의 역할 분담을 통해 이루어져야 하느니만큼 목표 달성을 위해 협력하는 것은 집단 구성원으로서의 개인의 의무이다. 그럼에도 불구하고 우리 주위에는 자기주장만 내세우고 자신의 이해득실만을 생각하고 자기만 인정받기를 원하는 사람이 의외로 많다. 개개인의 업적이 선명하게 드러나지 않는다고 해서 피하거나 적극적으로 협력하지 않는다면 결국 사람들로부터 배척당할 것이다. 진정한 행복은 함께 누리는 것이다. 인간관계는 공동체적 삶의 관계이므로 조직 구성원들이 서로 자기중심적 사고와 태도, 이기적인 태도로 일관한다면 그 조직은 살아남을 수 없으며, 그 속의 인간관계는 악화일로를 걷게 될 것이 뻔하다.

⑥ 서로 간의 이해의 폭을 넓혀라

인간관계는 다른 사람에 대해 관심을 두는 것으로부터 시작된다. 상대방에 대해 어떠한 관심을 갖느냐에 따라 다양한 인간관계가 성립된다. 오늘날 상호 무관심한 도시적 인간관계는 서로를 이해하는 데 상당한 어려움을 가중시킨다. 현대사회에서 점점 상실되어 가는 진정한 의미의 인간적 관계의 형성을 위해서는 직장에서도 지위의 고하를 막론하고, 서로에게 관심과 애정을 갖고 서로를 보다 잘 이해할 수 있어야 한다. 인간관계의 성공은 상대방의 입장에 서서 그를 이해하려고 하는 마음가짐에 달려 있다.

⑦ 건설적인 비판을 수용하라

누군가로부터 비판받는다는 것이 결코 기분 좋은 일은 아니지만 만일 그것이 건설적인 비판이라면 적극적으로 수용하고 감사할 줄 알아야 한다. 건설적인 비판은 개인의 성장을 돕는 중요한 열쇠가 될 수 있다. 수용적 자세를 갖고 비판을 겸허하게 받아들일 줄 안다는 것은 그만큼 성숙함을 의미한다. 건전한 비판과 악의의 비난을 구별하지 못하면 성장할 수 없다.

⑧ 경청자가 되라

의사소통을 하는 데 있어서 상대방에게 자기의 의견을 효과적으로 전달하는 것 못지않게 상대방의 말을 경청하는 것 또한 매우 중요하다. 경청이란 그저 상대방의 말을 듣는 것이 아니라 상대방이 하는 말의 내용을 잘 이해하면서 귀담아 듣는 것을 말한다. 상대방의 말을 경청함으로써 상대방을 이해하려 하고 있음을 보여줄 수 있으며, 어쩌면 실제적인 도움을 주거나 위안이 될 수도 있다. 상대방과의 대화에 있어서 말을 많이 하기보다는 많이 들어주는 것이 좋다. 당신이 비록 전문적인 상담가 또는 심리치료사가 아닐지라도 직장의 동료나 고객의 이야기를 잘 들어주는 것만으로도 당신은 상대방에게 도움을 줄 수 있다.

효과적인 경청을 위해서는 상대방의 언어적 메시지는 물론 비언어적 메시지를 감지하고 관심을 갖고 이해하며 기억하는 것이 중요하다. 경청한 다음 상대방에게 충고나 비판을 하기보다는 상대방의 관점과 입장에서 듣고 이해하는 공감(empathy)이 필요하다.

⑨ **자기주장적이 되라**

한국의 전통적 문화 속성상 한국인은 참고 얌전하고 겸손한 것이 미덕이라는 것을 당연시함으로써 자기의 생각이나 의견을 솔직하게 나타내기를 주저하는 경향이 있다. 말하고 싶어도 주위의 압력이나 체면, 상대방의 기분을 살피느라 심지어는 마음에도 없는 말이나 행동을 하면서 자신의 권익을 포기하고 아무 말도 하지 못하고 뒤돌아서서 혼자 고민하거나 자신의 행동에 화를 내기도 한다. 지나치게 위축되어 자신의 권리도 찾지 못하거나 또는 반대로 자신의 권리에만 집착하고 타인의 권리는 침범하거나 빼앗는 경우가 있는데 양자 모두 바람직하지 못하다. 자기주장적이란 의미는 자신의 권리와 특권을 명확히 이해하고, 그것을 건설적·생산적으로 사용하는 적절한 자기 의사표현 방법을 말한다. 즉, 상대방의 인권과 권리를 존중하면서 자신의 생각이나 의견, 느낌 등을 솔직하게 표현함으로써 자신의 권리도 찾고 상대방과의 관계도 향상시킬 수 있는 방법이다.

⑩ **긍정적으로 사고하고 행동하라**

긍정적 사고는 긍정적 결과를 낳고 부정적 사고는 부정적 결과를 낳는 경향이 있다. 링컨 대통령은 "대부분의 사람은 그들이 마음먹은 만큼 행복하다"라고 하였는데, 이는 행복은 개인의 마음속에 있는 것으로 행복하다고 생각하는 만큼, 행복하게 되리라고 생각하는 만큼 행복해질 수 있음을 강조한 말이다. 긍정적 사고는 인간관계를 생산적으로 진전시키는 데 도움을 주지만, 부정적 사고는 인간관계를 저해하는 요인이 된다. 많은 사람들이 상대방의 좋은 점을 찾아내어 칭찬하고 키워주기보다는 부정적인 면을 더 확대 해석하여 상대를 철저히 부정하고 상대조차 하려 하지 않는다. '전부 아니면 아무것도 아니다(all or nothing)' 식의 이분법적 사고방식은 버려야 한다. 상대방의 실수, 단점을 파헤치는 데 급급해 하지 말고 상대방이 능력을 발휘할 수 있도록 자신감을 심어주고 긍정적 시각으로 바라봐주는 것이 필요하다. 상대방에 대한 부정적인 생각과 부정적인 행동을 버리고 긍정적으로 생각하고 긍정적으로 행동한다면 그들의 인간관계는 훨씬 더 생산적이고 성공적인 관계로 발전할 것이다.

또한 긍정적 사고와 행동은 자신에게도 큰 도움이 된다. 자성예언(self-fulfilling prophecy)이란 말도 있듯이 매사를 긍정적으로 생각하고 자기의 미래를 성공적이고 밝게 생각하는 사람은 자신의 미래에 대해 부정적인 견해를 갖고 있는 사람보다 성공할 확률이 훨씬 높다.

⑪ 칭찬하라

어린아이부터 노인까지 칭찬을 싫어하는 사람은 없다. 아무리 사소한 것도 그냥 보아 넘기지 말고 찾아내어 칭찬하라. 당신의 칭찬 한 마디에 상대방은 하루종일 기쁜 마음으로 생활할 것이다. 그리고 대부분의 사람은 자신에게 칭찬을 해준 사람에 대해 호감을 갖게 된다. 또한 칭찬 한 마디가 어색한 관계를 원활하게 해주는 윤활유 역할을 하는 것을 흔히 볼 수 있다. 칭찬은 사람을 분발시키고 발전시키는 힘을 갖고 있다. 상대방을 칭찬한다는 것은 상대방을 긍정적으로 인식하고 있으며, 인격체로 존중하고 있음을 보여주는 것이기도 하다.

⑫ 유머 감각을 살려라

인간관계에서 유머는 양념과 같은 역할을 한다. 유머가 있는 관계는 활력이 넘치며, 인간관계를 훨씬 더 풍요롭게 한다. 유머 감각은 성공적인 인간관계를 이루는 데 큰 장점이 된다. 어디에 있어도 분위기를 밝게 하는 분위기 메이커는 침체된 관계를 끌어올리는 데도 큰 역할을 할 수 있다. 타고난 유머 감각을 가지고 있다면 좋겠지만, 타고나지 못했을지라도 열심히 갈고 닦고 노력하면 길러질 수 있는 것이 유머 감각이니만큼 이를 개발할 필요가 있다.

⑬ 융통성을 가져라

모든 상황에 대해 똑같은 방식을 무차별적으로 강요하는 고지식한 사람은 인간관계를 망치기 쉽다. 법에도 상황에 따라 예외가 있을 수 있듯이 인간관계에 있어서도 상황에 따라 유연성 있게 대처할 필요가 있다. 목표를 달성하는 방법에는 여러 가지가 있을 수 있다. 자기가 제안하는 방법이 아니면 안 된다는 편협함을 버리고, 상황에 따라 융통성을 갖고 신축성 있게 합리적으로 대처할 줄 알아야 한다.

⑭ 먼저 베풀어라

대부분의 인간관계는 상응관계이다. 서로가 서로에게 어떻게 대하느냐에 따라 인간관계는 달라진다. Aronson 등은 피험자로 하여금 피험자로 위장한 실험조수와 실험자 간의 대화를 여러 차례에 걸쳐 우연히 엿듣게 하는 실험을 하였다. 대화의 내용은 실험조수가 실험자에게 피험자의 인상을 말하는 것이었다. 대화에서 인상 평가의 내용은 처음부터 끝까지 좋은 평, 시종 좋지 않은 평, 처음에는 좋게 말하다가 나중에는 나쁘게 말하는 평, 처음에는 나쁘게 말하다가 나중에는 좋게 말하는 평의 네 가지였다. 실험결과 피험자는 자신을 좋게 보는 사람을 좋아하고, 나쁘게 보는 사람을 싫어하는 경향이 있었다. 이를 상호성의 원리(reciprocity principle)라 부른다. 또한 계속 좋게 평한 사람보다는 처음에는 비판하다가 나중에 칭찬해 주는 사람을 더 좋아하며, 반대로 계속해서 나쁘게 평하는 사람보다는 칭찬하다가 나중에 가서 비판하는 사람을 더욱 싫어하는 경향을 보였는데, 이를 득실현상(gain-loss phenomena)이라 부른다(양창삼, 1977).

아무리 작은 호의라도 먼저 베풀면 상대방은 심리적으로 빚을 지게 되어 호의를 베푼 쪽에 대해 긍정적으로 대하게 된다. 상호성의 원리는 직장에서도 그대로 적용된다. 내가 먼저 상대방에게 좋은 말을 하고 존경하면 상대방도 나를 좋아하고 존경하게 된다. 상사가 부하를 대할 때 부하라는 이유만으로 함부로 대하거나 무시한다면 부하도 상사에 대해 좋은 감정이나 태도를 갖지 않을 것이다. 상사가 부하를 존중할 때 부하도 상사를 존경하게 될 것이다. 대부분의 사람들은 상대방이 먼저 자기에게 어떻게 하느냐에 따라 자신도 그에 맞추어 대응할 것이라고들 말한다. 만일 상대방으로부터 잘 대접받기를 원한다면 당신이 먼저 상대방에게 대접하라. 남이 나에게 베풀기만을 기다리지 말고 내가 먼저 베풀어 보자. 내가 베푸는 만큼 내게도 돌아올 것이다. 좋은 인간관계를 맺기 위해서는 많은 노력이 필요하다. 좋은 인간관계는 그저 찾아오는 것이 아니라 많은 시간과 노력, 배려, 때로는 희생이 필요하다.

⑮ 친절하라

일을 하다 보면 다양한 사람들을 만나게 된다. 그 중에는 너무나 상냥하고 친절해서 잊혀지지 않는 사람이 있는가 하면 너무나 불친절해서 다시는 보고 싶지 않은 사람도 있다. 1980년대까지만 해도 우리 사회에 만연되어 있던 관료주의는 관공서를 찾는 선량한 시민들의 마음을 너무나 많이 상하게 했던 게 사실이다. 관공서를 찾은 경험이 있는 대부분의 사람은 아마 이 말에 공감할 것이다. 무뚝뚝한 표정, 불친절한 매너, 무관심, 싸늘한 시선, 이것이 바로 우리가 관공서에서 느꼈던 것들이다.

이제 세상도 많이 변하여 공무원들도 많이 변하고 있지만, 아직도 우리 사회 곳곳에는 불친절함이 남아 있다. 좋은 인간관계의 형성과 유지를 위해서는 친절해야 한다. 친절한 사람에게 호감이 가는 것은 당연하다. 직장에서도 고객 한 사람 한 사람을 정성껏 최선을 다해 서비스를 제공하고 친절을 베푼다면 그 사람의 미래는 성공적일 것이다.

한편, 양창삼(1997)은 보다 나은 인간관계를 위해 다음과 같은 제언을 하였다.

- 새로운 사람을 만났을 때 편견을 갖지 않도록 한다.
- 말하기보다 듣는 기회를 최대한으로 많이 만든다.
- 상대방의 인격을 먼저 생각한다.
- 그를 다른 사람과 비교하지 않는다.
- 상대방의 사고와 행동의 동기가 무엇인가를 살펴본다.
- 사람은 모두 제각기 다르다는 것을 인식한다.
- 인간관계에서 드러난 문제는 복잡하며, 변화한다는 사실을 알아야 한다.
- 상대방의 약점보다 장점을, 무능보다 능력을, 어두운 면보다 밝은 면을 보도록 한다.
- 의심의 눈으로 상대를 바라보지 않는다.
- 견해가 다르고 의견차가 있다 하더라도 성급한 결론을 내리지 않는다.
- 상대를 사랑해야지 이용하려 해서는 안 된다.
- 비난하기보다 칭찬을 한다.
- 화를 내거나 논쟁을 하려 들지 않는다.
- 유머와 재치를 구사한다.

토론주제

1. 직장에서 꼭 필요한 사람은 어떤 유형이며, 필요치 않은 사람은 어떤 유형인지 이야기해 보자.

2. 직장에서 원만한 인간관계의 중요성과 원만한 인간관계를 위해 어떠한 노력을 해야 할지 논의해 보자.

3. 주는 것 없이 미운사람, 받는 것 없이 예쁜 사람은 어떤 사람이며, 그 이유는 무엇인지 이야기해 보자.

CHPATER 10

인간관계 문제 진단과 행동의 변화

인간관계의 단절에서 오는 소외는 정신적·신체적으로 큰 영향을 미친다. 인간관계가 원만하지 못한 사람들 중에는 자신의 문제를 잘 파악하고 있어 인간관계의 개선과 향상을 위해 노력하는 사람이 있는가 하면, 자신의 문제를 전혀 인식하지 못하거나 문제를 은폐하려는 사람들이 있다. 자신의 문제를 잘 인식하고 있어 이를 극복하기 위해 노력하는 사람은 그렇지 않은 사람보다 문제를 훨씬 빨리 해결할 수 있다. 자신의 문제에 대한 정확한 이해와 극복하려는 의지가 있는 한 극복할 수 있는 것이 바로 인간관계 문제이다.

이에 각 개인의 생산적인 인간관계를 저해하는 요인들을 보다 명확히 규명해 볼 수 있는 방법과 이러한 방법을 이용하여 문제의 원인을 진단, 향후 인간관계의 개선과 향상을 위한 문제유형별 대처전략들을 알아보고자 한다. 문제유형별 대처전략으로는 비합리적 신념과 합리적·정서적 행동요법, 부정적 자아개념과 자아존중감 훈련, A형 성격과 시간조절 모델, 수동적·소극적 성격과 자기표현 훈련, 학습된 부적응적 행동과 행동요법, 비사회적·반사회적 성격과 사회성 훈련, 인간관계 훈련, 집단상담 등을 제시하였다.

학습목표

1. 생산적인 인간관계를 저해하는 요인들을 규명해 볼 수 있는 방법들을 안다.
2. 인간관계 문제의 원인을 진단한다.
3. 문제에 대한 정확한 이해를 토대로 인간관계의 개선과 향상을 위한 대처전략을 익힌다.

1. 인간관계 문제 진단

인간을 사회적 동물이라고 했던가? 인간이라면 누구나 좋든 싫든 자기가 살고 있는 사회의 한 구성원으로서 다른 사람들과 더불어 살아야 한다. 그러자면 사회 구성원들과의 원만한 인간관계가 필수적이다. 인간은 다른 사람과의 관계를 통해 지적으로나 정서적·사회적·도덕적으로 보다 성숙해질 수 있다.

인간관계는 개인의 삶의 질을 결정하는 데 큰 영향을 미치게 되는데 원만한 인간관계는 삶을 풍요롭고 즐겁게 하는 반면 인간관계에서의 실패는 곧 실패와 좌절을 가져오게 된다. 살아가면서 때론 원만한 인간관계를 형성하여 편안하고 행복해 하기도 하지만, 반대로 비생산적인 바람직하지 못한 인간관계 때문에 불행해 하거나 실패를 경험하기도 한다. 사람들을 대하다 보면 아무런 문제없이 잘 적응하고 있는 듯한 사람들 중에도 인간관계 문제로 고민하고 있는 사람들이 의외로 많다. 사람들은 평소에는 자신의 인간관계에 대해 별로 생각하지 않거나 그 중요성과 필요성에 대해 별로 인식하지 않는다. 그러다가 어떤 상황에서 인간관계의 위기를 경험하게 되면, 그때서야 비로소 인간관계의 중요성을 깨닫는다.

다른 사람들과의 친밀하고 생산적인 관계의 형성은 개인의 신체적·정신적 건강에 매우 중요하다. 원만한 인간관계를 맺지 못하는 사람은 갈등과 긴장을 경험하게 되고, 사람들을 누려워하거나 불안, 우울, 소외감 또는 수줍음, 무력감 등을 호소한다. 이러한 사람들 중에는 자신감이 없어 다른 사람들 앞에 나서기는커녕 어울리는 것조차 꺼려 아예 자기 자신을 스스로 고립시켜 버리는 사람, 지나친 열등감으로 매사에 위축되고 자신에 대해 부정적인 사람이 있는가 하면, 조급하고 불같은 성격으로 참지 못하고 종종 분노와 공격성을 표출하여 일을 자주 그르치는 사람, 불합리한 사고와 행동 때문에 어려움을 겪는 사람들도 있다. 이들은 사회생활을 하는 데 있어서 상당한 어려움을 겪게 된다.

K. Horney(1950)는 인간관계의 유형을 '사람을 지향하는 인간(moving to ward people), 사람에게 적대적인 인간(moving against people), 사람으로부터 멀어지는 인간(moving away from people)' 등 세 가지로 분류하고, 이들 세 가지를 상황에 맞게 잘 사용하는 사람은 건강한 사람이지만 어느 한 가지만을 계속 사용하는 사람은 바람직하지 못하다고 하였다.

여기에서 사람을 지향하는 인간은 타인으로부터 사랑받는 것을 최선이라고 여기고 타인들로부터 인정받고 좋은 인상을 주기 위해 자기를 드러내지 못하고 동조하는 경향이 많다. 즉, 무의식적으로 자신을 이타주의적·자기희생적 존재로 여기고 자기보다 남을 더 배려하고 친절하다. 이들은 혼자 있기를 두려워하고 의존적 성향이 지배적이다. 사람에게 적대적인 인간은 타인들로부터 존경, 칭송받기를 원하고 두려움의 대상이 되고 싶어한다. 자기주장적이고 공격적이어서 자신을 과장하고 자기의 의견이나 생각을 강력하게 주장한다. 이들은 무의식적으로 자신이 용감하고 강력하며, 자애심이 많은 지도자라고 여긴다. 사람으로부터 멀어지는 사람의 가장 큰 특징은 초연하고 싶어하며 자유, 독립을 가장 중요하게 생각한다. 따라서 어떤 문제나 타인과의 관계에 개입하기를 싫어하고 무언가에 관련되거나 계약관계를 싫어한다. 이들은 자신의 감정, 특히 분노와 같은 감정을 드러내는 것을 싫어하며, 초연하고 우월하게 원칙을 잘 지키고 잘 통합되어 있으며, 조용하고 강하며 단호하다.

인간관계는 긍정적 방향으로 형성될 수도 있고, 부정적 방향으로 형성될 수도 있다. 긍정적이란 기본적으로 조력적인 차원에서 이루어지는 바람직하고 관계를 맺는 서로에게 도움이 되는 관계로써 조력적 관계, 생산적 관계, 치료적 관계, 효과적 관계로 불린다. 반면에 부정적이란 조력적이지 못하며, 서로에게 피해가 되고 스트레스나 고통의 원인이 되는 관계로서 비조력적 관계, 비생산적 관계, 파괴적 관계, 비치료적 관계, 비효과적 관계로 불린다. 생산적인 인간관계는 서로의 성장과 발전에 도움이 되며, 자기존중감을 높여 주고 위로를 주며 즐거움을 준다. 그 결과 상대방이 문제를 해결하는 데 도움을 줄 수 있으며, 개인의 정신건강에 기여하여 행복하고 자아실현하는 삶을 살 수 있도록 도움을 준다(설기문, 1997).

인간관계의 단절에서 오는 소외는 정신적·신체적으로 큰 영향을 미칠 수 있다. 소외감이 정신적·신체적으로 미치는 영향이 흡연, 고혈압, 비만, 운동결핍 등으로 인한 사망과 같은 정도의 원인으로 작용할 수 있으며, 심지어 흡연이 사망에 미치는 영향보다 높게 작용한다는 연구결과들도 제시되고 있다. 그렇다면 과연 우리는 바람직한 인간관계를 맺고 있는가?

인간관계가 원만하지 못한 사람들 중에는 자신의 문제를 잘 파악하고 있어 인간관계의 개선과 향상을 위해 노력하는 사람이 있는가 하면, 자신의 문제를 전혀 인식하지 못하거나 문제를 은폐하려는 사람들이 있다. 자신의 문제를 잘 인식하고 있어 이를 극복하기 위해 노력하는 사람들은 그렇지 않은 사람보다 문제를 훨씬 빨리 해결할 수 있다. 자신의 문제에 대한 정확한 이해와 극복하려는 의지가 있는 한 극복할 수 있는 것이 바로 인간관계 문제이기 때문이다. 따라서 생산적인 인간관계를 맺기 위해서는 먼저 인간관계를 저해하는 요인들을 규명해 볼 필요가 있다. 인간관계에 부정적 영향을 미치는 요인들을 일일이 열거할 수는 없지만 큰 영향을 미치는 것으로 개인의 성격과 습관화된 바람직하지 못한 행동 특성을 들 수 있다.

개인의 성격상의 문제로서 지나치게 공격적이거나 조급함, 의심, 부정적 태도 등은 원만한 인간관계의 형성에 치명적이다. 반대로 너무나 소극적·수동적이어서 자기의 의견을 제대로 표현하지 못하고 숨기고 억압하는 경우에도 생산적인 인간관계를 맺기는 어렵다. 또한 개인의 행동 특성과 관련하여 상대방을 존중하지 않는 태도와 배려의 부족은 인간관계를 저해하는 큰 요인이 된다. 성인이 되어서도 유아기의 대표적인 성격 특성으로 거론되는 자기중심적 사고가 팽배한 사람들이 의외로 많은데, 이들은 사회적 조망수용의 수준이 낮아 상대방의 입장, 객관적 입장에서 조망하지 못하고 자기주장만 앞세우고 자기만 편하면 남이야 어찌되든 상관없다. 나, 내 가족, 내 직장만 강조하다 보니 개인 이기주의, 집단 이기주의, 부서 이기주의가 팽배해지는 결과를 초래하게 된다. 이러한 상황에서 어떻게 바람직한 관계가 형성될 수 있겠는가? 나에 앞서 상대방을 먼저 배려하는 마음, 존중하는 마음이 전제되어야 원만한 인간관계가 형성될 수 있다.

이러한 맥락에서 바람직한 인간관계의 형성을 위해서는 우선 인간관계를 저해하는 문제의 원인들을 보다 명확히 규명하고 진단할 필요가 있다. 인간관계 문제를 진단하기 위해서는 심리검사, 상담, 관찰 등의 방법을 이용할 수 있다. 개인의 성격 특성을 측정하는 심리검사로는 MMPI(Minnesota Multiphasic Personality Inventory), MBTI(Myers Briggs Type Indicator), CPI(California Psychological Inventory), 다요인 인성검사, 대인관계성향검사, A형 성격검사, 자아긍정도검사 등을 이용할 수 있으며, 이들 검사 결과를 이용하여 인간관계에 특히 부정적 영향을 미칠 수 있는 바람직하지 못한 성격 특성들을 찾아낼 수 있다. 이들 검사를 간략히 살펴보면, 다음과 같다.

① MMPI

임상적 장면에서 이상성격의 진단을 목적으로 개발된 것으로 인성의 비정상성 징후를 평가한다. Hathaway와 Mckinley에 의해 제작된 검사를 우리의 문화 상황에 맞도록 개정한 한국형 MMPI가 있다. 정범모 · 이정균 · 진위교(1963년 초판, 1975년 개정, 코리안테스팅센터)가 한국판 MMPI를 출시한 이후 2011년 한국판 개정판 MMPI-2(성인용)가 출시되었으며(한경희, 김중술, 임지영, 이정흠, 민병배, 문경주, 2011), 한국판 MMPI-A(청소년용)가 개발되어 있다.

MMPI-2의 내용척도는 '불안, 공포, 강박성, 우울, 건강염려, 기태적 정신 상태 (Bizzare Mentation), 분노, 냉소적 태도, 반사회적 특성, A 유형의 행동(Type A), 낮은 자존감, 사회적 불편감, 가정 문제, 직업적 곤란, 부정적 치료' 지표로 구성되어 있다.

MMPI-A의 내용척도는 '불안, 강박성, 우울, 건강염려, 소외, 기태적 정신 상태, 분노, 냉소적 태도, 품행 문제, 낮은 자존감, 낮은 포부, 사회적 불편감, 가정 문제, 학교 문제, 부정적 치료' 지표로 구성되어 있다.

② MBTI

MBTI는 Jung의 심리유형론을 바탕으로 K. C. Briggs와 I. B. Myers가 제작한 성격유형 선호지표로서 자신과 타인의 성격역동을 이해하는 데 유용한 도구이다. 선천적인 심리 성향을 알아보는 검사로서 현재 정신과 질환이 없는 사람들의 성격 측정에 많이 쓰이고 있다. MBTI는 외향(E)-내향(I), 감각(S)-직관(N), 사고(T)-감정(F), 판단(J)-인식(P)의 선호지표를 개발, 판단-인식은 외부 세상에 대한 태도와 행위를 묘사하며, 외향-내향과 함께 선호된 성격기능 중 어느 기능이 주기능 또는 부기능인가를 추정하는 데 도움을 준다. MBTI는 선호 경향을 나타내는 위의 여덟 가지 중 네 가지를 택하게 되어 있으며, 8개의 선호성에 따라 모두 16개의 유형(ISTJ, ISFJ, ISTP, ISFP, ESTP, ESFP, ESTJ, ESFJ, INFJ, INTJ, INFP, INTP, ENFP, ENTP, ENFJ, ENTJ)을 제시하고 있다.

현재 우리나라에서 사용되고 있는 MBTI는 문화적 차이를 고려한 번역과정과 엄격한 표준화 과정을 거쳐 1990년부터 사용되고 있다. 고교생부터 성인을 대상으로 하며, 김정택 · 심혜숙 · 제석봉(1990년 초판, 1994년 개정, 한국심리검사연구소)이 제작하였다.

③ CPI

정상인을 대상으로 사회생활과 사회적 상호관계에 필요한 중요한 성격 특질을 측정하기 위한 성격검사로 H. Gough(1956)가 제작하였으며, 18개 척도, 총 480문항으로 구성되어 있다. 각 문항에 대해 진(T) · 위(F) 중 하나를 선택하도록 되어 있으며, CPI 프로파일의 해석을 돕기 위해 18개의 척도를 4개의 집단으로 나누었다. 집단Ⅰ은 지배성, 지위능력성, 사교성, 사회적 자발성, 자기수용성, 안녕감, 집단Ⅱ는 책임성, 사회성, 자제성, 관용성, 호감성, 임의성, 집단Ⅲ은 순응적 성취, 독자적 성취, 지적 능률성, 집단Ⅳ는 심리 지향성, 융통성, 여성성으로 구성되어 있다. 한국판 CPI가 이관용 · 김기중(1984)에 의해 제작되었는데, 원 CPI에 포함된 18개 척도, 480개 문항을 그대로 채택하였으며, 고등학생 남 · 여, 대학생 남 · 여 규준이 있다.

④ 다요인 인성검사

다요인 인성검사는 Raymond B. Cattell의 성격특성이론을 근거로 제작, 일반인들의 성격 이해는 물론 임상장면에서 정신과 환자들의 문제를 진단하는 데도 사용되며 직업선택에 관련한 정보도 제공하고 있다. 염태호, 김정규가 제작하였으며, 중학생 이상을 대상으로 하며 약 40분이 소요된다. 지필 검사이며 각 문항은 아주 그렇다(1)에서 전혀 아니다(5)까지 5단계로 응답하도록 되어 있다. 척도는 피험자의 잘못된 반응을 탐지해내기 위한 타당도 척도인 무작위 반응척도와 14개의 성격척도, 즉 온정성, 자아강도, 지배성, 정열성, 도덕성, 대담성, 예민성, 공상성, 실리성, 자책성, 진보성, 자기결정성, 자기통제성, 불안성 척도로 구성되어 있다. 각 성격특성별로 관련성이 높은 직업을 제시하고 있으며, 비행청소년이나 충동조절장애, 따돌림, 대인관계, 우울증 등 성격적 특성을 파악하는 도구로써 활용될 수 있다.

⑤ **대인관계성향검사**

정상인을 대상으로 하며, 특히 대학생의 자기 자신의 대인관계 성향을 이해하기 위한 것으로 송인섭・박애선・신은영(1999)에 의해 제작되었다. 주도성, 공격성, 사려성, 불신감, 경쟁성, 독립성, 책임성, 우월성의 총 8개 차원 91문항으로 구성되어 있다.

심리검사 외에도 인간관계에 어려움을 겪는 당사자와의 개별상담이나 그를 잘 알고 있는 주변 사람들과의 상담, 지속적인 관찰, 비슷한 문제로 고민하고 있는 사람들을 소집단으로 구성하여 실시하는 집단상담 등을 통해 인간관계에 있어서의 구체적인 문제들을 보다 명확히 규명해 볼 수 있다. 주변 사람들과의 상담이나 집중적인 관찰은 특히 남들이 보기에는 바람직한 인간관계의 형성에 큰 문제를 갖고 있음에도 불구하고 정작 문제를 갖고 있는 본인은 자신의 문제를 전혀 인식하지 못하거나 전혀 문제 삼지 않는 경우 유용한 방법이다. 실제로 인간관계에 많은 문제를 가지고 있는 사람들 중에 자신의 문제를 전혀 인식하지 못하거나 이를 전혀 문제 삼지 않는 사람들이 종종 있다.

2. 문제유형별 대처전략

사람들은 인간관계에 훈련이 필요하지 않은 것으로 생각하는 경향이 있다. 그러나 우리가 살아가면서 부딪히게 되는 문제들 중 상당한 부분을 차지하는 것이 인간관계에서 오는 것임을 생각해 볼 때 바람직한 인간관계를 맺지 못하거나 발전시키지 못하는 사람들에게 인간관계 훈련이야말로 절실히 필요한 것임을 강조하지 않을 수 없다. 인간관계 훈련을 통해 향후 인간관계에서 발생하는 여러 가지 문제를 미리 알고 대처함으로써 생산적인 인간관계가 이루어질 수 있는 것이다.

이제 생산적인 인간관계를 저해하는 요인들을 규명하고, 향후 인간관계의 개선과 향상을 위한 문제유형별 대처전략들을 알아보기로 한다. 인간관계를 저해하는 수많은 요인들과 그에 대한 대처전략들을 일일이 열거할 수는 없으므로 인간관계에서 특히 중요한 영향을 미치는 요인으로 자주 거론되는 것을 중심으로 개인의 문제를 진단하고 그에 따른 대처전략을 제시하였다.

문제유형과 대처전략으로는 비합리적 신념과 합리적·정서적 행동요법, 부정적 자아개념과 자아존중감 훈련, A형 성격과 시간조절 모델, 수동적·소극적 성격과 자기표현 훈련, 학습된 부적응적 행동과 행동요법, 비사회적·반사회적 성격과 사회성 훈련, 인간관계 훈련 집단상담 등을 제시하였다.

1) 비합리적 신념과 합리적·정서적 행동요법

인간은 합리적 존재이면서 비합리적 존재이기도 하다. 개인의 신념이나 사고는 행동에 직접적인 영향을 준다. 즉, 개인이 갖고 있는 신념이 개인의 행동과 정서를 좌우한다고 할 수 있다. A. Ellis(1962)는 이 점에 착안하여 개인의 행동이나 정서에 부정적인 영향을 주는 비합리적이고 비논리적인 사고나 신념을 합리적이고 논리적인 사고로 대체하도록 도와줌으로써 정서장애나 부적응적 행동을 제거하는 합리적·정서적 행동요법(Rational Emotive Behavior Therapy ; REBT)을 제안했다.

합리적·정서적 행동요법은 자기패배적 인생관을 제거하고 통정적이고 합리적인 인생관과 조화로운 삶을 유지하도록 하는 데 목적이 있다. 즉, 자신의 비합리적인 신념의 타당성을 검토함으로써 자기의 문제에 대한 통찰력을 얻어 자기패배적 행동을 극복하기 위해 논리적이며 과학적인 방법들을 사용하게 된다. 합리적·정서적 행동요법은 인지재구성법(cognitive restructuring method)의 한 방법으로써 A－B－C－D－E 과정으로 진행된다.

'A'는 정서를 유발하는 사건이나 현상을 일컫는 선행사건(antecedent)으로서, 예를 들면 계속적인 실패의 경험을 들 수 있다. 'B'는 어떤 자극에 대해서 개인이 지니고 있는 사고 또는 신념(belief)을 말하며, 'C'는 선행사건과 관련된 개인의 사고 또는 신념으로 인해서 생기는 정서적 결과(consequence), 'D'는 개인이 갖고 있는 비합리적이고 비논리적인 사고나 신념이 과연 타당한 것인지 이성적으로 접근하여 논박(dispute)해 봄으로써 비합리적인 신념을 합리적이고 효율적인 신념을 갖도록 하는 과정이다. 'E'는 A-B-C-D 과정을 거쳐 개인이 비합리적인 사고 또는 신념을 버리고 자신감과 합리적 사고, 긍정적 사고를 갖게 되는 효과(effect)를 의미한다(홍숙기, 1998).

따라서 합리적·정서적 행동요법의 시작은 내담자가 현재 가지고 있는 불합리한 생각이나 신념이 잘못되었음을 알리고 그것이 어떻게 개인의 정서에 부정적 영향을 미치게 되는지 이해하도록 도와주기 위해 내담자가 믿고 있는 불합리한 사고와 신념을 반박하고 부정하는 설득과 격려, 때로는 강력한 주장과 권고가 필요하다. 즉, 개인의 현재 상태는 그가 갖고 있는 비합리적이고 비논리적 사고와 신념에 의해 초래된 것이므로 이러한 잘못된 신념들을 버릴 것을 강력히 권고한다. 이러한 주장을 받아들이기 위해서는 그의 사고나 신념이 잘못되어 있음을 증명할 수 있는 논리적 접근이 필요하다. 일단 자신의 부정적 사고나 신념이 근거 없는 불합리한 것이며 자신에게 전혀 도움이 되지 않음을 깨닫게 되면 그러한 생각을 바꾸어 보려는 노력을 하게 된다.

이제 합리적·정서적 행동요법을 이용하여 대인관계 특히 이성과의 관계에 어려움을 겪는 진이라는 남자 대학생의 문제를 접근해 보자. 진이는 매우 내성적이고 소극적인 성격이다. 그의 중·고등학교 재학 시 성적은 중상위권이었으며, 가정의 사회·경제적 지위는 하층에 속한다. 학교에서나 가정에서나 별다른 관심이나 주목을 받지 못하고 자랐으며, 항상 남들 뒤만 쫓아가는 무능력한 존재로 자신을 인식하고 있다. 가정형편과 주위 친구들과의 비교에서 오는 상대적 열등감으로 인해 상당히 위축되어 있으며, 매사에 자신감이 없고 대인기피 증상을 보이고 있다. 스스로에 대해 못나고 바보 같고 불행하며 못생겼다고 자학하며 자신의 미래에 대해서도 부정적이다.

대학에 진학해서 어느 정도 자신감을 회복하는 듯하였으나 미팅에 나갈 때마다 상대방으로부터 계속 퇴짜를 맞게 되자 자기비하가 더욱 심해졌으며, 대인기피증까지 생겼다. 미팅에서 또 다시 퇴짜 맞을 것이 두려워 미팅에는 아예 나가지 않고 여학생들과 함께 하는 자리는 심한 불편을 느껴 스스로를 고립시키곤 한다. 이러한 진이의 불합리한 사고를 합리적·정서적 행동요법의 A-B-C-D-E 과정을 통하여 합리적 사고로 대체시켜 보자.

[그림 10-1]에 제시한 A-B-C-D-E 과정을 통해 진이는 자신이 현재 자기 자신에 대해 갖고 있는 사고와 신념이 얼마나 비합리적이며 잘못된 것인지, 얼마나 단순화되고 과장된 것인지, 그리고 이런 사고와 신념이 자신의 정서와 행동에 얼마나 부정적인 영향을 주어 왔는지 깨닫게 될 것이다. 만일 당신이 불합리한 사고와 신념으로 인해 적응하는 데 어려움을 겪고 있다면 A-B-C-D-E 과정을 통해 합리적 사고로 대체할 필요가 있다.

논박하는 과정에서 설령 자기의 부족한 점을 실감하더라도 '왜 나는 꼭 남들과 비교하고 부족한 것만 생각하지? 나도 남들보다 잘하는 것이 있어. 나를 좋아하는 사람도 있고 나를 필요로 하는 사람, 나를 중요하게 생각하는 사람도 많이 있어. 나는 나야. 나는 할 수 있어. 나의 미래는 분명 밝고 아름답게 펼쳐질 거야'라고 확신하고 이런 생각을 자기 것으로 하기 위해 반복하고 노력하라. 긍정적 사고는 긍정적 미래를 약속한다는 것을 명심하라.

A (선행사건) :
미팅에 나갈 때마다 여학생으로부터 거절당하였다.

→

B (사고 · 신념) :
매번 거절당하다니 나는 정말 바보이고 매력도 없고 못난 한심한 놈이다.

→

C (정서적 결과) :
자포자기, 고립, 우울증, 이성기피

↓

D (논박) :
- 몇 번의 미팅에서 상대방으로부터 거절당했다고 바보이고 못난 것인가?
- 그 어렵다는 대학에도 진학했고, 연애 말고 다른 일들은 그래도 잘 하고 있고 친구나 주위사람들의 평판은 괜찮지 않나? 애프터 신청했다가 거절당한 이유가 매력 없고 못나서라고 생각하는 근거가 도대체 무엇인가?
- 그 여성들과는 인연이 아니었을 수도 있고, 여자들의 심리를 잘 몰라서 적절하게 행동하지 못했을 수도 있다. 여성 심리에 대한 이해와 이성 간의 매너, 대화법도 익히고 패션에도 좀 더 신경을 쓰면 좋은 결과가 있을 것이다. 그깟 일에 위축되지 말고 자신감을 갖고 재도전하라.

↓

E (효과) :
자포자기, 고립, 우울증, 이성기피증을 탈피하고 자기 수용과 긍정적 자아개념, 합리적 신념, 긍정적 사고방식을 갖게 되었다.

[그림 10-1] 합리적 · 정서적 행동요법의 예

인간관계 프로그램 10-1

합리적 · 정서적 행동요법

| 활동목표 |

비합리적인 사고와 신념을 합리적인 사고와 신념으로 대체시킨다.

| 활동내용 |

A(선행사건) : → B(사고 · 신념) : → C(정서적 결과) :

↓

D(논박) :

↓

E(효과) :

2) 부정적 자아개념과 자아존중감 훈련

자성예언(self-fulfilling prophecy)이 시사하는 바와 같이 개인의 미래는 개인이 자신을 어떻게 지각하는지, 자기 자신에 대해 얼마나 긍정적 또는 부정적으로 생각하는지, 자기의 미래를 어떻게 예측하는지 등에 의해 많은 영향을 받는다.

대부분의 사람들은 자신의 단점에 대해 상당히 민감하게 반응한다. 자기의 단점을 확인하거나 이를 비판하는 데에는 능숙하지만, 반대로 자기의 장점이나 강점을 밝혀내고 이를 적극적으로 발전시키는 것에는 미흡한 경향이 있다. 있는 그대로의 자신을 인정하고 과감히 직면하는 용기가 필요하다. 자기의 현실을 이해하고 수용하는 것이야말로 자기성장과 행동의 변화를 위한 시발점이 된다.

자기를 수용하지 못하는 사람은 자기의 현재 모습은 물론 미래, 가능성에 대해서도 부정적이다. 반면에 자신을 진실로 수용하는 사람은 자기의 현재 모습에 대해 긍정적일 뿐 아니라 미래에 대해서도 긍정적이며 자신감이 있다. 자기 자신을 수용하고 자아존중감을 갖는 것은 물론 상대방의 인격을 존중하는 것이야말로 건전한 인간관계를 위한 튼튼한 기초가 된다. 아울러 자신의 긍정적인 면을 타인들에게 있는 그대로 개방할 수 있어야 한다. 자기성장을 위해서는 자신을 있는 그대로 이해하는 것과 함께 자신의 특성을 긍정하고 수용하는 것이 필요하다.

부정적 자아개념을 갖고 있는 사람들은 있는 그대로의 자신을 인정하거나 받아들이지는 않고 자신에 대한 다른 사람들의 부정적 평가는 그대로 받아들이는 경향이 있다. 만일 부정적 자아개념을 갖게 된 주원인이 다른 사람들의 부정적 평가에 기인한 것이라면 자신을 보다 객관적으로 분석해 볼 필요가 있다. 먼저 자신의 자아개념을 측정해 본 뒤 왜 그런 부정적인 자아개념을 갖게 되었는지 그 원인을 분석해 보고, 원인을 제거 또는 긍정적 자아개념으로의 변화를 시도할 필요가 있다.

〈표 10-1〉은 자기를 얼마나 이해하고 긍정하는지를 알아보기 위한 '자기긍정도 검사'이다. 검사결과 자기긍정도가 낮은 것으로 판명되어 긍정적 자아개념으로의 변화를 원한다면 다음에 제시된 대처전략들을 실습해 보기를 권한다.

〈표 10-1〉 자기긍정도 검사

* 아래에는 우리가 평소 자기 자신에 대하여 느끼고 있는 점들에 대하여 나타낸 글 25항목이다. 이 글을 잘 읽고 늘 그렇게 느끼고 있었다고 생각하면 (○)표를 하고 그렇게 느끼고 있지 않다고 생각되면 (×)표를 해 보자. 여기에는 정해진 정답과 오답이 있는 것이 아니기 때문에 정답을 찾으려고 할 필요가 없다. 그 대신 진정으로 자기에게 해당하는 것이 무엇인지를 찾으면 된다.
(보기) 나는 스스로 유능하다고 생각한다. (○) 1. 나는 현재의 나와는 다른 사람이 되고 싶다. ( ) 2. 나는 회의할 때 여러 사람 앞에서 이야기하기가 퍽 어렵다. ( ) 3. 될 수만 있다면 자기 자신을 변화시켜 보고 싶은 것들이 많다. ( ) 4. 나는 별 어려움 없이 결심할 수 있다. ( ) 5. 나는 사귀어 보면 재미있는 사람이다. ( ) 6. 나는 집에서 화를 잘 낸다. ( ) 7. 나는 무엇이든 새로운 일에 적응하는 데 많은 시간이 걸린다. ( ) 8. 나는 주변에서 인기가 있다고 생각한다. ( ) 9. 나의 부모님(또는 배우자)은 늘 나의 기분을 생각하고 이해해 준다. ( ) 10. 나는 바로 다른 사람이 하는 대로 따라가고 만다. ( ) 11. 나의 부모님(또는 배우자)은 나에게 지나치게 높은 기대를 한다. ( ) 12. 때때로 나 자신이 싫어지는 경우가 있다. ( ) 13. 여러 가지 일들이 꼬여 내 생활을 복잡하게 만든다. ( ) 14. 나보다 나이가 적은 아이들은 내 말을 잘 듣는다. ( ) 15. 나는 내 자신을 별로 믿지 않는다. ( ) 16. 나는 내 집을 뛰쳐나가고 싶은 생각이 들 때가 있다. ( ) 17. 나는 집(직장)에서 어떻게 해야 할지 갈피를 잡을 수 없을 때가 있다. ( ) 18. 다른 사람에 비하여 나는 얼굴 생김생김이 마음에 안 든다. ( ) 19. 나는 하고 싶은 말이 있을 때는 보통 그냥 해 버리고 만다. ( ) 20. 내 부모님(또는 배우자)은 나에 관한 것을 잘 알고 있다. ( ) 21. 다른 사람이 나를 별로 좋아하는 것 같지 않다. ( ) 22. 평소 내 부모님(또는 배우자)은 내게 너무 많은 것을 요구하는 것 같다. ( ) 23. 나는 때때로 직장에서 하고자 하는 의욕을 잃을 때가 있다. ( ) 24. 나는 보통 어떤 일을 두고 소심하게 곰곰이 생각하는 일이 없다. ( ) 25. 나는 믿을 수 없는 사람이다. ( )
* 채점요령 ① 다음의 문항에 '예'라고 답한 항목의 개수를 센다. (4, 5, 8, 9, 14, 19, 20, 24) ② 그 외의 문항에 대해서는 '아니오'라고 답한 항목의 개수를 센다. ③ 이상에서 ①과 ②의 개수를 합하면 개인의 점수가 된다. ④ 점수가 높을수록 자기긍정도가 높은 것으로 해석할 수 있다.

출처 : 설기문, 1997

인간관계 프로그램 10-2

자아존중감 훈련

▎활동목표▎ 부정적인 자아개념을 긍정적인 자아개념으로 변화시킨다.

▎활동내용▎

① 칭찬하기와 칭찬 수용하기

만일 지금 당신이 낮은 자아존중감을 갖고 있다면 무엇보다도 먼저 당신의 자아존중감을 고양시킬 필요가 있다. 왜 자신을 무능하고 못났고 실패자라고 여기는가? 이러한 생각은 자신에게 전혀 도움이 되지 않고 오히려 해가 된다. 부정적인 자아개념을 긍정적인 자아개념으로 바꾼다는 것이 그리 쉬운 일은 아니지만, 자신의 노력 여하에 따라 변화시킬 수 있다. 특히 어린이들은 부모나 교사, 의미 있는 타인들의 칭찬이나 강화에 의해 비교적 쉽게 변화시킬 수 있다. 칭찬은 개인으로 하여금 자신감을 갖게 함으로써 성장의 밑거름이 된다. 누군가 당신을 칭찬하면 기꺼이 감사하며 받아들여라. 상대방이 인사치레로 그랬건 진심으로 그랬건 그건 상관할 바 아니다. 상대방의 칭찬을 진심으로 받아들임으로써 당신의 자아존중감은 보다 높아질 것이다.

또한 당신 스스로도 당신의 강점, 장점을 찾아내어 적극적으로 개발해 보라. 이러한 과정을 통해 성취감은 물론 자신감과 긍정적인 자아개념을 형성하게 될 것이다. 칭찬은 상대방을 기쁘게 하며, 그로 하여금 칭찬해 주는 사람으로부터 보다 확실히 인정받기 위해, 그리고 실망시키지 않기 위해 그에 걸 맞는 행동을 하게 하며, 그 기대를 저버리지 않으려 행동하게 함으로써 결국 개인의 발전에 도움이 된다. 고등학교 시절 별다른 두각도 나타내지 못하고 매사에 자신감 없어 하던 한 여학생은 자신의 어깨를 다독거리시며 "열심히 해봐. 넌 잘할 수 있어. 너라면 얼마든지 좋은 대학에 갈 수 있어"라는 담임교사의 따뜻한 말 한마디에 용기를 얻어 열심히 공부하게 되었으며, 그 결과 명문대학에 입학하여 학생회장까지 하게 되었다고 한다.

이렇게 칭찬은 백마디의 질책보다 효과가 있다. 칭찬을 수용함으로써 자신감과 긍정적 자아개념 형성에 도움을 받을 수 있으며, 상대방을 칭찬해 줌으로써 상대방에게 많은 힘과 용기를 주게 되고, 결과적으로 상대방으로 하여금 긍정적 자아개념을 형성하는 데 도움을 줄 수 있다.

② 긍정적으로 사고하기

매사를 긍정적으로 보고 행동하는 사람과 매사를 부정적으로 보고 행동하는 사람의 미래를 예측해 볼 때 긍정적인 사람의 미래가 훨씬 밝을 것이라는 데 이의를 제기할 사람은 아마도 드물 것이다. 자성예언도 이를 잘 입증해 주고 있다.

자신에 대해 부정적인 사람도 곰곰이 생각해 보면 자신의 강점이나 긍정적인 면들을 몇 개 정도는 찾아낼 수 있을 것이다. 자신의 긍정적인 면들을 적어 하루에 한 가지씩 잘 보이는 곳에 붙여 놓고 수시로 보며 되뇌인다. 자신에 대해 부정적이고, 자신감 저하로 매사에 의욕 저하와 무기력한 사람도 이러한 방법을 통해 평소에 전혀 의식하지 못했던 자기의 긍정적인 면을 자주 보고 생각한다면 긍정적 자아개념의 형성에 도움이 될 것이다. 또한 매사를 부정적으로 표현하는 언어습관을 긍정적으로 표현하는 언어습관으로 고치는 것도 부정적 시각을 극복하는 데 도움을 줄 수 있다.

③ 자기의 장점 찾기

5분 동안 자기의 장점을 가능한 한 많이 찾아내어 적는다(10~20가지).

3) A형 성격과 시간조절 모델

인간관계에 영향을 미치는 요인들 중 개인의 성격 특성이 차지하는 비중은 매우 크다. 즉, 개인의 가치관, 태도, 행동 패턴 등이 인간관계에 큰 영향력을 행사하는데, 개인이 지니고 있는 가치관이나 태도는 비교적 고정적인 것으로 변화시키기 어렵지만 행동 패턴은 가치관이나 태도보다는 변화시키기 쉽다. 따라서 이들 특성들 중 원만한 인간관계를 형성하는 데 있어서 특히 부정적 요인으로 거론되고 있는 A형 성격의 대표적인 행동 특성과 이에 대한 전략을 살펴보기로 한다.

〈표 10-2〉는 당신의 행동 유형을 알아보기 위한 것이다. 자신을 잘 나타내고 있는 것에 솔직하게 답하라.

〈표 10-2〉 행동 유형 평가문제

* 다음 질문에 답하시오.

______1. 나는 줄서서 기다리는 것을 싫어한다.
(a) 항상 그렇다 (b) 가끔 그렇다
(c) 거의 그렇지 않다 (d) 전혀 그렇지 않다

______2. 시간을 절약하기 위해 오히려 시간에 쫓기고 있는 내 자신을 종종 발견한다.
(a) 항상 그렇다 (b) 가끔 그렇다
(c) 거의 그렇지 않다 (d) 전혀 그렇지 않다

______3. 나는 어떤 일을 하는 데 시간이 오래 걸린다고 생각되면 마음이 편치 못하고 당황하게 된다.
(a) 항상 그렇다 (b) 가끔 그렇다
(c) 거의 그렇지 않다 (d) 전혀 그렇지 않다

______4. 압력을 받고 있을 때는 화를 내기도 한다.
(a) 항상 그렇다 (b) 가끔 그렇다
(c) 거의 그렇지 않다 (d) 전혀 그렇지 않다

______5. 내 친구들은 내가 쉽게 흥분한다고 한다.
(a) 항상 그렇다 (b) 가끔 그렇다
(c) 거의 그렇지 않다 (d) 전혀 그렇지 않다

______6. 나는 경쟁적으로 할 수 없는 일은 좀처럼 하려고 하지 않는다.
(a) 항상 그렇다 (b) 가끔 그렇다
(c) 거의 그렇지 않다 (d) 전혀 그렇지 않다

______7. 어떤 해야 될 일이 있으면 세부적인 일이 구체적으로 계획되기도 전에 내가 제일 먼저 시작한다.
(a) 항상 그렇다 (b) 가끔 그렇다
(c) 거의 그렇지 않다 (d) 전혀 그렇지 않다

______8. 내가 실수를 하는 경우는 대개 충분한 생각과 계획 없이 무모하게 덤벼들었기 때문이다.
(a) 항상 그렇다 (b) 가끔 그렇다
(c) 거의 그렇지 않다 (d) 전혀 그렇지 않다

______9. 나는 가능만 하다면 언제나 두 가지 일을 동시에 하려고 노력한다.
(a) 항상 그렇다 (b) 가끔 그렇다
(c) 거의 그렇지 않다 (d) 전혀 그렇지 않다

______10. 나는 뭐든지 적극적으로 추진해 나가지 않으면 죄책감을 느낀다.
(a) 항상 그렇다 (b) 가끔 그렇다
(c) 거의 그렇지 않다 (d) 전혀 그렇지 않다

* 채점 : a=4, b=3, c=2, d=1점으로 하여 합산. **총점** __________

출처 : 이민규 외 역, 1988

A형 성격은 심장 전문의 M. Frideman과 R. Rosenman(1974)이 심장병 환자들을 치료하는 과정에서 관상동맥질환에 잘 걸리는 사람을 구체적으로 설명할 수 있는 행위-정서 행동 유형을 A형 성격이라 지칭한 데서 비롯되었다. A형 성격의 사람들은 강한 시간 긴박감으로 항상 조급하며 말을 빨리 하고 시간에 쫓긴다. 자기 보호본능이 강하고 냉소적이며 종종 공격성과 적대감을 표출하며 화를 잘 내고 남을 지배하려 한다. 강한 성취동기를 갖고 있어 적극적이며 일을 미루지 않고 열심히 하고 남들로부터 칭찬받고 인정받고자 하는 욕구가 강하다. 반면에 계획성이 부족하여 용두사미식의 일 처리가 많고, 한 번에 여러 가지 일을 동시에 하는 다면적 행동특징을 갖고 있다. 성취욕구가 강하다는 점에서는 A형 성격을 높게 평가할 수 있지만, 지나치게 과욕을 부리거나 조급함, 재촉하는 것은 자신 및 주위사람들에게 많은 스트레스를 줄 수 있다. A형 성격은 자신은 물론 남에게도 상당한 스트레스를 줌으로써 인간관계에 좋지 않은 영향을 미치게 되므로 자신을 돌아보고 좀 더 여유 있는 자세를 가질 필요가 있다.

평가 결과 총점이 26~40점에 속하는 사람은 A형과 유사한 행동 유형을 갖고 있는 것으로 볼 수 있으므로 A형 성격을 변화시키기 위한 노력이 필요하다 하겠다. 20~25점 사이는 보통 수준이며, 20점 이하는 A형과는 별로 관계없는 것으로 보아도 무방하다. A형 성격은 같이 일하기 힘든 성격으로 원만한 인간관계를 위해서라도 A형 성격을 변화시키는 것이 좋다. 이에 A형 성격의 대처전략을 제안해 보기로 한다.

인간관계 프로그램 10-3

A형 성격을 위한 대처전략

❙활동목표❙ A형 성격의 행동유형별 대처전략을 안다.

❙활동내용❙

① 강한 시간 긴박감과 다면적 행동

항상 시간에 쫓기는 사람은 우선 합리적인 시간조절로 이러한 특성을 완화시킬 필요가 있다. 시간조절이란 이용 가능한 시간공급과 시간수요를 가장 잘 조화시키는 것으로 해야 할 과제들에 대해 시간을 적절히 분배·할당하고, 그 과제들의 우선순위를 매기고 순서대로 과제를 수행하는 것을 의미한다.

다음에 제시되어 있는 '시간조절 모델'(이민규 외 역, 1988)을 참조하여 당신의 시간을 효율적으로 이용해 보기 바란다.

■ 시간조절 모델

시 간 수 요	시 간 공 급
1. 한정된 시간 내에 수행해야 할 과제들을 모두 적는다. 2. 각각의 과제를 수행하는 데 필요한 시간을 계산한다. 3. 각각의 과제를 수행하는 데 필요한 시간에 그 시간의 10~15%를 더한다. 그 이유는 실수 또는 예기치 않았던 문제에 대비하기 위한 것이다.	4. 일주일 동안 필요한 과제들을 수행하는 데 소요되는 시간을 각 요일별로 확인한다. 5. 가장 건설적인 방식으로 시간을 활용하도록 과제들을 이용 가능한 시간에 짜 맞춘다. 6. 만일 그 과제들을 모두 수행할 수 있을 정도로 시간이 충분하지 않다면 그 과제들의 우선순위를 정한 후 가장 우선순위부터 과제를 수행한다.

② 적대감과 공격적 특성이 많은 사람

A형 성격은 자신의 모든 것에 대해 지나치게 높은 자존심을 내세우기 때문에 자기의 권위가 위협받거나 도전받는다고 생각되면 자아가 극단적인 방어행동을 취하게 된다. 흔히 욱하는 성질, 다혈질이라고 불리는 이러한 특성은 대인관계에 치명적일 수 있다. 만일 당신이 이러한 성향 때문에 고민하고 있다면 다음과 같은 간단한 방법들을 한 번 이용해 보라.

우선 행동하기 전 반드시 먼저 생각하라. 당신이 어떤 행동을 했을 때 과연 무슨 일이 일어날까를 먼저 생각하라. 그 다음 그 무슨 일이 일어났을 때의 해결책을 생각해 보라. 이렇게 생각을 먼저하고 행동을 한다면, 당신이 섣부른 행동 때문에 후회하는 일은 훨씬 줄어들 것이다.

다음 분노를 비공격적 방법으로 표현하는 방법으로 우선 심호흡을 하면서 하나부터 열까지 천천히 센다. 그리고 자신이 왜 이렇게 분노하고 있는지 그 이유를 생각해 본 다음 자기가 왜 화가 났는지, 그리고 그로 인한 자신의 느낌과 분노를 상대방에게 말로 표현하라. 이때 'I-message'가 효과적인 방법이 될 수 있다. 흥분하여 소리를 지른다거나 신체적 공격을 자제하고 당신의 감정을 상대방에게 솔직하게 전달하라. 이렇게 함으로써 상대방의 마음을 상하게 하지 않으면서도 상대방으로 인해 초래된 당신의 기분을 효과적으로 전달할 수 있다. 만일 화가 치밀어 폭발할 것 같으면 자기 자신에게 "잠깐, 진정하자"라고 자기지시를 하면서 지금 상황이 이렇게 화를 낼 일인가 반문하면서 분노상황을 재해석해 본다.

4) 수동적 · 소극적 성격과 자기표현 훈련

이 세상에는 참으로 다양한 사람들이 존재한다. 매사에 자신감이 없어 위축되고 자신의 당연한 권리조차 주장하기를 꺼리고 억압시키는 수동적 · 소극적인 사람이 있는가 하면, 어떤 사람은 타인에 대한 배려는커녕 자신만을 옹호하고 타인의 권리를 침해 · 강탈하는 적대적, 공격적인 사람도 있다. 양자 모두 바람직한 인간관계를 위해서는 결코 도움이 되지 않는 특성들을 갖고 있는 셈이다. 지나친 겸손이나 자기비하는 당신의 존재를 무가치하게 여기도록 한다. 효과적인 인간관계를 위해서는 너무 소극적 · 수동적이어도, 너무 공격적이어도 안 된다. 자신감을 갖고 적극적 · 능동적으로 자신의 권리와 주장을 표현할 수 있어야 한다.

지나치게 소극적 · 수동적인 사람은 남의 요청을 거절하지 못하고 남에게 요청하는 것도 어려워한다. 상대방으로 인해 심한 불쾌감을 느껴도 이를 표현하지 못하고 참으며 혼자 끙끙 앓는다. 그러나 바람직한 요청방법과 효과적으로 거절하는 방법 〈표 10-3〉, 불쾌감을 표현하는 효과적인 방법 〈표 10-4〉을 익힌다면 상대방을 불쾌하게 하지 않으면서 자신의 권리도 찾고 바람직한 방법으로 자기주장을 할 수 있다.

〈표 10-3〉 바람직한 요청방법과 효과적으로 거절하는 방법

바람직한 요청방법	효과적으로 거절하는 방법
• 원하는 것을 명확히, 구체적으로 표현할 것 • 만일 요청이 거절될 경우를 대비해 대안을 준비할 것 • 상대방이 거절하더라도 그것을 받아들일 준비가 되어 있을 것 • 상대방의 의견을 존중해 주고 그에 대한 자기의 태도(감사, 실망, 수용 등)를 표현할 것	• 예, 아니오를 확실하게 할 것. 만일 예, 아니오를 그 자리에서 밝히기 어려울 때는 생각할 시간을 좀 더 가진 후 솔직하게 대답할 것 • 거절의 이유는 구체적이고 명확하게, 간단히 할 것. 만일 변명이 필요하다면 가능한 한 짧게 할 것 • 거절은 정중하게 조용히 말할 것 • 거절을 상대방이 받아들이지 않을 때는 자기도 대화를 끝마칠 권리가 있음을 알고 단호하게 끝낼 것 • 만일 대안이 있다면 대안을 제시할 것

〈표 10-4〉 불쾌감의 표현방법

효과적인 방법	바람직하지 못한 방법
• 상대방의 잘못을 힐난하기보다 상대방의 행동으로 인한 나의 불편함과 불쾌함을 전달 • 상대방의 행동을 규제하는 방식보다 자신의 바람을 전달: '어떤 행동을 하지 말라'는 표현보다 '원하는 대안적 행동을 해달라'고 표현	• 상대방을 질책하거나 공격하는 방식의 표현은 상대방의 자존심을 상하게 하여 오히려 반발하게 함 • 상대방의 행동을 금하거나 통제하는 방식의 표현

출처 : 한국청소년상담원 온라인 상담자료

당신이 만일 너무나도 소극적 · 수동적이어서 자기표현을 제대로 못하고 위축되어 지낸다면, 다음의 '주장사다리(이민규 외 역, 1988)'를 이용하여 자기표현 훈련을 해볼 것을 권한다. '주장사다리'는 자기표현 훈련에 효과적으로 이용할 수 있는 위계로서 맨 밑 단계, 즉 비주장적 수준으로부터 시작하여 사다리를 올라가듯이 한 단계 한 단계 밟으며 올라간다. 각 단계별 훈련에 소요되는 시간은 대략 1주 내지 2주 정도이며, 연습하는 단계에서 별다른 불안을 느끼지 않고 자연스럽게 되면 그 다음 단계로 넘어간다. 만일 어떤 단계에서 불안을 경험하기 시작하면 그 이전 단계로 되돌아가 반복 훈련을 실시한 후 다음 단계로 나아간다.

인간관계 프로그램 10-4

자기표현 훈련

| 활동목표 | 소극적 · 수동적 성격을 적극적 · 능동적 성격으로 변화시킨다.

| 활동내용 |

'주장사다리'를 이용한 자기표현 훈련

"주장적"

눈 마주침
불일치
감 정
"왜"
"나"
칭 찬
타인에게 인사하기

"비주장적"

① 1단계 : 타인에게 인사하기

소극적 · 내성적이어서 주장적이지 못한 사람은 타인에게 먼저 인사하기를 꺼리고 대화를 피하려는 경향이 있다. 이제부터 평소 친하지 않았던 사람들이나 평소에 안면은 있으면서도 서로 인사하지 않고 지냈던 사람들에게 먼저 미소 띤 얼굴로 반갑게 인사해 보라. 어색하고 쑥스럽겠지만 최소한 하루에 두 번 이상 시도하라. 당신의 미소 띤 인사에 상대방도 반갑게 화답해 줄 것이다.

② 2단계 : 칭찬하기

주장적이지 못한 사람은 상대방을 칭찬하고 싶어도 상대방이 어떻게 받아들일까 걱정되어 칭찬하기를 꺼린다. 그런 걱정은 미리 하지 말고 아낌없이 칭찬하라. 아무리 사소한 것일지라도, 만일 칭찬할 게 없다면 일부러 찾아내서라도 칭찬하라. 칭찬거리는 무궁무진하다. 어린아이부터 노인에 이르기까지 칭찬받는 것을 싫어할 사람은 없을 것이다. 당신의 칭찬 한 마디가 상대방을 하루 종일 기쁘게 할 수 있는 강력한 마력을 가질 수 있음을 기억하라. 마찬가지로 누군가 당신을 칭찬한다면 기꺼이 기쁘게 받아들여라. 그가 인사치레로 칭찬을 했건, 진심으로 그렇게 생각해서 칭찬을 했건 당신이 관여할 바가 아니다. 상대방의 숨은 의도를 찾아내려 애쓰지 말고 감사하게 받아들여라. 상대방의 칭찬을 감사히 받아들이는 것은 당신 자신을 긍정적으로 생각하는 기반을 만들어 준다.

③ 3단계 : '나'라는 말 사용하기

주장적이지 못한 사람은 상대방에게 자기 자신을 드러내는 것을 두려워한다. 그 결과 '나'라는 말의 사용을 주저하거나 회피한다. 당신의 의견은 당신의 것이다. 당신 입장을 밝히는 것을 결코 두려워하지 말고, 자신 있게 알리도록 하라. 그렇지 않으면 사람들이 당신의 생각을 알지 못할 것이다.

④ 4단계 : '왜'라는 질문하기

'왜'라는 질문은 단순히 부가적인 정보를 요구하는 것이다. 그런데도 불구하고 주장적이지 못한 사람은 이를 상대방에 대한 도전이나 위협으로 여겨 의문이 생겨도 이를 묻어두는 것을 마음 편하게 생각하는 경향이 있다. 이제부터 정중한 표현으로 질문해 보라. 상대방의 마음을 상하게 하지 않으면서도 당신이 원하는 정보를 얻을 수 있다.

⑤ 5단계 : 감정 표현하기

주장적이지 못한 사람은 흔히 자신의 감정을 억압하고 표현하지 않는 경향이 있다. 부정적 감정의 계속적인 축적은 정신적·신체적 건강에 영향을 끼치게 된다. 상대방에게 자신의 감정을 효과적으로 전달하고 피드백을 주고받으며 상대방 행동의 변화를 요구할 수 있는 효과적인 의사소통 방법으로 'I message'를 권한다. 'I message'는 "당신이… 해서 나는… 하다. 왜냐하면 당신의 그 행동(말)이 내 감정을… 하게 만들기 때문이다. 나는 당신이… 행동(말)하길 정말로 원한다"와 같은 방식으로 자신의 감정을 표현하는 것이다.

⑥ 6단계 : 불일치 표현하기

만일 당신이 상대방의 의견에 동의하지 않거나 상대방이 옳지 않다고 생각한다면 자신 있게 'No'를 표현하라. 동의하지도 않으면서 상대방의 비위를 맞추기 위해서 또는 좋은 게 좋다는 생각으로 마음에도 없는 'Yes'를 한다면 당신의 행동은 다른 사람들에 의해 좌지우지되고 결국 그러한 당신의 행동에 후회하게 될 것이다.

⑦ 7단계 : 눈 마주침

어려운 사람과 시선을 맞추고 대화를 계속한다는 것이 결코 쉬운 일은 아니다. 어색하더라도 계속 시도하라. 처음엔 2~3초의 짧은 간격으로 시작해 서서히 시간을 늘려 나가라. 대화시 상대방의 눈을 응시하는 것은 상대방의 말을 경청하고 있음을 나타내는 좋은 척도이다.

5) 학습된 부적응적 행동과 행동요법

행동요법(behavior therapy)이란 모든 행동은 후천적 경험에 의해, 즉 학습에 의해 형성되는 것이므로 현재 가지고 있는 행동도 다시 학습에 의해 제거, 바람직한 행동으로 대체할 수 있음을 전제로 자극-반응 학습 이론을 유기체의 행동변화에 적용하여 습관적인 바람직하지 못한 부적응적 행동을 바람직한 행동으로 변화시키는 것을 말한다.

행동을 변화시키는 데 무엇보다도 필요한 것은 당사자가 자기의 문제를 정확히 인식하고 행동변화의 필요성을 인정함으로써 변화를 위한 동기가 부여되어야 한다는 것이다. 공부의 필요성을 절감할 때 열심히 공부하듯이 자신의 행동상 문제를 정확히 알고 이 행동이 왜 문제가 되는지, 이러한 행동을 그대로 계속할 경우 어떠한 문제가 발생할 수 있는지, 그리고 왜 이 행동을 바꾸어야 하는지 등을 객관적으로 인지할 수 있을 때 행동변화를 위한 강력한 동기가 부여되고, 그 결과 지속적인 노력을 기울이게 되는 것이다.

만일 애연가인 A군이 금연을 하기 위해서는 금연을 위한 동기부여가 우선될 때 그 효과가 배가 될 수 있다. 흡연의 위험을 경고하는 비디오 시청도 좋은 자료가 될 수 있다. 다음으로 금연을 위한 목표를 설정하고 자신의 흡연행동을 기록해 나간다. 이 때 될 수 있는 한 문제행동, 즉 흡연을 촉발시키는 조건들(예 : 속상함, 무료함, 짜증남 등)을 통제시키고 금연에 성공했을 때의 바람직한 결과를 상상해 보게 하는 것과 같은 긍정적인 자극을 주는 것이 바람직하다.

I. P. Pavlov의 고전적 조건화 원리를 심리치료에 적용한 것으로서, J. Wölpe(1958)가 시도한 체계적 감감법(systematic desensitization)은 주로 공포증 치료에 쓰이는데, 이를 이용하여 대인공포증을 치료할 수 있다. 무언가에 공포증이 있는 사람들은 자신이 두려워하는 공포 대상에 접근하기를 꺼리고, 그와 관련된 모든 경험을 아예 회피하려 한다. 그와 관련된 상상을 하는 것만으로도 심한 불안과 공포를 느끼기 때문에 공포증을 없애려면 서서히 공포의 대상에 접근하는 노력이 필요하다.

인간관계 프로그램 10-5
행 동 요 법

| 활동목표 | 학습된 바람직하지 못한 부적응적 행동을 바람직한 행동으로 변화시킨다.

| 활동내용 |

① 체계적 감감법을 이용한 대인공포증의 제거

체계적 감감법을 이용하여 대인공포증을 없애려면 먼저 대인관계에 있어서 가장 불안을 일으키는 것으로부터 비교적 적게 일으키는 순으로 불안위계를 작성한다.

1위 : 모임에서 발표 또는 연설하기
2위 : 낯선 사람과 식사하며 이야기하기
3위 : 낯선 사람에게 먼저 접근하기
4위 : 그 모임에 도착하여 인사하기
5위 : 그들과 인사 나누는 모습 상상해 보기
6위 : 그 모임에 가는 것 상상해 보기
7위 : 그들과 식사하며 담소를 나눌 것임을 듣는 것
8위 : 그 모임은 이미 알고 있는 사람과 낯선 사람으로 구성되어 있음을 듣는 것
9위 : 그 모임에 나가야 한다는 말을 듣는 것
10위 : 어떤 모임에 관한 이야기를 듣는 것

다음으로 이완 훈련을 통해 긴장 상태와 이완 상태를 경험하게 한다. 그 다음 아주 편안한 이완 상태에서 대인공포 불안위계의 가장 약한 불안항목(10위)을 상상하도록 한다. 이 상황에서 이완 상태가 달성되면 그 다음 위계로 나아간다. 이러한 방식으로 불안위계에 점차적으로 접근해 가다 보면, 결국 특정 대상에 대한 공포를 보다 이성적으로 다룰 수 있게 되어 대인공포증을 없앨 수 있다.

② 유관계약을 이용한 행동수정

자신의 행동 중 원만한 인간관계를 형성하는 데 종종 방해요인이 되는 부적응적 행동(예 : 약속 장소에 항상 늦게 도착하는 습관, 낯선 사람 앞에서 위축되어 자기표현을 못함,

공격적 행동 등)을 한 가지 선택하여 다음의 양식들(유관계약서, 행동기록지)를 참조하여 자신과 계약서를 작성하고 실습해 보라. 목표는 현실적으로 가능한 수준을 설정하고 강화제는 자기가 좋아하고 원하는 것으로, 벌칙은 엄하게, 목표 달성의 기준은 미리 설정하라. 그리고 주위 사람들에게 공표하라. 그만큼 책임감을 느껴 열중하게 될 것이다.

■ 행동기록지 양식의 예

날 짜 / 빈 도	1	2	3	4	5	6	7	8	9	10
발표 횟수										
인사 횟수										

■ 유관계약서 양식의 예

<나○○와 나 ○○의 계약서>

나 ○○는 아래 계약서에 명기되어 있는 목표를 달성하기 위해 열심히 노력할 것이며, 목표 달성시 아래에 명시한 대로 이행할 것을 약속한다.

- 목　　표 :
- 합의 사항 :
- 강 화 제 :
- 벌　　칙 :
- 보 너 스 :
- 목표 달성의 기준 :

년　　월　　일

계약자 :

증　인 :

6) 비사회적 · 반사회적 성격과 사회성 훈련

비사회적 성격 또는 반사회적 성격의 소유자들은 인간관계에 있어서 상당한 어려움을 겪게 된다. 비사회적 성격은 행동상 남에게 피해를 주거나 해치지는 않지만 사회성의 결여로 일상생활에 잘 어울리지 못하고 자기 멋대로 행동하거나 극도로 위축, 자신감의 결여로 타인과의 관계 형성을 피하여 스스로를 고립시키거나 집단으로부터 소외되는 경향이 있다.

반사회적 성격은 자기중심적이며 다른 사람과의 유대, 애정관계를 이루지 못하고 자기 이익만을 추구하여 타인의 감정이나 권리 등을 무시한다. 잘못을 저질러도 뉘우치거나 반성의 빛이 없고 자기의 이익을 위해서는 다른 사람을 이용하거나 해를 입히기도 한다. 자기 감정조절 능력이 부족하여 사소한 일에도 쉽게 공격적 행동을 나타내며, 주위 환경에 쉽게 동요되고 욕구충족이 지연되거나 좌절될 때면 매우 공격적 · 자기중심적 특성이 표출되어 원만한 인간관계의 형성이 불가능하다. 또한 비협조, 반항, 적개심, 잔인성, 악의성 등을 종종 표출하며 인내심과 사회적 기능이 부족하여 규칙을 쉽게 어기므로 사회생활을 하는 데 많은 지장을 초래한다. 주위 사람들로부터 잦은 지적과 질책을 받지만 통제하기 힘들고 이들의 공격적 태도와 사회성 부족으로 소외당하기 쉽고 그로 인해 위축되고 자신감이 없으며 자신들의 욕구불만을 분노로 표출하는 등 적응하는 데 상당한 어려움을 겪는다.

따라서 이들의 행동상 문제로 인하여 야기될 수 있는 부정적 사고와 행동, 부정적 자아개념, 인간관계에서의 문제 등을 예방하기 위해 사회적 기술을 향상시킬 수 있는 접근이 필요하다. 다음은 사회성이 부족한 사람들을 위한 '사회적 기술 향상 프로그램'이다. 본 프로그램은 사회성 향상을 위한 구체적인 기술 학습활동으로 구성되어 있으며, 소그룹으로 진행된다.

사회성이 부족한 사람들의 특성을 고려하여 이들이 집단 활동에 능동적으로 즐겁게 참여할 수 있도록 다양한 활동들로 이루어져 있다. 집단의 규칙을 이해하고 협동심과 인내심, 타인에 대한 배려와 양보, 도움 행동, 욕구충족의 지연, 자신감 고양, 자제력 등을 습득하도록 시도하였으며, 효과적인 인간관계 형성에 필요한 사회적 기술들의 반복학습, 감수성 훈련, 역할놀이 등을 통해 학습한 기술의 일상생활에의 전이를 도모하였다. 사회적 기술 향상 프로그램은 총 25회, 1회 한 시간 동안 실시하며, 프로그램의 내용을 간략히 소개하면 다음과 같다.

인간관계 프로그램 10-6

사회적 기술 향상 프로그램

❙ 활동목표 ❙

① 부정적 감정을 이해, 수용하고 인정과 격려를 통해 위축되지 않고 자신감을 가질 수 있도록 한다.

② 감정 조절능력의 배양, 자기중심성으로부터의 탈피, 바람직한 욕구충족의 방법과 기술의 습득, 내재된 잠재적 불안과 불만을 제거한다.

③ 자신감과 성취감을 느낄 수 있는 경험, 활동을 제공하고 결과에 대한 칭찬과 수용, 격려를 통해 긍정적 자아개념의 형성을 시도한다.

④ 제한 설정을 통해 집단의 규칙에 대한 이해와 이를 준수하는 태도를 기른다.

⑤ 훈련시 학습한 사회적 기술들을 일상생활에 적용하도록 한다.

❙ 활동내용 ❙

회기	활동	
1회	• 자기 소개하기	• 자신의 문제에 대한 인식 여부 확인
2회	• 자기의 장점과 단점 찾기(단점 중 고치고 싶은 것을 한 가지 선택, 유관계약서 작성하기) • 자기평가	
3회	• 대화매너 연습 • 즐거움 찾기 게임 • 집단의 규칙 설정	• 유관계약 이행 여부 확인 • 자연체험 게임
4회	• 대화매너 반복 연습 • 자기와 집단원의 좋은 점 찾기	• 즐거움 찾기 게임
5회	• 칭찬하기와 칭찬 수용하기 • 자아개념검사	• 보기 좋은 행동과 보기 싫은 행동

6회	• 즐거움 찾기 게임 • 집단토의(화가 났을 땐 어떻게?)
7회	• 긍정적으로 얘기하기 • 자리에 앉아 개별과제 끝마치기
8회	• 즐거움 찾기 게임 • 토론에 참여하기 단계 연습 • 동정심 표현하기
9회	• 자주 사용해야 할 단어, 사용하면 안될 단어 목록 작성 및 role play • 자기표현 훈련
10회	• 자기표현 훈련 반복 • 기분이 좋아지기 위해 오늘 할 일 세 가지 적고 그대로 해보기
11회	• 즐거움 찾기 게임 • 자기표현 훈련 • 비공격적 방법으로 분노 표현하기
12회	• 부정적 사고로부터 긍정적 사고로의 전환(난 할 수 있다. 칭찬하기와 수용하기) • 부정적 행동, 사고, 신체적 증상, 감정을 긍정적으로 바꾸기
13회	• 즐거움 찾기 게임 • 도움 요청하기
14회	• 게임(상대방에 대한 배려, 경쟁의식, 승패 인정 여부 확인)
15회	• 행동하기 전에 먼저 생각하기 • 자기주장 훈련
16회	• 협동과제(타인에 보조 맞추기) • 근육이완 훈련
17회	• 자기표현 훈련(자신감 고양) • 토론에 참여하기
18회	• 행동하기 전에 먼저 생각하기 • 동정심 표현하기
19회	• 대화매너(상대방 칭찬하기, 욕이나 인신공격 안 하기, 자신의 감정 표현하기)
20회	• 심상활동(성공한 자신 상상해 보기－자신감 고양) • 토론을 통한 문제 해결
21회	• 나 표현하기 • 가정, 사회, 직장에서 내가 할 수 있는 일들 찾아보기
22회	• 게임(게임의 규칙 준수, 경쟁의식, 승자에 대한 칭찬 및 패배 인정 여부 관찰) • 토론에 참여하기(대화매너 연습)
23회	• 자아개념검사(긍정적 자아개념으로의 변화 여부 확인)
24회	• 상대방 소개, 칭찬하기(좋은 점 위주로) • 게임(성취동기 수준, 감정조절 능력, 인내심, 타인에 대한 배려 관찰)
25회	• 종결 • 학습한 내용의 상기 및 실생활에 적용하기 다짐 • 자기 평가

7) 인간관계 훈련 집단상담

인간관계 훈련은 상대방을 존중하면서 자신의 생각이나 의견, 느낌 등을 솔직하게 표현하는 방법과 기술을 익혀 자신의 권리도 찾고 다른 사람과의 관계도 향상시키는 데 목적을 둔다. 인간관계는 훈련이 필요 없다고 생각하는 사람이 의외로 많다. 그러나 살아가는 데 있어 인간관계의 중요성과 필요성에 비추어 시급한 것이 바로 인간관계 훈련이다.

인간관계 교육은 Lewin의 집단역학에 대한 연구에서 비롯되었고, 1947년 동부 메인 주에 소재한 베델의 NTL(National Training Laboratory)에서 최초의 인간관계 훈련이 실시되었는데, 이것이 오늘날 인간관계 교육 및 훈련의 기본 모형으로 인정되고 있다. 이 인간관계 훈련은 일종의 실험실 훈련으로 T-집단(training-group) 또는 감수성 훈련(sensitivity training)으로 불리며 오늘날 세계 각국에서 산업, 교육, 종교, 사회기관 등의 다양한 장면에서 적용되고 있다. 특히 1950년대 이후 심리학자 Rogers를 중심으로 시작한 참만남 집단(encounter group)에 의해 더욱 발전되었다. 오늘날 집단역학과 감수성 훈련은 실험실 집단, T-집단, 참만남 집단, 마라톤 집단, 성장 집단과 같은 이름으로 널리 활용되고 있고, 이러한 집단활동을 통해 인간관계의 원리와 기법을 익힐 수 있다(설기문, 1997).

인간관계 훈련은 보통 10명 내외의 소집단을 이루어 특정 주제를 가지고 개인적 문제, 인간관계에서의 어려움 등에 대해 진솔한 이야기를 통해 자신들이 현재 가지고 있는 부정적 생각이나 감정, 행동방식 등을 변화시키고 상황에 보다 효과적으로 대응하고 만족스런 적응을 할 수 있도록 하기 위한 것이다. 인간관계 훈련은 주로 집단의 역동성을 이용하기 때문에 집단상담의 형태로 대부분 전개된다.

집단상담은 공통적인 문제나 흥미를 가진 집단이 자신의 문제가 무엇인가를 발견하고 이 문제의 해결과정에 모든 참가자가 자발적으로 참여하는 것을 원칙으로 한다. 집단상담은 개인상담에 비해 타인을 통해 문제를 보다 객관적으로 볼 수 있다는 점, 시간적·경제적으로 유익하다는 점, 집단역동이 강조되는 인간관계 훈련 시 특히 도움이 된다는 점 등을 장점으로 들 수 있다.

상담전문가의 도움을 받으며, 비슷한 문제로 고민하고 있는 다른 사람들과의 상담과정을 통해 자신만이 어려움을 겪고 있는 것이 아니라는 사실을 깨닫게 되고 서로의 도움을 받아 자신의 문제를 정리하고 자신감을 갖게 된다. 뿐만 아니라 자신의 문제를 좀 더 객관적 시각으로 볼 수 있게 되고, 다른 참가자들에게 격려와 긍정적 피드백을 해주면서 자신도 많은 것을 배우게 된다.

이 때 상담자는 집단상담이 효율적으로 운영될 수 있도록 노력해야 한다. 참가자들에게 자유롭게 이야기하며 서로 피드백을 주고 조언과 격려를 할 수 있는 분위기 조성은 물론 집단상담의 규칙 설정, 집단상담을 이끌어가는 방법에 관한 구체적인 지도가 필요하다. 본 상담에 들어가기 전에 참가자 전원과 상담자가 함께 예비모임을 갖고 집단상담에 대한 개략적 설명과 질의응답 시간을 통해 참가자들의 특별한 관심사, 집단상담의 방법 등에 관해 이야기한다. 집단상담의 참가자들은 특별한 사정이 없는 한 빠지지 말고 시간을 엄수하며 집단상담에서의 일들에 대해서 밖에서는 비밀을 지켜야 한다.

집단 구성원들은 훈련과정에서 서로 간에 개인적인 어려움을 공유함으로써 자기 자신에 대해 보다 많은 것을 알게 되고 새로운 행동과 사고방식을 시도해 보게 된다. 그러한 과정에서 서로를 신뢰하고 안정된 분위기가 형성되면서 바람직한 인간관계의 모델을 시사받을 수 있다. 따라서 참가자들은 서로를 신뢰하고 존중하여 안정된 분위기가 형성되도록 해야 한다. 상담과정에서 두려움을 떨치고 자신에 대해 솔직하게 털어놓을 때 더 많은 것을 얻을 수 있기 때문이다.

인간관계 훈련 프로그램들 중 효과적인 인간관계를 위한 대표적인 훈련 프로그램으로 '카네기 코스'를 들 수 있다. 세계적으로 성공한 사람들 가운데는 카네기의 인간관계 및 자기계발 프로그램을 잘 이용한 사람들이 많이 있다. 크라이슬러의 기적을 낳은 아이아코카는 그의 자서전에서 경영비법과 성공의 노하우는 바로 인간관계라고 강조하였는데 이것은 인간관계가 경영자에게 있어서 무엇보다도 중요함을 보여주는 것이라 하겠다. 그는 특히 "데일 카네기 코스가 나란 사람을 변화시켰다"라고 말할 정도로 카네기 코스가 수줍음 많았던 아이아코카를 열정적으로 변하게 하고, 경영의 귀재로 둔갑시켰음을 보여주고 있다.

카네기 코스는 효과적인 인간관계 기법, 커뮤니케이션 기법, 의욕창출 리더십, 스트레스 해소 기법, 문제 해결 기법, 팀워크 창출 기법, 보다 높은 목표설정 및 달성 방법, 연설 기법, 이름 기억법, 열정적으로 사는 법, 빠르고 효과적인 회의 진행법 등으로 구성되어 있다. 교육효과를 오래 지속시키기 위해 교육내용을 매주 달리하여 반복 학습하는데, 이렇게 하는 것은 습관의 변화가 단기간에 이뤄지지 않기 때문이다. 카네기 코스의 교육효과는 사업상 대인관계의 기술 증진과 의사전달의 기술 습득, 협력 고취, 목표 달성과 책임수행 능력의 제고, 자신감의 확립, 대중 앞에서의 연설공포증 제거, 경청기술의 습득 등 거의 모든 분야에서 나타난다. 카네기 코스가 강조하는 인간관계 훈련의 내용을 간략히 소개하면, 〈표 10-5〉와 같다(양창삼, 1997).

〈표 10-6〉은 '인간관계 실습 프로그램'을 간략히 요약한 것으로 일상생활에서 특히 인간관계에 어려움을 겪는 사람들을 대상으로 생산적인 관계를 형성·발전시키기 위한 인간관계 훈련 시에 이용할 수 있다. 프로그램의 상세한 내용은 원본을 참고하기 바란다.

〈표 10-5〉 카네기 코스

- **틀을 깨는 작업부터 시작한다** : 카네기식 강의는 먼저 수강생들의 안전지대를 스스로 깨는 작업부터 시작한다. 누구나 갖고 있는 안전보호막을 강의 진행 중 철저한 참여로 없애버리는 것이다(예 : 청중 앞에서 말하기를 두려워하는 사람에게는 가벼운 주제의 발표 경험을 자주 갖도록 함으로써 성공의 자신감을 갖도록 함).
- **조그마한 개혁부터 시도한다** : 경영자들에 의한 조그마한 개혁도 강조한다(예 : 여비서가 커피를 가져왔을 때 무심코 받아 마시기보다는 커피 맛에 대한 칭찬 한마디와 고마움을 표시함).
- **자신감과 열정을 가지도록 한다** : 풍부한 성공사례들을 들려 주고, 참여자들이 자신감과 열정을 가지고 대인업무와 경영에 임할 수 있도록 한다. 자신감과 열정은 인간관계로 이어지는 탁월한 지름길이며, 인간관계는 경영자가 되기 위한 중요한 성공비결이기 때문이다(예 : 다른 사람들이 싫어하는 일일지라도 최선을 다하여 열심히 일하는 자세).
- **비판에 대해 긍정적 자세를 가지도록 한다** : 다른 사람들의 비판에 대해 걱정하지 말고, 무엇보다 자신의 잘못을 분석하고 스스로를 비판하도록 한다.
- **평화와 화평을 가져오는 정신자세를 가지도록 한다** : 자신의 마음을 평화와 용기, 건강, 희망에 관한 생각으로 가득 채우고 복수, 보상 기대, 곤란을 생각하는 대신 받은 축복에 감사하고, 다른 사람을 행복하게 해주고 실패에서 교훈을 얻도록 한다.

출처 : 양창삼, 1997

〈표 10-6〉 인간관계 실습 프로그램

회	주 제	목 적
1	나는 어떤 사람인가?	• 자기 자신에 대하여 구체적으로 기술해 보고, 집단 앞에서 발표해 봄으로써 자신을 이해, 수용, 개방하는 학습경험을 한다.
2	인생관의 생활자세	• 인생관에 따른 네 가지 생활 자세를 이해하고, 건전한 생활자세인 자기긍정-타인긍정의 자세를 학습한다.
3	자기각성	• 순간적 심신의 상태에 대한 보다 정확한 각성을 통하여 자기이해를 증진시킨다.
4	감정 확인과 보고	• 자신의 감정을 표현하거나 부인하지 않고, 그때그때 확인하여 말로 보고하는 기술을 익힌다.
5	자기개방	• 사적인 사실들을 남에게 내어 보이는 행동을 통하여 내심의 자유와 참 만남의 경험을 하게 한다.
6	가치관 명료화	• 자신의 행동이나 전체 생활에 영향을 미치는 주요한 가치관 몇 가지를 확인해 본다.
7	장점과 단점	• 상호 간에 장·단점으로 보여 지는 것들을 솔직하게 지적해 줌으로써 자기 성장과 친근감 형성에 도움을 받는다.
8	피드백 주고받기	• 남에게 비춰진 자신의 모습이 어떠한 것인지 알아보는 기회를 가지며, 바람직한 피드백의 방법을 학습한다.
9	경청하기	• 타인의 말에 주의를 기울여 듣는 기술을 학습한다.
10	유사점과 차이점	• 상호 간에 유사점과 차이점을 찾아봄으로써 정확한 시각력을 기르고, 이를 바탕으로 하여 있는 그대로의 나를 이해하고 수용한다.
11	삶의 의미 찾기	• 이때까지의 학습 경험을 토대로 자기 자신을 정리해 본다.
12	마무리	• 상호 간에 감사와 애정의 표시를 함으로써 자기 긍정 및 친근한 인간관계를 체험한다.

출처 : 이수용, 1998

토론주제

1. 성격이나 행동 특성 중 인간관계에 부정적 영향을 미치는 요인에 대하여 논의해 보자.

2. 자신의 성격이나 행동 특성 중 생산적인 인간관계를 저해하는 요인을 규명한 다음, 대처전략을 이용하여 바람직한 방향으로의 변화를 모색해 보자.

CHPATER 11

스트레스와 적응

심리학적인 측면에서의 스트레스는 인간의 신체적 · 정신적 적응 과정을 보다 강조하고 있는데, 대체로 자극으로서의 스트레스, 반응으로서의 스트레스, 그리고 역동적 상호작용으로서의 스트레스의 세 가지로 나누어 볼 수 있다.

스트레스를 느끼는 상황적 원인은 매우 개인적이고 주관적인 해석에 기인하기 때문에 상대적일 수 있다. 그러나 일반적으로 분류하여 보면 크게 천재지변, 돌발사고, 생활변화, 일상생활의 귀찮은 일 등에 의한 상황적 원인과 결핍, 욕구좌절, 갈등, 성격 특성 등과 같은 심리적 원인의 두 가지로 분류해 볼 수 있다.

이와 같은 스트레스에 대한 대처방식은 문제 상황에 과감히 부딪치거나 직면하여 다루는 적극적 대처방식과 방어기제를 사용하는 소극적 대처방식으로 나눌 수 있다.

학습 목표

1. 스트레스의 의미를 명확히 알고, 설명한다.
2. 스트레스 유발 원인에는 어떤 것이 있는지를 이해하고, 종합한다.
3. 스트레스에 효과적으로 대처해서 적응할 수 있는 방법에는 무엇이 있는지 알고, 실생활에 적용한다.

1. 스트레스의 의미

스트레스(stress)란 무엇인가에 대한 정의는 학자마다 일치하지 않으며 광범위한 측면에서 정의를 내리고 있는데, 원래는 물리학에서 쓰던 말로서 한 줄기의 가느다란 실에 가해지는 긴장, 압력, 장력(張力) 등의 의미였다. 또한 어원을 중심으로 살펴보면 라틴어의 'stringer'로서 '팽팽하게 조이다'라는 뜻에서 유래되었는데, 이후 string, strest, straisse 등으로 쓰이다가 17세기경에 이르러 고뇌, 억압, 곤란, 역경 등을 의미하는 stress라는 용어로 쓰이기 시작했다.

스트레스의 초기 연구는 추위, 질병, 외상, 흥분 등으로 인한 생리적 스트레스를 주로 다루었는데, 이는 1936년 캐나다의 Hans Selye(1907~1982)가 외부에서 불쾌한 자극을 받으면 생체 내에 특정 호르몬이 증가하는 걸 발견하고 이 호르몬 증가는 자극 종류를 불문하고 같다는 생물학적인 실험을 통해서 일반적응증후군(general adaptation syndrome)을 발표한 것을 그 기원으로 하고 있다.

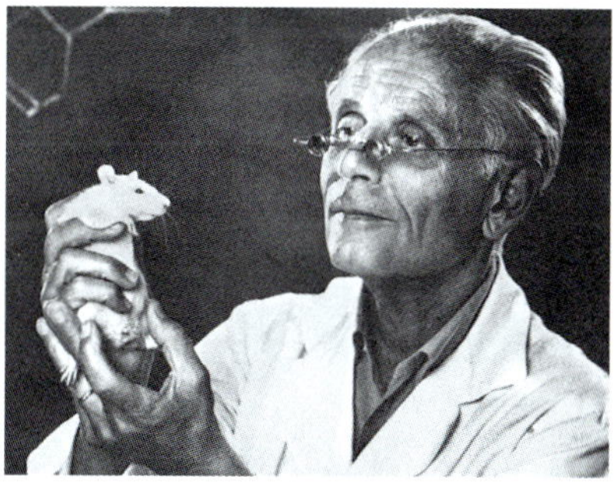

[그림 11-1] Hans Selye

일반적응증후군이란 스트레스의 결과가 신체 부위에 영향을 준다는 뜻에서 일반적(general)이라 했고, 스트레스의 원인으로부터 신체를 적응 또는 대처시키기 위해 세련된 방어수단을 동원한다는 의미에서 적응(adaptation)이라 했으며, 일종의 반응이 일어난다는 의미에서 증후(syndrome)라고 했다. 즉, 외부로부터 가해지고 유해 작용에 대한 생체의 방어기능으로 스트레스를 설명함으로써 스트레스의 생물학적인 정의가 규정되었다. 따라서 스트레스는 요구에 응하는 신체의 특유한 반응으로 정의할 수 있다.

초기 연구와는 달리 현대에 이르러서는 심리학적인 측면에 관심을 두고 있는데, 욕구좌절이나 갈등 혹은 압박감으로 인한 것뿐만 아니라 심리적인 것으로 이해하고 있다. 즉,

심리학적인 측면에서의 스트레스는 인간의 신체적 · 정신적 적응과정을 보다 강조하고 있는데, 대체로 자극으로서의 스트레스, 반응으로서의 스트레스, 그리고 역동적 상호작용으로서의 스트레스의 세 가지로 나누어 볼 수 있다.

1) 자극으로서의 스트레스

자극으로서의 스트레스는 스트레스 반응을 일으키는 상황을 의미한다. 즉, 소음, 공기오염 등 물리적 환경 혹은 주요한 시험의 실패, 이혼, 범죄로 인한 구속 등과 같은 심리 · 사회적 사건 등도 스트레스 자극이 될 수 있다. 이와 같은 자극으로서의 스트레스는 우리의 삶을 위협하거나 압력이 될 수 있는 사건 자체를 말하는 스트레스원으로 개인의 특성과는 무관하게 발생하며 객관적으로 기술될 수 있는 성질을 가진 자극으로 볼 수 있다. 또한, 우리가 목표한 것이나 기대한 것을 이루지 못했을 때는 좌절을 경험하거나 갈등상태에 빠지게도 된다.

2) 반응으로서의 스트레스

반응으로서의 스트레스는 스트레스를 경험할 때 일어나는 신체적 · 심리적인 반응을 의미한다. 이러한 스트레스 반응으로는 일시적인 분노, 노여움, 공포감 등 부정적인 정서 경험을 할 수 있고, 장기적으로는 개인에게 스트레스성 신체 질병이나 우울증, 불안 등 심리장애를 일으킬 수도 있다. 이러한 정의는 생물학적 모형에 뿌리를 둔 것으로서 Selye (1974)의 일반적응증후군이 대표적이다.

3) 역동적 상호작용으로서의 스트레스

역동적 상호작용으로서의 스트레스는 사회과학에 기초를 둔 것으로 개인과 주위 생활환경의 특성에 관련지어 스트레스를 정의한다. 즉, 환경 내의 자극 특성과 이에 관한 반응의 매개체로써 개인의 특성을 강조하고 있는데, 환경의 자극 요소와 스트레스에 대한 대처능력 등도 환경의 중요한 일부분이 되며, 환경에 영향을 준다는 견해로서 단순한 작용이 아니고 상호작용 또는 역동적 작용으로 보는 것이다.

【함께 읽기 11-1】 스트레스가 우리 몸에 가져다주는 좋은 점

스트레스가 범람하는 시대다. 카네기멜론 대학의 조사 결과에 따르면 현대인의 스트레스 수치는 지난 30년간 10~30% 정도 증가했다. 모두가 알듯이 과중한 스트레스는 만병의 근원이다. 하지만 일정량의 스트레스는 우리에게 오히려 도움이 된다는 연구결과가 발표됐다. 미국의 임상심리학 박사 앨리샤 클라크는 '스트레스가 우리 몸에 가져다주는 좋은 점 6가지'를 주장한다.

① 중요한 것 상기

스트레스는 '관심'에서 비롯된다. 우리에게 중요하지 않은 건 스트레스도 주지 않는다. 스트레스는 당신 인생의 중요한 걸 상기해준다. 배우자나 자식으로부터 스트레스를 받은 적 있는가? 이는 그 관계가 그만큼 당신에게 소중하다는 의미다.

② 집중력 향상

과제나 업무의 마감기한이 임박했을 때 초인적인 힘을 발휘해본 경험이 있지 않은가? 캘리포니아 대학의 연구결과 스트레스는 신경조직의 연결을 강화해 집중력과 기억력을 높이는 것으로 나타났다. 마감 스트레스가 뇌신경을 활성화해 업무를 마무리하도록 돕는다는 것이다.

③ 강한 동기 부여

스트레스를 받으면 일을 빨리 처리해버리고 싶은 충동이 들기도 한다. 어떤 일을 마무리하는 것만큼 힘든 게 '동기 부여'다. 적절한 스트레스는 우리 뇌에 에너지를 공급, 어떤 일을 해야 한다는 강한 동기를 부여한다.

④ 성과 향상

심리학 연구결과 기쁨·슬픔·분노 등이 일정 수준에 이르면 주변 상황을 잊게 만드는 것으로 나타났다. 뭔가에 몰두했을 때 시간가는 줄 몰랐던 경험이 누구에게나 있을 것이다. 적정한 업무 스트레스는 특정 감정을 유발해 오히려 일에 집중하게 만들어 업무 성과를 높인다.

⑤ 감정 면역체계 강화

운동을 하면 근육이 강화되는 것처럼 스트레스는 우리의 정신을 강화한다. 적절한 스트레스가 우리의 뇌를 단련, 이른바 '강철 멘탈'을 만든다는 것. 이는 '멘탈 붕괴' 상황에 빠졌을 때 재빨리 정상 궤도로 돌아올 수 있도록 돕는 역할도 한다.

⑥ 타인과의 유대

스트레스는 '옥시토신'이라는 호르몬을 분비한다. 옥시토신은 일명 '사랑의 묘약'이라고도 알려진 호르몬으로 사람 사이의 정서적 거리를 좁히는 역할을 한다. 여성의 모성본능이 바로 옥시토신 분비의 결과다. 스위스 취리히 대학의 연구결과 옥시토신을 코에 뿌리면 상대에 대한 신뢰감이 높아지는 것으로 나타났다.

스트레스를 하나도 받지 않고 살 순 없다. 따라서 이를 어떻게 '관리'하느냐가 중요하다. 위스콘신 대학의 추적조사에 따르면 스트레스를 긍정적으로 받아들인 사람의 수명이 그렇지 않은 사람보다 훨씬 길었다. 스트레스에도 장점이 있음을 깨닫고 포용하려는 자세가 필요하다.

출처 : [온라인 중앙일보] 스트레스의 개념… "적당한 양의 스트레스가 오히려 좋다?" 무슨 의미? 2015. 5. 26.

2. 스트레스의 원인

어떤 것이 스트레스를 일으키는 원인인가? 하는 문제는 그리 간단치 않다. 왜냐하면 스트레스를 느끼는 상황적 원인은 매우 개인적이고 주관적인 해석에 기인함으로써 상대적일 수도 있기 때문이다. 그 상황을 어떻게 받아들이느냐에 따라 더 많이 스트레스를 느끼기도 하고, 오히려 즐거워할 수도 있다는 것이다.

일반적으로 '스트레스'하면 항상 부정적인 것으로만 생각하는데 사실은 그렇지 않다. 이는 감각자극을 크게 감소(sensory deprivation)시킨 심리학 실험에서도 잘 나타나고 있다. 1950년대 캐나다의 McGill 대학교 학생들은 그냥 눈감고 누워 있는 일을 하고서 그 당시 돈으로 20달러(현재 약 100달러)를 받는 실험에 참가했다. 학생들은 각자 격리된 장소에서 눈을 가리고 팔은 붕대로 감고, 되도록 아무런 감각도 느끼지 못하도록 일체의 자극 변화가 없도록 장치했으며, 식사시간과 화장실에 가는 시간에만 이런 상황에서 벗어날 수 있게 하였다. 여기서 실험에 참가한 학생들은 될 수 있는 한 오래 있을수록 돈을 많이 벌 수 있는 데도 불구하고 2~3일 후에는 대부분이 실험을 포기했다. 아마 이 실험에 참가한 학생들은 아무런 자극이 없이 편안히 누워 지내는 것에 오히려 심한 스트레스를 느꼈을 것이다. 언뜻 생각하면 아무 일도 안 하고, 아무도 안 만나면 좋을 것 같지만 "심심해서 죽겠다"라는 말에서 느낄 수 있듯이 전혀 변화나 자극이 없다는 사실 자체가 우리를 너무 권태롭고 지루하게 만들기 때문에 또 다시 더 큰 스트레스를 경험하게 될 것이다. 그렇다면 우리는 여기서 적당한 자극과 변화는 인간의 삶의 활력소가 될 수 있음을 알 수 있다. 즉, 이것이 스트레스의 긍정적 측면이라고 볼 수 있다.

이런 의미에서 Bernard(1968)는 스트레스를 그 효과에 따라 다음과 같이 구분하였다.

① **유스트레스**(eustress)

- 긍정적 결과를 가져오는 순기능적 스트레스
- 흥미롭고 즐거우며 우리에게 활력을 주는 유쾌한 변화 혹은 요구로 인해 긍정적이며 건설적인 스트레스 반응을 보이는 것을 의미함.

② **디스트레스**(distress)

- 부정적 결과를 가져오는 역기능적 스트레스
- 고통스럽고 불쾌하며 부정적인 사건으로 인해 우리의 에너지가 소모되고 질병에 취약하게 만드는 괴로움, 고통, 근심을 의미함.

이와 같이 다양한 측면을 지니고 있는 스트레스의 발생 원인은 무엇인가? 긍정적인 결과를 가져오기도 하지만, 부정적인 결과를 야기하기도 하는 스트레스에 적절하게 대처하기 위해 스트레스를 일으키는 사상이나 환경을 확인할 필요가 있다.

일반적으로 스트레스의 발생 원인은 상황적 원인과 심리적 원인의 두 가지로 구분해 볼 수 있다.

1) 상황적 원인

(1) 천재지변이나 돌발사고

갑작스러운 재난은 엄청난 스트레스 자극이 된다. 이러한 재난에는 지진이나 태풍피해와 같은 자연재해가 있는가 하면 2014년 4월 16일 발생한 세월호 침몰 사고 등과 같이 인간에 의한 재난도 있다. 근래 우리나라에서는 교통사고로 사망하거나 심하게 손상을 입는 재난적 위기를 겪는 경우가 많다. 뿐만 아니라 충격적인 강도 사건을 경험했거나 성추행, 성폭행을 당하는 개인적 재난을 당하는 경우도 있다. 이러한 재난으로 인해 피해 당사자들은 불안이나 우울증을 경험하기도 하고, 외상 후 스트레스 장애(Post-Traumatic Stress Disorder : PTSD)나 적응장애를 보이기도 한다. 특히, 이런 천재나 인재를 당하고 생존한 사람들 중에는 자기만 살았다는 데서 심한 죄책감에 시달리기도 한다. 이렇듯 재난의 경험은 심각한 정신적 후유증을 일으킬 수 있다.

(2) 생활변화

Lazarus(1976)가 환경여건 변화에 맞추어 조화적 관계를 이루는 과정을 '주변 환경 속에서 살아남기 위한 각 개체의 투쟁'이라고 지적한 바와 같이 21세기 현대사회의 다양한 변화와 요구는 각 개인에게 엄청난 스트레스로 다가오고 있다고 해도 과언이 아니다.

최근에 많은 연구는 주요 생활변화의 속성이 스트레스를 유발하는가에 초점을 맞추고 있다. 배우자의 사망, 결혼 혹은 이혼, 실직 등과 같이 인간의 삶에 큰 영향을 미치는 주요 생활사건을 경험한 사람들은 강한 스트레스를 받으며, 이로 인해 신체 질병을 갖게 될 확률이 높은 것으로 나타났다. Holmes와 Rahe(1967)는 Selye가 제의한 대로 생활변화가 개인의 재적응을 요구할 것이고, 이런 변화가 스트레스 원인이 될 것이라는 가정을 받아들였다. 그리고 일반인들을 대상으로 생활변화로 인한 스트레스 정도를 측정하기 위해 〈표 11-1〉과 같이 사회재적응평정척도(Social Readaptation Rating Scale : SRRS)를 표준화하였다. 이 척도는 최근 1년 내에 자신에게 일어났던 사건들을 찾아서 그 생활변화 단위(Life Change Unit : LCU) 값들을 모두 더한 후에 생활변화에 의해 얼마나 스트레스를 받고 있는지 스트레스의 양을 측정하는 것이다. 사회재적응평정척도를 보면서 지난 1년간 경험한 사건들을 체크하고, 그 사건들에 해당하는 스트레스 점수를 더하면 1년 동안 경험한 삶의 변화와 그에 따른 스트레스 정도를 알 수 있다.

〈표 11-1〉 사회적 재적응 평정척도

순위	생활사건	생활변화단위	순위	생활사건	생활변화단위
1	배우자의 사망	100	23	자녀의 출가	29
2	이혼	73	24	시댁 또는 처가와의 갈등	29
3	부부 간의 별거	65	25	탁월한 개인적 성취	28
4	감옥에 구금	63	26	아내 맞벌이 시작 또는 전직	26
5	가까운 가족이나 친척의 사망	63	27	학교에 입학하거나 졸업	26
6	자신의 부상 또는 질병	53	28	주위 거주환경의 변화	25
7	결혼	50	29	개인적 습관이나 버릇 고침	24
8	직장에서 해고당함	47	30	상사와의 다툼이나 갈등	23
9	부부 간의 화해	45	31	근무시간이나 조건의 주요 변화	20
10	은퇴	45	32	거주지의 변화	20
11	가족 건강이나 행동의 큰 변동	44	33	학교의 변화	20
12	임신	40	34	취미활동의 주요 변화	19
13	성생활 문제	39	35	교회활동의 주요 변화	19
14	새로운 식구의 증가	39	36	사교활동의 주요 변화	18
15	사업의 주요 재적응	39	37	1,000만 원 이하의 저당, 채무	17
16	재정 상태의 주요 변화	38	38	수면습관의 변화	16
17	친한 친구의 사망	37	39	가족 모임 횟수의 주요 변화	15
18	부서 이동	36	40	식사 습관의 주요 변화	15
19	배우자와 다투는 횟수의 큰 변화	35	41	휴가	13
20	1,000만 원 이상의 저당, 채무	31	42	크리스마스	12
21	저당권의 권리 상실	30	43	사소한 법규의 위반	11
22	직장에서 책임 변화	29			

출처 : Holmes & Rahe, 1967

〈표 11-1〉에서 지난 1년간의 스트레스 생활사건에 해당하는 점수를 합산하여 총점을 계산한 후 다음에 해당되는 총점에서 자신의 스트레스 상태를 점검할 수 있다.

지난 1년간 스트레스 생활사건 총점	특징
150점 미만	스트레스 수준이 낮음
150~199점	경미한 생활위기에 처해 있음
200~299점	견딜만한 위기임
300점 이상	심각한 위기에 놓여 있음

Holmes와 Rahe의 척도에서 또 한 가지 주목할 것은 우리에게 주어지는 생활 변화는 그것이 긍정적이든 부정적이든 스트레스가 될 수 있다는 사실이다. 즉, 결혼, 임신, 승진, 휴가 등과 같은 긍정적인 생활 사건들조차도 어느 정도 재적응과 조정을 요구한다는 것을 알 수 있다.

(3) 일상생활의 귀찮은 일

일상생활의 사소한 일거리도 상황적 스트레스 원인이 될 수 있다. 이는 일시적이고 사소한 경험이지만 개인으로서는 기억이 되고 불쾌감을 유발하는 사건으로 보여 진다. 연구결과에 의하면, 이런 일상생활의 일거리가 생활변화 사건보다 신체질병이나 우울증을 더 많이 일으키는 것으로 드러났다.

일상생활의 귀찮은 일을 Lazarus 등은 다음과 같이 여덟 가지로 분류하였다(원호택·박현순, 1999).

① 가사일 : 식사 준비, 장보기, 집안 청소, 아이 돌보기 등이다.
② 건강 문제 : 가족의 병이나 약의 복용 등에서 비롯되는 불편함 등이다.
③ 시간의 압박 : 가사일로 시간 압박을 받는다든가 혹은 할 일은 많은데 시간이 부족한 경우이다.
④ 내적 생의 문제 : 고독이나 일상생활의 무의미성 또는 사회적 교제의 부담 등이다.
⑤ 환경 문제 : 거창한 의미의 환경 문제라기보다 일상생활에서 겪는 것으로 소음, 공기가 탁한 것, 먼지가 많이 나는 것, 이웃에 도둑이 드는 것 등이다.

⑥ 경제 문제 : 사소한 빚이나 월급날 전에 돈이 떨어지는 것 등이다.

⑦ 일에서 생기는 문제 : 일에서 만족을 얻지 못하거나 동료나 상사 또는 부하직원과 마찰이 있거나 일의 능률이 오르지 않는 경우 등이다.

⑧ 미래에 대한 걱정 : 직장이 불안정하다거나 실직의 위협으로 장래보장이 안 되는 것 등이다.

2) 심리적 원인

(1) 결 핍

결핍(deprivation)이란 개인의 욕구를 만족시킬 수단이 박탈되거나 제거된 상태를 말한다. 음식이나 물에 대한 욕구처럼 생리적인 것이든, 정의와 존엄에 대한 욕구처럼 추상적이거나 심리적인 것이든 간에 그 욕구가 충족되지 않으면 스트레스는 불가피한 것이다. 또한 소외되거나 고립되면 심리적·사회적 결핍을 느낀다.

이와 같이 결핍이란 객관적 사실이기는 하지만, 이런 현재의 상황을 과거의 상황과 다른 사람의 처지, 자신이 기대했던 것 등과 비교함으로써 주관적으로 평가하게 되며, 그 결과로 만족과 불만족을 느낀다. 이러한 현상을 상대적 결핍이라 하는데 상대적 비교를 통해 주관적으로 더 불행을 느낄 수도 있고, 반대로 자신보다 더 못한 처지의 사람도 있다는 것을 알게 됨으로써 스트레스가 완화될 수도 있다.

(2) 욕구좌질

욕구좌절(frustration)은 우리가 하려고 원하는 목표를 달성하는 데 방해를 받거나 실패하게 되면 나타나며, 정서적으로는 좌절에 대해 분노와 공격감정으로 반응한다. 이 외에도 자신은 아무것도 할 능력이 없고, 자신이 하고 있는 일이 전혀 중요하지 않다는 무력감(powerlessness)에 빠지기도 한다.

Coleman과 Hammen(1974)은 사회에서 자연스럽게 나타나는 욕구좌절의 원인을 다음과 같이 제시하였다.

① 지연(delay) : 시간을 꼭 지켜야 한다는 시간의 가치를 강조하는 사회에서 지연은 좌절감을 유발한다.

② 재원의 부족 : 우리는 무수히 상품을 구매하도록 유혹하는 무차별적인 광고에 노출되어 생활하고, 경우에 따라서는 그 상품을 구입해야 할 필요가 있다. 그러나 경제적인 사정 때문에 누구나 소유해야 한다고 믿는 것들을 가질 수 없을 때 심한 좌절을 경험하게 된다.

③ 상실 : 사랑하는 사람의 죽음이나 다른 곳으로 이사를 하게 됨으로써 친한 친구와 이별을 해야 하는 것은 커다란 슬픔의 원인이 될 뿐만 아니라 좌절의 원인이 되기도 한다.

④ 실패 : 경쟁적인 사회에서 개인은 여러 번의 실패를 경험할 수밖에 없고, 이러한 실패는 큰 좌절감을 유발하게 된다.

⑤ 무의미성 : 삶의 의미라는 것이 현 사회에서 이상적인 것으로 간주되고, 인간의 기본적 욕구라 해도 자신의 인생에서 그 의미를 찾기가 쉽지 않고, 이로 인해 좌절을 느끼게 된다.

(3) 갈 등

갈등(conflict)은 우리가 여러 대안들 중에서 어떤 선택을 해야 하는 경우에 발생하는데, 욕구좌절과 밀접하게 관련되어 있어서 서로 영향을 주고받는다.

갈등을 일으키는 상황은 그것이 지닌 힘의 방향에 따라서 다음과 같이 네 가지 유형으로 나누어 볼 수 있다. 이는 갈등이 지니고 있는 유인가에 따라서 분류한 것으로, 긍정적 가치를 갖는 것에 이끌리는 힘을 접근 경향이라고 하고, 부정적 가치를 갖는 것에서 멀어지고자 하는 힘을 회피 경향이라고 한다.

① **접근-접근 갈등**(approach-approach conflict)

접근-접근 갈등 유형은 두 개의 정적 유의성을 띠고 있는 바람직하지만 상호 배타적인 두 개의 행동목표가 동시에 일어나는 경우이다. 즉, 거의 동등한 힘을 가진 매력적인 요소가 동시에 양쪽에서 잡아당길 때 느끼는 갈등이다. 예를 들어, 어린아이가 친구와 놀고도 싶고 어머니를 따라 외출도 하고 싶다든지, 혹은 아르바이트로 모은 돈으로 자전거를 살까, 핸드폰을 살까 망설이는 행복한 고민의 경우가 이에 해당한다.

② **회피-회피 갈등**(avoidance-avoidance conflict)

회피-회피 갈등은 두 개의 부적 유의성을 띠고 상호 배타적인 행동목표가 동시에 일어날 때의 갈등이다. 즉, 두 가지 행동목표를 모두 피하고 싶은데 어쩔 수 없이 어느 하나를 택해야 하는 것으로 소위 진퇴양난의 경우이다. 예를 들면, 공부가 싫어 학교에 가기 싫지만 부모님의 꾸중이 무서워 집에 있을 수도 없는 경우이다.

③ **접근-회피 갈등**(approach-avoidance conflict)

접근-회피 갈등은 동일한 행동목표가 정적 유의성과 부적 유의성을 각각 동시에 띠고 있는 경우이다. 즉, 매력적인 요소와 부담이 되는 요소가 공존할 때에 느끼는 갈등이다. 예를 들면, 재미있고 유익한 강좌가 있는데, 강좌내용이 어렵고 학점을 따기가 어려운 경우에 선택을 할 것인가 말 것인가의 갈등을 들 수 있다.

④ **이중 접근-회피 갈등**(double approach-avoidance conflict)

이중 접근-회피 갈등은 각각 접근-회피 갈등을 보이는 두 개의 목표 중 하나를 선택해야 하는 경우의 갈등이다. 예를 들면, 아버지는 야구를 하라고 하고, 어머니는 피아노를 치라고 하는 상황이다. 야구를 하면 아버지는 좋아하시겠지만 어머니는 싫어하실 것이고, 반대로 피아노를 치면 어머니는 만족하시겠지만 아버지는 불만족하실 것이다.

(4) 성격 특성

개인의 행동 특성 또는 성격에 따라 스트레스에 취약한 경우가 있다. 심장병 연구가인 Friedman과 Rosenman은 자기 자신에게 과도한 목표와 요구를 부과하며, 어떤 일이 생기기 전에 미리 걱정하는 특성으로 말미암아 스트레스를 유발하게 되는 성격 특성을 A유형 성격 특성이라고 하였다. 이런 사람들은 말이 빠르고, 격정적이며, 쉽게 흥분하고, 늘 움직이고, 음식을 빨리 먹고, 참을성이 부족하고, 언제나 일에 쫓기듯 일을 만들어가고, 두세 가지 일을 동시에 하려고 하며, 대인관계에서 경쟁적이고 적대적인 경향을 나타낸다. 이런 A유형 성격 특성은 관상동맥성 심장질환의 발병과 높은 상관이 있는 것으로 드러나고 있다. 3천명의 남자들을 대상으로 연구한 바에 의하면, 심장발작으로 고생한 사람들의 77%가 A유형 성격 특성의 소유자인 것으로 밝혀졌다.

3. 스트레스에 대한 대처방식

세계화, 정보화, 전문화를 중요시하며, 하루가 다르게 변화되어 가고 있는 21세기에 어떻게 적응해야 하는가?하는 문제를 생각하며 대부분의 현대인들은 많은 스트레스를 경험하고 있다. 그러나 이러한 스트레스에 처하여 자신이 대처(coping)해 온 방식은 다양하리라고 본다.

대처의 개념은 Lazarus(1985)에 의해 처음 소개되었는데, 개인이 스트레스적 경험에 적응하기 위해 쏟는 심리학적 노력을 의미한다. 이와 같은 스트레스에 대한 대처방식은 크게 적극적 대처와 소극적 대처의 두 가지로 구분할 수 있다.

첫째, 적극적 대처라는 것은 문제에 직접 부딪치는 방식을 말한다. 즉, 문제 상황에 과감히 부딪치거나 직면하여 다루는 방법으로 창의적 문제 해결 방법과 합리적 대안모색 방법이 포함된다.

둘째, 소극적 대처라는 것은 자신의 자아개념(self-concept)과 자아존중감(self-esteem)을 보호하려는 목적으로 행하게 되는 무의식적이고 기계적인 반응을 말한다.

1) 적극적 대처

자신의 능력과 문제 상황을 현실적・객관적으로 평가하여 문제 상황에 직접 대응하는 방법을 의미하는 것으로 스트레스를 가장 효과적으로 관리하는 대처방식이다. 이와 같은 적극적 대처방식에는 창의적 문제 해결 방법과 합리적 대안 모색 방법이 있다.

(1) 창의적 문제 해결

창의적 문제 해결(creative problem solving) 방법이란 우리가 일상생활에서 부딪히는 작은 일에서부터 고도의 기술을 요하는 일에까지 다양한 문제 상황에서 사용할 수 있는 체계적인 문제 해결 방법이라 할 수 있다. 일반적으로 창의적인 문제 해결과 의사결정 과정에서 사용되어 온 단계들은 다음과 같다.

① 문제를 정확하게 파악하고 진술하기

우리가 처한 상황에서 문제가 무엇인지를 안다면, 이미 그 문제의 90%가 해결되었다고 볼 수 있다. 그만큼 문제가 무엇인지를 밝히는 것은 단순한 것 같아 보이면서도 가장 어려운 문제인 것이다.

이와 같이 문제를 정의할 때는 추상적이고 일반적 형태보다는 문제의 사실적 측면을 가능한 범위 내에서 다각도로 분석한 후 정확하게 진술하도록 한다.

② 대안이나 해결방안 제시하기

대안이나 해결방안을 제시하기 위해 브레인스토밍(brainstorming) 기법을 활용할 수 있다. 브레인스토밍 기법이란 특정한 주제에 대해 마치 뇌에서 폭풍이 휘몰아치듯 생각나는 아이디어를 짧은 시간에 많이 밖으로 내놓는 것을 의미한다. Alex F. Osborn은 효과적인 브레인스토밍을 위한 원칙으로 다음 네 가지를 제시하고 있다.

첫째, 비판을 보류한다. 어떤 아이디어든지 마음을 열고 받아들이는 자세가 필요하다. 비판함으로써 아이디어 산출 가능성에 제한을 가해서는 안 된다. 또한 어떤 한 아이디어에 지나치게 확신을 갖거나 집착해서도 안 된다. 이 단계에서는 잠시만 비판의식을 버리고 판단을 보류할 뿐이다. 우리는 일상생활 중에 "웃기는 소리 하지마", "그런 바보 같은 소리를 말이라고 하니?", "얘, 그건 좋은 의견인데 현실성이 없어 보인다"와 같은 말로 타인의 의견에 반대하곤 한다. 이렇게 자신 및 타인을 비판하지 않기 위해서는 많은 훈련이 필요하다.

둘째, 자유롭게 사고한다. 자유로운 사고는 진부한 해결책에서 벗어날 수 있게 해 주고, 꼬여 있던 문제 해결의 열쇠를 제공해 준다. 이와 같은 자유로운 사고는 자신의 말이 처음엔 비웃음을 살 것 같더라도 의기소침해 하지 않는 자신감에서 비롯된다.

셋째, 양을 중요시한다. 양이 많으면 선택의 폭이 넓어지기 때문에 질 또한 높아진다.

넷째, 결합하고 개선한다. 한 사람의 아이디어가 다른 사람의 사고에 활기를 주기도 한다. 이미 나와 있는 아이디어들을 서로 결합하거나 개선해서 새롭고 독창적인 자신의 아이디어로 만들 수 있다.

③ 결과 예견하기

브레인스토밍을 사용한 결과 남은 대안들에 대해서 각각의 결과에 대해 평가해 본다. 각 대안들로 인해서 사태가 호전될까 악화될까와 같은 갈등 상황에 있는 당사자들이 이 해결방안에 찬성할 것인가 반대할 것인가, 당사자들의 협상 의지는 어떠한가 등의 물음에 답해 본다(이재창 · 임용자, 1998).

④ 해결방안 선택하기

가장 바람직한 것처럼 보이는 대안을 선택한다. 그러면 그 대안을 토대로 자신이 갖고 있는 문제는 가장 잘 해결될 뿐만 아니라, 그 대안을 토대로 당사자들이 갖고 있는 욕구도 해결될 것이다.

⑤ 재평가하기

만일 어떤 해결방안이 효과가 없을 경우는 그 이유를 자문해 보고, 그 문제를 재정의해 본 다음 다시 문제를 해결하려는 노력을 지속해 본다.

(2) 합리적 대안 모색

스트레스는 개인적이고 주관적인 평가에 기인한다. 따라서 개인의 주관적인 평가가 비현실적이거나 부정적인 경우에 스트레스 상황에 놓이기 쉽다. 합리적 정서치료(rational-emotive therapy)를 주장한 Ellis(1977, 1985)에 의하면, 어떤 사건에 대한 부정적인 감정 반응은 그 사건 자체가 아닌 그 사건에 대한 우리의 해석에 기인한다고 한다. 우리가 부정적으로 생각하면 우리의 감정 반응도 부정적일 수밖에 없다. 그러나 보다 합리적이고 긍정적으로 생각하면 오히려 안정을 얻고 희망적이 된다. 그는 이것을 정서반응에 대한 A-B-C 모형으로 제시하고 있다.

- A(Activating event) : 스트레스를 일으키는 사건
- B(Belief system) : 스트레스를 일으킨 사건에 대한 평가 및 믿음
- C(Consequence) : 사건에 대한 감정적 반응으로 나타나는 실망, 분노, 낙담 등

Ellis에 의하면, 우리는 B의 중요성을 이해 못하고 A→C로 생각한다는 것이다. 그러나 사실은 C는 B에 의해 생긴다는 것이다. 여기서 B는 합리적일 수도 있고 비합리적일 수도 있다. 따라서 부정적인 감정적 반응은 많은 경우 사건에 대한 비현실적인 과장된 평가에 의해 생겨난다는 것이다. 따라서 이와 같은 비합리적 가정에 의한 사고를 찾아서 없애는 것이 중요하다. 다시 말해서, 어떤 사건을 지나치게 과장하여 부정적으로 평가하지는 않는지 분석하여 상황에 대한 합리적이고 현실적인 평가를 해야 한다는 것이다.

〈표 11-2〉는 일상생활에서 흔히 나타나는 비합리적 가정과 합리적 대안을 제시하고 있다.

〈표 11-2〉 비합리적 가정과 합리적 대안

비합리적 가정	합리적 대안
1. 나는 모든 사람으로부터 사랑을 받아야 하고 내가 하는 모든 일에 인정을 받아야 한다.	1. 사랑을 받는 것보다 사랑하는 것에 더 관심을 둔다.
2. 나는 모든 면에서 유능하고, 성취적이어야만 가치 있는 사람이라고 할 수 있다.	2. 나도 다른 모든 사람들과 같이 한계와 약점이 있는 불완전한 존재이고, 이는 문제가 되지 않는다.
3. 모든 일이 내가 원하는 대로 돌아가야만 한다.	3. 상황을 변화시키려 노력하지만, 어쩔 수 없는 조건들은 일시적으로 받아들일 수 있다.
4. 불행은 나에게만 일어난다. 따라서 불행에 대해 내가 할 일은 없다.	4. 불행도 내가 상황을 어떻게 보느냐에 따라 달라진다.
5. 세상일에는 완전한 해결책이 있다. 따라서 그 해결책을 못 찾는다는 것은 파멸적인 일이다.	5. 이 세상에는 모든 일들이 일어날 가능성과 확률이 존재한다. 어떤 문제에 대한 이상적인 해결책이 없다 해도 나는 내 인생을 즐길 수 있다.

2) 소극적 대처

소극적 대처란 자신의 자아개념과 자존심 보호를 목적으로 방어기제를 사용하는 것이다. 방어기제(defence mechanism)란 원래 Freud가 사용한 용어이다. Freud에 따르면, 자아(ego)의 주요 기능 중 하나는 불편한 긴장의 고조로부터 사람을 방어하는 것이다. 좌절이나 당혹감과 같은 어떤 스트레스를 주는 사건이 일어났을 때, 혹은 초자아(superego)가 원본능(id)의 욕구를 막았을 때 긴장이 일어나게 되는데, 이것을 어떤 식으로든 해소하기 위해 방어기제를 사용한다고 믿었다. 이러한 방어기제는 현실을 왜곡함으로써 불안에 대처하려는 무의식적 과정이라고 할 수 있다.

그러나 Freud 이후 많은 심리학자들이 이 개념을 보다 넓게 받아들여 의식적 과정까지 포함시켰다. 즉, 방어기제는 비합리적이고, 현실을 왜곡하며, 무의식적으로 작동하기도 하지만 항상 그렇지는 않다는 것이다. 이와 같은 방어기제는 일시적으로 스트레스 해소에 도움이 될 수 있지만, 궁극적으로는 도움이 되지 않는 경우가 많다. 일상생활에서 자주 사용되는 방어기제의 종류에는 어떤 것이 있으며, 이들은 어떤 역할을 하는지에 대해서 살펴보면 다음과 같다.

(1) 합리화

합리화(rationalization)란 용납할 수 없는 자신의 행동과 감정을 정당화하기 위해 사회적으로 받아들일 수 있는 이유를 붙여 사회적 비판을 피하려는 방어기제이다. 즉, 스트레스를 논리적이고 사회적으로 받아들여지는 방식으로 설명해 냄으로써 해소하고자 하는 것이다. 예를 들면, 이솝우화에 나오는 "신포도(sour grapes)" 이야기가 합리화의 대표적인 경우이다. 즉, 여우는 포도나무에 달려 있는 포도송이를 따서 먹기를 원했지만, 아무리 애를 써도 포도가 너무 높이 매달려 있어 따먹을 수가 없었다. 이 때 여우는 지쳐서 결국에는 포도 따먹기를 포기하고 돌아서면서 "저 따위 포도는 안 먹어. 저 포도는 시고 떫은 게 틀림없어"라고 중얼거리며 그곳을 떠났다. 이처럼 실제로 자신이 매우 원하던 것이지만 소유할 수 없을 때 마치 그것이 자신이 별로 바라지 않았던 것이라는 식으로 억지로 깎아내리려고 생각하는 경우이다.

합리화는 자신의 대외적 이미지와 자존심을 지키는 데 도움을 주는 방어수단이지만 이를 사용하는 사람은 자신의 그런 동기를 전혀 의식하지 못한다. 따라서 이런 경우는 거짓말과는 다른 이해될 수 있는 하나의 자기 보호책이라고 할 수 있다.

(2) 퇴 행

퇴행(regression)은 아주 오랜 과거나 어린 시절에 행하였던 유치한 행동방식으로 후퇴하는 부적합한 행동이다. 현실적으로 만족할 수 없는 위협, 불안, 불만 등을 유아기의 만족했던 원시적이고 유치한 행동 수준으로 되돌아가 해소시키는 것을 말한다. 유아기는 생애에서 가장 안전했던 시기로 인식되고 있어 심한 스트레스나 극단적인 어려움에 직면한 경우 그 시기처럼 미성숙하고 부적절한 행동을 보임으로써 현재의 불안 상태로부터 벗어나고자 한다. 예를 들면, 친구들과의 관계에서 감정이 상한 경우 이를 토라짐이나 울음, 혹은 함구증(silent treatment)을 통해 회피하고자 한다. 어린아이들에게 발견되는 전형적인 퇴행은 동생이 태어난 후 대・소변을 잘 가리던 아이가 젖먹이 동생처럼 바지에 대・소변을 보거나 기어다니고 젖병의 우유를 다 먹어버리는 행동에서도 찾아볼 수 있다. 이는 동생이 태어난 후 부모들의 관심이 온통 어린 동생에게 쏠림으로써 자신의 욕구가 충족되지 않을 때 나타나는 행동양식이다. 이러한 행동양식은 비록 유치하고 부적절하게 보이지만 불안을 줄이고 마음의 상처를 달래는 데는 일시적이나마 효과가 있다.

(3) 투 사

투사(projection)는 자신의 갈등의 원천을 외부에 두는 것이다. 즉, 자신의 바람직하지 못한 특성들을 다른 사람에게 전가함으로써 불편한 마음으로부터 벗어난다. 특히 자신이 사용할 수 없는 불쾌한 사고, 감정, 책임을 다른 사람에게 과도하게 돌림으로써 자신의 감정과 자신에 대한 책임을 회피한다. 예를 들면, 아내보다 낭비벽이 심한 남편이 아내를 향해 낭비벽이 심하다고 오히려 비난하는 경우라든가, 성에 대한 갈등으로 많은 스트레스를 받고 있는 사람이 자기 자신은 거의 성적인 욕망을 갖고 있지 않은 것으로 지각하면서 다른 사람들은 이에 대해 얽매여 있다고 보는 것 등이다.

(4) 억 압

억압(repression)은 사회적으로 수용될 수 없거나 금기로 여겨지는 감정, 생각, 욕구 등을 생각나지 못하게 하거나 기억해 내지 못하도록 하는 방어기제이다. 이것은 수치스러운 생각, 죄의식을 일으키는 생각, 고통스러운 기억 등을 의식 수준 아래로 밀어내는 반응이고 대체로 무의식적으로 일어난다고 본다. 이것은 어떤 바람직하지 못한 행동이나 스트레스를 유발하는 갈등을 의도적으로 생각하지 않음으로써 의식 속에서 제외시키는 억제(suppression)와는 구별된다. 즉, 억압은 완전히 무의식적인 과정이고, 억제는 고통을 피하기 위해 갈등이나 바람직하지 못한 충동을 일시적으로 제외시키는 자기통제 과정이다.

(5) 백일몽

백일몽(daydreaming)은 사람들이 보다 유쾌한 일을 마음속으로 상상함으로써 불유쾌한 문제나 현실을 배제시키려 하는 시도들을 말한다. 사람들은 이와 같은 백일몽을 통해 일상생활에서 현실적으로 불가능한 것을 가능한 것으로 생각하게 된다. 따라서 백일몽을 반드시 해롭다고만은 할 수 없다.

(6) 부 정

부정(denial)은 고통스럽거나 위협적인 상황을 받아들이기 두려울 때 그 상황의 존재를 부정하게 된다. 현실을 인정할 때 겪을 고통을 참아낼 수 없기에 이 방어기제에 의지하게 된다. 자신에게 불리하게 작용할 수 있는 정보를 받아들이지 못하고 자신이 믿고 싶은 정보만을 받아들이는 경우도 이에 해당한다. 엄연히 존재하는 현실을 존재하지 않는 것처럼 여긴다거나 그 현실을 자신의 소원대로 이루어지는 공상으로 대신 메우려고 시도함으로써 고통을 피하려 한다.

(7) 반동형성

반동형성(reaction formation)이란 자신이 느끼고 바라는 것과는 반대되는 생각이나 감정을 과장되게 표현하고 행동함으로써 본래 자신이 가지고 있는 생각이나 감정을 은폐시키는 것을 말한다. 예를 들면, 자신의 도덕성에 대해 열등감을 느낀 사람이 도덕성을 강하게 주장함으로써 자신의 약점을 보충하려고 하는 것과 같은 경우가 이에 해당한다.

(8) 승 화

승화(sublimation)란 억압된 충동이나 감정을 사회적으로 잘 수용될 수 있는 형태의 욕구로 변형시켜 표현하는 것을 말한다. 일반적으로 욕망이 승화해서 예술적 작품이 창조될 때에는 욕망의 현실적 실현 대신에 예술적 가상세계에서 실현하게 되는 것이다.

〈표 11-3〉 방어기제 검사

각 문항의 내용이 자신의 생각이나 행동에 얼마나 일치하는지를 체크해 주세요.

문 항	전혀 그렇지 않다	그렇지 않다	보통이다	그렇다	아주 그렇다
1. 가끔 이유 없이 다른 사람이 몹시 미워질 때가 있다.	1	2	3	4	5
2. 남의 좋은 행동을 보면 나도 그렇게 해 보려고 한다.	1	2	3	4	5
3. 손님이 제발 가주었으면 하고 바라면서도 손잡는 척 할 때가 있다.	1	2	3	4	5
4. 나는 화가 나면 운동으로 화를 풀곤 한다.	1	2	3	4	5
5. 나는 누구의 도움도 필요로 하지 않는 사람이다.	1	2	3	4	5
6. 누가 나에게 일을 시키면 나는 바쁜 척할 때가 있다.	1	2	3	4	5
7. 나는 화가 나더라도 웃는 낯으로 대하려고 애쓴다.	1	2	3	4	5
8. 기분이 울적할 때는 노래를 부르면서 마음을 달랜다.	1	2	3	4	5
9. 모르는 것이 약이니까 골치 아픈 일을 생각하지 않는 것이 좋다.	1	2	3	4	5
10. 친구 따라 강남 가듯 친구들의 행동을 따라 하는 편이다.	1	2	3	4	5
11. 학교에서 기분 나쁜 일이 있으면 집에 와서 화풀이 하는 경우가 있다.	1	2	3	4	5

12. 어려운 사람을 돕는 것이 나의 기쁨 가운데 하나이다.	1	2	3	4	5
13. 나와 비슷한 결점을 가진 사람을 보면 괜히 싫어진다.	1	2	3	4	5
14. 일이 잘 안되면 다른 사람에게 신경질을 부리는 경우가 있다.	1	2	3	4	5
15. 어렸을 때 밤낮으로 끼고 다니던 인형이나 장난감이 있었다.	1	2	3	4	5
16. 괴로운 일이 생기면 일을 열심히 하면서 잊어버리려 한다.	1	2	3	4	5
17. 만약 가족 중에 누가 심한 병에 걸린다면 그 일이 현실처럼 믿기지 않을 것 같다.	1	2	3	4	5
18. 누가 일을 재촉하면 일부러 꾸물거릴 때가 있다.	1	2	3	4	5
19. 내가 거짓말을 했을 때는 그럴만한 이유가 있었기 때문이다.	1	2	3	4	5
20. 남과 다툴 일이 있어도 일단 기다렸다가 적당한 기회에 이야기한다.	1	2	3	4	5
21. 내가 마음먹기만 하면 이 세상을 바꾸어 놓을 수 있을 것 같다.	1	2	3	4	5
22. 나는 거절 당할까봐 남에게 부탁을 잘 하지 않는다.	1	2	3	4	5
23. 부모로부터 꾸중을 듣고 나서 동생에게 화풀이 한 적이 있다.	1	2	3	4	5
24. 앞으로 있을 곤란할 때를 대비하여 미리 저축하는 편이다.	1	2	3	4	5
25. 내 주변에는 이유 없이 나를 미워하는 사람이 있다.	1	2	3	4	5
26. 남이 하는 대로 나도 덩달아 행동할 때가 있다.	1	2	3	4	5
27. 물건을 일단 사고 나면 항상 잘 샀다는 생각을 한다.	1	2	3	4	5
28. 시험에 대비하여 평소부터 차근차근 준비하는 편이었다.	1	2	3	4	5
29. 나는 절대 병에 안 걸릴 것 같다.	1	2	3	4	5
30. 간혹 화가 나서 물건을 깨뜨리거나 부수는 경우가 있다.	1	2	3	4	5
31. 손이 더러운 것 같아서 자주 씻는 편이다.	1	2	3	4	5
32. 마음이 괴로울 때는 책을 읽는다.	1	2	3	4	5
33. 내 잘못인 줄 알면서도 남을 탓하는 경우가 있다.	1	2	3	4	5
34. 누가 나의 행동을 저지하면 말없이 내 고집대로 한다.	1	2	3	4	5
35. 때로는 상대방을 좋아하면서도 싫어하는 척할 때가 있다.	1	2	3	4	5
36. 당장에는 뜻을 못 이루더라도 기회가 올 때까지 기다린다.	1	2	3	4	5
37. 남이 내 흉을 볼 것 같아 신경 쓰일 때가 있다.	1	2	3	4	5

38. 상대방이 싫으면 그가 하는 일을 은근히 훼방 놓는다.	1	2	3	4	5
39. 가끔 내 자신이 어떤 행동을 하고 있는지 모르는 경우가 있다.	1	2	3	4	5
40. 내 친구에게 어려운 문제가 생기면 어떻게든 도와주려고 애쓰는 편이다.	1	2	3	4	5
41. 내가 실수하면 좋아하는 사람이 있다.	1	2	3	4	5
42. 나는 상대방이 내 부탁을 거절하면 마구 떼를 쓰는 경향이 있다.	1	2	3	4	5
43. 내 주변에는 답답한 사람들이 많아서 내가 도와주어야 한다.	1	2	3	4	5
44. 가족 중에 누가 애를 먹일 때 나는 참고 기다린다.	1	2	3	4	5
45. 나를 나쁘게 말할 사람은 아무도 없다.	1	2	3	4	5
46. 화가 나면 이불을 뒤집어쓰고 밥을 먹지 않는다.	1	2	3	4	5
47. 속으로는 자랑하고 싶지만 겉으로는 겸손하게 행동한다.	1	2	3	4	5
48. 만약 미아를 발견한다면 적극적으로 부모를 찾아주는 노력을 하겠다.	1	2	3	4	5
49. 만약 나에게 정치를 맡겨만 준다면 사회문제를 자신 있게 해결할 수 있을 것 같다.	1	2	3	4	5
50. 화가 나면 일부러 늑장을 부리거나 내 고집을 내세운다.	1	2	3	4	5
51. 상대방이 싫지만 겉으로는 위해주는 척할 때가 있다.	1	2	3	4	5
52. 나는 항상 참는 편이다.	1	2	3	4	5
53. 나는 사람들을 감화시켜서 올바른 사람으로 만든 적이 있다.	1	2	3	4	5
54. 사람들이 많이 모이는 모임에는 가고 싶지 않다.	1	2	3	4	5
55. 나는 내 행동에 대해 절대 후회하지 않는다.	1	2	3	4	5
56. 마음이 복잡할 때는 친구들을 만나 떠들고 이야기하면서 푼다.	1	2	3	4	5
57. 이 사회에서 나는 없어서는 안될 중요한 인물이다.	1	2	3	4	5
58. 영화를 보고 나서 영화 속의 주인공이 했던 것처럼 해보고 싶어진다.	1	2	3	4	5
59. 특별한 이유없이 엘리베이터나 어두움, 동물 등이 두려울 때가 많다.	1	2	3	4	5
60. 길에서 어떤 사람이 깡패에게 맞고 있다면 어떻게든 돕겠다.	1	2	3	4	5

방어기제 사용 수준		하위 척도	문항 번호	합
부적응적 방어유형	1. 자아도취적 수준 (갈등 회피적 방어유형)	투사	1, 13, 25, 33, 37	
		부정	5, 9, 17, 29, 45	
		왜곡	21, 41, 49, 53, 57	
	2. 미성숙 수준 (미성숙한 방어유형)	동일시	2, 10, 26, 38, 58	
		수동공격	6, 18, 34, 46, 50	
		행동화	14, 22, 30, 42, 54	
	3. 신경증적 수준 (자기 억제적 방어유형)	반동형성	3, 7, 35, 47, 51	
		전치	11, 15, 23, 31, 59	
		합리화	19, 27, 39, 43, 55	
적응적 방어유형	4. 성숙 수준 (적응적 방어유형)	승화	4, 8, 16, 32, 56	
		이타주의	12, 28, 40, 48, 60	
		억압	20, 24, 36, 44, 52	

출처 : 간편형 이화방어기제검사(Ewha Defense Mechanisms Test : EDMT)

인간관계 프로그램 11-1

당신의 스트레스 정도는?

▎활동목표▎

현대인은 다양한 집단의 구성원으로서 많은 관계 형성을 통해 다양한 스트레스를 경험한다. 스트레스는 도전적인 새로운 사건 그 자체이기도 하지만, 이에 대한 반응을 말하기도 한다.

▎활동내용▎

누구나 스트레스를 받으며 살아간다. 그러나 스트레스에 대한 대처방식에 있어서는 사람마다 차이가 있다. 당신은 스트레스에 어떻게 반응하고 있는가? 아래 문항들을 읽고, 이 문항이 현재 당신 자신에게 적용되거나, 지난 12개월 동안 적용되어 왔거나 또는 과거 심한 긴장 경험을 했다면, (　) 속에 V표를 해 보라.

1. 머리가 맑지 않다(머리가 무겁다). (　)
2. 눈이 피로하다(이전에 비하여 눈이 피로할 때가 많다). (　)
3. 때때로 코가 막힌다. (　)
4. 눈 떨림을 느낄 때가 있다(전에는 전혀 그런 일이 없었다). (　)
5. 때때로 일어서면 현기증이 날 것 같다(일순간 아찔아찔하다). (　)
6. 이명이 울릴 때가 있다(이전에는 없었다). (　)
7. 가끔 입 안에 염증이 생긴다(이전과 비교해서 입 안에 쉽게 염증이 생긴다). (　)
8. 목이 아플 때가 많다(목구멍이 따끔거릴 때가 있다). (　)
9. 혓바닥이 하얗게 되는 때가 있다(이전에는 정상이었다). (　)
10. 지금까지 즐기던 음식에 대하여 먹고 싶은 생각이 없어졌다. (음식에 대한 기호가 변했다) (　)
11. 음식이 위장 안에 꽉 차 있는 기분이다(무엇인가 위장의 상태가 이상하다). (　)
12. 배가 쓰리거나 아프다(설사와 변비가 반복된다). (　)
13. 어깨가 뻐근하다(머리가 무겁다). (　)
14. 등과 허리가 아프다(이전에는 좀처럼 없었다). (　)

15. 좀처럼 피로가 풀리지 않는다(이전과 비교해서 피로가 남아 있다). ( )
16. 요즘 체중이 줄었다(식욕이 없어질 때가 있다). ( )
17. 무엇인가 하면 금방 피로해진다(이전과 비교하여 쉽게 피로해진다). ( )
18. 아침에 기분 좋게 일어나지지 않는다(이전의 피로가 남아 있는 기분이다). ( )
19. 일에 대하여 하고 싶은 생각이 나지 않는다(집중력도 없어졌다). ( )
20. 잠들기 어렵다(좀처럼 자지 못한다). ( )
21. 꿈을 꾸는 때가 많다(이전에는 그렇지 않았다). ( )
22. 밤 1시, 2시경에 잠이 깨고 만다(그 후 잠들지 못하는 때가 많다). ( )
23. 갑자기 숨쉬기 힘든 때가 있다(공기가 부족한 것 같은 느낌이 든다). ( )
24. 가끔 가슴이 두근거릴 때가 있다(이전에는 그렇지 않았다). ( )
25. 매사에 걱정하는 편이다. ( )
25. 가슴이 아플 때가 있다(가슴이 꽉 조여드는 것 같은 느낌이다. ( )
26. 감기에 잘 걸린다(하지만 잘 낫지 않는다). ( )
27. 별것 아닌 일에도 화가 난다(성급할 때가 많다). ( )
28. 손발이 찰 때가 많다(이전에는 좀처럼 없었다). ( )
29. 손바닥에 땀이 날 때가 많다(땀을 잘 흘린다). ( )
30. 사람과 만나기 싫어졌다(이전에는 그렇지 않았다). ( )

| 결과 해석 방법 |

제시되어 있는 30개 문항 중 ( ) 속의 V표 총합이 자신의 스트레스 점수이다.

나의 스트레스 점수는? (   )

득점단계	스트레스 정도	대응책
0~5	정상	
6~10	경(經) 스트레스	휴양을 요함
11~20	중(中) 스트레스	상담을 요함
21~30	중(重) 스트레스	진단을 요함

출처 : 우찌마야 기꾸오 김남성(2005). p. 37-39.

인간관계 프로그램 11-2

나의 스트레스 항목은?

❙ 활동목표 ❙

스트레스는 도전적인 새로운 사건 그 자체이기도 하지만, 이에 대한 반응을 말하기도 한다. 우리가 일상생활에서 겪는 스트레스는 어떤 것이 있는지 알아본다. 스트레스에 대한 주관적 평가 및 스트레스 상황에서 일어나는 반응에 대하여 알아보고, 보다 효율적인 스트레스 대처방안을 모색해 본다.

❙ 활동내용 ❙

학생들에게 스트레스 항목표를 나누어 주고 작성하도록 한다. 작성이 끝나면 6~7명이 소집단을 형성하여 자신의 스트레스에 대한 평가를 하도록 한다. 즉 스트레스 항목을 살펴보면서 다음과 같은 점에 초점을 맞추어 의견을 나눈다.

첫째, 스트레스 항목을 쓰면서 어려웠던 점, 좋았던 점은 무엇인가?

둘째, 내가 변화시킬 수 없는 현실은 무엇인가?

셋째, 과거에 스트레스를 통해 성장한 경험이 있는가?

스트레스 상황 및 반응에서 벗어나서 자신을 돌볼 수 있는 방법에 대해 토의한 후, 자신을 돌보는 방법과 스트레스에서 완전히 벗어날 수 있는 방법을 설명한다.

▪ 자신을 돌보기

① 적절한 휴식을 취한다.

② 서두르지 않는다.

③ 심호흡을 한다.

④ 이완한다.

⑤ 현재 자각을 개발한다.

⑥ 규칙적인 활동을 개발한다 : 매일 30분 정도 규칙적인 활동을 한다.

⑦ 자신의 신체 건강에 유의한다.

■ 스트레스에서 완전히 벗어나기

① 환경을 바꾼다.

② 자신에게 진정으로 보상이 되는 경험을 한다.

③ 놀이를 한다.

④ 외적인 흥미를 개발한다.

⑤ 규칙적인 운동을 한다.

■ 스트레스 항목표

스트레스 사건	왜 스트레스인가?	스트레스 지수(0－100)

인간관계 프로그램 11-3

소원목록 만들기

❙ 활동목표 ❙

자신에게 즐거움을 줄 수 있는 활동에 대한 목록을 작성해 보며, 적극적인 방법으로 스트레스를 해소할 수 있는 구체적인 계획을 설정해 본다.

❙ 활동내용 ❙

연필과 종이를 준비하고 방해받지 않을 조용한 곳에 자리를 잡는다. 과거에 즐거움을 느꼈거나 즐거움을 줄 거라고 생각되는 활동에 대한 브레인스토밍 시간을 갖는다. 여기에서 소원에 대한 실행가능성은 판단하지 말고 그냥 목록만 작성한다.

즐거운 활동에 관련된 소원 목록

1.

2.

3.

4.

5.

6.

7.

8.

9.

10.

- 1단계 : 소원목표 선택하기 (당신의 소원 목록을 조사하고 손익 비율에 의해 가장 적절한 한 가지 항목을 선택하시오.)

  소원 목표 :

- 2단계 : 이 목표를 달성할 수 있도록 하는 실제적 요구 사항과 어떻게 그것을 실천할 것인지에 대한 목록을 작성하시오.

  실제 요구사항 요구사항 충족방법

- 3단계 : 장애물 극복하기
- 4단계 : 당신의 목표가 현실적으로 가능하도록 명세적인 용어로 기술하시오.
- 5단계 : 시작 날짜
- 6단계 : 진행 상황 기록하기
- 7단계 : 다음과 같이 진행 상황을 평가하기
  - 10주 후
  - 어떻게 느꼈는가?
  - 어떻게 보이는가?

출처 : 건강성격을 위한 스트레스 관리 프로그램, 1998

토론주제

1. 현재 자신에게 영향을 주고 있는 스트레스 원인에는 어떤 것들이 있는지 열거해 보자.

2. 자신에게 있어서 갈등의 원인이 되고 있는 문제를 선택해서 적극적인 문제 해결 방법을 사용하여 해결해 보자.

3. 스트레스를 느끼면 어떻게 대처하는지 이야기해 보자. 또한 각 대처 방법의 장·단점을 생각해 보자.

CHPATER 12

죽음의 인식과 대처

대다수의 사람들은 죽음에 관해 일반적으로 부정과 회피, 거부의 반응을 하거나, 죽음을 노년기의 전유물로 여기고 아득한 미래의 일로 생각한다. 그러나 현대 사회에서 각종 사고로 인하여 갑작스런 죽음을 맞이하게 되는 경향은 노인층보다 젊은층에게 더 빈번히 발생하는 경향이 있으므로 죽음을 노년기에 다루어야 할 주제로만 여기는 것은 소극적인 생각이다.

현대적인 학문으로서 죽음학(thanatology) 분야가 있다. 죽음에 관한 부정적인 태도로 인해 그 연구가 활발히 이루어지지는 않고 있다.

생의 한가운데에서 죽음의 문제를 다루어 보는 것은 우리 모두에게 삶의 한 부분으로 인식할 수 있는 안목을 가질 수 있게 하며, 개인으로 하여금 책임있는 오늘의 삶을 영위하도록 자극할 수 있다. 언젠가는 누구나 죽음을 맞이하게 되며, 그 시점도 예측할 수 없음을 인식하게 하여 오늘을 진지하고 인간답게 살아야 함을 깨닫게 하는 '죽음의 인식교육'은 우리의 삶을 보다 충실하게 이끌어 줄 수 있을 것이다.

학습 목표

1. 보다 더 나은 삶을 위하여 도움이 되는 죽음에 관한 대비의 필요성을 인식한다.
2. 죽음은 지금의 나와 무관하지 않음을 인식하여 현재의 삶에 대한 책임있는 태도를 갖는다.

나는 빌려온 시간을 살고 있다. 언젠가 닥쳐올 소환장을 대기실에서 기다리는 격이다. 그리고 무엇인지는 몰라도 다음 목적지로 가겠지 …….

-아가사 크리스티-

목숨 바칠 무엇인가를 발견하지 못한 사람은 살 가치가 없다.

-마틴 루터 킹-

살아라, 그리하여 '신이여 나는 나의 삶을 이렇게 낭비하였습니다'라고 말하지 않도록 하라.

-퀴블러 로스-

1. 죽음에 관한 연구의 역사

죽음에 관한 인식은 인류 역사와 함께 시작되었다고 할 수 있으나 오랫동안 주로 철학과 종교학의 영역에서만 논의되어 왔다. 이에 관해 심리학, 사회학과 같은 분야에서 학술적으로 연구하기 시작한 것은 20세기 중반 이후에 들어서면서부터이다. 1, 2차 세계대전을 겪으면서 인간이 갖는 본질적 가치와 생명의 죽음에 관한 문제에 관심을 가지게 된 것이다.

죽음의 문제에 관한 학문적인 논의는 Herman Feifel에 의해 시작되었다. 그는 1959년에 죽어가는 환자가 죽음이 다가온다는 사실을 스스로 자각하는 문제를 깊이 있게 다룬 저서인 『죽음의 의미』를 출판하였다. 이 연구를 필두로 이후 많은 연구들이 줄을 이어 나오면서 미국의 미네소타 대학교에는 '죽음에 관한 교육 및 연구센터'가 설립되기도 하였다. 1970년에는 『오메가 : 죽음 및 죽어가는 과정에 관한 학술잡지』가 창간되었다. 특히 스위스 출신의 정신과 의사이며, 미국 시카고 대학 부속병원 정신과에 근무하면서 불치의 병으로 죽어가는 환자들을 연구한 Elisabeth Kübler-Ross는 1969년에 출간한 『죽음 및 주어가는 과정』이라는 단행본과 Kastenbaum과 Aisenberg(1972)의 『죽음의 심리학』은 죽음에 관한 학술적 연구의 초석이 되고 있다.

정신분석학자 Freud는 일찍이 죽음에 관한 한 견해를 가지고 있었다. 그는 인간의 본능(instinct)을 크게 삶(life)의 본능과 죽음(death)의 본능을 구분하였다(이상노 외 역, 1987). 그는 죽음의 본능을 'thanatos' 또는 '파괴의 본능'이라고도 하였으며, 모든 사람이 필연적으로 죽게 된다는 점을 인식하고 "모든 생의 목표는 죽음이다"라는 유명한 말을 남기기도 하였다. 즉, 모든 사람이 무의식적이긴 하지만 죽기를 원한다고 가정하였다.

Freud의 죽음의 욕망에 대한 가정은 Fechner의 항상성 원리(constancy principle)에 근거를 둔 것이다. 이 원리는 모든 생활과정이 무기적인 세계의 안정된 상태로 돌아가려는 경향을 가지고 있다고 주장하고 있다. 그는 죽음에 관해 다음과 같은 견해를 가지고 있다.

"생물은 무기물에서 오는 우주적 힘의 작용에 의해서 진화되며, 이러한 변화들은 처음에는 몹시 불안정하여 이전의 무기적 상태로 속히 복귀한다. 그러나 차츰 세계의 진화적 변화로 수명이 증대되지만 이러한 불안정한 생의 형태는 결국 생명없는 물체의 안정성으로 돌아간다. 번식기제의 발달로 생명체는 그들의 종족을 재생산할 수 있고, 무기적 세계에서 이루어지는 것에 의존하지 않게 되었다. 이러한 발전에도 불구하고 종족의 한 개인은 항상성 원리에 복종해야만 하는데 이것은 생명이 부여되었을 때 그 존재를 지배한 원리이기 때문이다. 즉, 삶은 죽음으로 돌아가는 길이다. 안정된 존재가 방해되었기 때문에 유기체는 정지된 상태로 돌아가려고 노력한다. 인간에게 있어서 죽음의 욕망은 항상성 원리의 심리적 표현이다."(이상노 외 역, 1987)

2. 죽음의 정의와 관련 변인들

1) 죽음의 정의

Martin Heidegger가 인간의 죽음에 대하여 '우리 존재의 최종국(finality)'이라고 정의하였다. Heidegger의 표현에 의하면, 인간은 "죽음을 향하여 살아가고 있다"고 한다. 인간이 '죽음'을 맞이하는 것은 죽음 직전까지의 생을 마치는 순간이다. 그러므로 죽음이란 '생명의 마침'이며, '삶 속에 있는 종국(the finality in life)', 또는 '종국 안에 있는 삶(life in its finality)'이라고 말할 수 있다. 육체를 가진 인간이라면 누구나 삶의 질에 관계없이 맞이해야 하는 것이 죽음인 것이다. Halley와 Harvey는 의학적이고 법률적인 측면에서 죽음을 "전체 두뇌의 기능, 호흡 계통의 자발적 기능, 순환 계통의 자발적 기능이 뒤집을 수 없이 중지되는 것"이라고 정의하였다.

죽음의 모습은 원인이나 이를 바라보는 관점에 따라서 흔히 '생물학적 죽음(biological death)', '뇌사(brain death)', '심장사(cardiac death)', '임상적 죽음(clinical death)', '대뇌피질사(cortical death)', '세포사(cytological death)', '법적 죽음(legal death)', '정신사회적 죽음(psychosocial death)', '영혼사(spiritual death)' 등으로 분류해 볼 수 있다.

사실 죽음의 현상은 그렇게 복잡한 것이 아니다. 현실적인 면에서 죽음이란 심장이 영원히 멈춤으로 야기되는 단순한 사건이다. 왜냐하면 심장의 멈춤은 그 밖의 모든 장기의 멈춤을 가져오기 때문이다. 소위 '세포사(cytological death)'는 우리 몸을 구성하고 있는 모든 세포가 기능을 소실해 간다는 측면에서 죽음을 하나의 과정이라고 보는 입장이다. 심장 기능의 정지에 의한 개체사의 개념은 가장 일반적인 죽음의 정의이며, 심장이 멈추는 순간은 어느 한 순간을 갖는 사건(event)으로 이해될 수 있다. 즉, '심장사(cardiac death)'가 별다른 저항없이 죽음으로 받아들여지는 것은 사회 구성원 모두의 묵시적 동의를 얻은 것이며, 실제로 심장이 멈춘 뒤에 죽음의 현상들이 나타나기 때문이다.

2) 죽음에 대한 인식과 관련된 변인들

(1) 연 령

인간은 늙어감에 따라 자신의 죽음에 관해 생각할 기회가 많아지므로 연령이 증가할수록 점점 죽음의 공포를 느끼게 되는 것은 자연스러운 현상이다. 살 만큼 산 사람들은 앞으로 자신이 살 수 있는 시간이 조금 남아있다고 느낄 것이다. 이 때 맞이하게 되는 친구의 죽음, 자신의 신체적 조건의 변화는 죽음에 관해 더욱 현실적으로 생각하게 한다.

죽음의 인식과 연령변인 간의 관계에 대해 연구한 Kastenbaum(1977)은 젊은 사람이 치명적인 병에 걸릴 경우 죽음에 대한 공포심은 상당히 증가하지만, 노년기에는 같은 상황에서 공포심이 그다지 증가하지 않는다고 하였다. Back(1971)은 각 연령집단에 따라 죽음을 어떻게 받아들이는가에 관한 연구에서 45세 이상의 집단에게는 죽음에 대한 공포심이 연령과 별 차이가 없음을 발견하였다.

(2) 성 별

Back(1971)의 연구에 의하면, 성별에 따라 죽음에 대한 인식에 차이가 있었다. 여성은 남성보다 죽음에 대해 더 수용적이었다. 여성은 죽음을 평화스러운 경험으로 보는 경향이 있지만, 남성은 죽음에 대해 마치 피 묻은 손을 지니고 이빨을 드러낸 도살자나 교수형 집행에 직면해 있는 것처럼 적대적인 것으로 보는 경향이 있다고 보고하였다. 그의 연구결과에 의하면, 여성보다 남성들이 죽음에 대한 공포심을 더 많이 가지고 있음을 알 수 있다.

(3) 종 교

종교의 유무에 따라서 죽음 이후의 세계에 대한 믿음이 다르다는 연구도 있다(Shneidman, 1971). Kalish(1976)도 독실한 신앙인은 무신론자나 신앙이 깊지 않은 종교인보다 죽음에 대해 공포를 덜 갖고 있음을 발견하였다. 종교적인 신념이 죽음의 공포에 어떻게 영향을 미치는가에 관해서는 아직 일치된 연구가 없지만 종교를 지닌 사람이 그렇지 않은 사람보다 죽음의 공포를 적게 가지고 있으며, 대단히 깊은 신앙심을 가진 사람은 죽음을 평온하게 맞이하는 경향이 있다고 볼 수 있다.

3) 죽음에 대한 종교 간 인식차이

죽음에 대한 인간의 이해는 크게 둘로 나눈다. 하나는 영혼의 존재함을 배경으로 재생에 대해 믿는 것이고, 또 하나는 죽으면 시체는 분해되기 시작하는데 인격도 이와 같이 소멸한다고 믿는 것이다. 그러나 각 종교마다 죽음을 이해하는 견해는 다소 차이가 있다.

(1) 무 속

무속집단은 삶의 세계는 이승으로, 죽음 후의 세계는 저승으로 표현한다. 삶과 죽음의 세계를 이처럼 따로 대별하여 존재론적 차원에서 우주체계를 이원론적으로 인식하는 것을 통해 무속집단이 인간의 생사에 얼마나 깊은 관심을 기울였는가를 알 수 있다. 이승과 저승 사이에 큰 물이 가로지르고 있고, 사자의 영혼은 이곳을 건너야만 도착할 수 있다는 사고는 세계 보편적인 것이라고 하는데, 무속에 나오는 바도 이와 같다.

무속집단에서는 인간 사후에도 저승에서 영원히 산다고 생각한다. 또한, 후에 종(種)을 달리하여 이 세상에서 태어날 수도 있다고 여기며, 저승에서의 삶을 영생, 새로운 세계에서의 삶을 환생의 개념으로 설명한다.

(2) 유 교

중국의 유교는 내세관을 갖고 있지 않기 때문에 죽음관도 확실치 않다. 공자의 제자 계로가 공자에게 "죽음이 무엇입니까?"라고 묻자 공자는 "태어나는 것도 모르는데 죽음을 어찌 알리오"라고 답하였다고 한다. 유교에서는 죽음 자체의 의미나 죽어서 시작하는 또 다른 세계에 대해서는 관심이 없고, 삶과 죽음의 문제를 대자연의 법칙으로 귀결시킨다. 그러므로 그들은 삶과 죽음 때문에 앞뒤로 연장될 수 있는 상념을 처음부터 단념하고 거의 일회적인 인생 자체에 몰두한다. 즉, 공자가 한 것처럼 귀신과 죽음의 질문을 뿌리치면서 사람과 삶에 정열적인 관심과 사랑을 나타낸다. 죽음은 인생을 시작해서 엮어가다가 마치는 엄숙한 과정이라고 보는 것이다.

(3) 불 교

불교의 현실인식에 의하면, 인생의 모든 고통과 고뇌는 실제로는 변화하지 않는 것이 없음에도 불구하고, 불변의 고정된 실체가 있는 것으로 여긴다. 그러므로 그런 불변의 실체가 없음을 스스로 깨달아 무상을 현상세계의 본래 모습이라고 진지하게 인식함으로써 고통과 고뇌는 불식된다. 죽음 역시 변화의 한 과정일 뿐이라고 믿으며, 삶은 죽음을 내포하고 있으므로 죽음을 내포하고 있는 이 삶의 진실을 이해하는 것은 곧 죽음을 극복하는 것이라고 믿는다. 즉, 죽음이 필연적일 수밖에 없는 삶의 실상을 아는 것은 곧 영원히 사는 것이 된다는 '생즉사 사즉생(生則死 死則生)'의 논리가 성립되는 것이다.

불교에서는 삶에도 번민하지 않고, 죽음에도 번민하지 않는 생명을 추구한다. 삶과 죽음을 초월하여 업과 윤회를 벗어난 경지로써 번뇌를 꺼버린다는 뜻을 지닌 열반의 논리이다. 불교에서의 죽음의 문제는 마음의 문제로 귀결되며, 마음의 문제는 궁극적으로 무심(無心)의 상태(涅槃)에 도달할 수 있을 때 해결된다.

(4) 개신교

개신교에서는 죽음을 육체적인 죽음과 영적인 죽음으로 나눈다. 육체적인 죽음은 죄의 결과라고 믿으며, 영적인 죽음이란 하나님과의 단절을 의미한다. 그러므로 육체적으로는 살아있지만 죽었다고 표현하기도 한다. 반대로 육체적으로는 죽으나 믿음 안에서는 영원히 죽지 않는다고 표현하기도 한다. 예수 그리스도가 죄인을 대신하여 하나님의 심판을 받아 죽음을 정복하셨기 때문이라고 믿는다. 즉, 예수의 존재를 믿지 않는 자는 육체의 죽음 뒤에 하나님의 심판으로서 제 2 의 죽음을 맞이하나, 이를 믿는 자는 육체의 죽음이 영생에로의 관문이 된다고 믿는다.

(5) 천주교

천주교는 Martin Luther, Calvin 등에 의한 종교개혁이 발생하기 전까지는 개신교와 하나였으나, 종교 개혁 이후 개신교를 신교, 천주교를 구교로 부르게 되었고, 로마의 교황청에 의한 지도로 운영되고 있다.

천주교에서 죽음은 끝이 아니라 영원한 생명에로 건너가는 길목이라고 여긴다. 그러므로 죽은 이를 하느님께 맡기고, 후일에 그리스도와 함께 부활하여 살리라는 믿음과 희망을 가지고 장례를 행해야 한다고 믿는다. 또한, 죽은 이의 영혼은 살아생전에 닦은 행실에 따라 하느님 앞에서 천국 혹은 지옥 그리고 연옥(煉獄 : 천국에 가기 전 단련받는 중간 처소)의 심판을 받기 때문에, 천국에 들지 못하고 연옥에서 보속하고 있는 이들을 위하여 사제가 기도를 함으로써 그들이 천국에 들어갈 수 있다고 믿는다.

4) Elisabeth Kübler-Ross의 죽음의 과정 이론

Kübler-Ross(1969)는 『죽음과 임종』에서 불치병 환자 200여 명을 대상으로 죽어가는 과정에 대한 심층적인 연구를 시도하였다. 그 결과 회복 불가능한 환자의 죽어가는 과정에는 다음과 같은 다섯 단계의 과정이 있다고 하였다(윤진, 1985).

① **부정과 격리**(denial and isolation)**의 단계** : 일단 회복 불가능한 불치병에 걸렸다는 진단을 받으면 환자는 이를 인정하지 않으려 한다. 그리하여 진단이 잘못되었거나 의사의 실수라고 생각하고 다른 병원, 다른 의사를 찾아다니게 된다. 이와 같은 죽음과 불치병에 대한 부정은 사실상 갑작스런 충격에 대해 하나의 완충장치로써 작용하게 되고, 죽음의 현실에 대한 고통을 덜 느끼도록 하는 역할을 하게 된다. 또한 환자는 죽음에 직면한 현실을 심리적으로 격리시켜 의식하지 않음으로써 심리적 안

정을 유지하려고 노력하는데, 이것이 궁극적으로는 부분적으로나마 죽음을 평온하게 받아들일 수 있는 길을 터 준다.

② **분노**(anger)**의 단계** : 자신의 병 증세가 점점 더 명확히 드러나고, 이를 조금씩 받아들이지 않을 수 없게 될 때 환자들은 분노의 감정을 갖게 된다. 즉, 건강한 사람이나 이와 같은 불치병에 걸리지 않은 사람들에 대해 부러워하며 분노와 원망을 느끼게 된다. '왜 하필 내가 이런 병에 걸렸는가?'라는 생각에 집착하여 주위의 가족은 물론 의사, 간호사 등에게까지 화를 내고 원망하게 된다. 이러한 원망과 분노는 환자 자신이 아직 "죽지 않고 살아있음을 증명"하려는 노력으로도 해석할 수 있으므로 이 분노의 감정을 보다 충분히 이해해 주고 보살펴 줄 필요가 있다.

③ **협상**(bargaining)**의 단계** : 죽음에 대한 부정과 분노의 시기를 거치면서 환자는 자신에게 아무런 소득이 없으며, 죽음을 모면할 길이 없음을 점차 인식하게 된다. 그러면 환자는 자기에게 아직 처리해야 할 일과 과업이 남아있으므로 그러한 일이 끝날 때까지만 살 수 있게 해 달라는 협상을 하게 된다. 그러한 타협의 대상자는 하느님 같은 절대자일 수도 있고, 의사 혹은 암과 같은 질병 그 자체일 수도 있다. 예를 들면, 막내딸이 결혼할 때까지 혹은 벌여놓은 사업과 재산을 정리할 때까지만 더 살 수 있게 해달라는 타협이다.

④ **우울**(depression)**의 단계** : 환자가 자신이 여러 가지 사물을 상실하게 됨에 따라 생기는 우울의 단계이다. K bler-Ross는 이 우울의 반응을 반응적 우울과 예비적 우울의 두 가지로 나누었는데, 반응적 우울은 병으로 인하여 상실한 것에 대한 원통함, 수치심, 죄의식 등을 수반하는 것이 특징이다(예를 들면, 자궁암으로 인하여 자궁제거수술을 받는다거나, 관절 계통의 질환으로 인하여 다리를 절단하게 되는 경우의 감정 상태). 예비적 우울은 죽음을 인식하고 세상의 모든 애착을 끊어버려야 하는 데에 대한 슬픔을 미리 나타낸 것이다. 이러한 '죽음에 대한 준비'로써의 우울증 경향은 사실상 주위의 가족과 친지 그리고 기타 일생 동안 관련지어 왔던 사물들과 결별하는 데 필요한 하나의 점진적이고 자연스런 과정이다. 그러므로 이 시기에 주변의 인물들이 보다 따뜻한 자세로 환자를 보살피는 것이 중요하다.

⑤ **수용**(acceptance)**의 단계** : 위의 단계를 거쳐 오면서 환자 자신은 재기를 위한 여러 가지 노력과 시도를 하여 왔으나, 이제 마지막 시기에 이르러서는 매우 지치고 허약하게 되어 자기 자신도 죽음을 수용하게 된다. 의사나 간호사는 물론 가족과 친지도 이 순간에 처한 환자를 볼 때, 죽음이란 반드시 무섭고, 불쾌하며 회피해야 할 것만은 아니라는 사실을 깨닫게 된다. 이와 같이 마지막 순간의 직전에 죽음을 받아들이는 자세를 취함으로써 환자 자신이 마음의 평화를 회복한 후 임종할 수 있는 것이다. 따라서 이 단계를 최후의 성장(final growth)이라고 부르기도 한다.

Kübler-Ross가 제시한 죽어가는 과정의 5단계 이론에 대해서는 여러 가지 측면에서 여러 학자들이 비판을 제기하고 있다. 그 가운데서도 가장 두드러진 비판은 죽어가는 과정이 일정한 순서에 의한 '단계'가 아니라는 주장이다. 불치의 병이라는 진단을 받은 후 개인이 나타내는 반응은 반드시 그 질병이나 진단에 대한 부정－분노－협상－우울－수용의 순서로 나타나는 것이 아니라, 사람에 따라서 분노나 우울의 경향이 먼저 나타날 수도 있는 것이다. 또한 모든 사람들이 마지막 단계인 '수용'의 상태에서만 죽게 되는 것도 아니다. 이 다섯 가지 순서에 의한 단계는 '논리적' 수준의 이론인데, 사실상 죽음이란 그렇게 논리적으로 단계를 밟아 일어나는 것이 아니다. 또한, 죽음의 순간에 모든 사람이 다 죽음을 수용하지는 않는다. 가령 어떤 환자는 끝까지 질병과 대결하다가 죽게 되는가 하면, 또 다른 환자들은 평온한 자세로 죽기도 한다. 그리고 특히 죽음을 받아들인다고 하여 그것이 반드시 개인이 '죽기를 원하는 것'은 아니므로 우리는 어느 일정한 틀 속에 끼워 맞추어 죽음을 논의해서는 안 된다는 것이다.

이러한 비판에 대해 Kübler-Ross 자신도 나중에 자기 이론의 취약점을 인정하고 자기 이론을 죽음으로 가는 '단계'라기보다는 죽음에 대해 나타내는 다섯 가지 종류의 '반응'이라고 고쳐서 설명하고 있다.

한편, Kastenbaum(1975)은 Kübler-Ross가 제시한 다섯 가지 과정에서 여러 가지 시사점을 발견하였다. 그는 불치병의 종류, 성별, 성격 특성 차이, 그리고 환자의 생활환경에 따른 죽음에 대한 반응의 차이를 보았다. 여자는 불치병으로 인하여 정신적으로 고통스러워하나 남자는 타인에게 보다 의존하고, 직업적 활동의 장애 문제로 인해 우울해 한다는 것이다. 이러한 주장에서 알 수 있는 것은 개인마다 다른 반응과 형태를 통하여 죽어가는 것이기 때문에 어떤 일반적이고 보편적인 죽음의 양식을 제시하는 것은 합당하지 못하다는 것이다. 만일 그러한 보편적인 죽음의 단계나 양식이 있다면 그것은 각자의 성격, 소속된 문화, 성별, 생활환경 등에서 존재할 수 있는 것이지 이러한 특성이나 변인들을 모두 초월하여 보편적으로 존재할 수 있는 것은 아니다.

3. 죽음 대비의 교육

인간은 가끔 자신의 죽음에 관해 생각한다(김인자 역, 1982). 죽음에 관한 생각은 사람으로 하여금 자신의 삶을 기쁘게 느끼도록 하는 경향이 있다. 자신의 죽음을 수용하는 태도는 인간의 본질을 수용하는 것과 같다. 자신이 영원히 살 수 없음을 깨닫는 것은 이것을 깨닫지 못하는 것보다 더 현명하게 시간을 보내는 데 도움이 될 수 있다(김인자 역, 1982). 우리가 죽음으로부터 배울 수 있는 가장 큰 교훈은 "살아라, 그리하여 신이여 나는 나의 삶을 이렇게 낭비하였습니다라고 말하지 않도록 하라"(Elisabeth Kübler-Ross, 1975)는 말과 같을지도 모른다. 인간에게 죽음은 아이러니컬하게도 삶에 대한 강한 애착을 갖게 만든다. 우리가 죽음을 직면했을 때, 알 수 없는 힘이 우리를 삶으로 인도하게 만든다. 그래서 사람들은 한 번쯤 자신의 생을 정리해 볼 필요가 있다.

연령과 관계없이 삶의 한 과정에서 죽음의 문제를 인식하게 하는 교육의 실천은 일찍이 불교에서 시왕전이나 명부전이라는 죽음에 대한 교육이 있었다. 미국과 독일의 경우에는 이미 1960년경부터 죽음에 대한 교육이 시작되었는데, 인생의 종말을 적극적으로 준비시키기 위하여 죽음의 문제를 인식하게 하는 교육은 인격도야를 위한 필수과정으로 여기고 있다.

독일과 미국에서 실시하고 있는 죽음 대비의 교육 내용을 소개하면 다음과 같다.

1) 독일 중 · 고등학교의 죽음 대비 교육 프로그램

독일의 중학교에서는 죽음과 장례, 청소년의 자살, 인간다운 죽음, 생명의 위협, 죽음의 해석 등에 관한 주제를 중심으로 죽음 대비의 교육을 실시하고 있는데, 구체적인 교육 프로그램의 주제와 내용을 소개하면 다음과 같다(장연집 외, 1997).

① 죽음과 장례 : 사자(死者)의 매장에 대한 풍부한 역사적 자료, 문화와 종교에 따른 매장법, 묘지의 사진, 장례의 의미, 신문에 실리는 부고의 의미
② 청소년의 자살 : 자살의 사례, 자살의 원인과 동기, 자살방지상담소 안내
③ 인간다운 죽음 : 인공적인 연명, 안락사, 임종환자의 태도, 임종환자를 보살피는 자세
④ 생명의 위협 : 적절한 주의와 노력으로 위험을 피할 수 있는 가능성, 불가피한 죽음, 회피할 수 있는 죽음
⑤ 죽음의 해석 : 동서고금의 철학과 종교에서 보는 죽음의 의미, 사후 세계에 대한 탐구

독일의 고등학교에서는 '인간의 성장, 노화, 죽음의 과정과 죽음의 의미, AIDS와 같은 질병과 죽음의 문제, 자살과 안락사' 등에 관한 주제를 중심으로 죽음 대비의 교육을 실시한다.

2) 미국의 죽음 대비 교육 프로그램

미국에서의 죽음 대비 교육의 실시는 1960년대부터 시작되었는데, 유치원 시기부터 실시하고 있으며, 교육의 목적을 다음과 같이 밝히고 있다.

① 죽음이 발생하기 전에 미리 교육을 통해 이 문제에 접근시킨다. 유아기부터 실시하여 미래에 맞이할 노화를 올바르게 이해하도록 이끄는 데 목적을 두고 있다.
② 죽어가는 순간을 이해시키는 교육을 시킨다. 임종환자 자신이나 가족에게 필요한 교육으로 임종환자라도 아직은 고유한 삶의 한순간에 있으며, 또한 죽어가는 과정 자체가 의미있는 것임을 인식시키는 데 목적을 두고 있다.

③ 죽은 자의 유가족을 위한 교육을 시킨다. 절친한 사람과 사별한 이후에도 자신의 삶의 의미를 다시 발견하고, 사회에 복귀하며 사회적인 유대를 계속할 수 있도록 돕는 데 목적을 두고 있다.

미국의 대학 가운데 미네소타 대학은 매 학기 교육과정 속에 죽음의 준비교육(Death Education) 과목이 포함된다. 풀톤 교수가 담당한 죽음의 사회학을 예로 들어 보면, 90분 수업이 주 3회로 1학기 강의가 짜여진다. 맨 첫 시간에 나는 누구이며, 나는 무엇을 하고 있는가 등을 각자가 쓴다. 왜 이 죽음에 관한 수업에 등록했는가? 죽음에 관한 분야(자살, 안락사) 중에서 어떤 분야에 흥미를 갖고 있는가 등에 대해서도 쓴다.

죽음에의 관심도가 높은 것은 아무래도 개인적인 체험과 분리될 수 없다. 그래서 거기에는 감정이 수반된다. 그 감정이 어떠한 심리적 · 문화적 배경에서 유래하는 것인가를 학생과의 토론 중에 명확하게 규명해 나간다. 죽음이나 사별과 떼어 놓을 수 없는 비탄에 대해서도 상당히 많은 시간을 할애한다는 것이다. 따라서 죽음 준비교육의 목표는 이렇다.

- 죽음에의 단계를 이해하는 것
- 자기의 죽음을 인식하고 사색하여 인간의 존엄한 죽음을 성취하는 것
- 이별의 슬픔을 지혜롭게 극복하여 인간적 성장을 이루게 하는 것
- 죽음에 대한 극단적 공포심을 제거하는 것
- 죽음에 대한 논의를 금기시하는 생각을 바꾸게 하는 것
- 자살을 방지하는 것
- 환자의 알 권리를 인정하고, 말기 환자와의 의사소통에 대해 배우는 것
- 안락사 등 죽음의 과정에 관련된 윤리적 문제에 대한 인식을 촉진하는 것
- 죽음에 관한 여러 가지 문제를 의학적 · 법률적으로 이해하는 것
- 장례의 역할에 대한 이해를 돕는 것
- 시간의 귀중함, 가치관의 재정립을 촉구하는 것
- 죽음의 예술을 배워 제 3의 인생을 풍요롭게 하는 것
- 사후 생명의 가능성에 대해서 적극적으로 탐구하는 것

Preplanning Funeral에서는 자신의 평소에 좋아하던 음악 가운데 장례식 때 부를 곡을 본인이 직접 고르도록 하고 장례식 순서지나 초청장을 직접 골라두도록 하고 있다. 또 장례식 때 유족이나 하객들에게 들려주고 싶은 마지막 말을 간단하게 편지를 써두었다가 장례식 당일 날 대독하도록 하는 순서까지 있다.

죽음 준비교실에서 다룰 수 있는 내용은 한두 가지가 아니다. 우리나라 한 대학의 장례지도와 교육과정에는 죽음에 대한 의미, 태도에서부터 장례의 절차 및 사망신고, 시신 관리 등에 이르기까지 전문적인 과정을 다루고 있다.

4. 죽음과 관련된 문제들

1) 안락사

안락사(euthanasisa)란 환자로 하여금 고통없이 죽게 하는 하나의 방법이다. 이 안락사는 흔히 환자의 고통을 덜어 준다든지 환자가 난치(難治)의 병에 들어 개인에게나 사회에 어떤 짐이 된다고 생각할 때 행해지는 방법이다. 이는 '자비로운 살해(mercy killing)'라는 명칭으로 불리며, '고통을 끝내기 위하여 신중하고 특별한 효과를 내도록 약을 사용하여 빨리 죽도록 하는 것'을 의미한다. 그러므로 안락사란 치료할 수 없는 질병이나 상황으로 인하여 고통받고 있는 환자가 아무런 고통을 주지 않고 죽여주는 행위라 할 수 있다.

안락사의 형태는 크게 두 가지로 나눌 수 있다. 하나는 강제적 형태, 또 하나는 자발적 형태이다. 전자는 환자가 알지 못하게 또는 그의 동의 없이 집행하는 형태이며, 후자는 환자가 난치병에 걸린 것을 알고 자기가 쉽고 고통 없이 죽기 위해 자발적으로 죽음을 요구하는 형태이다. 안락사는 강제적이든 자발적이든, 그것의 집행에서 많은 윤리적 문제를 일으킨다. 네덜란드에서는 자발적인 안락사가 10여 년 전부터 의사에 의해 시행되고 사회적으로 용인되어 왔다. 비록 살인과 자살을 도와주는 일은 불법이지만, 의사들은 1984년 왕립 네덜란드 의사회에서 제안한 〈표 12-1〉과 같은 기준을 따르면 면책이 된다.

〈표 12-1〉 안락사에 관한 왕립 네덜란드 의사 협의회의 기준

- 오직 의사만이 안락사의 요청을 실행할 수 있다.
- 정신적으로 온전한 환자만이 안락사에 대한 요청을 할 수 있다.
- 환자의 결정은 의심의 여지가 없어야 하고 반복적으로 명시되어야 한다.
- 담당의사는 다른 독립적인 의사에게 자문을 구해야만 한다.
- 결정은 아무도 환자에게 압력을 가하지 않는 상태에서 이루어져야 한다.
- 환자는 변화의 전망이 없고 회복될 수 없는 질병과 고통의 상태에 있어야만 한다.
- 환자의 상태를 호전시키거나 고통을 견딜만하게 해줄 방법이 전혀 없어야 한다.

2) 자 살

자살(suicide)은 인간의 10대 사망 원인 중 하나이다. 특히, OECD국가의 평균 자살수치는 인구 10만 명당 12.7명이지만 한국인의 자살률은 29.1명으로서 OECD국가 중 1위를 차지한다. 세계적으로 해마다 자살을 시도하는 사람은 많으나, 그 중 10%만 자살에 성공할 수 있다고 한다.

자살이란 일반적으로 '자신에게 죽음을 부과하는 것(self-inflicted death)'을 의미한다. Durkheim(1987)은 자살이란 "그의 행위가 어떠한 결과를 낳으리라는 것을 알면서 희생자 자신이 행하는 행위로 인해 직·간접적으로 초래되는 죽음을 의미한다"고 정의하였다. 이는 무자위적이거나 목적이 없는 행동이 아니라 강렬한 고통을 초래하는 문제나 위기로부터 탈출하고자 하는 방법이다.

세계에서 가장 자살이 많이 일어나는 장소는 San Francisco의 Golden Gate Bridge이며, 자살을 기도하는 사람은 남자보다 여자가 4배 정도 많으나, 이에 성공하는 사람은 여자보다 남자가 3배 정도 많다고 한다. 또한, 자살의 방법은 남자들은 주로 총기 사용, 목맴, 뛰어내리기를 하는데, 이는 자살 성공률을 높이는 방법이다. 여자들은 주로 정신활성물질이나 중독, 약물과다복용 등의 방법을 사용한다.

연령에 따라 자살률이 증가하기도 하는데, 남자들은 45세에서, 여자들은 55세 이후 최고의 자살률을 보인다. 특히, 75세 이상의 자살률은 그 이하 연령 자살률의 3배나 된다.

최근에는 청소년층의 자살률이 급격히 증가하고 있는데, 사고, 살인에 이어 자살이 15~24세 사이의 사망 원인 중 세 번째이다.

인종에 따라서는 백인이 유색인종보다 자살률이 2배가 많으며, 이민한 사람들이 본토인보다 자살률이 높다. 종교별로는 가톨릭 신자가 신교도나 유태인보다 자살률이 낮으며, 미혼의 독신은 기혼자보다 자살률이 2배에 이르며, 이혼한 독신은 미혼의 독신보다 자살률이 훨씬 높다. 그리고 자살의 가족력이 있고, 사회적으로 고립된 사람들에서 자살률이 높다.

직업별로는 의사, 음악가, 치과의사, 수사관, 법조인, 보험대리인 등의 전문직에 많으며, 사회·경제적 지위가 높을수록 자살률이 높아지는 경향이 있으나 사회·경제적 상태가 아주 낮아져도 자살률은 증가한다.

자살 기도 후 2년, 특히 3개월 이내가 또 다시 자살을 시도할 가능성이 높으며, 계절적인 관련은 봄과 가을에 약간 증가하는 경향이 있다.

자살의 원인에 대해서는 종교적·철학적·사회학적인 측면에서부터 심리적·생물학적 측면에 이르기까지 다양한 분야에서 논의될 수 있으나, 심리적·생물학적 측면에서 살펴보기로 한다.

Psychology Today에 의하면, '심리적 요인'이 인간의 자살에 영향을 미칠 수 있다고 한다. 자살을 시도하거나 자살에 성공한 사람들은 어린 시절에 사망이나 이혼 등으로 부모를 잃어 사랑의 상실을 경험하거나 인간관계의 실패를 경험한 경우가 많다. 교통사고나 익사, 알코올 중독, 마약 중독 등으로 인한 사망도 걱정, 부주의, 무모함 또는 자기비난과 같은 심리적 요인에 크게 영향을 받는다(Shneidman, 1971).

자살에 대한 심리학적 고찰을 최초로 한 사람은 Freud이다. 그는 "자살이란 자신이 동일시한 대상에 대한 무의식적 공격이다"라고 기술하였다.

최근의 자살에 관한 많은 연구는 어떤 특정한 정신역동이나 인격구조와의 관련보다는 자살하려는 사람들의 공상, 즉 내가 죽으면 어떤 일이 일어나는가 그리고 그 결과는 어떻게 될까? 하는 공상으로부터 자살의 정신역동을 많이 이해할 수 있다고 한다. 그러한 공상들 중에는 복수, 권력 혹은 징벌, 용서, 희생 혹은 회복, 탈출 혹은 수면, 혹은 구원, 재생, 죽은 사람과의 재회 혹은 새로운 삶과 같은 소원들을 내포하고 있다.

자살하려는 공상을 실행에 옮기는 사람들 중에는 사랑하는 대상을 상실하고 고통을 당하고 있거나 혹은 자기애적 손상을 받은 사람, 지나친 분노나 죄책감에 사로잡혀 있거나 혹은 죽은 사람과 동일시하는 사람들이 있다.

자살 기도와 정신건강(mental health)과의 관련성에 대해 살펴보면, 우울증은 자살률이 가장 높은 질환 중의 하나로서 이 환자의 15%가 자살로 사망한다. 정신분열증도 역시 자살률이 높은 질환인데, 이 환자의 10%가 자살로 사망하고, 반사회적 인격장애의 경우도 이 환자의 5%가 자살을 한다.

자살을 기도한 자들 중에는 가족 중에 자살을 기도하거나 성공한 경우가 많다. 이는 양극성장애, 정신분열병과 같은 질환이 '생물학적인 유전요인'으로 인해 전달되어 발생할 수도 있고, 충동성(impulsivity)이 유전된 것일 수도 있다. 일부 학자들은 자살을 충동적 행동의 한 형태로 여기기도 한다.

자살을 기도한 자들에게서는 세로토닌의 결핍을 발견할 수도 있다. 다수의 연구에서는 중추 세로토닌 체계의 결핍과 충동 조절을 잘하지 못하는 것이 자살과 관련 있다고도 한다. 우울증 환자들의 소변 중에는 다량의 코티솔(cortisol)이 배설되거나 피부전도의 이상, 혈소판 세로토닌의 재흡수 등에 이상이 발견되기도 한다.

자살을 시도하는 사람들은 대개 관심, 생활방식, 생의 애착, 습관, 성생활양식, 식생활양식 등에 변화를 보이거나 지속적인 슬픔, 절망감, 심한 죄책감, 심한 동요 등 자살의 위험을 예측할 수 있는 단서를 보이게 된다. 이런 징후가 발견된다면 적극적인 정신의학적 상담을 받도록 조치를 취하는 것이 필요하다.

Schneidman(1971)은 자살할 의사가 있는 사람들에게 다음과 같은 방법으로 도움을 줌으로써 자살 기도를 예방할 수 있다고 보았다. 즉, 심리적 고통을 경감시켜 주는 방법으로서 스트레스가 심한 환경을 조절하고, 배우자, 고용인, 친구 등의 도움을 구하여 심리적 고통을 덜어주거나, 실질적인 도움을 제공하는 방법으로서 가장 고통스러워하는 문제가 무엇인지를 들어보고, 정당한 범위 내에서 이를 도와주는 것이다. 또는 자살기도자에게 자살 이외의 대안을 제시하고 안내해 주는 방법을 통해서 그들을 도울 수 있다.

최근 음악치료학 분야에서는 음악을 통해 여러 신체적 또는 정신적 문제를 다룰 수 있다고 접근하고 있다. 음악치료란 정신과 신체건강을 복원 및 유지시키며, 향상시키기 위해 음악을 사용하는 것이다. 이것은 치료적인 환경 속에서 치료대상자(client)의 행동을 바람직한 방향으로 변화시키기 위한 목적으로 전문 음악치료사가 음악을 체계적으로 사용하는 것이다(최병철, 1999). 이 분야는 단순히 특정 증상에 특정 음악을 들으면 좋다는 식의 처방이 있는 것이 아니며, 누구나 스스로 음악을 감상함으로써 치료될 수 있는 것이 아니라 음악치료사가 되기 위한 전문적인 수련과정이 필요한 것이지만 보통 자살심리를 달래주는 음악으로 활용되고 있는 곡은 다음과 같다.

- 헨델 : 오라토리오 'Messiah'
- 바하 : '미사' b단조 BWV-232
- 모차르트 : 교향곡 제 40 번 g단조 K.550
- 베토벤 : 교향곡 제 5 번 '운명' op.67
- 쇼팽 : 피아노 소나타 제 2 번 b단조 '장송행진곡' op.35
- 차이코프스키 : 교향곡 제 4 번 f단조 op.36
- 그리그 : 모음곡 '페르퀸트' 제 1 모음곡 중 '오제의 죽음' op.46

3) 사별과 애도

사랑하는 사람과 죽음으로 인해 사별(死別)을 경험하는 것은 대단히 슬픈 일이다. 사별은 우리의 인생에서 경험할 수 있는 것 중 가장 비탄스러운 경험 중의 하나이며, 그로 인해 인간은 감정적 · 신체적 · 정신적으로 영향을 받는다.

가까운 사람의 죽음을 맞이한 이들은 처음 얼마동안은 강한 슬픔에 압도되어 충격의 상태에 빠진다. 고독과 우울한 감정은 보편적인 현상이며, 상실에 대한 분노와 고인의 생존시 고인을 위해 더 잘 해주지 못한 것에 대한 죄책감을 느끼기 시작한다. 고인과의 관계가 친밀하면 할수록 비탄은 더 크다. 상실함에 대한 예리한 정신적 고통이나 고민, 극심한 비애로 정의되는 비탄은 고인이 자기를 버리고 떠난 것에 대한 분노와 같은 강하고 비합리적인 감정으로 대치되어 표현된다.

사별 후의 격렬한 감정은 신체에도 영향을 미친다. 비탄에 잠긴 인간은 다양한 아픔과 고통, 식욕 부진, 특히 불면증을 호소하는 경향이 있다. 이들은 자주 몸의 이상을 느끼고 의사를 찾지만, 비탄에 잠긴 사람이면 누구나 겪는 징후일 뿐이며, 감정을 억누르면 억누를수록 신체에는 좋지 않은 영향을 미치게 된다. 사별 후에 심한 우울증으로 고통을 경험하는 사람은 신체건강의 악화도 함께 수반될 우려가 있다(Bornstein, 1973).

고인에 대한 기억을 올바르게 표현하는 데에는 시간이 걸린다. 이는 보통 고인에 관한 부정적인 일보다는 긍정적인 일만 기억하는 경향이 있기 때문이다. 때로는 고인이 아직 살아있다고 느끼고 고인의 물건들을 모으기도 한다. 그러나 이렇게 고인의 죽음을 이상화시키는 것은 새로운 관계 형성을 방해할 뿐만 아니라 비탄의 과정을 더 연장시킬 수도 있다.

사랑하는 사람의 죽음을 맞이했을 때 슬퍼하는 것은 건전하며 반드시 필요하다. 편안한 감정을 주는 사람과 상실에 대한 슬픈 감정을 함께 나누는 것은 대단히 의미가 있다. 비탄의 감정을 표현해 버리지 않으면 비탄을 겪는 과정은 지연된다. 남성이 슬픈 감정을 오래도록 느끼는 것은 남성을 '강하고, 울지 않아야 하며, 감정을 쉽사리 표현해서는 안 된다'는 문화적 제재로 비탄의 감정을 표현하기 어렵기 때문이다(김인자, 1982).

많은 슬픔은 개인적으로 감당해야 하나, 똑같은 상실감으로 고통받는 다른 사람과 함께 나눌 수 있고, 또 함께 나누어야만 하는 슬픔도 있다. 슬픔은 함께 나누면 반이 된다. 슬픔을 나누는 것은 유족들이 그들의 상실을 받아들이고, 고인이 없는 새로운 상황을 받아들일 수 있도록 돕는다. 사랑하는 사람의 죽음에 수반되는 슬픔의 솔직한 표현이 곧 애도의 역할이다. 우리는 초상, 장례식, 종교적 의식, 추모식 및 여러 제사의식들을 통해 애도한다.

슬픔과 애도는 죽음을 받아들이고, 우리 인생의 마지막 모습을 재인식할 수 있게 하며, 우리가 고인에게 작별인사를 할 수 있도록 지탱해 주고, 인생의 새로운 단계를 시작할 수 있도록 돕는다.

인간관계 프로그램 12-1

나의 장례식

| 활동목표 | 죽음에 대한 인식을 통해 지금 현재 삶의 중요성을 인식한다.

| 활동내용 |

'내가 만일 사고로 인해 갑작스런 죽음을 맞이하게 되거나 불치의 병으로 인해 시한부인 생을 살게 된다면…'이라는 생각을 해본 적이 있는가? 만일 내가 어느 날 갑자기 그런 죽음을 맞이해야 한다면 어떤 형태로든 세상에 나의 마지막 메시지를 남겨야 할 것이다. 이 메시지를 남기기 위해 자신의 죽음 문제에 대해 진지하게 맞이해 본 후 자신의 생각을 정리해 보자. 먼저, 나의 장례식에 참석할 것으로 예상되는 명단을 정리한 후, 나의 장례식 식순을 정한다. 그리고 누군가가 읽어 줄 '참석자들에게 들려주고픈 메시지'를 남긴다. 이 과정을 경험한 후의 느낌을 서로 이야기를 나누어 보자.

나의 장례식

- 참석자 :

- 나의 장례식순 :

- 참석자들에게 전하는 나의 메시지 :

출처 : http://www.amc.seoul.kr/~organ/donate/2.html

인간관계 프로그램 12-2

조문 예절 익히기

| 활동목표 | 조문 예절을 알고 적용할 수 있다.

| 활동내용 |

1. 참고자료에 있는 조문 예절에 대한 내용을 익힌다.
2. 조별로 조문 상황을 설정하여 자리를 배치하고 상주, 조문객의 역할을 정한다.
3. 차례로 역할을 바꾸어가며 조문의 절차에 맞추어 예를 올리고, 유족에게 위로의 말을 전하는 문상(問喪) 연습을 해 본다.
4. 활동 후 각자 맡은 역할에 대한 소감을 함께 나눈다.

출처 : http://www.amc.seoul.kr/~organ/donate/2.html

인간관계 프로그램 12-3

사후 장기 및 시신 기증

❙ 활동목표 ❙

사후 장기 기증의 방법과 절차를 알고, 이 문제에 대한 자신의 태도를 정리한다.

❙ 활동내용 ❙

조별로 사후 장기 및 시신 기증에 대한 자신의 생각을 함께 나눈다. 활동 후 어떤 느낌이 들었는지에 관해 이야기를 나누어 본다. 그리고 무엇이 문제가 될 수 있는지에 관해 토론을 통해 자신의 태도를 정리한다.

사후 장기 및 시신 기증

장기 기증에는 생체 장기 기증과 뇌사시 장기 기증, 사후 장기 기증 등이 있다. 생체 장기 기증은 신장, 간, 췌장, 폐 등의 부분 기증이 가능하며, 뇌사시 기증은 장기의 기능에 따라 기증이 가능하고, 사후 기증의 경우는 안구, 심장판막, 뼈 등의 기증과 시신 기증이 가능하다. 사망 후 장기 및 시신을 기증하고자 하면, 생전에 '사후 장기 기증 등록서'를 작성하면 유관기관에 제출하면 된다.

사후 장기 및 시신 기증의 일반적 절차는 다음과 같다.

장기 기증 등록서 작성

↓

장기 기증 등록증 발급, 지침

↓

국립장기이식관리센터로 연락

↓

보호자 동의

↓

장기 및 시신 기증

참고 : 국립장기이식관리센터(腸器移植官理–, Korean Network for Organ Sharing, KONOS, 코노스)는 장기를 장기이식대상자의 공정한 선정을 통해 장기 등의 적출 및 이식의 적정을 총괄, 도모하고 국민보건 향상에 이바지하고자 설립된 질병관리본부 소속기관이다.

출처 : http://www.amc.seoul.kr/~organ/donate/2.html

토론주제

1. '죽음대비교육'의 필요성에 대해 이야기해 보자.

2. 자살 또는 안락사에 대한 윤리적 문제에 대해 찬반 양론의 견해를 밝히고 토론해 보자.

참고문헌

[국내문헌]

곽윤정(1997). 정서지능의 발달 경향성과 구인타당성에 관한 연구. 서울대학교 대학원 석사학위청구논문.

권석만(1997). 젊은이를 위한 인간관계 심리학. 서울 : 학지사.

______ 외(1997). 심리학 개론. 서울 : 박영사.

권연옥(1997). 인간관계론. 서울 : 학문사.

김경섭 역(1998). 성공하는 가족들의 7가지 습관. 스티븐 코비 지음. 서울 : 김영사.

김상진(1985). 고등학생의 의식구조에 관한 연구. 사회단계 및 사회화 유형과의 관계. 동국대학교 교육대학원 석사학위청구논문.

김애순, 윤진(2005). 청년기 갈등과 자기이해. 서울 : 중앙적성출판사.

김언주, 이군현, 윤현석, 김성수, 조한익, 박은희(1998). 우리아이 EQ 높이기. 서울 : 학지사.

김용준, 박세환(1998). 감성지능측정도구 개발을 위한 연구. 한국마케팅저널, 1권 1호. 한국 마케팅학회.

김인자 역(1982). 적응심리. 서울 : 정민사.

김정희 외(1996). 심리학의 이해. 서울 : 학지사.

김창은(1990). 자기훈련 프로그램이 대인불안 및 자아존중감에 미치는 효과. 한국교원대학교 대학원 석사학위청구논문.

래리바커, 카터왓슨(2013). 마음을 사로잡는 경청의 힘. 이아소.

문용린(1997). EQ특강. 경향신문. 1997. 02. 04.

문은식 외(2015). 교육심리학. 경기도 : 공동체.

문정화, 변순화 공역(1999). 제2판 창의성을 내 것으로. 서울 : 학지사. Doris, J. Shallcross. *Teaching Creative Behavior.*

문정화, 하종덕(1999). 또 하나의 교육 창의성. 서울 : 학지사.

박아청(1992). 성격심리학. 서울 : 교육과학사.

서강대학교 취업정보처(2000).

서진영 역(1998). 엄마는 왜 나만 갖고 그래. 서울 : 아름드리.

설기문(1997). 인간관계와 정신건강. 서울 : 학지사.

송인섭(1998). 인간의 자아개념 탐구. 서울 : 학지사.

송인섭, 박애선, 신은영(1999). 대인관계성향 검사의 타당화 연구. 교육심리연구, 13(1), 447-467.

양창삼(1997). 인간관계와 갈등관리. 서울 : 경문사.
양현정(2003). 대학생활 적응에 영향을 미치는 일상적 스트레스와 자아존중감의 상호작용 효과. 연세대학교 대학원 석사학위청구논문.
오세진 외(1999). 인간행동과 심리학. 서울 : 학지사.
온라인 중앙일보(2015. 5. 26). 스트레스의 개념… "적당한 양의 스트레스가 오히려 좋다?" 무슨 의미?
우찌야마 기꾸오, 김남성(2005). 현대인의 생활비결 스트레스 컨트롤. 경기: 양서원.
원호택, 박현순(1999). 인간관계와 적응 : 삶을 위한 심리학. 서울 : 서울대학교출판부.
유윤자(2000). 중학생의 사회적지지 지각과 자아존중감 및 자기개방간의 관계. 서강대학교 교육대학원 석사학위청구논문.
윤영화, 김미라, 서혜희(1998). 나는 지적인 사람인가, 감정적인 사람인가. 서울 : 학지사.
윤진(1985). 성인·노인심리학. 서울 : 중앙적성출판사.
이관용, 김기중(1984). 한국판 캘리포니아심리검사 제작에 관한 연구. 서울대학교학생생활연구소. 학생연구, 19(2), 19-51.
이근후, 박영숙 공역(1990). 사회적응을 위한 인간관계. 서울 : 하나의학사.
이민규(1999). 발상을 바꾸면 인생이 달라진다. 서울 : 교육과학사.
이민규, 김순화, 금명자 역(1988). 스트레스. 서울 : 중앙적성출판사.
이상노, 이관용 역(1987). 성격의 이론. 서울 : 중앙적성출판사.
이수용(1998). 인간관계심리학. 대구 : 태일출판사.
이수정(1997). EQ 바로 알기. 서울 : 동안.
이재창(1983). 청소년의 의식구조 및 형성배경. 서울 : 한국교육개발원.
______(1992). 자기성장과 인간관계. 서울 : 한국가이던스.
______ 외(1995). 인간이해를 위한 심리학. 서울 : 문음사.
이재창, 임용자(1998). 인간관계론. 서울 : 문음사.
이종목, 이계윤, 김광운 공역(1998). 건강성격을 위한 스트레스 관리 프로그램. 서울 : 학문사.
이한검(1988). 현대적 인간관계론. 서울 : 형설출판사.
이형득 외 공역(1987). 자율적 자녀육성을 위한 부모교육(T. Gordon). 서울 : 형설출판사.
이형득, 이성태 공역(1971). 서울 : 중앙적성출판부. Thomas, A. Harris(1969). *I'm OK-You're OK*. New York and Evanston : Harper & Row, Publishers.
이홍기, 홍용기(1998). 인간관계론. 서울 : 한올출판사.
이훈구(1997). 행복의 심리학. 서울 : 법문사.
인간관계 수련활동(1992). 청소년교재총서. 서울 : 한국청소년연구원.

임주현 역(2007). 행복한 부부 이혼하는 부부(존 M. 고트맨 & 낸 실버). 서울 : 문학사상사.
임창재(2000). 정신위생심리. 서울 : 형설출판사.
장연집, 박경, 최순영(1997). 현대인의 정신건강. 서울 : 학지사.
장혁표(1998). EQ 개발을 위한 집단상담 프로그램, 부산교육학연구, 한국교육학회 부산지회.
장현갑(1997). 정서지능개관 : 신경과학적 이해. 한국심리학회 1997년도 동계연구세미나 자료, 1-20.
장휘숙(2006). 가족심리학. 서울 : 박영사.
정범모, 이정균, 진위교(1965). 다면적 인성검사 검사법 요강. 서울 : 코리안테스팅센터.
정원식(1976). 교육환경론. 서울 : 교육출판사.
정종진(2000). 나를 찾아 떠나는 심리여행. 서울 : 시그마프레스.
정홍섭(1996). 정서지능, 일반지능 및 정서 안정도와 대학생의 적응과의 관계. 부산교육학 연구, 9(1).
조관일(1996). 인테크. 서울 : 21세기북스.
조은숙(1994). 현대인과 정신건강. 서울 : 범문사..
존가트맨, 남은영(2013). 내 아이를 위한 사랑의 기술. 한국경제신문 한경BP.
주삼환, 명제창 공역(1992). 교양 인간관계론. 서울 : 법문사.
최병철(1999). 음악치료학. 서울 : 학지사.
최승희, 김수욱(1997). 심리학개론. 서울 : 박영사.
최창호(1997). 그래, 이게 바로 나야!. 서울 : 김영사.
하대현(1997). 새로운 지능개념으로서의 정서지능의 이해 : 그 타당성과 한계. 한국심리학회동계연구세미나 자료, 21-46.
한국상담심리학회, 오기선(1995). 어버이와 자녀 관계진단검사. 서울 : 코리안테스팅센터.
한양대학교 학생생활상담연구소(1997). 새 한양인의 생활.
홍대식 역(1998). 사회심리학. 서울 : 박영사
홍명희 역(1997). EQ감성지능개발학습법. 서울 : 해냄.
홍숙기(1998). 정신건강. 서울 : 박영사.
황정규(1977). 정의적 행동특성, 사회계층, 학업성취의 인과관계. 고대 사대논총, 2, 1-4.
______(1998). 학교학습과 교육평가(개정판). 서울 : 교육과학사.

[외국문헌]

Adele Faber, & Elaine Maglish(1987). *Siblings without Rivalry.*
Back Kurt, W.(1971). Metaphors as a Test of Personal Philosophy of Aging, *Sociological Focus, 5*, 108.
Bandura, A.(1986). *Social Foundations of Thought and Action : a Social-cognitive*

Theory. Englewood Cliffs, N.J. : Prentice-Hall.

Bernard, H. W.(1968). *Mental Hygiene for Classroom Teacher*. N.Y. : McGraw-Hill Book Co. Inc.

Bornstein, P. E.(ed.)(1973). The Depression of Widowhood After Thirteen Months. *British Journal of Psychiatry, 122*, 561–566.

Bower, G. H.(1991). Mood congruity of social judgments. In J. P. Forgas(Ed.), *Emotion and Social Judgment*. Oxford : Pergamon Press.

Bronfenbrenner & Mahony(1975).

Burns, R. B.(1979). *The Self-concept*. N.Y. : Longman

Cattell, R. B.(1965). *The Scientific Analysis of Personality. Baltimore*. Md. : Penguin.

Coleman, J. C., & Hammen, C. L.(1974). *Contemporary Psychology and Effective Behavior*. Glenvies : Scott & Foresman.

Deep, S. D.(1978). *Human Relation in Management*. C.A. : Glencoe Publishing.

Ellenson, A.(1982). *Human Relations*(2nd ed.). Englewood Cliffs, Prentice–Hall, Inc.

Ellis, A.(1977). *Reason and emotion in psychotherapy*(2nd ed.). Seacaucus, N.J. : Lyle Stuart.

_______(1985). *How to Live With and Without Anger*. N.Y. : Citadel Press.

Eysenck, H. J.(1981). *A Model for Personality*. Berlin, Federal Republic of Germany : Springer–Verlag.

Feifel, Herman(ed.)(1959). *The meaning of death*. N.Y. : McGraw–Hill.

Frideman, M., & Rosenman, R.(1974). *Type a Behavior and Your Heart*. N.Y. : A. A. Knopf.

Galton, F.(1869). *Hereditary Genius*. N.Y. : D. Appleton.

Goleman, D.(1995). *Emotional Intelligence*. N.Y. : Bantam Books.

Gordon, T.(1975). *P.E.T. in Action*. N.Y. : Bantan Books.

________(1976). *Parent effectiveness training*. N.Y. : American Library.

Gough, H. G.(1969). *Manual for the CPI*(rev. ed.). Palo Alto, California : Consulting Psychologists Press.

Hall, H.(1959). *The Silent Language, Garden City*. N.Y. : Doubleday.

Henderson, N. D.(1982). Human behavior genetics. *Annual Review of Psychology, 33*, 403–440.

Holmes, T. H., & Rahe, R. H.(1967). The Social readjustment rating scale. *Journal of Psychosomatic Research, 11*, 213–218.

Horney, K.(1950). *Neurosis and Human Growth*. N.Y. : Norton.

Hull, C. L.(1943). *Principles of Behavior*. N.Y. : appleton–Century–Crofts.

Joseph Luft(1969). *Group Process : An Introduction to Group Dynamics*. Mayfield Publishing Company.

Jourard, S. M.(1971). *The Transparent Self : Self-disclosured and Wellbeing*(2nd ed.). N.Y. : Van Nostrand.

Kalish, Richard, A.(1976). Death and Dying in a Social Context. In Robert Binstock & Ethel Shanas(Eds.), *Handbook of Aging and Social Sciences*. N.Y. : Van Nostrand Reinhold.

Kastenbaum, R., & Aisenberg, R.(1972). *The Psychology of Death*. N.Y. : Springer.

Kastenbaum, Robert, J.(1977). *Death, Society and Human Experience*. St. Louis, NO : The C. V. Mosby Company.

Kretschmer, E.(1925). *Physique and Character*. N.Y. : Harcourt, Brace.

K bler-Ross, Elisabeth(1969). *On Death and Dying*. N.Y. : Macmillan.

____________________(1975). *Death : The Final Stage of Growth*. Englewood Cliffs. N.J. : Prentice-Hall, Inc.

Leeper, R. W.(1965). Some needed developments in motivational theory. In D. Levine (Ed.), *Nebraska SymposIum on Motivation*. University of Nebraska Press, Loncoln, Nebraska, 25-122.

Mayo, E.(1933). *The Human Problems of an Industrial Civilization*. N.Y. : Viking.

Michael L. Brock, & H. Stephen Glenn(1998). *7 Strategies for developing capable students*.

Millon, T., & Everly, G. S.(1985). *Personality and Its Disorders : A Biosocial Learning Approach*. N.Y. : John Wilcy & Sons.

Moore, B. E., & Isen, A. M.(1990). *Affect and Social Behavior*. Cambridge : Cambridge University Press.

Pavlov, I.(1927). *Conditioned Feflexes*(G. V. Anrep, Ed. and Trans). London : Oxford University Press.

Plomin, T., Coon, H., Carey, G., DeFries, J. C., & Fulker, D. W.(1989). Parent-offspring and sibling adoption analyses of parental ratings of temperament in infancy and childhood. Manuscript submitted for Publication.

Rogers C. R.(1951). *Client-Centered Therapy*. Boston : Houghton Mifflin.

Rosenthal, R., & Jacobson, L.(1968). *Pygmalion in the classroom*. N.Y. : Holt, Rinehart and Winston.

Salovey, P., & Mayer, J. D.(1990). Emotional intelligence. *Imagination, Cognition, and*

Personality, 9, 185–211.

______________(1997). What is emotional intelligence? In P. Salovey, & D. Sluyter(Eds.), *Emotional Development and Emotional Intelligence : Implications for Educators*(pp.105–153). N.Y. : Basic Books.

Salovey, P.(1996). Emotional Intelligence : Another way to be smart? Paper presented at the Sejong Culture Center, Seoul, Korea.

Seligman, M.(1991). *Learned Optimism*. N.Y. : Knopf.

Selye, H.(1974). *Stress Without distress*. Philadelphia : J. B. Lippincott Company.

Shavelson, R. T., Hubner, J. J., & Stanton, G. C.(1976). Self–concept : Validation of construct interpretation. *Review of Educational Research, 46*, 407–441.

Sheldon, W. H.(1940). *The Varieties of Human Physique*. N.Y. : Harper & Bros.

__________(1942). *The Varieties of Temperament*. N.Y. : Harper & Bros.

Shneidman, Edwin S.(1971). You and Death. *Psychology Today*, June, 74–80.

Skinner, B. F.(1953). *Science and Human Behavior*. N.Y. : Macmillan.

Stephen R. Covey(1997). *The 7habits of highly effective families*. Franklin Covey Company.

Sullivan, H. S.(1953). *The Interpersonal Theory of Psychiatry*. N.Y. : Norton.

Swensen, C. H. Jr.(1973). *Introduction to Interpersonal Relations*. Glenview, IL : Cott, Foreman.

Watson, J. B., & Rayner, R.(1920). Conditoned emotional reactions. *Journal of Experimental Pshchology, 3*, 1–14.

Williams, R., & Williams, V.(1993). *Anger Kills*. N.Y. : Times Books.

Zuckerman, M.(1991). *Psychobiology of Personality*. Cambridge : Cambridge University Press.

[인터넷사이트]

http://galaxy.channeli.net

http://moon.interpia98.net/~pym1234/head2/deathduinggunli.htm

http://www.guidance.co.kr

http://www.amc.seoul.kr/~organ/donate/2.html

http://www.bizresume.co.kr

http://www.career.co.kr

http://www.jangi.co.kr

http://www.jobkorea.co.kr

http://www.saramin.co.kr

찾아보기

[인 명]

[내 용]

[내 용(1~4, A~Z)]

저자약력

김혜숙 E-mail : ddalkikot@hanmail.net
숙명여자대학교 교육심리학과 졸업
숙명여자대학교 대학원 교육학 박사(교육심리 전공)
성균관대학교 Post-Doc.(BK21)
현, 부산가톨릭대학교 병원경영학과 교수, 한국창의력교육학회 이사,
한국여성심리학회 이사, 한국영재교육학회 이사

박선환 E-mail : shpark02@hanmail.net
숙명여자대학교 교육심리학과 졸업
숙명여자대학교 대학원 교육학 박사(교육심리 전공)
현, 한국외국어대학교 및 한국체육대학교 외래교수, 한국HR진단평가 자문교수,
하연상담교육연구소 객원교수, BSC 자문교수, 학교컨설턴트

박숙희 E-mail : giftedness@hanmail.net
숙명여자대학교 교육심리학과 졸업
숙명여자대학교 대학원 교육학 박사(교육심리 전공)
한국교육개발원 영재교육연구실 Post-Doc.(한국학술진흥재단 지원)
현, 협성대학교 교수, 한국영재교육학회 이사, 한국창의력교육학회 이사

이주희 E-mail : maearee@dsv.ac.kr
숙명여자대학교 교육심리학과 졸업
숙명여자대학교 대학원 교육학 박사(상담 및 생활지도 전공)
현, 동신대학교 상담심리학과 교수, 한국여성심리학회 이사

정미경 E-mail : mkchung@hknu.ac.kr
숙명여자대학교 교육심리학과 졸업
숙명여자대학교 대학원 교육학 박사(학교교육과 교육심리 전공)
한국교육과정평가원 Post-Doc., 한국교육과정평가원 연구교수
현, 한경대학교 교양학부 교수, 한국교육심리학회 이사, 한국영재교육학회 이사

인간관계론

1판 1쇄 발행 2008년 2월 28일
1판 9쇄 발행 2015년 8월 25일
2판 1쇄 발행 2016년 3월 10일
2판 6쇄 발행 2024년 1월 30일

저 자 | 김혜숙 박선환 박숙희 이주희 정미경
발행인 | 박철용
발행처 | 양서원
주 소 | 경기도 파주시 직지길 522 파주출판도시
전 화 | 031-955-8000(代)
팩 스 | 031-955-8005
홈페이지 | www.yswpub.co.kr
이메일 | yswgroup@naver.com
출판등록 | 1987년 11월 24일 제 406-2003-037 호

ISBN 978-89-994-0525-9

정가 22,000원